Die Lehre Carl Schmitts

HEINRICH MEIER

Die Lehre Carl Schmitts

Vier Kapitel zur Unterscheidung
Politischer Theologie
und Politischer Philosophie

Mit einem Rückblick:
Der Streit um die
Politische Theologie

Vierte Auflage

VERLAG J. B. METZLER
STUTTGART · WEIMAR

Bibliografische Information der Deutschen Bibliothek
Die Deutsche Bibliothek verzeichnet diese Publikation in der Deutschen
Nationalbibliografie; detaillierte bibliografische Daten sind im Internet über
<http://dnb.ddb.de> abrufbar.

ISBN 978-3-476-02466-4
ISBN 978-3-476-00817-6 (eBook)
DOI 10.1007/978-3-476-00817-6

© 2012 Springer-Verlag GmbH Deutschland
Ursprünglich erschienen bei J.B. Metzler sche Verlagsbuchhandlung
und Carl Ernst Poeschel Verlag GmbH in Stuttgart 2012

www.metzlerverlag.de
info@metzlerverlag.de

Inhalt

Vorwort
9

Verzeichnis der Siglen und Abkürzungen
10

I
Moral
oder
Die eigene Frage als Gestalt
11

II
Politik
oder
Was ist Wahrheit?
49

III
Offenbarung
oder
Wer nicht mit mir ist, der ist wider mich
107

IV
Geschichte
oder
Der christliche Epimetheus
187

Nachwort zur zweiten Auflage
263

Der Streit um die Politische Theologie
Ein Rückblick
269

Namenverzeichnis
301

Joseph Cropsey
in Freundschaft zugeeignet
1919–2012

Vorwort

Mit den hier vorgelegten *Vier Kapiteln* bringe ich die Auseinandersetzung zum Abschluß, die ich mit der Schrift *Carl Schmitt, Leo Strauss und »Der Begriff des Politischen«. Zu einem Dialog unter Abwesenden* begonnen habe. Beide Veröffentlichungen sind aufeinander bezogen. Sie handeln von Einer Sache, und sie werden von Einer Intention geleitet. Der elenktisch-protreptische Charakter, der sie verbindet, wird dem aufmerksamen Leser sowenig entgehen wie die Unterschiede im einzelnen, die daraus resultieren. Das Ganze ist ein Bericht über einige Ergebnisse meiner Beschäftigung mit der Politischen Theologie Carl Schmitts. Was mir an ihr über den Tag hinaus wichtig zu sein scheint und was ich dazu zu sagen die Absicht hatte, ist in diesem und dem vorangegangenen Buch enthalten.

München, den 20. September 1993   H. M.

Verzeichnis der Siglen und Abkürzungen

BdP	Der Begriff des Politischen (zitiert wird nach dem Wortlaut der Ausgabe von 1932 unter Angabe der Seitenzahlen des Nachdrucks von 1963)
BdP I	Erste Fassung von 1927
BdP II	Zweite Fassung von 1932
BdP III	Dritte Fassung von 1933
D	Die Diktatur
DA	Über die drei Arten des rechtswissenschaftlichen Denkens
DC	Donoso Cortés in gesamteuropäischer Interpretation
ECS	Ex Captivitate Salus
G	Glossarium
GLP	Die geistesgeschichtliche Lage des heutigen Parlamentarismus
L	Der Leviathan in der Staatslehre des Thomas Hobbes
LuL	Legalität und Legitimität
LuM	Land und Meer
NdE	Der Nomos der Erde im Völkerrecht des Jus Publicum Europaeum
PR	Politische Romantik
PT	Politische Theologie
PT II	Politische Theologie II
PuB	Positionen und Begriffe im Kampf mit Weimar-Genf-Versailles 1923–1939
RK	Römischer Katholizismus und politische Form
SBV	Staat, Bewegung, Volk
TdP	Theorie des Partisanen
VA	Verfassungsrechtliche Aufsätze aus den Jahren 1924–1954
VL	Verfassungslehre
VGO	Völkerrechtliche Großraumordnung mit Interventionsverbot für raumfremde Mächte

Die Abkürzungen *S* für *Seite* und *FN* für *Fußnote* bleiben Querverweisen innerhalb des vorliegenden Buches vorbehalten. Aus anderen Publikationen wird mit *p* und *n* zitiert. M. H. / m. H. steht für: meine Hervorhebung.

I

Moral
oder
Die eigene Frage als Gestalt

Der Feind ist unsre eigne Frage als Gestalt.
Und er wird uns, wir ihn zum selben Ende hetzen.

Theodor Däubler: *Sang an Palermo*

Moralische Entrüstung ist nicht die Sache der Politischen Philosophie. Sie hat keinen Teil an ihr. Wohl aber gehört sie zu ihren Gegenständen, und sie geht die Philosophie an als etwas, dessen diese sich zu versehen hat. Zu ihren Gegenständen zählt sie, insofern die Moral für die Philosophie nicht eine unbefragte Voraussetzung oder eine unbefragbare Gegebenheit, sondern ein zu erforschender Gegenstand oder ein Problem ist. Als diagnostische Sonde angelegt, vermag die Frage nach dem ersten Ziel und der letzten Quelle der moralischen Entrüstung zudem eine aufschließende Kraft zu entfalten, die hinter der jener anderen, weiter reichenden Frage nach »der Moral, auf die es (er) hinaus will«, um nichts zurücksteht.[1] Wer sich mit Carl Schmitt und seiner Lehre befaßt, tut gut daran, beide Fragen zu stellen und weder die eine noch die andere aus dem Auge zu verlieren. Wie wäre es möglich, Nietzsches Maxime in den Wind zu schlagen, angesichts eines Theoretikers, der »die anspruchsvolle moralische Entscheidung« zum »Kern der politischen Idee« erklärt und der beides, das Moralische sowohl als auch die politische Idee, mit dem Theologischen stehen oder fallen sieht?[2] Und wie, den Ariadnefaden nicht aufzunehmen, den die Frage nach den kardinalen Gegenständen der Entrüstung dieses politischen Theologen an die Hand gibt, wenn der Versuch gelingen soll, durch das Labyrinth eines Œuvre hindurchzufinden und bis zu dessen Mitte vorzustoßen, das reich ist an

---

1 Friedrich Nietzsche: *Jenseits von Gut und Böse*, Aph. 6; cf. Aph. 19 u. 211.
2 *Politische Theologie. Vier Kapitel zur Lehre von der Souveränität.* München u. Leipzig 1922, p. 56 (zweite, veränderte Ausgabe 1934, p. 83); cf. p. 55 (82).

historischen Wendungen und politischen Windungen, an absichtsvollen Irreführungen und unfreiwilligen Dunkelheiten? Aber nimmt Schmitt nicht für sich in Anspruch, ein »Theoretiker der reinen Politik«, und wofern nicht dies, jedenfalls ein »Betrachter politischer Phänomene« zu sein, der »konsequent bei seinem politischen Denken bleibt«?[3] Steht er nicht in dem Ruf, das Politische und das Moralische, wie die einen meinen, streng unterschieden oder, wie die anderen sagen, völlig auseinandergerissen zu haben? Hat nicht gerade das, im Verein mit Schmitts Kritik an der »humanitären Moral«, seiner Absage an den »Moralismus«, die Gemüter von Freund und Feind aufs nachhaltigste beschäftigt und beeindruckt? Ist es nicht so, daß die Aura der kalten Unerschrockenheit und des faszinierenden Schreckens, die seinen Namen in den Augen vieler umgibt, zu einem gut Teil hier begründet liegt? Und gilt für die moralische Entrüstung, die ihm in noch weit größerem Ausmaß entgegenschlägt, nicht das gleiche? Wer seine Orientierung aus den Meinungen über Schmitt zu gewinnen sucht, bewegt sich in einem Irrgarten, der Schmitts eigenes Labyrinth üppig wuchernd umlagert und wenig mehr als den Blick auf dessen Außenbezirke freigibt. Die Bewunderung sagt etwas über die Bewunderer, die Entrüstung sagt viel über die Entrüsteten aus. Das Urteil indes, das sich darin über das Objekt der Bewunderung und Entrüstung ausspricht, mag sehr wohl das Ziel verfehlen und den Zugang zum Wichtigsten eher verstellen als ihn eröffnen. Könnte die Proklamation der »reinen Politik« nicht Ausdruck einer Rhe-

3 *Der Begriff des Politischen.* Erste Fassung, p. 26 (in: Archiv für Sozialwissenschaft und Sozialpolitik, Bd. 58, H. 1, September 1927); Zweite Fassung, p. 67 (*Der Begriff des Politischen. Mit einer Rede über das Zeitalter der Neutralisierungen und Entpolitisierungen.* München u. Leipzig 1932; die Zitate der zweiten Fassung werden nach dem Originaldruck wiedergegeben, die Seitenzahlen beziehen sich indes auf den Neudruck *Der Begriff des Politischen. Text von 1932 mit einem Vorwort und drei Corollarien.* Berlin 1963, um dem Leser das Auffinden der Stellen zu erleichtern). Zu bibliographischen Einzelheiten der verschiedenen Fassungen des *BdP* siehe mein Buch: *Carl Schmitt, Leo Strauss und »Der Begriff des Politischen«. Zu einem Dialog unter Abwesenden.* Stuttgart 1988, p. 14/15.

torik, die Trennung des Politischen und des Moralischen nicht Teil einer Strategie sein, die in letzter Instanz eine »anspruchsvolle moralische Entscheidung« zur Grundlage haben? Wie, wenn sich Schmitts Angriffe auf »humanitäre Moral« und »Moralismus« von moralischen Beweggründen leiten ließen? Und schließlich: vermöchte die Frage nach der Moral, auf die Schmitt hinaus will, jemals eine sinnvolle, die Sache erhellende und unsere Erkenntnis befördernde Frage zu sein, sollte sie vor dem haltmachen und verstummen, was Schmitt selbst für sich in Anspruch nimmt?

Nehmen wir den Faden bei seinem äußersten Ende auf, und betrachten wir, Schmitts Autorität folgend, der uns beständig nach der geschichtlichen Herausforderung eines Œuvre, einer Doktrin, einer politisch-theologischen Entscheidung Ausschau halten heißt, zunächst das moralische Tableau der Zeit, das Schmitts früheste im Zusammenhang umrissene Kritik entwirft. »Wie alles, was ein böses Gewissen hat«, schreibt er während des Ersten Weltkriegs, »weidete sich diese Zeit solange an dem Räsonnement ihrer Problematik, bis die Gewissensregungen aufhörten und sie sich wohlfühlen konnte, weil es jedenfalls interessant war. Dies Zeitalter hat sich selbst als das kapitalistische, mechanistische, relativistische bezeichnet, als das Zeitalter des Verkehrs, der Technik, der Organisation. In der Tat scheint der ›Betrieb‹ ihm die Signatur zu geben, der Betrieb als das großartig funktionierende Mittel zu irgendeinem kläglichen oder sinnlosen Zweck, die universelle Vordringlichkeit des Mittels vor dem Zweck, der Betrieb, der den Einzelnen so vernichtet, daß er seine Aufhebung nicht einmal fühlt und der sich dabei nicht auf eine Idee sondern höchstens ein paar Banalitäten beruft und immer nur geltend macht, daß alles sich glatt und ohne unnütze Reibung abwickeln müsse. Der Erfolg des ungeheuren, materiellen Reichtums, der sich aus der allgemeinen ›Mittel‹barkeit und Berechenbarkeit ergab, war merkwürdig. Die Menschen sind arme Teufel geworden; ›sie wissen alles und glauben nichts‹. Sie interessieren sich für alles und begeistern sich für nichts. Sie verstehen alles, ihre Gelehrten registrieren in der Geschichte, in der Natur, in der eigenen Seele. Sie sind Menschenkenner, Psychologen und Soziologen und schreiben schließlich eine Soziologie der Soziologie. Wo irgendetwas nicht ganz glatt sich abwickelt, weiß eine scharfsinnige und flinke Analyse oder eine zweckmäßige Organisation den Mißstand zu beheben. Selbst die Armen dieser Zeit, die Menge Elender, die nichts ist, als ›ein Schatten, der zur Arbeit hinkt‹, Millionen, die sich nach der Freiheit sehnen, erweisen sich als Kinder dieses Geistes, der alles auf die Formel seines Bewußtseins bringt und keine Geheimnisse und keinen Überschwang der Seele gelten läßt. Sie wollten den Himmel auf der Erde, den Himmel als Ergebnis von Handel und Industrie, der tatsächlich hier auf der Erde liegen soll, in Berlin, Paris oder New York, einen Himmel mit Badeeinrichtungen, Automobilen und Klubsesseln, dessen heiliges Buch der Fahrplan wäre. Sie wollten keinen Gott der Liebe und Gnade, sie hatten soviel Erstaunliches ›gemacht‹, warum sollten sie nicht den Turmbau eines irdischen Himmels ›machen‹. Die wichtigsten und letzten Dinge waren ja schon säkularisiert. Das Recht war zur Macht geworden, Treue zur Berechenbarkeit, Wahrheit zur allgemein anerkannten Richtigkeit, Schönheit zum guten Geschmack, das Christentum zu einer pazifistischen Organisation. Eine allgemeine Vertauschung und Fälschung der Werte beherrschte die Seelen. An die Stelle der Unterscheidung von gut und böse trat eine sublim differenzierte Nützlichkeit und Schädlichkeit. Die Verwechslung war schauerlich.«[4]

Das Gemälde, mit dem Schmitt 1916 der »moralischen Bedeutung der Zeit«[5] Ausdruck zu verleihen sucht, versammelt schon beinahe alle Gegenstände von Gewicht, denen Schmitt ein Leben lang mit Entrüstung und Abscheu begegnet, oder es läßt sie doch aus der Ferne erkennen: Die Welt als Betrieb,

4 Theodor Däublers »Nordlicht«. Drei Studien über die Elemente, den Geist und die Aktualität des Werkes. München 1916, p. 63–65.
5 Theodor Däublers »Nordlicht«, p. 68.

eine leerlaufende Maschine, die sich ohne Zweck und Ziel selbst perpetuiert, ein klug inszeniertes Schauspiel allseitiger Vermittlung, Balancierung und Raffinesse, interessant zwar, doch ohne Größe, ohne Erfüllung, ohne Sinn, ein Zustand der Spannungslosigkeit, der geschäftigen Langeweile und des endlosen Geredes, bar aller starken Gefühle, flach, ohne Geheimnis und ohne Zauber. Die fortschreitende Säkularisierung, der Abfall von der Wahrheit des Glaubens, die zunehmende Gottlosigkeit, oder wie er Jahrzehnte später sagen wird: Gottunfähigkeit.[6] Die Hybris der Menschen, die die Pläne ihres Willens und die Kalkulation ihrer Interessen an die Stelle der Vorsehung setzen und ein irdisches Paradies herbeizwingen zu können vermeinen, in welchem sie der Entscheidung zwischen Gut und Böse enthoben wären, aus welchem der Ernstfall für immer verbannt bliebe. Von Anbeginn an ist es das »Zeitalter der Sekurität«,[7] das die Energien Schmitts gegen sich aufbringt. Es sind die Bestrebungen, gleich welcher Provenienz, einem solchen Zeitalter den Weg zu bahnen, es sind alle Versuche, die unumschränkte Herrschaft der Sicherheit ins Werk zu setzen. Schmitts Empörung gilt den Menschen, die sich dem Glauben überlassen, »daß alles in der Welt eine durchaus menschliche Sache« sei. Er entrüstet sich über die Zeitgenossen, die einzig auf den »fabelhaften Erfolg« bauen, der »unwiderleglich« ist: »große Städte, Luxusdampfer und Hygiene; aus dem Kerker der Seele ist ein behaglicher Sommersitz geworden«. Sie vermessen sich, für alles Vorsorge zu treffen, alles organisieren, über alles gebieten zu wollen. *Ecce saeculum.* In ihm scheint alles in Rechnung gestellt und bedacht. »Bis auf den Fall, auf den es allein ankommt.«[8]

Im Nachwort zu seiner letzten selbständigen Veröffentlichung umreißt Schmitt 1970 – seit der frühen Zeitkritik ist

---

6 *Donoso Cortés in gesamteuropäischer Interpretation. Vier Aufsätze.* Köln 1950, p. 11.
7 *Theodor Däublers »Nordlicht«*, p. 66.
8 *Theodor Däublers »Nordlicht«*, p. 67, 69, 77.

mehr als ein halbes Jahrhundert vergangen – noch einmal ein scharf konturiertes »Gegenbild«, um die »eigene Position deutlicher zu erkennen«.[9] Es kulminiert in den beiden Sentenzen *Homo homini res mutanda / Nemo contra hominem nisi homo ipse*. Unverwandt, 1970 wie 1916, steht im Zentrum von Schmitts Gegenentwurf der Glaube, »daß alles in der Welt eine durchaus menschliche Sache« ist, daß die Menschen alles in den Dienst ihrer Planungs- und Verfügungsgewalt stellen, alles ihren Wünschen und Begehren unterwerfen, daß sie alles *machen* können. Schmitt bestimmt seinen Standort, indem er den Widersacher kennzeichnet, er markiert seine Position ex negativo, indem er der Vermessenheit der Promethiden entgegentritt. *Eripuit fulmen caelo, nova fulmina mittit / Eripuit caelum deo, nova spatia struit.*[10] Die Hybris des Himmelsstürmers, den Schmitt zuletzt als sein Gegenüber ins Auge faßt, erreicht ihren nicht mehr zu überbietenden Höhepunkt in der Weigerung, die Rebellion als Rebellion zu begreifen, den hybriden Charakter des widergöttlichen Unternehmens überhaupt zu percipieren. Der Empörer leugnet die Empörung. Er bestreitet, gegen einen Feind zu streiten. Er glaubt, sich der Entscheidung und dem Kampf entziehen zu können, indem er sich selbst als verantwortliches Subjekt in einem »unaufhörlichen Prozeß-Progreß« zum Verschwinden bringt, um aus diesem als »sich selbst produzierender Neuer Mensch« hervorzugehen. Mehr noch: der »Prozeß-Progreß«, der durch ein sich wechselseitig verstärkendes Zusammenspiel von Wissenschaft, Produktion und Konsum in Gang gehalten wird, soll »nicht nur sich

---

9 *Politische Theologie II. Die Legende von der Erledigung jeder Politischen Theologie.* Berlin 1970, p. 124.
10 *PT II*, p. 126. Das Vorbild, dem Schmitt mit seinen Hexametern folgt, sind die Verse des Kardinals Melchior de Polignac, der in seinem *Anti-Lucretius sive de Deo et Natura* (Paris 1747) den Unglauben der Philosophen von Epikur bis zu Gassendi, Hobbes und Spinoza attackierte (cf. *Glossarium. Aufzeichnungen der Jahre 1947–1951.* Berlin 1991, p. 25 u. 154). Wenn Polignac die Wendung »Eripuit fulmen Iovi« gebraucht, spricht er von Epikur.

selbst und den Neuen Menschen, sondern auch die Bedingungen der Möglichkeit seiner eigenen Neuheits-Erneuerungen« produzieren; »das bedeutet das Gegenteil einer Schöpfung *aus* dem Nichts, nämlich die Schöpfung *des* Nichts als der Bedingung der Möglichkeit der Selbst-Schöpfung einer stets Neuen Weltlichkeit«.[11] Der Wahnsinn des Promethiden-Wahns ist mit Händen zu greifen. Er spricht aus jeder einzelnen Formulierung, die Schmitt wählt, um die »Gedanken-Reihen« darzustellen, in denen sich der »Autismus« einer Immanenz bewegen muß, »die sich polemisch gegen eine theologische Transzendenz richtet«, ohne dies wahrhaben zu wollen. Die »Neue, rein weltlich-menschliche Wissenschaft« mag sich als »unaufhörlichen Prozeß-Progreß einer durch unaufhörliche menschliche Neugierde weitergetriebenen, nichts-als-weltlich-menschlichen Erkenntnis-Erweiterung und Erkenntnis-Erneuerung« ausgeben. Sie kann Schmitt nicht darüber hinwegtäuschen, daß sie »nichts anderes als Selbst-Ermächtigung« ist. Er erkennt in ihr die »Neue Theologie«, die sie nicht sein will, und die »gegengöttliche Selbstvergöttlichung«, die sie sein muß, wenn es einen Gehorsam verlangenden Gott gibt. Die Welt des Neuen Menschen wäre die Welt eines Neuen Gottes. Für Wunder bliebe im Reich »rein weltlich-menschlicher« Sicherheit kein Raum. Man begegnete ihnen mit »Ablehnung«. Es könnte sich nur um »Sabotageakte« handeln, um Ereignisse, die auf die Existenz eines Widersachers schließen ließen.[12]

Die Empörung der Promethiden hat für Schmitt viele Gesichter. Sie braucht sich nicht bis zur Halluzination jenes »Prozeß-Progresses« zu versteigen, der »kein *ovum* in einem alten oder erneuerbaren Sinne mehr«, sondern »nur noch ein *novum*« gelten läßt, und dessen aussichtslosem Unterfangen, dem theologisch-politischen Widerpart zu entkommen, Schmitt mit beißendem Spott zum »restlos« autochthonen,

---

11 *PT II*, p. 125.
12 *PT II*, p. 113/114, 125/126.

selbständigen Wort verhilft: »alle Enttheologisierungen, Entpolitisierungen, Entjuridifizierungen, Entideologisierungen, Enthistorisierungen und weitere Serien von Ent-Entungen in Richtung auf eine tabula rasa entfallen; es *ent*-tabularisiert sich die tabula rasa selbst, die mitsamt der tabula entfällt.«[13] Die »tabula rasa des industriell-technischen Fortschritts«, die Schmitt aus der Vereinnahmung von allem und jedem in den »Funktionalismus eines berechenbaren, kausalen Ablaufs« hervorgehen sieht, ist verwerflich genug; es bedarf nicht auch noch ihrer Selbst-Verleugnung in principiis. Analoges gilt für die Aggressivität »der eigentlichen Träger und Beweger« des Fortschritts, für die Aggressivität von Technik und Wissenschaft als den »eigentlichen Aggressoren«.[14] Die promethidische Selbstüberhebung kommt in dem »evolutionistischen Credo« zum Ausdruck, daß der Mensch, »biologisch und von Natur ein überaus schwaches und hilfsbedürftiges Wesen«, sich aus eigener Kraft und eigenem Recht vermöge von Technik und Wissenschaft eine neue Welt erschafft, »in der er das stärkste, ja sogar das alleinige Wesen ist«. Sie manifestiert sich in allen Versuchen kollektiver »Selbsterrettung« und privater »Selbsterlösung«. Schmitt sieht sie in der Selbstermächtigung der Sinnsetzer und Großplaner, die sich der Arbeit an der »babylonischen Einheit« der Menschheit verschrieben haben, aber auch in der Selbstgenügsamkeit eines Lebens, das seine Mitte auf dem Wege des Selbstdenkens gewinnt. Er erblickt sie in der anarchischen Absage an jede Autorität wie im bourgeoisen Fleiß, die Welt »sicher« zu machen. Die Idyllen des Selbstgenusses und der Problemlosigkeit der »Panisken« rücken neben die Paradiese, welche die »Religion der Technizität« mit »allen Herrlichkeiten einer entfesselten Produktivkraft und einer ins Unendliche gesteigerten Konsum-

---

13 *PT II*, p. 124.
14 *Der Gegensatz von Gemeinschaft und Gesellschaft als Beispiel einer zweigliedrigen Unterscheidung* in: Estudios Juridico-Sociales. Homenaje al Profesor Luis Legaz y Lacambra. Santiago de Compostela 1960, p. 173; cf. *PT II*, p. 126.

kraft« verheißt. Der Naturalismus derer, die der Erde treu bleiben wollen, erscheint im gleichen fahlen Licht wie der Artifizialismus jener, die nach den Sternen greifen. Wer an der »reinen Diesseitigkeit« festhält oder ihr in seinem Tun verfällt, wendet sich gegen den jenseitigen Gott.[15] Auflehnung und Abwendung, Unglaube und Ungehorsam werden zu offener Feindschaft, wo die Empörung zum Prinzip erhoben, wo sie als Auszeichnung des Menschen geltend gemacht, zum Ursprung und zum bestimmenden Moment seines geschichtlichen Aufstiegs erklärt wird. Nirgendwo tritt die Feindschaft gegen den allmächtigen Souverän für Schmitt sichtbarer zutage, nirgendwo wird die Empörung unverhüllter proklamiert als im Anarchismus Bakunins. Der Russe bekämpft, was Schmitt wert und teuer ist, er bestreitet, wovon Schmitt zutiefst überzeugt ist. Er attackiert die Wahrheit der Offenbarung und leugnet die Existenz Gottes, er will den Staat beseitigen und verneint den universalen Anspruch des römischen Katholizismus.[16] Unter der Losung *Ni Dieu ni maî-*

15 *PT,* p. 45, 55/56 (64/65, 81–83); *Politische Romantik.* Zweite Auflage (gegenüber der ersten Ausgabe von 1919 stark verändert und erweitert). München u. Leipzig 1925, p. 137; *Die Lage der europäischen Rechtswissenschaft.* Tübingen 1950, p. 32 (Wiederabdruck in: *Verfassungsrechtliche Aufsätze aus den Jahren 1924–1954. Materialien zu einer Verfassungslehre.* Berlin 1958, p. 426); *Ex Captivitate Salus. Erfahrungen der Zeit 1945/47.* Köln 1950, p. 49, 82/83, cf. p. 53, 88, 93; *DC,* p. 112; *Die Einheit der Welt* in: Merkur, 6. Jg., 1. H., Januar 1952, p. 1/2, 8/9; *Nehmen/Teilen/Weiden* (1953) in: *VA,* p. 495/496, 503/504; *Nomos-Nahme-Name* in: Der beständige Aufbruch. Festschrift für Erich Przywara. Nürnberg 1959, p. 102; *G,* p. 10, 47, 84, 148, 218, 264.
16 »Dieu étant tout, le monde réel et l'homme ne sont rien. Dieu étant la vérité, la justice, le bien, le beau, la puissance et la vie, l'homme est le mensonge, l'iniquité, le mal, la laideur, l'impuissance et la mort. Dieu étant le maître, l'homme est l'esclave. Incapable de trouver par lui-même la justice, la vérité et la vie éternelle, il ne peut y arriver qu'au moyen d'une révélation divine. Mais qui dit révélation, dit révélateurs, messies, prophètes, prêtres et législateurs inspirés par Dieu même; et ceux-là une fois reconnus comme les représentants de la Divinité sur la terre, comme les saints instituteurs de l'humanité, élus par Dieu même pour la diriger dans la voie du salut, ils doivent nécessairement exercer un pouvoir absolu. Tous les hommes leur doivent une obéissance illimitée et passive; car contre la Raison Divine il n'y a point de raison humaine, et contre la Justice de Dieu il n'y a

tre begehrt er »mit skythischer Wucht« gegen alle Herrschaft, alle Ordnung, alle Hierarchie, gegen göttliche wie menschliche Autorität auf.[17] Mit ihm sieht Schmitt den »eigentlichen Feind aller überlieferten Begriffe der westeuropäischen Kultur« die Arena betreten. Von ihm, in dem er, den »Barbaren in der russischen Räterepublik« um Generationen vorauseilend, den konsequentesten Widersacher von Politik und Religion, von Papst und Gott, Idee und Geist zu erkennen glaubt,[18] nimmt er den Begriff *Politische Theologie* auf, der seitdem mit Schmitts Namen verbunden wird und wie kein anderer mit ihm verbunden zu werden verdient. Dazu bestimmt, den Gegner zu brandmarken und ins Herz zu treffen, gegen den Bakunin zu Felde zieht, macht Schmitt sich den polemischen Begriff zu eigen, um seine Position durch ihn zu kennzeichnen und ihn zugleich gegen seinen Gegner zu wenden. Er verliert kein Wort darüber, welchem Arsenal die Waffe entstammt, deren er sich fortan bedient, und in welchem Kampf er sie dem Feind entwunden hat. Bakunin focht mit

point de justice terrestre qui tiennent. Esclaves de Dieu, les hommes doivent l'être aussi de l'Eglise et de l'Etat, en tant que ce dernier est consacré par l'Eglise. Voilà ce que, de toutes les religions qui existent ou qui ont existé, le christianisme a mieux compris que les autres, sans excepter même les antiques religions orientales, qui d'ailleurs n'ont embrassé que des peuples distincts et privilégiés, tandis que le christianisme a la prétention d'embrasser l'humanité tout entière; et voilà ce que, de toutes les sectes chrétiennes, le catholicisme romain a seul proclamé et réalisé avec une conséquence rigoureuse. C'est pourquoi le christianisme est la religion absolue, la dernière religion; et pourquoi l'Eglise apostolique et romaine est la seule conséquente, légitime et divine.« Michail Bakunin: *Dieu et l'Etat* (1871) in: *Œuvres complètes.* Leiden 1961 ff. / Paris 1973 ff., VIII, p. 98/99.
17 »Toute autorité temporelle ou humaine procède directement de l'autorité spirituelle ou divine.« *OC* VIII, p. 173.
18 *PT*, p. 45, 49, 50, 55, 56 (64/65, 69, 71, 81, 83/84); *Römischer Katholizismus und politische Form*. Hellerau 1923, p. 74–78 u. 80 (zweite, leicht veränderte Auflage, München 1925, p. 49–51 u. 53); *Die geistesgeschichtliche Lage des heutigen Parlamentarismus*. Zweite (gegenüber der ersten Ausgabe von 1923 veränderte und erweiterte) Auflage. München u. Leipzig 1926, p. 79, 83, 87; cf. *BdP*, p. 60, 64 u. insbes. die *Dritte Fassung*, Hamburg 1933, p. 45.

ihr gegen Mazzini.[19] Er schmiedete sie für einen Krieg, in dem sich unter dem Banner des Satans und dem Zeichen Gottes zwei unversöhnliche Heerlager gegenüberstehen.[20] Schmitt führt die Waffe im gleichen Krieg. Aber er will mit ihr dem anderen Lager zum Sieg verhelfen. Was Bakunin im Namen des Satans negiert, wird von Schmitt im Namen Gottes behauptet. Und was für den atheistischen Anarchisten dabei nichts als menschengemachte Fiktion ist, ist für den politischen Theologen gottgegebene Wirklichkeit.

Die unverhohlenste Empörung muß nicht die bedrohlichste sein und die am sichtbarsten zutage liegende Feindschaft nicht die alles entscheidende. Wenig spricht dafür, daß der Satan seine Macht dort zur höchsten Entfaltung bringt, wo er

19 Bakunin: *La Théologie politique de Mazzini et l'Internationale.* St. Imier 1871 (wiederabgedruckt in: *OC* I). Schmitt erwähnt diese Schrift nicht. Wohl aber sagt er über Bakunin:»Sein Kampf gegen den Italiener Mazzini ist wie das symbolische Vorpostengefecht einer ungeheuern weltgeschichtlichen Umwälzung, die größere Dimensionen hat als die Völkerwanderung. Der *Gottesglaube* des Freimaurers Mazzini war für Bakunin, *wie jeder Gottesglaube,* nur ein Beweis von Knechtschaft und die *eigentliche Ursache* alles Übels, aller staatlichen und politischen Autorität; es war metaphysischer Zentralismus« (*RK,* p. 75 [49], m. H.). Vergleiche außerdem die Gegenüberstellung von Bakunin und Mazzini im letzten Satz des Buches, das nach Schmitts Mitteilung in der *Politischen Theologie* »gleichzeitig« mit dieser »im März 1922« geschrieben wurde. Die *Politische Theologie* selbst kulminiert in einer Attacke auf den Feind, den Schmitt mit seiner Titel-Wahl ins Visier nimmt: Im Schlußsatz figuriert Bakunin als »der Theologe des Anti-Theologischen« und »der Diktator einer Anti-Diktatur«. Daß Schmitt, gerade was die Schlüsselbegriffe und -sentenzen seines Werkes anbetrifft, ganz bewußt auf»Quellenangaben« verzichtet, läßt sich an einer Reihe von Beispielen zeigen. Siehe dazu *Carl Schmitt, Leo Strauss,* p. 54, 91n. 103 u. 104; cf. p. 70/71. (Rudolph Sohms Schrift *Wesen und Ursprung des Katholizismus.* Berlin 1912, gegen die sich *Römischer Katholizismus und politische Form* unmittelbar wendet, wird von Schmitt ebenfalls nicht genannt.)
20 »Selon la doctrine mazzinienne aussi bien que chrétienne, le Mal c'est la révolte satanique de l'homme contre l'autorité divine, révolte dans laquelle nous voyons au contraire le germe fécond de toutes les émancipations humaines. Comme les Fraticelli de la Bohême au XIVe siècle, les socialistes révolutionnaires se reconnaissent aujourd'hui par ces mots: *Au nom de celui à qui on a fait tort, salut.* Seulement Satan, le révolté vaincu mais non pacifié d'aujourd'hui s'appelle la *Commune de Paris.«* La Théologie politique de Mazzini, OC I, p. 43/44; cf. p. 45 u. 72.

im Kampf gegen Gott und Staat als der ewige Empörer und Weltenbefreier gefeiert oder wo er, wie im Satanismus eines Baudelaire, mit dem Brudermörder Kain förmlich inthronisiert wird.[21] Wahrhaft satanisch ist, daran besteht für Schmitt kein Zweifel, die Flucht in die Unsichtbarkeit. Der Alte Feind bevorzugt die List, er ist ein Virtuose der Verstellung. Er wird der offenen Schlacht aus dem Wege zu gehen versuchen und wohl kaum unter eigener Flagge antreten. Statt irgend jemandem oder irgend etwas, wo nicht »dem Krieg selbst«, den Krieg zu erklären, wird er weit eher Frieden verheißen und nach Kräften bestrebt sein, in Sicherheit zu wiegen. Gemessen an der Folgerichtigkeit, mit welcher der ökonomische Rationalismus das von ihm aufgerichtete »System unbeirrter Sachlichkeit« ausbaut und vorantreibt, bis sich jede Regierung als überflüssig erweist, weil »die Dinge sich selbst regieren«, verglichen mit der Erledigung von Theologie und Politik auf dem Wege des technisch-industriellen Fortschritts, nimmt sich Bakunins Kampf wie der Kampf eines »naiven Berserkers« aus.[22] Für die Beurteilung der »moralischen Bedeutung der Zeit« ist der Anarchist von geringerem Gewicht als der Bourgeois, an dessen allgegenwärtige Wirksamkeit der Anarchist nicht entfernt heranreicht. Nicht er, sondern die geborene Verkörperung des Systems der Rechenhaftigkeit und der Berechnung steht daher im Mittelpunkt von Schmitts Aufmerksamkeit. Der Bourgeois ist Parteigänger und schließliche Erfüllung des »Zeitalters der Sekurität« in einem. Schmitt erblickt in seiner Gestalt die Existenz, die von Grund auf durch das Bedürfnis nach Sicherheit bestimmt wird. Dem Bourgeois geht nichts über seine Sekurität: Sicherheit für Leib und Leben, Sicherheit vor göttlichen und menschlichen Übergriffen auf sein privates Dasein, Sicherheit für ungestörten Handel und Wandel, Sicherheit vor Beeinträchtigungen bei der Mehrung und im Genuß seines Besitzes. Ihm geht nichts über

---

21 Bakunin: *Dieu et l'Etat, OC* VIII, p. 88/89. *PT*, p. 55 (80/81).
22 *RK*, p. 74 (49).

Sich und Sein Eigentum. Allen Ansprüchen, die aufs Ganze gehen, sucht er sich zu entziehen. Daraus erklärt sich sowohl seine Haltung gegenüber der Politik, deren er durch Kommerz und Kommunikation Herr werden will, als auch gegenüber der Religion, die er zur »Privatsache« erklärt. Er verschließt die Augen vor der Unausweichlichkeit der »Gegensätze von Gut und Böse, Gott und Teufel, zwischen denen auf Leben und Tod ein Entweder-Oder besteht, das keine Synthese und kein ›höheres Drittes‹ kennt«, und hofft darauf, die definitive Auseinandersetzung ließe sich »durch eine ewige Diskussion ewig suspendieren«.[23] Niemand ist für die Verheißung von *Frieden und Sicherheit* empfänglicher als er. Die Offenbarung erreicht ihn nicht. Leicht erliegt er der Versuchung, sich dem Glauben an »grenzenlose Veränderungs- und Glücksmöglichkeiten des natürlichen diesseitigen Daseins der Menschen« hinzugeben.[24] Die einzigen Wunder, die er duldet, sind die »Wunder«, die er selbst vollbringt. Der Bourgeois ist für Schmitt der Inbegriff des Menschen, für den der Vers gilt: »Er schließt sich ein und schließt Gott aus.«[25]

---

23 *PT*, p. 50, 52, 54 (71, 75/76, 78/79); *RK*, p. 25, 42/43, 58–60 (17, 28, 38/39).
24 *BdP*, p. 93.
25 *BdP*, p. 62; *Recht und Raum* in: Tymbos für Wilhelm Ahlmann. Berlin 1951, p. 243. Schmitt steht mit seinem Angriff aus dem Geist des Christentums auf den Bourgeois und den Liberalismus unter den Zeitgenossen nicht allein. »Die bürgerliche Seele und das bürgerliche Bewusstsein«, lesen wir in Nikolai Berdiajews *Christentum und Klassenkampf* (Luzern 1936), »sind ihrem historischen Ursprung nach mit dem Abfall vom Christentum und dem Verfall der christlichen Geistigkeit eng verbunden. Die Formen der bürgerlichen seelischen Haltung sind einem echten Christen zuwider« (p. 78/79). »Der Kommunist ist ... der endgültige Bürger, der Bürger, der seinen letzten Sieg erfochten hat, zum Kollektivmenschen geworden ist und seine Macht über Alles verbreiten will« (p. 57). Deshalb »wird das kommende Reich des Sozialismus ein Reich der endgültigen Verbürgerlichung der Welt« (p. 98; cf. p. 37/38, 55, 56). Im »Geist des Bürgertums« sieht Berdiajew »letzten Endes die Leugnung des Kreuzes, des tragischen Prinzips der irdischen Existenz« (p. 58). In *Von der Würde des Christentums und der Unwürde der Christen* (Luzern 1936) steigert Berdiajew seinen Vorwurf zu der Anklage, die »Grundidee des Bürgers« laufe darauf hinaus, »die Macht und die Güter in der Welt zu erstreben, ohne das Geheimnis von Golgatha anzunehmen. Das ist die chiliastische Idee des Bürgers; und das

Die Wertschätzungen Schmitts haben einen gemeinsamen Fluchtpunkt. Sie verweisen auf das, was Schmitt sich unter allen Umständen zu bewahren entschlossen ist: auf die Gewißheit seines Glaubens. In der Gewißheit seines Glaubens verteidigt Schmitt das Zentrum seiner Existenz, das, was ihn allein tragen und halten kann. Damit es ihn aber trage und halte, muß er in ihm das Zentrum aller Dinge verteidigen. »Sinngebungen« des Menschen geben keinen Sinn, und »Wertsetzungen« schaffen nichts, das der Willkür entzogen bliebe, das rückhaltlose Hingabe verdiente und unbedingte Gültigkeit beanspruchen könnte. Nur eine Gewißheit, an der alle menschlichen Sicherheiten zuschanden werden, kann Carl Schmitts Bedürfnis nach Sicherheit genügen, nur die Gewißheit einer Gewalt, die alle menschliche Verfügungsmacht radikal übersteigt, kann das moralische Schwergewicht ver-

Bürgertum ist eben nichts anderes als die Nichtannahme Jesu Christi, nichts anderes als seine Kreuzigung. Und Jesus Christus kreuzigen können auch diejenigen, die sich zu seinen Worten bekennen« (p. 51/52; cf. p. 39, 41, 42, 44, 48, 55). Erik Peterson schreibt in seinem Aufsatz *Politik und Theologie* während der dreißiger Jahre: »Der Liberalismus, der behauptete, daß Theologie und Politik nichts miteinander zu tun hätten, war derselbe Liberalismus, der in der Politik Staat und Kirche voneinander trennte und für den in der Theologie die Zugehörigkeit zum Leibe Christi nur eine persönliche Ansichtssache und das christliche Dogma nur ein bloß subjektives Meinen war. Es ist klar, daß eine solche Privatisierung des Glaubens, wie sie der Liberalismus vornahm, alle Teile der Dogmatik in Mitleidenschaft ziehen mußte. Da wurde Gott nach Möglichkeit seines transzendenten Charakters entkleidet, damit er in die private religiöse Beziehung eingehen konnte. Da wurde der Gottmensch ein liberaler Bourgeois, der zwar keine Wunder tat, aber dafür Humanität predigte, dessen Blut zwar kein Geheimnis war, der aber für seine Überzeugung gestorben war, der zwar nicht von den Toten auferstanden war, der aber in der Erinnerung der ihm Nahestehenden fortlebte, der zwar nicht das Ende der Welt und seine Wiederkunft verkündigt hatte, der uns aber die Schönheit der Lilien auf dem Felde sehen gelehrt hatte. Da wurde auch der Hl. Geist nicht mehr als die dritte Person der Trinität verehrt, sondern nur noch psychologisch auf die sogen. religiösen Erlebnisse der eigenen Seele bezogen. Die Behauptung, daß Politik und Theologie nichts miteinander zu tun haben, konnte vom Liberalismus also nur in der Weise durchgeführt werden, daß der christliche Glaube häretisch entstellt wurde.« (Unveröffentlichtes Manuskript, Transkription Barbara Nichtweiß, p. 1/2. S. Barbara Nichtweiß: *Erik Peterson. Neue Sicht auf Leben und Werk.* Freiburg i. Br. 1992, p. 820/821.)

bürgen, das dem Belieben ein Ende setzt: die Gewißheit des Gehorsam fordernden, unumschränkt regierenden und nach eigenem Recht richtenden Gottes. *One has not to be naturally pious, he has merely to have a passionate interest in genuine morality, i.e. in »categoric imperatives«, in order to long with all his heart for revelation.* Die Eine Quelle, aus der sich Schmitts Entrüstung und Polemik speisen, ist seine Entschlossenheit, den Ernst der moralischen Entscheidung zu verteidigen. Für Schmitt ist diese Entschlossenheit Konsequenz und Ausdruck seiner Politischen Theologie. Denn im Lichte der Politischen Theologie, die alles unter das Gebot des Gehorsams stellt, erscheint die Verteidigung der moralischen Entscheidung selbst als moralische Pflicht. Die Entrüstung verwandelt sich aus einem Affekt des moralischen Bedürfnisses in einen moralisch gebotenen Akt, und der Polemik wird die Aufgabe zugewiesen, der moralischen Disjunktion Geltung zu verschaffen, die die Wirklichkeit im Innersten zusammenhält.

Das Bedürfnis des moralischen Menschen nach unbedingter Gültigkeit verlangt nach einer Welt, der das moralische Entweder-Oder unverlierbar eingeschrieben, nach einer Wirklichkeit, in die der Widerstreit letzter Gegensätze für den Menschen unaufhebbar eingesenkt ist. Es ist auf eine Realität gerichtet, die ihn ganz erfaßt und die er zu erfassen nicht hinreicht, eine Realität, der er sich in Ergriffenheit nähern, die ihn mit heiliger Scheu erfüllen kann. Der moralische Mensch verlangt nach der Tragödie, und er begreift die Welt nach ihrem Bilde, als Geschick und Fügung, als unauflösbaren Zusammenhang von Schuld, Gericht und verborgenem Sinn, von Sünde, Strafe und Errettung. Was der Vernunft inkommensurabel erscheint, gilt dem Glauben dabei als höchste Bestätigung für die Unabweisbarkeit des Geistes der Schwere. Die Notwendigkeit zur moralischen Entscheidung, das gebieterische »Du sollst!« reicht weiter als die menschliche Einsicht. Der Ernst ist allem Rechten, Wägen und Verstehen überlegen. Denn die Providenz wirkt durch die »rätselhafte Verkettung und Verstrickung unbestreitbar wirklicher Ereignisse«. Die Rätselhaftigkeit zu entwirren bleibt den Akteuren in der Regel versagt. Dem moralischen Bedürfnis indes kommt es allein auf die erhabene Quelle an, aus der sich die tragische Wirklichkeit herleitet; die Rätsel, die sie aufgibt, können ihre Erhabenheit nur unterstreichen. »Der Kern des tragischen Geschehens, der Ursprung tragischer Echtheit, ist etwas so Unumstößliches, daß kein Sterblicher ihn sich ausdenken und kein Genie ihn sich aus den Fingern saugen kann.«[26] Was für Schmitt den »nicht relativierbaren« und »nicht verspielbaren Ernst« der Tragödie ausmacht, die der Dichter gestaltet, macht für ihn zugleich und zuallererst den nicht relativierbaren und nicht verspielbaren Ernst des tragischen Geschehens aus, das der dichterischen Gestaltung der Tragödie nach Schmitts Meinung zugrunde liegt: Der »Einbruch der Zeit in das Spiel« wie die von der göttlichen Vorsehung regierte Geschichte selbst sind »über jede subjektive Erfindung erhaben«. Im einen wie im anderen Fall stößt Schmitt auf eine unüberwindbare, nicht verfügbare Gewalt. Er trifft auf »eine unumstößliche Wirklichkeit, die kein menschliches Gehirn erdacht hat, die vielmehr von außen gegeben, zugestoßen und vorhanden ist. Die unumstößliche Wirklichkeit ist der stumme Felsen, an dem das Spiel sich bricht und die Brandung der echten Tragik aufschäumt.«[27] Der Fels des Fatums, auf den Schmitt baut, ist der Stein des Anstoßes für das Trachten und Planen der Promethiden. Ebendas, worin Schmitts Zutrauen gründet, der Ernst werde dem Leben unverrückbar erhalten bleiben, ebendas, worin er seine Hoffnung setzt, dem Nichtrelativierbaren, dem Unbedingten, dem Erhabenen zu begegnen, wird von der »aktivistischen Metaphysik« zur Disposition gestellt, die sich der Selbstermächtigung und Selbsterrettung der Menschheit ver-

---

26 *Hamlet oder Hekuba. Der Einbruch der Zeit in das Spiel.* Düsseldorf-Köln 1956, p. 47; cf. *PR*, p. 104.
27 *Hamlet oder Hekuba*, p. 47, 54; cf. p. 48, 51, 55; *DC*, p. 114; *G*, p. 23, 24, 287.

schrieben hat.[28] Alles Tun und Beginnen der Promethiden zielt auf die schließliche Überwindung der Tragödie. Sie erstreben nichts Geringeres als deren definitives Ende. Wo der Mensch zum »alleinigen Wesen« geworden ist und die Menschen »alles machen können«, bleibt kein Raum mehr für Tragik, noch, mithin, für die »anspruchsvolle moralische Entscheidung«, auf die es Schmitt ankommt. Hier liegt die tiefe Feindschaft Schmitts zu den Nachfolgern des Empörergottes beschlossen, und es hat einen guten Sinn, daß er sich an ihrem »Gegenbild« der eigenen Position vergewissert. *Zuerst ist das Gebot, die Menschen kommen später.*

Kein absolutes Gebot ohne den allmächtigen Gebieter, keine christliche Moral ohne den christlichen Gott und keine Sicherheit außerhalb der Gewißheit des Glaubens – Schmitt weiß, was mit seiner Feindentscheidung auf dem Spiel steht.[29] Er bestimmt seinen Standort im Bewußtsein der »tiefsten Zusammenhänge«. Seine Politische Theologie trägt nicht nur der Einsicht Rechnung, »daß mit dem Theologischen das Moralische, mit dem Moralischen die politische Idee verschwindet«, gesetzt, das Theologische oder das Moralische könnte jemals »verschwinden«. Schmitt glaubt darüber hinaus und sehr viel bestimmter zu wissen, »daß die Leugnung der Erbsünde alle soziale Ordnung zerstört«.[30] Es ist folglich nicht erst auf die allgemeine »Gottunfähigkeit« zu warten, noch wäre für die Aufrechterhaltung der sozialen Ordnung irgend etwas von einer wohlmeinenden »Verteidigung des Gottesglaubens« zu erhoffen. Wie immer es mit der Ordnung stehen mag, für die der Glaube an die Erbsünde unabdingbar sein soll, sicher ist er es für Schmitts Politische Theologie. Die Lehre von der Erbsünde macht den Garanten

---

28 Cf. *BdP*, p. 93; *ECS*, p. 49, 52/53; beachte das Motto, das Schmitt seinem Buch *Der Wert des Staates und die Bedeutung des Einzelnen*. Tübingen 1914, vorangestellt hat.
29 Cf. Nietzsche: *Die fröhliche Wissenschaft*, Aph. 343; siehe dazu *Gespräch über die Macht und den Zugang zum Machthaber*. Pfullingen 1954, p. 20–23; *G*, p. 139.
30 *PT*, p. 55 (82); *BdP* III, p. 45.

namhaft, der die Unausweichlichkeit eines radikalen Entweder-Oder bis ans Ende der Zeiten verbürgt: *Ich will Feindschaft setzen zwischen Deinem Samen und ihrem Samen.* Der
Glaube an die Wahrheit von Genesis III,15 ist das Fundament,
auf dem Schmitts Politische Theologie errichtet ist.[31] Die Lehre von der Erbsünde hat den Gegensatz von Gut und Böse,
Gott und Satan, Gehorsam und Ungehorsam zum Gegenstand. In eins damit aber stellt sie den Menschen selbst vor
ein letztes Entweder-Oder. Die Entscheidung, das bedin-
gungslose *Credo* oder *Non-Credo*, das sie verlangt, wird so
zum Paradigma der »anspruchsvollen moralischen Entscheidung« schlechthin. Schmitt begreift diese nach dem Bilde jener, als deren im Grunde immer gleiche, geschichtlich immer
neue Wiederholung. Deshalb ist die »anspruchsvolle moralische Entscheidung« sein Prüfstein. Deshalb bezeichnet die
Haltung gegenüber »dem Moralischen« eine Scheidelinie, die
Schmitt nicht aus dem Auge verliert.

Der Bourgeois ist »damit gerichtet«, daß er der Entscheidung ausweichen will und sein Heil in der »Sphäre des unpolitisch risikolos Privaten« sucht.[32] Bakunin, der »dem Kampf
gegen die Theologie« als erster die »ganze Konsequenz eines
absoluten Naturalismus gibt«, wird das Urteil gesprochen,
weil »in einem paradiesischen Diesseits unmittelbaren, natürlichen Lebens und problemloser ›Leib‹-haftigkeit«, wie er
es mit der endgültigen Niederwerfung des Feindes anstrebt,
»jede moralische und politische Entscheidung paralysiert«
würde. Das gleiche gilt für alle, die gegen die patria potestas
und gegen die Monogamie zu Felde ziehen, um die Rückkehr
zum Matriarchat als dem »angeblich paradiesischen Urzu-
stande« ungetrübter Liebe und Freundschaft zu »predi-
gen«.[33] Der Gegensatz, in dem das *Nemo contra hominem*

---

31 Cf. *BdP*, p. 67; *ECS*, p. 89/90.
32 *PT*, p. 52 (75); *BdP* III, p. 43.
33 *PT*, p. 55 (81/82); *GLP*, p. 83; *Gespräch über den Partisanen* in: Joachim
Schickel (Hrsg.): *Guerrilleros, Partisanen. Theorie und Praxis.* München
1970, p. 23.

nisi homo ipse zur Lehre von der Erbsünde steht, könnte schärfer nicht sein, und wie sich die promethidische Selbstermächtigung und Selbsterrettung zu ihr verhalten, die Schmitt attackiert, liegt nicht weniger klar zutage; denn der Wille des Menschen, sein Leben ganz auf sich gestellt und aus eigener Kraft, allein der Vernunft und dem eigenen Urteil folgend, zu führen, das *ist* die Erbsünde: seine Vermessenheit beginnt nicht dort, wo er glaubt, daß er *alles* machen könne, sondern da, wo er vergißt, daß es *nichts* gibt, was er aus eigenem Recht, außerhalb des Gehorsams, tun darf. Der Romantiker wird von Schmitt geradezu als die Verkörperung der Unfähigkeit zur anspruchsvollen moralischen Entscheidung definiert; der Romantiker möchte, wie der Bourgeois im allgemeinen, die Entscheidung ewig vertagen und verschieben; das »höhere Dritte«, auf das er sich, vor die Wahl gestellt, beruft, ist in Wahrheit »nicht ein höheres, sondern ein anderes Drittes, d. h. immer der Ausweg vor dem Entweder-Oder«;[34] dabei hat es jedoch nicht sein Bewenden: Religion, Moral und Politik sind ihm nichts als »Vehikel seines romantischen Interesses« oder ebenso viele Gelegenheiten, sein geniales Ich allseitig zur Entfaltung zu bringen, das er zum »absoluten Zentrum« erhebt; der Romantiker will die Souveränität seines schrankenlosen Subjektivismus gegen den Ernst der politisch-theologischen Wirklichkeit verteidigen, indem er eine Realität gegen die andere ausspielt, »niemals sich entscheidend in diesem Intrigenspiel der Realitäten«; das romantische Ich, das sich die Stelle Gottes als »letzte Instanz« anmaßt, lebt in einer »Welt ohne Substanz und ohne funktionelle Bindung, ohne feste Führung, ohne Konklusion und ohne Definition, ohne Entscheidung, *ohne letztes Gericht*, unendlich weitergehend, geführt nur von der magischen Hand des Zufalls, the magic hand of chance«; die »Säkularisierung Gottes zum genialen Subjekt« beschwört eine Welt herauf, in der sich alle religiösen, moralischen und politischen Unterschei-

---

34 *PR*, p. 162; cf. p. 21, 26, 83, 133, 169; *BdP*, p. 68.

dungen »in eine interessante Vieldeutigkeit« auflösen und die Gewißheit sich zur Beliebigkeit verflüchtigt.[35] Nicht viel besser steht es mit dem Ästhetizisten; wo das Ästhetische zum absoluten Zentrum gemacht wird, ist die »Hierarchie der geistigen Sphäre«, die wahre Ordnung in ihrer festen Fügung und bestimmten Führung zerstört; der Ästhetizist, der im »völlig amoralischen, naturhaften Genuß« seines ästhetischen Gegenstandes oder seiner eigenen Leistung, im noch so sublimen Konsum oder in der noch so raffinierten Produktion sein Genügen findet, verfehlt das Wichtigste;[36] die moralischen, religiösen und politischen Gegensätze verwandeln sich ihm in unverbindliche Kontraste, reizvolle Schattierungen eines Kunstwerkes, das er bewundern oder an dem er sich selbst versuchen mag, das ihn aber keinesfalls zur »großen moralischen Dezision«[37] aufrufen, geschweige denn autoritativ, auf Leben und Tod, in die Pflicht nehmen kann.[38] Schließlich bewährt sich Schmitts Prüfstein – um ein letztes Beispiel zu nennen, das mehr als ein Beispiel ist – an Hegel; da in Hegels geschichtsphilosophischer Konstruktion »niemals von *außen* her, außerhalb der Immanenz der Entwicklung, eine Ausnahme eintritt«, da ihr zufolge sich »auch die entgegengesetzten Dinge durchdringen und der übergreifenden Entwicklung einverleibt« werden, hat das »*Entweder-Oder* der moralischen Entscheidung, die entschiedene und

---

35 *PR*, p. 22, 25 (m. H.), 132, 222, 223; cf. p. 96/97, 104, 161, 168, 169, 172, 175, 177, 205, 207, 224.
36 *PR*, p. 21, 223; *BdP*, p. 83; cf. *RK*, p. 74 (49).
37 Cf. *GLP*, p. 80, 83; beachte p. 89.
38 »Wenn die Hierarchie der geistigen Sphäre sich auflöst, kann alles zum Zentrum des geistigen Lebens werden. Aber alles Geistige, auch die Kunst selbst, wird in seinem Wesen verändert und sogar gefälscht, wenn das Ästhetische verabsolutiert und zum Mittelpunkt erhoben wird ... Weder religiöse, noch moralische, noch politische Entscheidungen, noch wissenschaftliche Begriffe sind im Bereich des Nur-Ästhetischen möglich. Wohl aber können alle sachlichen Gegensätze und Unterschiede, Gut und Böse, Freund und Feind, Christ und Antichrist, zu ästhetischen Kontrasten und zu Mitteln der Intrige eines Romans werden und sich ästhetisch in die Gesamtwirkung eines Kunstwerkes einfügen.« *PR*, p. 21.

entscheidende Disjunktion, in diesem System keine Stelle«;[39] wie alles andere werden auch die Diktatur, der Gegensatz von Gut und Böse und selbst der Feind[40] »in der Peristaltik dieses Weltgeistes assimiliert«;[41] daß es mit der »Absolutheit der moralischen Disjunktion« bei Hegel nichts ist, hat seinen tiefsten Grund aber darin, daß Hegels Theorie »im Kern immer im Kontemplativen« bleibt, oder daß, genauer gesagt, Hegel als Philosoph in der Kontemplation verharrt.[42]

---

39 *GLP*, p. 68; cf. *PT*, p. 49 (70).

40 In einem Brief an Alexandre Kojève schreibt Schmitt mehr als dreißig Jahre später: »Es ist ja allgemein – ähnlich wie bei der Frage nach der Möglichkeit einer ›Diktatur‹ im System der Hegelschen Philosophie – die Frage, ob es einen ›Feind‹ bei Hegel überhaupt geben kann. Denn: entweder ist er nur ein notwendiges Durchgangsstadium der Negation, oder aber nichtig und wesenlos« (14. 12. 1955).

41 *GLP*, p. 68. Schmitt fährt fort: »Hegels Philosophie hat keine Ethik, die eine absolute Trennung von Gut und Böse begründen könnte. Gut ist für sie, was im jeweiligen Stadium des dialektischen Prozesses das Vernünftige und damit das Wirkliche ist. Gut ist (...) ›das Zeitgemäße‹ im Sinne richtiger dialektischer Erkenntnis und Bewußtheit. Wenn die Weltgeschichte das Weltgericht ist, so ist sie ein Prozeß ohne letzte Instanz und ohne definitives disjunktives Urteil. Das Böse ist unwirklich und nur insoweit denkbar, als etwas Unzeitgemäßes denkbar ist, also vielleicht erklärlich als eine falsche Abstraktion des Verstandes, eine vorübergehende Verwirrung einer in sich selbst beschränkten Partikularität.«

42 *GLP*, p. 69 u. 76. Daran ändert auch die »allgemeine Doppelseitigkeit« von Hegels Philosophie (p. 70), die Tatsache, daß sie von »aktiven Menschen ernst genommen«, historisch umgesetzt und so praktisch höchst folgenreich werden kann (p. 69), oder die Erwägung, daß sie »genug Möglichkeiten birgt, die echte Einmaligkeit des geschichtlichen Geschehens zu erreichen«, nichts (*Die geschichtliche Struktur des heutigen Welt-Gegensatzes von Ost und West* in: Freundschaftliche Begegnungen. Festschrift für Ernst Jünger zum 60. Geburtstag. Frankfurt/Main 1955, p. 153). Die Kluft, durch die Schmitt von Hegel geschieden bleibt, wird nirgendwo schärfer sichtbar als in Hegels Positionsbestimmung gegenüber dem »erscheinenden Gott mitten unter ihnen, die sich als das reine Wissen wissen« (*Phänomenologie des Geistes*, Kap. VI, Schlußsatz), eine Aussage, die aufs engste und äußerste mit Hegels »Verbleiben in der Kontemplation« verbunden ist. Beachte hierzu im einzelnen die Stellen der *Introduction à la lecture de Hegel* von Alexandre Kojève (Paris 1947), auf die Schmitt in diesem Zusammenhang verweist: p. 144/145, 153/154, 163/164, 195, 267, 404/405 (*Clausewitz als politischer Denker. Bemerkungen und Hinweise* in: Der Staat, 6. Jg., 4. H., 1967, p. 488n.; cf. Schmitts Wiedergabe des Hegel-Zitats p. 488). Siehe außerdem *PR*, p. 94/95, 117; *Die Einheit der Welt*, p. 7, 10/11 und *G*, p. 27, 107, 210/211.

Betrachten ist nicht gehorchen. Damit schließt sich der Kreis. Wir sind, Schmitts Scheidelinie folgend, wieder beim Dreh- und Angelpunkt der Politischen Theologie angelangt. Wer in der Kontemplation verharrt, hört den Ruf nicht, der ihn vor die Entscheidung stellt Gott oder Satan, Freund oder Feind, Gut oder Böse. Er richtet seine Existenz nicht nach dem Gebot aus, das von außen an ihn ergeht. Dieses Verharren, Nichthören und Nichtgehorchen führt uns deutlicher als alles andere vor Augen, auf welche Moral es bei Schmitt hinaus will: Der Mensch findet sein Heil nur im glaubenden Gehorsam. Kraft seiner göttlichen Herkunft lebt er im Stand der Probe und des Gerichts. Er steht unter dem Gebot des geschichtlichen Handelns. Der Mensch ist das Geschöpf, das »Antwort tun« muß.[43] Mit dem Gehorsam stellt die Politische Theologie diejenige Tugend ins Zentrum, die nach den Worten eines ihrer größten Lehrer »in der vernünftigen Kreatur gleichsam die Mutter und die Wächterin *aller Tugenden* ist«.[44] Die moralischen Tugenden erhalten durch die Verankerung im unbedingten Gehorsam einen Charakter, der ihnen anders nicht zukommt. Sie erscheinen nicht als Mittel und Wege zu einem natürlichen Optimum, sondern verwandeln sich in fraglos geltende Forderungen.[45] Sie nehmen die Verbindlichkeit an, die allein der Befehl der höchsten Autorität zu verleihen vermag. Für die Politische Theologie bedeutet die Unterordnung unter den Gehorsam, daß sie sich, will sie mit ihren eigenen Voraussetzungen im Einklang bleiben, als »Theorie« aus dem Gehorsam verstehen muß. Die Politische Theologie ist vom Gebot des geschichtlichen Handelns nicht ausgenom-

---

43 *ECS*, p. 53, 68, 75, 78; *Die geschichtliche Struktur*, p. 147–154.
44 »Sed oboedientia commendata est in praecepto, quae virtus in creatura rationali mater quodam modo est omnium custosque virtutum.« Aurelius Augustinus: *De civitate dei*, XIV, 12.
45 Cf. Aristoteles: *Eudemische Ethik*, VII, 1249b6–21; *Nikomachische Ethik*, X, 1177b1–8, 1178b7–22; Nietzsche: *Zur Genealogie der Moral*, III, Aph. 1, 8, 9 (*KGW* VI, 2, p. 357, 2–5; 370, 19–21; 371, 26–27; 372, 15–19; 373, 19–23; 374, 16–19); Leo Strauss: *Natural Right and History*. Chicago 1953, p. 151.

men. Auch für sie gilt, daß nur der Gehorsam gegen Gott vor dem Herrn dieser Welt Schutz gewähren kann. Sollten wir im *obedio, ut liber sim* des politischen Theologen das durch keine Säkularisierung entstellte Urbild des »ewigen Zusammenhangs von Schutz und Gehorsam« wiedererkennen?[46]

Wenn wir die moralischen oder politischen Tugenden näher in Augenschein nehmen, die den Gehorsam zur Mutter und Wächterin haben, so leuchtet die besondere Stellung, die der Tapferkeit zukommt, unmittelbar ein. Ist das Gebot des geschichtlichen Handelns nicht auch ein Gebot zur Tapferkeit? Die Begegnung mit dem Feind auf Leben und Tod verlangt Tapferkeit. Wer in Zeiten drohenden Bürgerkriegs der »Pflicht zum Staat« genügen will, wird ohne sie nicht auskommen. Die Kriege, Kreuzzüge, Martyrien und Revolutionen, die die Weltgeschichte bereithält, scheinen sie zum zwingenden Erfordernis zu machen, ganz zu schweigen von der »blutigen Entscheidungsschlacht«, der auf Dauer nicht ausgewichen werden kann. Die Tapferkeit mag nicht hinreichen, um den Kampf gegen den Satan zu bestehen, doch ist sie nicht unverzichtbar, um ihn zu beginnen? Und was soll man von ihr im Hinblick auf den Bourgeois sagen: Haben ihm seine schärfsten Kritiker, von Rousseau bis Nietzsche, von Hegel bis Lenin, von Sorel bis Jünger, in der Tapferkeit nicht die Tugend entgegengehalten, die er zuallererst verneint? Die Politische Theologie läßt die Tapferkeit also als unabdingbar erscheinen. Der politische Theologe muß sich um so mehr in ihr bewähren, als er weiß *que le combat spirituel est plus brutal que la bataille des hommes.*[47] Von welcher Art aber ist seine

---

46 *BdP*, p. 53; *ECS*, p. 20; *Der Nomos der Erde im Völkerrecht des Jus Publicum Europaeum.* Köln 1950, p. 295. – »*Fac, et tolle; fac opus, et accipe praemium; certa in agone, et coronaberis.*‹ Quod est opus? Oboedientia. Quod est praemium? Resurrectio sine morte.« Augustinus: *Sermo ad catechumenos de symbolo*, III, 9.

47 *Staatsethik und pluralistischer Staat* (1930) in: *Positionen und Begriffe im Kampf mit Weimar–Genf–Versailles 1923–1939.* Hamburg 1940, p. 145; *PT*, p. 52, 54 (75, 80); *Clausewitz als politischer Denker*, p. 502; *G*, p. 213; cf. *Totaler Feind, totaler Krieg, totaler Staat* (1937) in: *PuB*, p. 239 und *Die*

Tapferkeit? Es ist nicht die Tapferkeit, die dem abverlangt wird, der die »innerste Notwendigkeit der Freiheit des Daseins« verstehen und ergreifen will, um sich selbst »seine eigenste Bürde« aufzuladen.[48] Es ist auch nicht die Tapferkeit derer, die sich im »gefährlichen Leben« versuchen, um den »Heroismus in die Erkenntnis zu tragen«, oder die jener anderen Gehorchenden, welche sich dem »guten Krieg« verschreiben, um einer »Heiligkeit der Erkenntnis« oder einer »neuen Vornehmheit« als Vorläufer zu dienen.[49] Die aus dem Gehorsam geborene Tapferkeit des politischen Theologen ist am wenigsten zu verwechseln mit der Tapferkeit, der die Tugenden der *Weisheit* und der *Besonnenheit* zur Seite stehen.[50] Vielmehr ist sie aufs engste verschwistert und verbunden mit dem *Glauben* und der *Hoffnung*. In deren Mitte hat sie ihren Ort. Die Tapferkeit des Spartaners, der im Leben und Sterben für das Vaterland seine höchste Erfüllung findet, kann von Schmitts Politischer Theologie als »geschichtliche Antwort« verstanden und, in dieser Relativierung, bejaht werden. Mit der offenkundigen Einschränkung, welche die aus der Sicht der Politischen Theologie grundlegend veränderte historische Situation verlangt, gilt dies selbst noch für die Tapferkeit des schieren Standhaltens, die, den Nihilismus

geschichtliche Struktur, p. 150, wo das Rimbaud-Wort jeweils in der authentischen, noch nicht durch Schmitt verschärften Fassung erscheint. Vollständig lautet es: »Le combat spirituel est aussi brutal que la bataille d'hommes; *mais la vision de la justice est le plaisir de Dieu seul.*« Arthur Rimbaud: *Une saison en enfer* (1873) in: *Œuvres complètes* (Bibl. de la Pléiade), p. 117 (m. H.).
48 Martin Heidegger: *Die Grundbegriffe der Metaphysik. Welt, Endlichkeit, Einsamkeit* (1929/30). GA 29/30, Frankfurt/Main 1983, p. 247/248; siehe p. 270/271.
49 Nietzsche: *Die fröhliche Wissenschaft*, Aph. 186; *Also sprach Zarathustra*, I, Vom Krieg und Kriegsvolke (cf. *KGW* VII, 16 [50]); III, Von alten und neuen Tafeln, 21.
50 Platon: *Politeia* 427e; beachte *Nomoi* 630e, 631c–d, 659a, 963c–e, 965c–d, *Protagoras* 349d, 359a–360e. Cf. Seth Benardete: *Socrates' Second Sailing. On Plato's »Republic«.* Chicago 1989, p. 83–88, und Joseph Cropsey: *Virtue and Knowledge: On Plato's »Protagoras«* in: Interpretation. A Journal of Political Philosophy, New York, Vol. 19, No. 2, Winter 1991/92, p. 151–155.

vor Augen, im »Glauben ohne Inhalte« ausharrt und den äußersten Schmerz ertragen will, um sich »trotz allem an der Rüstung zu beteiligen«.[51] Aber weder die späte gläubige Entschlossenheit des »heroischen Realismus« noch die ursprüngliche politische Tugend des Andreia-Ideals ist mit der Tapferkeit der Politischen Theologie identisch. Sie gelangt zu ihrem Eigensten erst in der Tapferkeit, deren der Gläubige bedarf, um sein Leben in dieser Welt angesichts der »furchtbaren Dezision« zu führen, die Gläubige und Ungläubige in der anderen Welt erwartet und die ihnen ewige Seligkeit oder ewige Verdammnis verheißt.[52]

Die Reihe *Glaube, Hoffnung, Tapferkeit* findet ihre angemessene Fortsetzung in der *Demut*. Denn der Gehorsam ist auch in dem Sinne Mutter und Wächterin der Tapferkeit, daß er ihr in der Demut die biblische Tugend zur Begleiterin gibt, die dem Aufkeimen des Stolzes entgegenwirkt und die den Tapferen seinen Sieg und Lohn als ein Werk der Gnade anzunehmen lehrt.[53] Man mag darüber hinaus fragen, ob die Demut nicht in Wahrheit die einzig angemessene Tugend für den Menschen ist, der im Glauben lebt, Geschöpf des allmächtigen Gottes zu sein. Kann vor der Allmacht dessen, der die Welt aus dem Nichts erschaffen hat, der Glaube etwas anderes sein als Gehorsam und der Gehorsam anders geübt werden denn in Demut? Was aber macht den Gehorsam demütig und die Demut zur Tugend? Offenbar kann die Demut nur solange eine »Tugend« sein, als sie ganz im Gehorsam aufgeht, oder, was dasselbe besagt, solange sie sich nicht als

51 Ernst Jünger: *Über den Schmerz* in: *Blätter und Steine.* Hamburg 1934, p. 167, 169, 171, 173, 177, 212/213; *Das Abenteuerliche Herz. Aufzeichnungen bei Tag und Nacht.* Berlin 1929, p. 24, 51; cf. *Die totale Mobilmachung* in: Ernst Jünger (Hrsg.): *Krieg und Krieger.* Berlin 1930, p. 29/30 (*Blätter und Steine*, p. 152/153).
52 *PR*, p. 104. Cf. Niccolò Machiavelli: *Discorsi sopra la prima deca di Tito Livio*, II, 2 u. I, 26, *Opere* (Feltrinelli), I, p. 282/283 u. 193/194; Jean-Jacques Rousseau: *Du contrat social*, IV, 8, *Œuvres complètes* (Bibl. de la Pléiade), III, p. 465–467; Leo Strauss: *Liberalism Ancient and Modern.* New York 1968, p. 193, 196.
53 Cf. Aristoteles: *Nikomachische Ethik*, IV, 7–9.

Tugend erkennt.[54] Wäre die Demut also der tiefste Gehorsam, weil sie nichts als gehorchen will? Sollte sie am Ende die höchste Tugend sein, weil sie nur glaubt und nichts von sich weiß? Sei dem wie dem sei. Wie sehr und wie viel die Demut uns im übrigen zu denken geben mag,[55] wir haben noch in einer anderen Rücksicht von ihr zu sprechen, wenn wir der Frage nachgehen, auf welche Moral Schmitts Politische Theologie hinaus will. Denn die Demut ist der Schlüssel zum Verständnis von Schmitts Historismus. Sie bestimmt von Grund auf die Haltung gegenüber der Geschichte, die Schmitt im Anschluß an die Geschichtsdeutung von Konrad Weiss als die Haltung eines christlichen Epimetheus charakterisiert. Der christliche Epimetheus glaubt, daß die Geschichte von der göttlichen Vorsehung regiert werde. Sie erscheint ihm daher als ein »unteilbares Ganzes«, das in irgendeinem seiner Stükke anders haben zu wollen, als es sich tatsächlich ereignete, Ausdruck menschlicher Vermessenheit wäre. Die Haltung, in der der christliche Epimetheus der Geschichte begegnet, hat ihr Vorbild im marianischen *Siehe, ich bin eine Magd des Herrn, mir geschehe nach deinem Wort*. Alles kommt darauf an, dem Wort zu entsprechen, das der Herr der Geschichte in und durch die Geschichte spricht und das für den glaubenden

---

54 Martin Luther nennt die Demut »die aller hochste tugend«. Er sagt von ihr mit Grund: »Got erkennet alleyn die demut/richtet auch vnnd offenbart sie alleyn/das der mensch nymmer weniger von d' demut weiß/denn ebenn wenn er recht demutig ist.« Erläuternd setzt er hinzu: »Rechte demut weyß nymmer das sie demutig ist/denn wo sie es wißte/ßo wurd sie hohmutig von dem ansehen der selben schonen tugent/ßondernn sie hafftet mit hertz/mut/vnd allen sinnen/an den geringen dingen/die hat sie on vnterlaß ynn yhren augen.« *Das Magnificat verdeutschet und ausgelegt*. Ed. Clemen II, p. 148, 150 (*WA* VII, p. 560, 562). Beachte zu dieser Bestimmung der Demut als »allerhöchste Tugend« die erhellende Kritik, die Luther zu Beginn der *Vorlesung über den Römerbrief 1515/1516* an der Tugend des Sokrates übt. Sie hat um so größeres Gewicht, da Sokrates von Luther unter die »optimi et syncerissimi« gerechnet und als einziger »inter Gentes et Judeos« namentlich erwähnt wird (Kap. 1, Abs. 1−5; Lat.-dt. Ausgabe in 2 Bänden, Darmstadt 1960, p. 8−12).
55 Siehe neben den Hinweisen, die die FN 45, 50, 52, 53 u. 54 enthalten, Platon: *Nomoi* 716a und Leo Strauss: *The Argument and the Action of Plato's »Laws«*. Chicago 1975, p. 58−61; cf. p. 27−31.

38

Gehorsam ein Ruf zum Handeln ist. Der Ratschluß der Vorsehung jedoch entzieht sich aller Vernunft. Ihre Absichten bleiben der menschlichen Vorausschau verborgen. Der christliche Epimetheus vermag daher nur vermittels eines wagend-demütigen »Vorgebotes« Antwort zu tun. Seine Demut erweist sich zuletzt darin, daß er rückschauend sieht, wie sehr er als Handelnder mit Blindheit geschlagen ist.[56] Wenn die Demut eine Tugend ist, dann darf man wohl sagen, daß hier aus der Not eine Tugend wird. Vermittels der Demut findet Schmitts Historismus seinen heilsgeschichtlichen Halt. Sie schließt den Gehorsam, die Tapferkeit und die Hoffung gewissermaßen in sich zusammen. Zugleich bestärkt sie Schmitt in dem Glauben, daß das Moralische »wie alles« in dieser Welt geschichtlich sei und geschichtlich verstanden werden müsse: Was für den geschichtlich Handelnden moralisch geboten ist, kann nur aus seiner konkreten Lage heraus entschieden werden, es bemißt sich nach der Frage, vor die ihn die Geschichte stellt. Wer nach der Moral der Politischen Theologie fragt, wird so an die Geschichte verwiesen. Das gilt bei genauerer Betrachtung selbst für die Kardinaltugenden *Gehorsam, Tapferkeit, Hoffnung* und *Demut*. Sie sind »im eminenten Sinne« geschichtlich, weil und insofern sie an den christlichen Äon gebunden sind. »Transhistorisch« mag man sie allenfalls in dem Verstande nennen, daß sie für den ganzen christlichen Äon Gültigkeit beanspruchen können. Ihre geschichtliche Gebundenheit erscheint Schmitt als Bestätigung seiner Politischen Theologie und keineswegs als Einwand gegen sie. Denn der Politischen Theologie geht es nicht darum, eine Antwort

---

56 *PT,* p. 49 (70); *ECS,* p. 12, 53; *Drei Möglichkeiten eines christlichen Geschichtsbildes* in: Universitas, 5. Jg., 8. H., August 1950, p. 930/931. (Ich zitiere den Aufsatz, der unter der Überschrift *Drei Stufen historischer Sinngebung* publiziert wurde, nach dem authentischen Titel, den Schmitt in von ihm versandten Sonderdrucken handschriftlich wiederhergestellt hat. Der »von der Redaktion improvisierte Titel« sei »ganz falsch; es handelt sich weder um ›Stufen‹ noch um ›Sinngebung‹«.) *1907 Berlin* (1946/47) in: Schmittiana-I, Ed. Tommissen, Eclectica 71–72, Brüssel 1988, p. 14; *G,* p. 33, 314, 316; Konrad Weiss: *Der christliche Epimetheus.* O. O. (Verlag Edwin Runge) 1933, p. 105, 109/110, 111.

zu finden auf die Frage *Was ist Tugend?* Ihr Ziel ist nicht die Erkenntnis dessen, was immer gilt, sondern das Handeln, das dem Anruf des geschichtlichen Augenblicks gehorcht, und für dieses Handeln bedarf es vor allem des Glaubens.

Die Politische Theologie setzt den Glauben an die Wahrheit der Offenbarung voraus. Sie ordnet ihr alles unter, und sie führt alles auf sie zurück. Indem sie ihre Verbindlichkeit verficht, stellt sie sich in den Dienst des Gehorsams. Um ihr oder sich selbst zu gehorchen, muß sie »Theorie« aus Gehorsam, für den Gehorsam und um des Gehorsams willen, sein wollen. Die Moral ist somit ihr Prinzip im doppelten Sinne. Sie steht am Anfang der Politischen Theologie, und sie bleibt deren bestimmender Grund. Dieses Grundverhältnis verdient um so mehr Beachtung, als die Politische Theologie in concreto unterschiedliche Positionen zur Moral vertreten kann. Daß die Lehren und Forderungen, die der glaubende Gehorsam aus der Offenbarung herzuleiten vermag, voneinander abweichen und einander sogar widersprechen können, widerspricht indes nicht dem Prinzip, das die Politische Theologie regiert. Wenn es wahr ist, daß das Moralische keinen Bestand hat ohne das Theologische, dann ist es gewiß nicht weniger wahr, daß die Politische Theologie nicht zu denken und nicht zu verstehen ist ohne den Primat, den sie der Moral einräumt. Für Schmitts Politische Theologie erklären sich die Abweichungen und Widersprüche der politisch-theologischen Positionen aus deren Geschichtlichkeit. Sie ergeben sich ebendaraus, daß das Gebot des geschichtlichen Handelns als verbindlich anerkannt und daß auf den historisch einmaligen Ruf eine Antwort in der Zeit versucht wird. Wenn sie erklären soll, weshalb die Antworten bei gleicher Entschlossenheit, sich ein und derselben Autorität unterzuordnen und ihr nach Kräften zu dienen, nicht nur historisch, sondern auch in derselben geschichtlichen Stunde weit auseinander gehen können, stellt sie das, wie wir gesehen haben, kaum vor eine schwerer zu lösende Aufgabe. Man mag sich fragen, ob es nicht eine natürlichere Erklärung gibt. Aber wenn wir im Horizont der Politischen Theologie bleiben, erscheint Schmitts grundsätzliche Position zur Moral konsequent. Ob sie orthodox genannt werden darf, muß entscheiden, wer sich dazu berufen glaubt. Daß in Schmitts Politischer Theologie die *lex naturalis* keinen Ort hat, spricht nicht gegen ihre Konsequenz. Schmitt wäre, um hier nur soviel zu sagen, jedenfalls nicht der erste, der die Erkennbarkeit des »natürlichen Gesetzes« durch die menschliche Vernunft leugnete und sich dabei auf seinen Glauben an die Offenbarung, insbesondere an die Wahrheit der Erbsündenlehre, stützte.[57] Am wenigsten spricht gegen ihre innere Folgerichtigkeit, daß Schmitt als »Kritiker der Moral« auftritt. Weder in seiner späten Auseinandersetzung mit der »Tyrannei der Werte« noch in der lebenslangen Polemik gegen die »humanitäre Moral« ist der moralische Impetus zu übersehen. Die Beweggründe seines Angriffs auf die »Herrschaft des Normativismus« liegen nicht mehr im Verborgenen als das moralische Interesse, das seine Zeitkritik insgesamt bestimmt.[58] Wenn er die »Illusion und den Betrug« einer vermeintlichen Ersetzung der Politik durch die Moral anprangert, die nur der Verschleierung und noch wirkungsvolleren Durchsetzung politischer oder ökonomischer Interessen dient, springt die moralische Entrüstung geradezu ins Auge. Überhaupt ist der Entlarvungsgestus, mit dem Schmitt der Unlauterkeit entgegentritt, Politik unter moralischen Vorwänden, im Gewande des Unpolitischen, aus dem Hinterhalt zu betreiben, so ausgeprägt, moralische Urteile und Gesichtspunkte, die Hochschätzung von Ehrlichkeit und Sichtbarkeit, die Verdammung von List und Verstellung, imprägnieren seine politischen Stellungnahmen und

57 Cf. Blaise Pascal: *Pensées* (Ed. Brunschvicg) 294, 434, 222, 92, 93. (Ed. Lafuma 60, 131, 882, 125, 126.)
58 Cf. *GLP,* p. 68/69; *NdE,* p. 67; *Nomos-Nahme-Name,* p. 96/97; *G,* p. 169, 179; *Die Tyrannei der Werte* in: Säkularisation und Utopie. Ebracher Studien. Ernst Forsthoff zum 65. Geburtstag. Stuttgart 1967 (stark erweiterte Fassung eines 1960 zunächst als Privatdruck vorgelegten Textes), p. 42/43, 48, 51, 54/55, 58/59.

Präferenzen in einem solchen Maße,[59] daß die Meinung, Schmitt habe Politik und Moral scharf auseinandergehalten, er sei ein Theoretiker der »reinen Politik« gewesen, dem es ausschließlich darauf ankam, zu erfassen und festzustellen, »was ist«, allein schon aus diesem Grund in Staunen setzen kann. Nun liegt der politische Vorteil auf der Hand, den sich Schmitt verschafft, wenn er die Moral des Feindes demaskiert und wenn er den politischen Vorteil ans Licht hebt, den der Feind aus seiner Unmoral zieht. Doch die moralisch-politische Stoßrichtung seiner Kritik reicht weiter. Jenseits aller polemischen Demaskierungsstrategie hat die Kritik, die Schmitt an der »Flucht in den Normativismus« übt, ihren moralischen Sinn darin, daß sie auf die Flucht aus der Verantwortung zielt. Was Schmitt ins Auge faßt, ist auch in diesem Fall das Ausweichen vor der »anspruchsvollen moralischen Entscheidung«, bei der es sich nur um eine »konkrete geschichtliche Entscheidung« handeln kann, die mit dem Risiko des Scheiterns behaftet ist und auf der das Schwergewicht eines zukünftigen Urteils ohne Appellation lastet. Vor einer solchen Entscheidung sucht auszuweichen, wer sich hinter »Normativismen« versteckt, wer sich in moralischen Wünschbarkeiten ergeht und darüber das hier und jetzt Erforderliche verfehlt, wer sich fortwährend auf Normen beruft, ohne daß er etwas dazu beitragen will, die normale Situation zu schaffen oder die Ordnung aufrechtzuerhalten, die diese Normen zur Voraussetzung haben.[60] Die Kritik des Humanitarismus folgt dem gleichen Impuls. Das für Schmitt Entscheidende erhellt allerdings erst aus ihrer präzisen Verortung: Erst vor dem Hintergrund des »historischen Anrufs«, auf den Schmitt mit dem Kampf gegen die humanitäre Moral zu antworten glaubt, wird die moralische Entscheidung des politischen

---

59 *BdP* III, p. 56, 57, 59, 60; *Wesen und Werden des fascistischen Staates* (1929) in: *PuB*, p. 114; *Staat, Bewegung, Volk. Die Dreigliederung der politischen Einheit.* Hamburg 1933, p. 28; *Nomos-Nahme-Name*, p. 104.
60 *PT*, p. 11, 13 (16, 20); *Über die drei Arten des rechtswissenschaftlichen Denkens.* Hamburg 1934, p. 22/23.

Theologen erkennbar, die seinem Kampf zugrunde liegt. Einen wichtigen Hinweis gibt Schmitts schlagende Formel »Wer Menschheit sagt, will betrügen«.[61] Mit ihr soll zunächst und im unmittelbaren Kontext ihrer Verwendung ein »mörderischer Imperialismus« getroffen werden, der seine Expansion im Namen der Menschheit vorantreibt. Schmitt warnt eindringlich vor der »hochpolitischen Verwertbarkeit des unpolitischen Namens der Menschheit«, deren letzte Konsequenz darin besteht, »daß dem Feind die Qualität des Menschen abgesprochen« und »dadurch der Krieg zur äußersten Unmenschlichkeit getrieben werden soll«. Wenn Schmitt in »Abwandlung eines schlimmen Wortes von Proudhon« die Formel prägt *Wer Menschheit sagt, will betrügen*, verweist er aber stillschweigend auf einen noch schlimmeren Betrug: Die Menschheit »in ihrer ethisch-humanitären Form« ist an die Stelle Gottes getreten. Schmitts polemische Ersetzung erinnert daran, daß der Verabsolutierung der Menschheit der Abfall von Gott vorausgeht.[62] Und vor allem: auch der *Kampf gegen Gott* wird im Namen der Menschheit geführt.[63] Schmitt

61 Sie wird von Schmitt zuerst in *Staatsethik und pluralistischer Staat* in: Kantstudien, Bd. 35, H. 1, 1930, p. 39 (*PuB*, p. 143) und dann erneut in der zweiten und dritten Fassung des *BdP* von 1932 (p. 55) und 1933 (p. 37) gebraucht.
62 »Bei Ernst Jünger findet man den Satz: ›Das Gegenteil der Humanität ist nicht die Barbarei, sondern die Divinität.‹ Sagen wir statt Barbarei lieber Bestialität, weil dadurch der Sachverhalt deutlicher wird. Der humanitäre Menschheitsbegriff hat sich emanzipiert, indem er das ihm übergeordnete Göttliche und Übermenschliche verschwinden ließ und sich selbst gegenüber einem zweifellos minderwertigen Vergleichsobjekt, der Barbarei oder der Bestialität, als einzige noch in Betracht kommende Größe um so reiner abhob. Das ist eine ziemlich einfache und billige Weise, sich selbst ins Absolute zu erheben und den Gegner zu disqualifizieren.« *Nachwort* zu *Disputation über den Rechtsstaat*. Hamburg 1935, p. 87.
63 Zu Proudhons »Kampf gegen Gott« im Namen der Menschheit explizit *PT*, p. 45 (64/65); siehe auch *GLP*, p. 82/83 und *ECS*, p. 49/50 u. 53. Cf. *RK*, p. 69–73 (45–48). – »*Der* Mensch, der in Frankreich am Ende des 18. Jahrhunderts erscheint, um seine Menschenrechte zu fordern, er ist nur die dämonische Nachäffung des Menschensohnes, der in Judäa erscheinend die Herrschaft Gottes verkündet. *Der* Mensch, der seine Armeen in alle Länder Europas schickt, er ist nur der teuflische Nachahmer dessen, der seine Apostel in alle Länder der Oikumene gesandt hat ... hier wagt der Mensch,

attackiert die humanitäre Moral, weil er in ihr das »Vehikel« eines widergöttlichen »neuen Glaubens« sieht. Er bekämpft in ihr einen »Beschleuniger« auf dem Weg zur Selbstvergottung des Menschen. Wo die Menschlichkeit als »höchster Wert« gilt, ist die Gefahr groß, daß »jede Relativierung des Menschen aus einer Transzendenz und Jenseitigkeit« der Vergessenheit anheimfällt. Man kann mit guten Gründen sagen, daß die Gefahr, die von der Pseudoreligion ausgeht, in dem Maße wächst, in dem sie sich der Religion ähnlich macht. Die »Pseudo-Religion der absoluten Humanität«,[64] der sich Schmitt entgegenstellt, wäre dann gerade deshalb so gefährlich, weil sie sich auf die »Werte« der christlichen Religion beruft und deren Verwirklichung in dieser Welt verspricht. Tatsächlich ist sie ein um so gefährlicherer Feind, je moralischer sie ist, oder je mehr ihr Betrug Selbstbetrug ist. – – – Wenn die Frage, was das moralisch Gebotene sei, nur aus der einmaligen geschichtlichen Situation heraus zu entscheiden ist, so heißt das, daß sich die politisch-theologische Position zur Moral in concreto am Feind orientieren muß. Sie wird mithin wesentlich durch seine Natur bestimmt. Ist der Widersacher ein Meister der List und der Verstellung, kann die Einforderung von Sichtbarkeit und Ehrlichkeit nicht das letzte Wort sein; moralische Appelle werden wenig ausrichten gegen den, der die Moral beständig im Munde führt; und schwerlich ist er durch Enthüllungen aufzuhalten, solange der Selbstbetrug

der aus der Erde ist, die ›Menschheit‹ anzunehmen. Was nur die zweite Person in der Trinität durfte, die Menschheit in die Gottheit aufzunehmen, das maßt sich der Franzose an und nimmt die ›Menschheit‹ in den Menschen auf, wohl wissend, daß dem, der die Menschheit angenommen hat, alle Königreiche der Welt gehören werden. *Der* Mensch, der hier seine Rechte fordert, ist nicht nur der Mensch, der König und Adel mordet und die levée en masse organisiert, sondern der sich dabei noch von aller Sünde frei weiß – wie nur je der Sohn Gottes, ohne jedoch wie dieser die Sünden der Welt auf sich zu nehmen –, und aus dieser Sündlosigkeit heraus predigt er nun liberté, égalité und fraternité, von denen jedoch jedes dieser Worte nicht nur eine Lüge ist, sondern mit Tränen und Blut benetzt wird.« Peterson: *Politik und Theologie.* Transkription Nichtweiß, p. 5/6; cf. Nichtweiß: *Erik Peterson,* p. 807.
64 *DC*, p. 108, 112.

ihm Tür und Tor öffnet. Eine sichere, nicht mehr hintergehbare Widerstandslinie scheint der politische Theologe erst dort zu erreichen, wo der Betrug zum äußersten getrieben und das Ende aller Feindschaft verheißen wird. Denn wie könnte der Alte Feind seinen Sieg listiger vorbereiten als dadurch, daß er die Menschen die Feindschaft vergessen machte, die zwischen ihm und sie gesetzt ist, und wie wäre dieses Vergessen mit größerer Aussicht auf Erfolg herbeizuführen als durch die Beförderung des Irrglaubens, sie hätten keine Feinde mehr oder sie seien auf dem besten Wege, deren ohne Ausnahme ledig zu werden? Wie könnte er sich vollkommener verstellen als dadurch, daß er die Feindschaft verleugnete und ihre Überwindung verkündete? Was könnte er mehr tun, als dem Scheine nach zu negieren, was er kraft seines Seins ist und sein muß? Inmitten aller geschichtlichen Veränderlichkeit bleibt das unveränderliche Wesen des Widersachers offenbar der untrügliche Orientierungspunkt und die Feindschaft der einzig feste Grund, um der Bodenlosigkeit von Betrug und Selbstbetrug mit menschlichen Mitteln zu entkommen: wer dem Satan widerstehen will, muß auf der Feindschaft beharren. Die Feindschaft erweist sich als die – sit venia verbo – Achillesferse des Satans, da seine »Natur« seiner Verstellungskunst Grenzen setzt. Der Kampf »für« oder »gegen« die Feindschaft, ihre Bejahung oder Verneinung, wird damit zum politisch-theologischen Kriterium ersten Ranges. Als unverzichtbarer Prüfstein erscheint es insbesondere im Hinblick auf die eschatologische Auseinandersetzung mit dem Antichrist, dessen Herrschaft nach Lehre der Kirchenväter der Wiederkehr Christi am Ende der Zeiten vorausgehen wird.[65]

---

65 »Non veniet ad vivos et mortuos iudicandos Christus, nisi prius venerit ad seducendos in anima mortuos adversarius eius Antichristus; quamvis ad occultum iam iudicium Dei pertineat, quod ab illo seducentur. *Praesentia* quippe *eius erit*, sicut dictum est, *secundum operationem satanae in omni virtute et signis et prodigiis mendacii et in omni seductione iniquitatis his, qui pereunt.* Tunc enim solvetur satanas et per illum Antichristum in omni sua virtute mirabiliter quidem, sed mendaciter operabitur.« Augustinus: *De civitate dei*, XX, 19.

In der zu Beginn ausführlich herangezogenen frühen Stellungnahme zur »moralischen Bedeutung der Zeit«, die er in einer Evokation des Bildes des Antichrist gipfeln läßt, hat Schmitt auf die Frage, was »das Grausige« am Antichrist sei und warum man ihn »mehr zu fürchten« habe als einen mächtigen Tyrannen, die Antwort gegeben: »weil er Christus nachzuahmen weiß und sich ihm so ähnlich macht, daß er allen die Seele ablistet«. Das Grauenhafte sind die List und die Verstellung des Alten Feindes, die in der scheinbaren »Allmacht« des Antichrist ihren Höhepunkt erreichen: der »unheimliche Zauberer schafft die Welt um, verändert das Antlitz der Erde und macht die Natur sich untertan«; sie dient ihm »für irgendeine Befriedigung künstlicher Bedürfnisse, für Behagen und Komfort«; die »Menschen, die sich von ihm täuschen lassen, sehen nur den fabelhaften Effekt; die Natur scheint überwunden, das *Zeitalter der Sekurität* bricht an; für alles ist gesorgt, eine kluge Voraussicht und Planmäßigkeit ersetzt die Vorsehung; die Vorsehung ›macht‹ er, wie irgendeine Institution«.[66] Daß der Antichrist keineswegs alles machen kann, enthüllt sich dem, der unbeirrbar daran festhält, daß seine Bestimmung darin besteht, *Feind zu sein*. Der Antichrist könnte seine Herrschaft nur dann dauerhaft aufrichten, wenn es ihm gelänge, die Menschen davon zu überzeugen, daß die Verheißung von *Frieden und Sicherheit* Wirklichkeit geworden sei,[67] daß Krieg und Politik endgültig der Vergangenheit angehörten, daß sie nicht mehr zwischen Freund und Feind und folglich auch nicht länger zwischen Christus und Antichristus zu unterscheiden hätten. Was im Licht der schließ-

---

66 *Theodor Däublers »Nordlicht«*, p. 65/66 (m. H.).
67 Die Losung *Frieden und Sicherheit* wird aufgrund einer langen Tradition mit dem Antichrist in Verbindung gebracht. So lautet der letzte Satz des Antichrist im mittelalterlichen *Ludus de Antichristo*: »Post eorum casum, quos vanitas illusit, pax et securitas universa conclusit« (v. 413/414). Die Zuordnung gründet sich auf die Autorität des Apostels Paulus, der im 1. Thessalonicher Brief schreibt: »Denn wenn sie sagen werden: Frieden und Sicherheit! dann kommt plötzliches Verderben über sie« (V, 3). Dies ist die einzige Stelle in der Bibel, die *pax et securitas* in einem Atemzug nennt. Cf. 2. Thessalonicher Brief II.

lichen Entscheidung zwischen Christ und Widerchrist seine höchste Bestätigung findet, gilt diesseits der endzeitlichen Erwartungen nicht weniger: wer dem Gebot des geschichtlichen Handelns gehorchen will, darf sich die Feinde nicht abhandeln oder ausreden lassen, deren sich die Providenz bedient und durch die sie ihre Fragen stellt. Für den politischen Theologen, dem die heilsgeschichtliche Bedeutung des Kampfes für oder gegen die Feindschaft vor Augen steht, wird in einer Zeit, in der »nichts moderner ist als der Kampf gegen das Politische«,[68] die Verteidigung des Politischen so zur moralischen Pflicht.

68 *PT*, p. 55 (82); cf. *RK*, p. 28 (19).

II

Politik
oder
Was ist Wahrheit?

> Meine Rede aber sagt, die Liebe gehe weder auf die Hälfte, Freund, noch auf das Ganze, wenn es nicht ein Gutes ist. Denn die Menschen lassen sich ja gern ihre eignen Hände und Füße wegschneiden, wenn sie, obgleich ihr eigen, ihnen böse und gefährlich scheinen. Denn nicht an dem Seinigen hängt jeder, glaube ich, es müßte denn einer das Gute das Angehörige nennen und das Eigene, das Schlechte aber Fremdes. So daß es nichts gibt, was die Menschen lieben, als das Gute.
>
> Platon: *Symposion* 205e–206a

Carl Schmitts Begriff des Politischen setzt den Begriff des Feindes voraus. Das Politische kann nur solange Bestand haben, wie es »wenigstens der realen Möglichkeit nach« einen Feind gibt, und es ist nur dort *wirklich*, wo der Feind *erkannt* wird. Das Wissen um den Feind scheint in jeder Weise fundamental zu sein. Umgekehrt kann dieses Wissen offenbar solange nicht völlig erlöschen, wie das Politische fortbesteht. Das Politische beruht auf Erkenntnis, und es befördert sie zugleich. Sollte die tiefste Bedeutung des Politischen am Ende eins sein mit der Bedeutung, die es für die Erkenntnis hat? An der Stelle, an der er einer »Definition« des Politischen innerhalb seines weit gespannten Œuvre am nächsten kommt, erklärt Schmitt, das Politische liege »in einem von der realen Möglichkeit eines Krieges bestimmten Verhalten, in der klaren Erkenntnis der eigenen, dadurch bestimmten Situation und in der Aufgabe, Freund und Feind richtig zu unterscheiden«.[1] Das Politische bezeichnet demnach ein Verhalten, es besteht in einer Erkenntnis, und es benennt eine Aufgabe. Mit gutem Grund stellt Schmitt die Erkenntnis ins Zentrum seiner dreifachen Bestimmung. Denn das Verhalten, das sich am Ernstfall des Krieges orientiert, ist ebenso unbestreitbar

---

1 *BdP* III, p. 16; cf. II, p. 37. In der ersten Fassung liegt das Politische noch nicht »in der *Aufgabe*, Freund und Feind *richtig* zu unterscheiden«, sondern »in der Fähigkeit, Freund und Feind zu unterscheiden« (I, p. 10).

51

an Erkenntnis gebunden, wie die Aufgabe, Freund und Feind *richtig* zu unterscheiden, offenkundig Erkenntnis verlangt. Jenes setzt die Erkenntnis der Feindschaft, ihrer Wirklichkeit und Unabdingbarkeit, voraus, diese läßt sich nicht anders denn auf dem Wege der Selbst-Abgrenzung, der Selbst-Bestimmung und mithin der Selbst-Erkenntnis in Angriff nehmen. Das Politische scheint nicht nur auf Erkenntnis zu beruhen und die Erkenntnis zu befördern, sondern in einem präzisen Sinne Erkenntnis zu sein. Könnte Schmitts tiefster Gedanke darin liegen, daß er das Politische wesentlich als *Selbsterkenntnis*, als der Selbsterkenntnis dienend und aus der Selbsterkenntnis entspringend, begreift?

Doch beginnen wir beim Beginn. Daß Schmitts Begriff des Politischen den Begriff des Feindes voraussetzt, besagt zunächst ein Zweifaches. Zum einen wird der Begriff des Feindes von Schmitts Konzeption des Politischen als fraglos geltende Größe in Anspruch genommen, zum anderen erschließt sich der Sinn dieser Konzeption einzig im Horizont dessen, was Schmitt als unbezweifelbare Wahrheit gilt. Wer zum Kern des Unterfangens vorstoßen will, in dessen Dienst sich Schmitt mit seiner Theorie des Politischen stellt, muß bis zu der alles entscheidenden Frage zurückgehen, die in Schmitts »Theorie« selbst nicht zur Sprache kommt, sondern ihr vorausliegt, weil sie für Schmitt ein für allemal autoritativ beantwortet ist. Wer von den Voraussetzungen sprechen will, die Schmitts Begriff des Politischen zur Grundlage hat, kann vom Glauben an die Offenbarung nicht schweigen. Schmitts Lehre des Politischen kann nicht begreifen, wer sie nicht als ein Stück seiner Politischen Theologie begreift. Die zentrale Bedeutung, die der Unterscheidung von Freund und Feind in Schmitts Denken zukommt, vermag nur zu erfassen, das ganze Gewicht, das Schmitt seinem Kriterium des Politischen zuerkennt, wird nur ermessen, wer jenes andere Kriterium nicht außer acht läßt, das die Bejahung oder Verneinung der Feindschaft zum Gegenstand der politisch-theologischen Unterscheidung macht.

Auf den ersten Blick nimmt sich das Vorhaben, das Schmitt mit seinem Begriff des Politischen verfolgt, eher bescheiden aus. Schmitt will die Unterscheidung von Freund und Feind als »eine Begriffsbestimmung im Sinne eines Kriteriums, nicht als erschöpfende Definition oder Inhaltsangabe« verstanden wissen. Er spricht von einem »einfachen Kriterium des Politischen«.[2] Das Interesse an begrifflicher Klarheit und wissenschaftlicher Brauchbarkeit scheint ganz im Vordergrund zu stehen. In der Rückschau betont Schmitt die »informatorische Bestimmung« des *Begriffs des Politischen*, ja er geht soweit, den »streng didaktischen Charakter« seiner Darlegung zu behaupten.[3] Zudem scheint die Unterscheidung von Freund und Feind selbst ursprünglich nur über eine begrenzte Reichweite zu verfügen. Schmitt führt sie als Antwort auf die Frage ein, »ob es« – vergleichbar den Unterscheidungen von Gut und Böse »auf dem Gebiet des Moralischen«, von Schön und Häßlich »im Aesthetischen«, von Nützlich und Schädlich oder Rentabel und Nicht-Rentabel »im Oekonomischen« – »auch auf dem Gebiet des Politischen eine besondere, selbständige und als solche ohne weiteres einleuchtende Unterscheidung gibt und worin sie besteht«.[4] Die Unterscheidung von Freund und Feind soll »für das Gebiet des Politischen den relativ selbständigen Gegensätzen anderer Gebiete«

2 *BdP*, p. 26.
3 *BdP*, Vorwort von 1963, p. 13, 16. Im »Oktober 1931« datierten Nachwort der Ausgabe von 1932 schreibt Schmitt: »Was hier über den ›Begriff des Politischen‹ gesagt ist, soll ein unermeßliches Problem theoretisch ›encadrieren‹. Die einzelnen Sätze sind als Ausgangspunkt einer sachlichen Erörterung gedacht und sollen wissenschaftlichen Besprechungen und Übungen dienen, die es sich erlauben dürfen, eine derartige *res dura* ins Auge zu fassen. Die vorliegende Ausgabe enthält ... eine Reihe neuer Formulierungen, Anmerkungen und Beispiele, aber keine Änderung und Weiterführung des Gedankenganges selbst. Hierfür möchte ich abwarten, welche Richtungen und Gesichtspunkte in der seit etwa einem Jahre lebhaft einsetzenden neuen Erörterung des politischen Problems entscheidend hervortreten werden« (p. 96). Zu den Änderungen, die Schmitt zwischen 1927 und 1932 an seiner Konzeption tatsächlich vornahm, siehe im einzelnen *Carl Schmitt, Leo Strauss und »Der Begriff des Politischen«*, p. 25–36.
4 *BdP* I, p. 4.

entsprechen. Sie reicht demnach nicht weiter als die Abmessungen des »eigenen Gebietes«, das Schmitt 1927 gegen die »heute noch durchaus herrschende Systematik liberalen Denkens« für das Politische zu erstreiten sucht.[5] Noch ist Schmitt himmelweit davon entfernt, öffentlich zu erklären, er habe »das Politische als das Totale erkannt«.[6] Als »Theoretiker der reinen Politik« reklamiert er für sein »Gebiet« scheinbar nur das, was das liberale Denken den anderen »Gebieten des menschlichen Lebens« zugesteht, während das Politische »mit besonderem Pathos jeder Selbständigkeit beraubt und den Normen und ›Ordnungen‹ von Moral und Recht unterworfen wird«. Aus der Defensive und um den Preis einer Verkürzung auf die Außenpolitik unternimmt Schmitt alle Anstrengungen, die »seinsmäßige Sachlichkeit und Selbständigkeit des Politischen« unter Beweis zu stellen. So macht er geltend, die Unterscheidung von Freund und Feind könne »theoretisch und praktisch bestehen, ohne daß gleichzeitig moralische, ästhetische, ökonomische oder andere Unterscheidungen zur Anwendung kommen«. Und wiederum gegen den Liberalismus gewendet, der den Feind »von der ökonomischen Seite her in einen Konkurrenten, von der ethischen Seite her in einen Diskussionsgegner verwandelt hat«, hebt er hervor, die Begriffe Freund und Feind seien »in ihrem konkreten, existenziellen Sinn zu nehmen, nicht als Metaphern oder Symbole, nicht vermischt und abgeschwächt durch ökonomische, moralische und andere Vorstellungen, nicht psychologisch als Ausdruck privater Gefühle und Tendenzen«. Der Feind, von dem Schmitts Kriterium des Politischen handelt, soll »nur eine wenigstens eventuell, d. h. der realen Möglichkeit nach *kämpfende* Gesamtheit von Menschen« sein, »die einer ebensolchen Gesamtheit gegenübersteht«. Wir erfahren außerdem, er sei »nur« der öffentliche Feind, »*hostis*, nicht *inimicus* im weiteren Sinne; πολέμιος, nicht ἐχθρός«.[7]

5 *BdP* I, p. 3, 4, 29.
6 *PT*, Vorbemerkung zur zweiten Ausgabe von 1934.
7 *BdP* I, p. 4, 5, 6, 26, 30.

Ergibt sich daraus nicht ein hinreichend deutliches Bild? Offenbar geht es Schmitt darum, das Politische in seiner Unabhängigkeit und Reinheit gegen sachfremde Befrachtungen, unzulässige Übergriffe oder Vereinnahmungen von seiten der übrigen »Sachgebiete menschlichen Denkens und Handelns« zu verteidigen. Die Unterscheidung von Freund und Feind sorgt für die erforderliche Trennschärfe und gibt ein Instrument an die Hand, mit dem sich arbeiten läßt. Der Feind, den der Begriff des Politischen voraussetzt, ist eine öffentliche und kollektive Größe, weder Individuum noch individuellem Haß ausgesetzt; er wird nicht durch »Normativitäten« bestimmt, sondern ist eine Gegebenheit der »seinsmäßigen Wirklichkeit«; er unterliegt nicht moralischer, ästhetischer oder sonstiger Bewertung, sondern ist »sachlich zu behandeln«; er ist der Feind, der im existentiellen Kampf »abgewehrt werden muß«.[8] Die »reale Möglichkeit der physischen Tötung« schließlich, auf die die Begriffe Freund, Feind und Kampf »Bezug haben und behalten«,[9] gewährleistet die wissenschaftliche Handhabbarkeit von Schmitts Kriterium. Schenkt man einer weit verbreiteten Meinung Glauben, so hat sich an diesem Bild auch dadurch nichts Nennenswertes geändert, daß Schmitt in der zweiten Fassung des *Begriffs des Politischen* von der ursprünglich vorgetragenen Konzeption abrückt und ausdrücklich verneint, was er zuvor nicht weniger ausdrücklich behauptet hatte, daß nämlich das Politische ein eigenes Sachgebiet sei.[10] Wenn Schmitt jetzt sagt, der »Punkt des Politischen« könne »von jedem ›Sachgebiet‹ aus« erreicht werden und die Unterscheidung von Freund

8 *BdP* I, p. 4, 5, 9.
9 »Die Begriffe Freund, Feind und Kampf erhalten ihren realen Sinn dadurch, daß sie insbesondere auf die reale Möglichkeit der physischen Tötung Bezug haben und behalten. Der Krieg folgt aus der Feindschaft, denn diese ist seinsmäßige Negierung eines anderen Seins. Krieg ist nur die äußerste Realisierung der Feindschaft.« *BdP* I, p. 6 (II, p. 33).
10 Die Aussage ist insoweit kontrafaktisch zu nehmen, als diese Meinung, die bis 1988 die herrschende war, Schmitts Abrücken von der ursprünglichen Konzeption gar nicht bemerkt hat. Cf. *BdP* I, p. 3/4 mit II, p. 26/27; s. auch FN 3.

und Feind habe »den Sinn, den äußersten Intensitätsgrad einer Verbindung oder Trennung, einer Assoziation oder Dissoziation zu bezeichnen«, hätte demzufolge lediglich der Anwendungsbereich seines Kriteriums eine Erweiterung erfahren: die Wissenschaft wäre in die Lage versetzt, auf allen »Gebieten des menschlichen Lebens« ohne Einschränkung, sicher und zuverlässig mit ihm zu operieren.[11]

Tatsächlich erweist sich die skizzierte Vorstellung von Schmitts Unternehmen als trügerisch. Sie hält im einzelnen nicht stand und verfehlt das Wichtigste im ganzen. Um das zu erkennen, genügt die aufmerksame Lektüre einer der drei unterschiedlichen Fassungen, in denen Schmitt den *Begriff des Politischen* 1927, 1932 und 1933 vorgelegt hat. In der zweiten tritt Schmitts entscheidende Absicht klarer hervor als in der ersten, in der dritten schärfer und nachdrücklicher als in der zweiten. Und alle drei verdienen genaueste Beachtung, wenn die Fundamente von Schmitts Begriffsgebäude freigelegt werden sollen. Die Legende von der streng wissenschaftlichen Bestimmung der Schrift oder die fable convenue vom rein politischen Sinn ihrer Unterscheidungen vermag indes vor keiner von ihnen zu bestehen. Unbeschadet der Rhetorik der reinen Politik, die Schmitt zunächst ins Feld führt, und ungeachtet der verharmlosenden Selbststilisierung, deren er sich später befleißigt,[12] steht weder die Autonomie eines

---

11 *BdP,* p. 27, 38, 62. Der Sinn von Schmitts Begriff des Politischen ist von einigen seiner Interpreten so verstanden worden, als handele es sich bei dem »einfachen Kriterium«, das Schmitt benennt, um eine Art Lackmustest, der anzeigt, wann etwas »politisch« wird.

12 Die Betonung des juristischen Charakters des Buches, das »sich in erster Linie« an »Kenner des *jus publicum Europaeum*« wende, im Vorwort zum Neudruck von 1963 (p. 13–16) findet ihre Entsprechung in Schmitts späterer Behauptung, bei der *Politischen Theologie* von 1922 habe es sich um eine »rein juristische Schrift« gehandelt und alle seine Äußerungen zum Thema »Politische Theologie« seien »Aussagen eines Juristen« gewesen, die sich im »Bereich rechtsgeschichtlicher und soziologischer Forschung« bewegten (*PT II*, p. 30, 101 n.; cf. p. 22, 98 n., 110). Schmitt scheut sich nicht, an gleicher Stelle die Mitteilung einzustreuen: »Meine Schrift ›Politische Theologie‹ von 1922 trägt den Untertitel ›Vier Kapitel zur Soziologie des Souveränitätsbegriffes‹« (p. 101 n.; die Angabe wird dadurch nicht

»Sachgebiets menschlichen Denkens und Handelns« noch dessen wissenschaftliche Vermessung oder juristische Eingrenzung in Rede. Worum es für Schmitt zuerst und zuletzt geht, ist nicht die Selbständigkeit des Politischen, sondern dessen Maßgeblichkeit. Es kommt ihm, präziser gesprochen, von allem Anfang an darauf an, im Politischen *das Maßgebende* aufzusuchen. Der Begriff des Politischen ist an der »maßgebenden Gruppierung« ausgerichtet. Er hat die »maßgebende Einheit« im Auge. Er zielt schon zu einer Zeit, als Schmitt dem Politischen noch eine Region im Reich der Kulturprovinzen zuweist, auf den »maßgebenden Fall«.[13] Er zielt auf den Fall, der das schiedlich-friedliche Nebeneinander »autonomer Gebiete« menschlichen Denkens und Handelns *durchbricht*, auf den Punkt, von dem aus der Parzellierung des menschlichen Lebens Einhalt geboten werden kann. Das Maßgebende vermag das Politische für Schmitt aber nur dann zu sein, wenn in ihm eine Wirklichkeit erreicht wird, die sich dieser Parzellierung *mit Notwendigkeit* widersetzt. Sie ist noch nicht erreicht, die Grundlage für eine feste Führung und bestimmte Fügung wäre nicht gesichert, solange das Politische lediglich als *das Übergeordnete* begriffen wird. Sein Anspruch bliebe – wie jeder Anspruch auf Überordnung und Gehorsam – bestreitbar. Um es dem Streit über Hohes und Tiefes, Höheres und Tieferes, Vorrang und Unterordnung, um es dem Belieben des Meinens, Wünschens und Verneinens zu entziehen, muß das Politische im Rückgriff auf die »äußerste Eventualität« des Streites selbst gefaßt werden. Die Bestimmung, daß das Politische stets auf die »reale Möglichkeit der

weniger falsch, daß Schmitt 1923 drei der vier Kapitel in der Erinnerungsgabe für Max Weber erscheinen ließ und für diesen Teilabdruck – dem Anlaß Tribut zollend – die Überschrift »Soziologie des Souveränitätsbegriffes *und* politische Theologie« wählte, m. H.). Der *nächstliegende* Grund für Selbststilisierungen dieser Art wird gegen Ende der zitierten Anmerkung angedeutet (cf. *G*, p. 23, 71, 80). Zum *tiefsten* Grund von Schmitts defensiver Strategie s. *Carl Schmitt, Leo Strauss*, p. 75–77 (beachte den besonders krassen Fall, der p. 86n.92 dokumentiert ist).
13 *BdP* I, p. 11; cf. I, p. 7, 12, 13, 14, 15.

physischen Tötung Bezug hat und behält«, sichert ihm die Unabweisbarkeit einer materiellen Gewalt, die bloßen »Ideen«, »rationalen Zwecken« oder »Normativitäten« fehlt. Erst im Licht des Ernstfalls wird die Ausnahmestellung des Politischen sichtbar. Erst wenn es als die Wirklichkeit in den Blick kommt, die den Menschen zu jeder Zeit auf Leben und Tod in Anspruch nehmen kann, erscheint das Politische als das Maßgebende in der doppelten Bedeutung des Wortes.

Sowenig das Interesse an wissenschaftlicher Handhabbarkeit ausschlaggebend dafür ist, daß Schmitt den Begriff des Politischen an die »reale Möglichkeit der physischen Tötung« bindet, sowenig ist seine Abkehr von der Gebiets-Konzeption durch didaktische Erwägungen veranlaßt. Wenn das Politische das Maßgebende sein soll, kann es keine Provinz im Reich der Kultur sein. Es kann nicht der Parzellierung unterliegen, die es zu überwinden bestimmt ist. Es muß über die Kapazität verfügen, alle Bereiche des menschlichen Lebens zu erfassen. Das Politische muß imstande sein, »alles« zur Disposition zu stellen. Schmitt kann daher nicht im Ernst bei der Behauptung stehen bleiben, das Politische sei »selbständig als eigenes Gebiet« im Feld der übrigen »Gebiete menschlichen Denkens und Handelns« anzusiedeln. Und er kann sich auch nicht mit der anfänglichen Aussage zufriedengeben, daß das Politische »seine eigenen, *relativ* selbständigen, *relativ* letzten Unterscheidungen haben« müsse.[14] Die Ausnahmestellung des Politischen ergibt sich gerade daraus, daß das Politische kein »Gebiet« neben anderen »Gebieten« bezeichnet und daß es nicht im Relativismus der liberalen »Kulturphilosophie« auf- oder untergeht. Wenn Schmitt von der Gebiets-Konzeption des Politischen abrückt, versucht er deshalb lediglich, seine theoretischen Aussagen oder Vorstellungen auf das Niveau seiner Absichten zu heben. Er folgt der ursprünglichen Stoßrichtung seines Unternehmens. Denn der Ernstfall des gewaltsamen Todes, an dem sich Schmitts Be-

---

14 *BdP* I, p. 3/4 (m. H.); cf. den neuen Wortlaut II, p. 26.

griff des Politischen orientiert, ist »der Ernstfall nicht bloß innerhalb eines ›autonomen‹ Bereiches – des Bereiches eben des Politischen –, sondern der Ernstfall für den Menschen schlechthin«.[15]

Die Stoßrichtung, die in dieser Orientierung zur Geltung kommt, kann allerdings auf unterschiedliche Weise umgesetzt werden. Sie eröffnet Wege, die, anders als es zunächst den Anschein haben mag, weit auseinanderführen. Das Politische kann als das Maßgebende begriffen werden, weil und insofern es den Einzelnen *vom Ganzen her* oder weil und insofern es ihn *ganz* in Anspruch zu nehmen vermag. Es kann vom Gemeinwesen her gedacht werden, das über die Macht verfügt, »alles« zur Disposition zu stellen, und das seine Glieder auf Leben und Tod verpflichtet, weil es die gesamte Wirklichkeit ihres Handelns übergreift und ermöglicht. Oder es kann, beim Individuum ansetzend, als ein Zustand konzipiert werden, der den ganzen Menschen erfaßt, weil er ihn vor die wichtigste Entscheidung stellt, ihn mit dem größten Übel konfrontiert und ihn zur äußersten Identifikation zwingt. Schmitt wählt den zweiten Weg. Eine Wahl, die um so mehr Gewicht hat, da Schmitt nicht von vornherein auf sie festgelegt zu sein schien.

Konnte die nahezu ausschließliche Konzentration auf die Außenpolitik im *Begriff des Politischen* von 1927 nicht als Ausdruck einer Sicht verstanden werden, die das Politische rigoros vom Ganzen her in den Blick nimmt? Belegte die Ausrichtung am Krieg als dem Ernstfall für den Menschen nicht, daß Schmitt, der den Krieg als bewaffneten Kampf zwischen Völkern bestimmte,[16] stets *das Volk* als das Subjekt der Politik im Auge hatte? Sollten die Leser in ihrer großen Mehrzahl nicht den Eindruck gewinnen, die »faktisch existierenden« Völker seien für den Verfasser des ursprünglichen Traktats, wenn nicht die alleinigen Akteure, so doch die entscheiden-

---

15 Leo Strauss: *Anmerkungen zu Carl Schmitt, Der Begriff des Politischen* (1932) in: *Carl Schmitt, Leo Strauss*, p. 105.
16 *BdP* I, p. 6.

den Einheiten im »Pluriversum« der politischen Welt, deren Verteidigung er zu seiner Sache gemacht hatte?[17] War in Schmitts Konzeption des Politischen der Bezug auf das Volk also stillschweigend vorausgesetzt und folglich immer mitzudenken? Und außerdem: ließ sich das, was Schmitt »das Gebiet« des Politischen nannte, nicht mühelos als die Ebene des Gemeinwesens interpretieren? Eine Instanz, für die Schmitt nur eine Umschreibung gesucht und einen allgemeinen Platzhalter gefunden hatte? Die erste Fassung des *Begriffs des Politischen* schloß eine solche Deutung nicht aus. Legte man diese Lesart zugrunde, so leuchtete ein, wie Schmitt zu der Aussage gelangt, die Unterscheidung von Freund und Feind könne »theoretisch und praktisch bestehen, ohne daß gleichzeitig moralische, ästhetische, ökonomische oder andere Unterscheidungen zur Anwendung kommen«. Setzte man voraus, daß von den Völkern als den natürlich gegebenen oder geschichtlich überdauernden, substantiell verschiedenen und sich aktuell unterscheidenden Subjekten der Politik die Rede ist, so erhielte die lakonische Feststellung, der Feind sei »eben der Andere, der Fremde«, ihren guten Sinn. Die Rhetorik der »reinen Politik« verfügte, so verstanden, über einen harten Kern, der sich benennen läßt. Bis zu einem gewissen Grade wäre selbst noch die Behauptung nachvollziehbar, es genüge »zum Wesen« des Feindes, »daß er in einem besonders intensiven Sinne existenziell etwas Anderes und Fremdes ist, so daß er im Konfliktsfalle die Negation der eigenen Art von Existenz bedeutet und deshalb abgewehrt oder bekämpft wird, um die eigene, seinsmäßige Art von Leben zu bewahren«.[18] Doch eine derartige Lektüre wird durch die Präzisierungen, die Schmitt 1932 und 1933 im Text vornimmt, nachhaltig dementiert, und die inhaltliche Korrektur oder die

17 »Sind die verschiedenen Völker und Menschengruppen der Erde alle so geeint, daß ein Kampf zwischen ihnen real unmöglich wird, hört also die Unterscheidung von Freund und Feind auch der bloßen Eventualität nach auf, so gibt es nur noch Wirtschaft, Moral, Recht, Kunst usw., aber keine Politik und keinen Staat mehr.« *BdP* I, p. 19.
18 *BdP* I, p. 4.

Weiterentwicklung, der er seine Konzeption des Politischen unterwirft, folgt einer deutlich anderen Linienführung. Sowenig Schmitt die Vorstellung aufrechterhält, das Politische sei ein eigenes Sachgebiet, sowenig bleibt es bei der Fixierung auf die Außenpolitik oder bei der vermeintlichen Orientierung am Volk als dem vorausgesetzten Subjekt der Politik. Dem Krieg tritt 1932 machtvoll der Bürgerkrieg zur Seite, dem äußeren Feind der innere, dem feindlichen Kollektiv das feindliche Individuum.[19] Der Krieg selbst wiederum wird nicht länger als »bewaffneter Kampf zwischen Völkern« bestimmt, sondern in größter Allgemeinheit »organisierten politischen Einheiten« gleich welchen Ursprungs und Umfangs zugesprochen.[20] Die heiligen Kriege religiöser Gemeinschaften und die Kreuzzüge der Kirche erscheinen fortan als authentische Manifestationen des Politischen.[21] Die Völker haben ihre mutmaßliche Schlüsselstellung eingebüßt. Für das Pluriversum der politischen Welt sind sie, wie sich jetzt erweist, keineswegs unabdingbar. Explizit werden 1932 »*Religionen, Klassen* und *andere* Menschengruppen« in einem Atemzug mit ihnen als mögliche Konstituenten dieser Welt genannt.[22] Schmitt stellt mit seinen Texteingriffen klar, daß der Krieg nicht den – im Unterschied zu Bürgerkrieg, Kreuzzug, Ketzerverfolgung oder Revolution – notwendigen, alles beherrschenden Fluchtpunkt seiner Konzeption ausmacht und daß der Bezug auf das Volk in ihr weder vorausgesetzt wird noch mitzudenken ist. Das Volk ist für sie eine Menschengruppe unter anderen, oder es ist, genauer gesagt, eine Assoziation aus einer Vielzahl denkbarer Assoziationen. Denn theoretisch gefordert wird von Schmitts Begriff des Politischen einzig eine Assoziation, die wenigstens zwei Individuen umfaßt. Das Politische »springt heraus«, wo zwei zusammenkommen und sich gegen einen Feind verbinden.

19 *BdP*, p. 30, 32, 33, 54.
20 *BdP*, p. 33.
21 *BdP* II, p. 48; III, p. 30.
22 *BdP*, p. 54 (m. H.).

Ebendas ist der Sinn jener konzeptionellen Wendung, derzufolge das Politische »den äußersten Intensitätsgrad einer Verbindung oder Trennung, einer Assoziation oder Dissoziation« bezeichnen soll. Das Politische wird aus seiner festen Bezogenheit auf das Gemeinwesen herausgelöst und gleichsam liquide gemacht. Damit aber ist der entscheidende Schritt getan, um es für eine »ontologisch-existenzielle« Deutung,[23] wie sie Schmitt vorschwebt und wie seine Politische Theologie sie verlangt, *als das Totale* zu erschließen. Aller natürlichen Vorgaben entledigt, von jeder substantiellen Zuordnung freigehalten, vermag das Politische alles zu durchdringen und überall präsent zu sein. Es wird als eine Macht offenbar, die zu jeder Zeit und an jedem Ort in das Leben einfallen kann. Mit seiner potentiellen Allgegenwart geht einher, daß die Wirklichkeit insgesamt seiner Gradualisierung unterliegt. Das Politische kann sich nicht nur allenthalben entzünden und so mit unmittelbarer Gewalt seine Maßgeblichkeit unter Beweis stellen. Es bestätigt sich auch dadurch als das Maßgebende, daß es »alles Übrige« in seinem Bannkreis hält: »Der politische Gegensatz«, konstatiert Schmitt, nachdem er den Übergang zur Intensitätsvorstellung vollzogen hat, »ist der intensivste und äußerste Gegensatz und jede konkrete Gegensätzlichkeit um so politischer, je mehr sie sich dem äußersten Punkte der Freund-Feindgruppierung nähert.«[24] Alles ist *der Möglichkeit nach* politisch, und alles ist immer schon *mehr* oder *weniger* politisch. Das Politische erscheint als unerschütterlicher Fixpunkt, von dem her, auf den hin ein Netz abgestufter Intensität das Ganze durchzieht und ordnet. Zugleich scheint es fließend und flüssig, umfassend, weil unberechenbar, durchschlagend, da über die Macht des unverhofften Augenblicks gebietend. Diese Sicht des Politischen als existentiell zu charakterisieren, wäre unzureichend. Der politische Totalismus, der im Rückgriff auf die Intensi-

23 Cf. *BdP* III, p. 45.
24 *BdP*, p. 30.

tätskonzeption seine Grundlegung erfährt, ist das Ergebnis einer originär individualistischen Perspektive. Das Politische wird von Schmitt zwar als Existential gefaßt. Zuletzt aber nicht in dem Verstande, daß die Existenz des Einzelnen politisch bestimmt ist, weil der Einzelne notwendig einem Gemeinwesen begegnet, das ihn in Anspruch nimmt und dem gegenüber er selbst, ob er will oder nicht, Stellung beziehen, seinen Standort bestimmen muß. Vielmehr so, daß ihm die richtige Unterscheidung von Freund und Feind als die schlechthinnige Entscheidung über das eigene Leben abverlangt wird. Die Gegensätze, denen er sich konfrontiert sieht, werden zu politischen Gegensätzen nicht dadurch, daß das Gemeinwesen den Streit über sie zu seiner Sache macht oder daß sie im Hinblick auf das Gemeinwesen als von Gewicht für das Ganze erkannt werden, sondern dadurch, daß ein gegebener Gegensatz »der realen Möglichkeit nach« zu einem Streit auf Leben und Tod werden kann, wobei er »um so politischer« ist, je mehr er dem Siedepunkt der Freund-Feindgruppierung nahe kommt. Die Freund-Feindgruppierung ist, folgerichtig zuende gedacht, nicht deshalb politisch, weil sie das Gemeinwesen betrifft, sondern sie ist politisch, weil sie eine Assoziation und Dissoziation konstituiert, auf der das Schwergewicht des Ernstfalls des äußersten Kampfes lastet. Natürlich betrachtet und – mit Rücksicht auf die Grenzen der bloßen Vernunft – »diesseitig« gesprochen: eine Verbindung und Trennung *von Menschen*, »deren Motive religiöser, nationaler (im ethnischen oder kulturellen Sinne), wirtschaftlicher oder anderer Art sein können« und die »zu verschiedenen Zeiten verschiedene Verbindungen und Trennungen bewirken«.[25]

Das Politische »springt heraus«, wo zwei oder drei versammelt sind, die der Wille verbindet, Einem Feind entgegenzutreten. Der Sprung in die neue Qualität ist dort getan, wo es für den Einzelnen ums Ganze geht. Der gemeinsame »Bezug«

25 *BdP*, p. 38/39.

auf den Ernstfall macht *politisch* verwandt. Er macht die politische Assoziation zur »stärksten und intensivsten Gruppierung«, denn der Ernstfall identifiziert und unterscheidet im höchsten Grade. Welche Verbindungen die Individuen im übrigen eingehen, welche Trennungen die Gegensätze unter den Menschen außerdem bewirken mögen, »politisch ist«, wie Schmitt in der dritten und letzten Fassung der *Begriffs*-Schrift erklärt, »jedenfalls immer die Gruppierung, die vom Ernstfall her bestimmt wird.«[26] Aus ihrem Bestimmtwerden vom Ernstfall her leitet Schmitt jetzt auch ausdrücklich die maßgebende Bedeutung der politischen Assoziation *für den Einzelnen* ab: »Die politische Einheit«, so fährt er fort, »ist infolgedessen immer, solange sie überhaupt vorhanden ist, die maßgebende Einheit, total und souverän. ›*Total*‹ ist sie, weil erstens jede Angelegenheit potenziell politisch sein und deshalb von der politischen Entscheidung betroffen werden kann; und zweitens der Mensch in der politischen Teilnahme ganz und existenziell erfaßt wird. Die Politik ist das Schicksal. Mit Recht hat der große Staatsrechtslehrer M. Hauriou auch rechtswissenschaftlich das Kennzeichen einer politischen Verbindung darin erblickt, daß sie den Menschen *ganz* erfasse. Ein guter Prüfstein des politischen Charakters einer Gemeinschaft liegt deshalb in der Praxis des *Eides*, dessen wahrer Sinn darin besteht, daß ein Mensch sich *ganz* einsetzt, oder sich durch einen Treueschwur ›eidlich (und existenziell) verwandt‹ macht. *Souverän* ist die politische Einheit in dem Sinne, daß die Entscheidung über den maßgebenden Fall, auch wenn das der Ausnahmefall ist, begriffsnotwendig immer bei ihr steht.«[27] In großer Deutlichkeit, schärfer formuliert als an irgendeiner anderen Stelle, gibt Schmitt hier zu erkennen, inwiefern – und unter welcher Bedingung allein – das Politische

---

26 *BdP* III, p. 21. »Das Politische bestimmt immer die Gruppierung, die sich an dem Ernstfall orientiert« (I, p. 11). »Politisch ist jedenfalls immer die Gruppierung, die sich an dem Ernstfall orientiert« (II, p. 39). Cf. II, p. 28.
27 *BdP* III, p. 21/22; cf. II, p. 39.

das Maßgebende für ihn ist: insofern es den Menschen *ganz* zu erfassen vermag. Nicht weniger als dreimal fällt das Wort in den vier neu eingefügten Sätzen des überarbeiteten Textes von 1933, zweimal noch eigens durch Sperrung von Schmitt hervorgehoben. Was Schmitt im Blick auf die souveräne politische Einheit ausspricht, ist grundsätzlich für jede politische Assoziation gesagt. Die entscheidende Qualität des Politischen, die Intensität, in der der Einzelne erfaßt wird, eignet allen »politischen Gruppierungen«, sollen sie überhaupt verdienen, *politisch* genannt zu werden. Gleiches gilt mithin für die Maßgeblichkeit des Politischen, handle es sich um das als politische Einheit organisierte Gemeinwesen oder um eine Bürgerkriegspartei, um eine Sekte oder um eine Truppe von Partisanen. Denn *maßgebend* ist die politische Einheit nicht, weil sie »in irgendeinem absolutistischen Sinne« souverän wäre,[28] sondern weil sie *politisch* ist, und als politisch wird sie Schmitt zufolge *vom Ernstfall her* ausgewiesen, nicht aufgrund substantieller Charakteristika. Die Substanz der politischen Einheit erscheint in dieser Sicht als das Jeweilsprodukt der Kräfteverhältnisse konkurrierender politischer Gruppierungen, als eine höchst wandelbare Größe, zu deren Feststellung es allererst der Probe des Ernstfalls bedarf.[29] Sie erlaubt keine Maß gebende Orientierung. Maßgebend ist nicht die »Substanz«, sondern die Effektivität der politischen Assoziation, ihre Effektivität, zwischen Freund und Feind zu unterscheiden und diese Unterscheidung im Ernstfall durchzusetzen. Darin erweist sich ihre Macht, die Mitglieder der Assoziation *ganz und existentiell* zu erfassen. Schmitt lenkt unsere Aufmerksamkeit um so nachdrücklicher auf den indi-

28 *BdP* III, p. 22.
29 »Sind die wirtschaftlichen, kulturellen oder religiösen Gegenkräfte so stark, daß sie die Entscheidung über den Ernstfall von sich aus bestimmen, so sind sie eben die neue Substanz der politischen Einheit geworden.« *BdP* II, p. 39. 1933 schränkt Schmitt die Aussage ein: »Sind die wirtschaftlichen, kulturellen oder konfessionellen Gegenkräfte so stark, daß sie die Entscheidung über den Ernstfall von sich aus bestimmen, so sind sie eben in die neue Substanz der politischen Einheit eingegangen« (III, p. 22).

vidualistischen Ausgangspunkt seines politischen Totalismus, wenn er gleichsam nebenbei den Eid ins Spiel bringt und bemerkt, der wahre Sinn des Treueschwurs bestehe darin, sich *eidlich und existentiell verwandt* zu machen. Die Erinnerung an diesen »Prüfstein des politischen Charakters einer Gemeinschaft« steht am rechten Ort.

Wenn der Mensch in der politischen Teilnahme ganz und existentiell erfaßt, die politische Assoziation, an der er »teilnimmt«, ihrerseits aber vom Ernstfall her bestimmt werden soll, spitzt sich die Frage nach der maßgebenden Bedeutung des Politischen auf die Frage nach dem Ernstfall zu. Der Status, den er in Schmitts Konzeption innehat, die Kapazität, die ihm darin genauer besehen beigelegt wird, rücken ins Zentrum des Interesses. Ist die Orientierung am Ernstfall jenem »Bezug auf die reale Möglichkeit der physischen Tötung« gleichzusetzen, durch den die Begriffe Freund, Feind und Kampf oder Krieg[30] »ihren realen Sinn« erhalten? Hängt alles von der Eventualität des gewaltsamen Todes ab, unterschiedslos und ohne Einschränkung? Und vermöchte ein solcher »Bezug« den Menschen *ganz* zu erfassen, ihn *im tiefsten* zu bestimmen? Oder sollte die äußerste Intensität allein dort erreicht werden, wo der Kampf auf Leben und Tod entbrannt ist, und nur solange, wie er in der Wirklichkeit andauert? Dem scheint zu widersprechen, daß Schmitt erklärt, das Politische liege »nicht im Kampf selbst«. Zudem stellt Schmitt bei seinen definitorischen Erörterungen immer wieder auf die »reale *Möglichkeit*« von Kampf, Krieg und physischer Tötung ab. Ihre Aktualität bleibt in Rücksicht auf das Wichtigste offenbar sekundär. Damit ist indes noch nichts darüber ausgemacht, wie *real*, wie nah, wie gegenwärtig die Möglichkeit von Kampf und Tod sein muß, soll sie das Verhalten der Menschen durchgreifend bestimmen. Reicht das Wissen um die »Eventualität« des bewaffneten Kampfes aus, um den to-

---

30 *BdP*, p. 33; in III, p. 15 ist *Kampf* durch *Krieg* ersetzt wie an zahlreichen anderen Stellen der dritten Fassung.

talen Charakter des Politischen zu begründen? Oder handelt es sich beim »Bezug auf die reale Möglichkeit der physischen Tötung« lediglich um eine notwendige Voraussetzung, und was müßte in diesem Fall hinzukommen, um das Politische als das Totale auszuweisen? Sind wir noch gar nicht beim »äußersten Punkte« angelangt,[31] wenn wir beim Kampf auf Leben und Tod angelangt sind? Ist seine Intensität einer Steigerung fähig? Ja, muß sie nach Schmitts Intensitätskonzept nicht in dem Maße zunehmen, in dem die Intensität der Feindschaft zunimmt, die dem Kampf zugrunde liegt? Sollte sie vom Zweck und Ziel abhängig sein, um derentwillen die existentielle Auseinandersetzung begonnen und ausgetragen wird? Die Orientierung am Ernstfall des Kampfes auf Leben und Tod verlangt nach zusätzlichen Unterscheidungen. Die wichtigste führt Schmitt 1933 ein, zu ebendem Zeitpunkt, da er die Maßgeblichkeit des Politischen am nachdrücklichsten betont. In der letzten Fassung des *Begriffs des Politischen*, in der Schmitt über jeden Zweifel klarstellt, daß er das Politische als einen Zustand konzipiert, der den Menschen ganz erfaßt, unterscheidet er zum erstenmal das Politische vom Agonalen.[32] Der Krieg wird jetzt gegen den »unpolitisch-agonalen Wettkampf« abgegrenzt. Mehr noch, der Leser erfährt, daß der Krieg keineswegs als factum brutum oder als der

31 »Der politische Gegensatz ist der intensivste und äußerste Gegensatz und jede konkrete Gegensätzlichkeit ist um so politischer, je mehr sie sich dem äußersten Punkte der Freund-Feindgruppierung, nähert.« *BdP* II, p. 30 (Originalpaginierung: p. 17). Enthält der Satz ein Komma zuwenig – oder ein Komma zuviel? Der Nachdruck von 1963 korrigiert die Interpunktion: »... je mehr sie sich dem äußersten Punkte, der Freund-Feindgruppierung, nähert.« In der ersten Fassung von 1927 war der Satz nicht enthalten, da Schmitt damals noch nicht an ein Intensitätskonzept des Politischen dachte. In der dritten lautet die Stelle dagegen: »... je mehr sie sich dem äußersten Punkte der Freund-Feind-Gruppierung nähert« (p. 11). Auch in diesem scheinbar geringfügigen Detail erweist sich die dritte Fassung als die überlegene, da konsistenteste und konsequenteste Version der *Begriffs*-Schrift. 1963 will Schmitt wahrscheinlich ein bloßes Versehen des Drucks von 1932 berichtigen, das er 1933 freilich bereits in einem anderen Sinne verbessert hatte. Er behält das, wenn nicht 1932, so spätestens 1933 erreichte Niveau nicht bei.
32 *BdP* III, p. 10, 10n.1, 12, 15, 17.

fraglos feststehende Referenzpunkt gelten kann, als der er zunächst erscheinen mochte, daß er vielmehr Gegenstand grundverschiedener Haltungen, Interpretationen und Zwecke ist: »Der Nichts-als-Soldat (zum Unterschied vom Krieger) neigt eher dazu, *den Krieg zum Wettkampf zu machen* und aus der politischen in die agonale Haltung überzugehen.«[33] Von größter Bedeutung scheint nun zu sein, was aus dem Krieg *gemacht* wird, in welcher *Haltung* man ihm begegnet, ob man ihn *agonal* versteht, oder ob man ihn *politisch* begreift. Das aber heißt, daß der »Bezug auf die reale Möglichkeit der physischen Tötung« für das Politische nicht hinreichend sein kann. Der Kampf auf Leben und Tod ist an ihm selbst betrachtet noch nicht der Maß gebende Ernstfall für den Menschen als Menschen. Denn der »unpolitisch-agonale« Wettstreit hat gleichfalls »auf die reale Möglichkeit der physischen Tötung Bezug«. Die Gefahr des gewaltsamen Todes lastet auf ihm nicht weniger als auf dem Krieg im politischen Verstande. Auch er ist »Kampf auf Leben und Tod«. Worin, also, liegt seine Defizienz begründet? Weshalb ermangelt das agonale Verständnis des Kampfes auf Leben und Tod jener »äußersten Möglichkeit«, von der her »das Leben der Menschen seine spezifisch *politische* Spannung gewinnt«?[34] Schmitt führt die Unterscheidung politisch/agonal im Kontext einer näheren Erörterung des Feind-Begriffs ein. An der Stelle, an der er 1927 und 1932 erklärte, Feind im Sinne des *Begriffs des Politischen* sei »nicht der Konkurrent oder der Gegner im Allgemeinen«, setzt er 1933 hinzu: »Feind ist auch nicht der Gegenspieler, der ›Antagonist‹ im blutigen Wettkampf des ›Agon‹.«[35] Das agonale Denken ermangelt offenbar, so können wir festhalten, des unabdingbaren Wissens um den Feind. Damit ist die entscheidende Frage freilich noch nicht beantwortet, sondern in aller Schärfe neu gestellt: Weshalb reicht der blutige Wettkampf des Agon nicht an die

---

33 *BdP* III, p. 17 (m. H.).
34 *BdP* III, p. 18 (II, p. 35).
35 *BdP* III, p. 10; cf. I, p. 5; II, p. 29.

Feindschaft der politischen Auseinandersetzung heran? Schmitt schließt an die lapidare Aussage im Text eine Fußnote an, die für den aufmerksamen Leser die erforderlichen Hinweise bereithält, um zur gewünschten Antwort zu gelangen. »Der große metaphysische Gegensatz *agonalen* und *politischen* Denkens«, steht im Zentrum der Anmerkung zu lesen, »tritt in jeder tieferen Erörterung des Krieges zutage.« Auf diese Feststellung, die den fundamentalen Charakter der nachträglich in die Schrift aufgenommenen Unterscheidung mit großer Prägnanz namhaft macht – fundamental, sowohl was die im *Begriff des Politischen* verhandelte Sache als auch was die für ihn bestimmende Absicht anbelangt –, folgt die betont aktuell gehaltene Erläuterung: »Aus neuester Zeit möchte ich hier das großartige Streitgespräch zwischen Ernst Jünger und Paul Adams (Deutschland-Sender, 1. Februar 1933) nennen, das hoffentlich bald auch gedruckt zu lesen ist. Hier vertrat Ernst Jünger das agonale Prinzip (›der Mensch ist nicht auf den Frieden angelegt‹), während Paul Adams den Sinn des Krieges in der Herbeiführung von Herrschaft, Ordnung und Frieden sah.« Der Gegensatz agonalen und politischen Denkens betrifft den Sinn des Krieges und die Bestimmung des Menschen. Von der einen Seite wird der Krieg als Ausdruck ewigen Werdens und Vergehens betrachtet und, da er aus der Natur des Menschen erwachse, als solcher bejaht. Der anderen gilt er als ein Zustand, der seine raison d'être nicht in sich, sondern jenseits seiner selbst hat. Sie sieht in ihm nicht den Herrn oder König, der einem jeden das Teil zukommen läßt, das ihm im freien Wettstreit und Messen der Kräfte zufällt, sondern den Knecht im Dienste einer höheren Ordnung. Dem agonalen Prinzip, wonach der Mensch nicht auf den Frieden angelegt sei, steht das politische Prinzip gegenüber, demzufolge der Mensch seine Bestimmung nicht anders zu erreichen vermag als dadurch, daß er sich ganz und existentiell für die Verwirklichung von Herrschaft, Ordnung und Frieden einsetzt. Von einem »großen metaphysischen Gegensatz« kann Schmitt sprechen, weil er im agonalen Denken den Versuch menschlicher Sinngebung erkennt, im kosmischen Spiel mitzuspielen und, soll das Höchste gelingen, einen guten Kampf zu kämpfen,[36] während er die tiefste Begründung für das politische Denken darin zu erkennen glaubt, daß es darauf ankomme, den Kampf um des Guten willen aufzunehmen und ihn als göttliche Prüfung zu bestehen.

Der Streit um den Sinn des Krieges muß aufbrechen, sobald die Frage nach dem Ernstfall ins Zentrum rückt. Das versetzt Schmitt in den Stand, die überlegene Kraft seiner politisch-theologischen Position gegenüber jeder »unpolitischen« Metaphysik auszuspielen. Vermittels der Unterscheidung politisch/agonal stellt er klar, daß der Krieg nur dann der Ernstfall für den Menschen als Menschen sein kann, wenn auf ihm das Gewicht der Entscheidung über Herrschaft,

36 »Nicht wofür wir kämpfen ist das Wesentliche, sondern wie wir kämpfen... Das Kämpfertum, der Einsatz der Person und sei es für die allerkleinste Idee wiegt schwerer als alles Grübeln über Gut und Böse. Das gibt sogar dem Ritter von der traurigen Gestalt seinen ehrfurchtgebietenden Heiligenschein. Zuletzt wird doch der Wertvollste, der, der sie verdient, Eroberer der Welt. Darüber entscheide das Weltgesetz, das Spiel der Kräfte oder Gott, wie man will. Wir aber wollen zeigen, was in uns steckt, dann haben wir, wenn wir fallen, wirklich ausgelebt.« Ernst Jünger: *Der Kampf als inneres Erlebnis.* Berlin 1922, p. 76. »Die Reinheit des heroischen Denkens läßt sich daran abmessen, in welchem Grade es vermeidet, den Krieg als ein sittliches Phänomen darzustellen.« »Hier ist ein Maßstab, der Gültigkeit besitzt: die Haltung des Menschen in der Schlacht, die das Urverhältnis einer schicksalhaft gerichteten Ordnung ist... Es hat etwas Wunderbares, wenn das Leben in einer an Masken und Hüllen so wohlversehenen Zeit unverhüllt und nackt sich in seiner ganzen Kraft zeigt und zur Wehr setzt, wenn es sich von allem Anerzogenen, Angelernten, Angebildeten befreit, durch nichts anderes mehr als durch die elementarsten Gesetze bestimmt wird. Inmitten der drohenden Gefahr gewinnt es an Zutrauen, an Unschuld; wer sich aufs Finden überhaupt versteht, der findet hier inmitten des Untergangs ein herrliches Selbstbewußtsein, ein festes Gefühl der Unsterblichkeit, das Bewunderung erweckt. Auf alles und nichts gestellt, bietet der kämpfende Mensch ein großartiges Bild ... weil sich hier erweist, inwieweit er auch in den Augenblicken der drohenden Vernichtung nicht Not leidet.« Friedrich Georg Jünger: *Krieg und Krieger* in: Ernst Jünger (Hrsg.): *Krieg und Krieger,* p. 63, 64; cf. p. 58. Siehe Kapitel I, S. 36f. mit FN 51, ferner Walter Hof: *Der Weg zum heroischen Realismus.* Bebenhausen 1974, insbes. p. 240ff.

Ordnung und Frieden liegt. Indem er unter Berufung auf seinen Freund Paul Adams[37] die Reihe *Herrschaft, Ordnung, Frieden* in die Debatte einführt, bezieht er aber nicht nur Stellung im Streit um den Sinn des Krieges. Er läßt den katholischen Publizisten auch die entscheidenden Stichworte geben, um uns die Dignität des Politischen und mit ihr die Notwendigkeit dieses Streites begreiflich zu machen. Der Streit um den Sinn des Krieges nämlich ist selbst nicht als »unpolitisch-agonaler Wettkampf« zu verstehen, sehr wohl hingegen als Teil jenes Ringens um Herrschaft, Ordnung, Frieden, das das Politische auszeichnet und das wesentlich Ringen um die gerechte Herrschaft, um die wahre Ordnung, um den wirklichen Frieden ist. Was dem Streit um den Sinn des Krieges wie der politischen Auseinandersetzung insgesamt zugrundeliegt, ist mithin die Frage nach dem Richtigen. Die Frage nach dem Richtigen aber ist *die Frage*, die sich dem Menschen als Menschen stellt. Wenn er sie im Ernst beantworten will, wenn er für sich selbst Klarheit zu gewinnen sucht, sieht er sich widerstreitenden Ansprüchen gegenüber, er steht unter dem Nomos des Gemeinwesens, dem Gebot Gottes oder der Menschen, er trifft auf Antworten, die autoritativ geltend gemacht werden. Die Frage nach dem Richtigen stellt sich ihm in der »Sphäre des Politischen«. In ihr muß er seinen Weg finden. Sie verlangt ein Verhalten, das sich an der realen Möglichkeit des Kampfes auf Leben und Tod orientiert. Sie erfordert die Erkenntnis der eigenen, durch die Auseinandersetzung um Herrschaft, Ordnung und Frieden bestimmten Situation. Und sie macht es zur vordringlichen Aufgabe, Freund und Feind richtig zu unterscheiden. Die Sphäre des Politischen wird so zum Ort der Selbsterkenntnis des Menschen, der Einsicht in das, was er ist und was er sein soll, der Entscheidung darüber, was er sein will und was er nicht sein will, was er werden kann und was zu werden ihm verwehrt

37 Daß er Paul Adams unter die Freunde rechnete, die seinem eigenen politisch-theologischen Unternehmen am nächsten standen, hat Schmitt im *Glossarium* unterstrichen (p. 165).

bleibt. Darin liegt der Rang des Politischen. Der politische Theologe und der politische Philosoph treffen sich in der gemeinsamen Frontstellung gegen jede im strengen Sinne *unpolitische* »Metaphysik«. Schmitts Opposition gegen das »agonale Denken« im allgemeinen und gegen Heraklit im besonderen[38] stimmt in einer wichtigen Rücksicht mit der Kritik überein, die Sokrates an der Naturphilosophie der Vorsokratiker wie ihrer spätesten Nachfahren übt.[39] Denn ebendas macht die Sokratische Wende aus, daß Sokrates, von dem es heißt, er habe die Philosophie als erster vom Himmel herabgerufen, sie in den politischen Gemeinwesen angesiedelt und sie gezwungen, das Leben, die Sitten und die guten und schlechten Dinge fragend zu erforschen,[40] daß dieser Philosoph anders als seine Vorgänger die politisch-theologische

38 »Der tiefste Gegensatz in den Auffassungen vom Wesen des Politischen betrifft nun nicht die Frage, ob die Politik auf jeden Kampf verzichten kann oder nicht (das könnte sie überhaupt nicht, ohne aufzuhören, Politik zu sein), sondern die andere Frage, *worin Krieg und Kampf ihren Sinn finden.* Hat der Krieg seinen Sinn in sich selbst oder in dem durch den Krieg zu erringenden Frieden? Nach der Auffassung eines reinen Nichts-als-Kriegertums hat der Krieg seinen Sinn, sein Recht und seinen Heroismus in sich selbst; der Mensch ist, wie Ernst Jünger sagt, ›nicht auf den Frieden angelegt‹. Das gleiche besagt der berühmte Satz des Heraklit: ›Der Krieg ist der Vater und König von Allem; die einen erweist er als Götter, die anderen als Menschen; die einen macht er zu Freien, die anderen zu Sklaven‹. Eine solche Auffassung steht als rein *kriegerisch* in einem Gegensatz zu der *politischen* Ansicht.« Artikel *Politik* in: Hermann Franke (Hrsg.): *Handbuch der neuzeitlichen Wehrwissenschaften.* Berlin u. Leipzig 1936, Bd. I, p. 549. Im *Glossarium* präzisiert Schmitt den Gegensatz sarkastisch: »Vielleicht ist auch das Verhältnis von Katze und Maus nur das Ergebnis eines langen Krieges und nur die Festlegung eines Kriegsausganges. Wie Heraklit sagt: der Krieg macht die einen zu Freien, die anderen zu Sklaven. Er enthüllt die Natur, die ›φύσις‹ und legt sie zugleich fest. Das ist die Gerechtigkeit des Krieges; das ist das Naturrecht. Der Krieg zwischen Menschen hat seine Ehre, er ist nicht gerecht. Nur der Krieg zwischen Naturwesen ist gerecht. Er endet damit, daß sich die einen als Freie, die anderen als Sklaven, die einen als Katze, die anderen als Mäuse erweisen« (p. 204). Siehe dazu *BdP* III, p. 42: »Die politische Freund-Feind-Unterscheidung ist um eben soviel tiefer als alle im Tierreich bestehenden Gegensätzlichkeiten, wie der Mensch als geistig existierendes Wesen über dem Tier steht.« Cf. *Carl Schmitt, Leo Strauss*, p. 67/68.
39 Xenophon: *Memorabilia*, I, 1.11–16.
40 Marcus Tullius Cicero: *Tusculanae Disputationes*, V, 10.

Kritik radikal ernst nimmt und die Politische zur Ersten Philosophie erhebt. Den politischen Philosophen und den politischen Theologen verbindet die Kritik an der selbstvergessenen Ausblendung oder der absichtsvollen Ausklammerung des Wichtigsten. Beide sind sich darin einig, daß der Streit über das Richtige der grundlegende Streit und daß die Frage *Wie soll ich leben?* die erste Frage für den Menschen ist. Mit der Antwort jedoch, die sie auf diese Frage geben, stehen sie in einem unaufhebbaren Gegensatz zueinander. Während die Politische Theologie rückhaltlos auf das *unum est necessarium* des Glaubens baut und in der Wahrheit der Offenbarung ihre Sicherheit findet, stellt die Politische Philosophie die Frage nach dem Richtigen ganz und gar auf den Boden »menschlicher Weisheit«,[41] um sie hier in der grundsätzlichsten und umfassendsten Art und Weise zu entfalten, die dem Menschen zu Gebote steht. In der umfassendsten Weise, insofern alle bekannten Antworten geprüft, alle denkbaren Argumente aufgenommen, alle Forderungen und Einwände, die autoritativ zu sein beanspruchen, in die philosophische Auseinandersetzung einbezogen werden, diejenigen eingeschlossen, welche die Politische Theologie vorbringt oder vorbringen kann. In der grundsätzlichsten Reflexion, da der Boden, auf dem die Auseinandersetzung stattfindet, durch kein Argument hintergehbar oder überbietbar ist und die Lebensweise, welche die umfassendste Auseinandersetzung mit der Frage nach dem Richtigen eröffnet, selbst zu deren zentralem Gegenstand erhoben wird. Die Philosophie muß zur Frage werden, ehe sie Antwort geben kann. Sie bedarf der Selbsterkenntnis, sie muß *politisch* werden, wenn sie auf eine *philosophisch* tragfähige Grundlage gestellt werden soll. Das ist die entscheidende Einsicht, die in der Sokratischen Wende beschlossen liegt. Der ursprüngliche Sinn der Politischen Philosophie besteht demnach in der *zwiefachen* Aufgabe der politischen Verteidigung *und* der rationalen Begründung des

41 Platon: *Apologie des Sokrates* 20d–e.

philosophischen Lebens.[42] Daraus ergibt sich eine neue Trennlinie, die die unpolitische Philosophie und die Politische Theologie in einem Kardinalpunkt zusammenrücken läßt. Jene verkennt die Notwendigkeit der politischen Verteidigung wie der rationalen Begründung der eigenen Lebensweise. Diese leugnet die Möglichkeit einer derartigen Begründung von Anbeginn an. *Beide* sind, mit anderen Worten, auf *Glauben* gegründet. Sie setzen die Antwort auf die Frage nach dem rechten Leben voraus, im fraglosen Vertrauen sei es auf die Richtigkeit der natürlichen Neigung, sei es auf die Gültigkeit überlieferter, von anderen übernommener Wertschätzungen. Die Politische Theologie weiß, daß sie auf Glauben gegründet ist, und sie will es sein, weil sie zu wissen glaubt, daß jedes menschliche Leben auf Glauben gegründet sein muß. Immer steht nach Schmitts Lehre Glaube gegen Glaube, Metaphysik gegen Metaphysik, Religion gegen Religion, mag sich der Widerpart auch als Unglaube, Antimetaphysik oder Irreligion ausgeben. »Metaphysik ist etwas Unvermeidliches.«[43] Aber anders als der Anhänger des »agonalen Prinzips«, der in der schieren Irrationalität des Glaubenskampfes die letzte Wirklichkeit erreicht zu haben glaubt und das Aufeinandertreffen nicht mehr begründbarer Glaubenshaltungen als Teil des großen Weltenspiels ansieht, beharrt der politische Theologe darauf, daß der Kampf zwischen dem Glauben und dem Irrglauben, zwischen der wahren und der häretischen Metaphysik ausgetragen wird. Es geht ihm nicht um jenen Glauben, »ohne den kein Leben möglich ist«. Die Politische Theologie will auf Glauben gegründet sein, weil sie an

42 Vergleiche dazu Christopher Bruell: *On the Original Meaning of Political Philosophy* in: Thomas Pangle (Ed.): *The Roots of Political Philosophy.* Ithaca, N. Y. 1987, p. 105 u. 109. Stewart Umphrey verkennt in seiner gedankenreichen Erörterung *Why Politiké Philosophia?* (Man and World, Vol. 17, 1984, p. 431–452) den inneren Zusammenhang der zwiefachen Aufgabe, die gleichwohl Eine ist (s. insbes. p. 444–446). Deshalb gelingt es ihm nicht, die entscheidende philosophische Einsicht zu bergen, die die politische Wendung der Philosophie als notwendig erweist.
43 *PR*, p. 23.

die *Wahrheit* des Glaubens glaubt. In ihrem Licht nimmt sich jede Gegenposition als Abfall oder Abweichung vom Einen Glauben aus, die ebendeshalb eine Glaubensposition bleiben muß. So kann ihr auch der Unglaube nur als falscher oder gefährlicher, als irregeleiteter oder stolzer *Glaube* erscheinen. Die Sokratische Einrede gegen die Naturphilosophen, die selbstvergessen die Begründungsbedürftigkeit ihres Unterfangens verkennen und, anstatt die Frage nach dem Richtigen zur Entfaltung zu bringen, sich bei intuitiven Glaubensüberzeugungen beruhigen, welche ihren Niederschlag in assertorischen Deklarationen finden,[44] diese Einrede ist mutatis mutandis mit nicht weniger Grund an die Politische Theologie gerichtet. Die Sokratische Kritik betrifft beide Seiten des »großen metaphysischen Gegensatzes agonalen und politischen Denkens«. Die »agonale«, insofern sie sich unpolitisch selbst mißversteht, die »politische«, insofern sie sich als metaphysische Partei in einem Glaubensstreit begreift.[45]

Eine Glaubensposition nimmt Schmitts politisches Denken nicht erst mit der metaphysischen Deutung des Gegensatzes zum agonalen Denken ein. Auf Glauben gegründet ist schon die für Schmitts Artikulation dieses Gegensatzes so entscheidende Vorstellung, der Mensch werde in der politischen Teilnahme ganz und existentiell erfaßt. Denn daß der Streit in der Sphäre des Politischen, recht verstanden, ums Ganze geht, daß der Mensch in ihr ganz *in Anspruch genommen* wird, ist eine Sache. Ob er in der politischen *Teilnahme* ganz *erfaßt* werden kann, ist eine andere Frage. Und angenommen, er könnte politisch ganz erfaßt werden, sollte dies unter allen Umständen gelten? Unabhängig von den Bedingungen der Inanspruchnahme? Und träfe es für alle Menschen zu? Schmitts Vorstellung setzt voraus, daß der Mensch *im Han-*

44 Joseph Cropsey hat darauf aufmerksam gemacht, in welcher *Form* die Sokratische Kritik zur Geltung, wie die inhaltliche Differenz zum *Ausdruck* kommt. *Über die Alten und die Modernen* in: Heinrich Meier (Hrsg.): *Zur Diagnose der Moderne*. München 1990, p. 230/231.
45 »A. Baeumler deutet Nietzsches und Heraklits Kampfbegriff ganz ins Agonale. Frage: woher kommen in Walhall die Feinde?« *BdP* III, p. 10n.1.

deln ganz verfügbar oder ganz er selbst sei. Einer Theorie, die den unbedingten Primat des Handelns gegenüber der Erkenntnis verficht, weil sie alles unter das Gebot des Gehorsams stellt, mag diese Voraussetzung selbstverständlich erscheinen. Außerhalb des Glaubenszusammenhangs, in dem sich die Politische Theologie bewegt, ist sie es nicht. Auf die gleiche Voraussetzung stoßen wir, wenn wir betrachten, welchen Gebrauch Schmitt von der sibyllinischen Sentenz macht *Der Feind ist unsre eigne Frage als Gestalt.*[46] Er verdient um so mehr Beachtung, als Schmitt dem von ihm hoch geschätzten Vers seines Freundes Theodor Däubler[47] selbst eine Schlüsselrolle für das Verständnis des *Begriffs des Politischen* zuschreibt.[48] In epigrammatischer Schärfe scheint das Dichterwort die Einsicht zum Ausdruck zu bringen, daß das Politische der Selbsterkenntnis dient und aus der Selbsterkenntnis entspringt. Wir können es so lesen: Wir erkennen uns, indem wir unseren Feind erkennen, und wir bestimmen unseren Feind, indem wir uns selbst bestimmen. Als unseren Feind erkennen wir den, der uns in Frage stellt, oder denjenigen, den wir in Frage stellen, indem wir uns »erkennen«, uns und anderen zu erkennen geben. Der Feind erweist sich als unser Freund wider Willen auf dem Weg zur Selbsterkenntnis, und

---

46 Theodor Däubler: *Hymne an Italien.* München 1916, »Sang an Palermo«, p. 58 (2. A. Leipzig 1919, p. 65). Ich habe die Herkunft des Verses in *Carl Schmitt, Leo Strauss* mitgeteilt und ihn für die Deutung des *Begriffs des Politischen* fruchtbar zu machen versucht (p. 12, 35, 79/80, 91, 96).
47 Die Freundschaft zwischen Schmitt und Däubler, die in die Zeit vor dem Ersten Weltkrieg zurückreicht, hat im Zuge des wachsenden biographischen Interesses an Schmitt zunehmende Beachtung gefunden. Nicht so die christlich motivierte Kritik, die Schmitt rückblickend an seinem Jugendfreund übt, und die Selbstkritik, ihn früher christlich mißverstanden zu haben. S. *ECS*, p. 45–53.
48 Im *Glossarium* können wir jetzt unter dem 25. 12. 1948 den Eintrag lesen: »›Der Feind ist unsere eigne Frage als Gestalt. / Und er wird uns, wir ihn zum selben Ende hetzen‹ (Sang an Palermo). Was bedeuten und woher stammen diese Verse? Intelligenzprüfungsfrage an jeden Leser meiner kleinen Schrift: Begriff des Politischen. Wer die Frage nicht aus eigenem Geist und Wissen beantworten kann, sollte sich hüten, über das schwierige Thema jener kleinen Schrift mitzureden« (p. 213).

unsere Selbsterkenntnis verwandelt sich unversehens in eine Quelle der Feindschaft, wenn sie sichtbare Gestalt annimmt.

Schmitt verwendet den Däubler-Vers erstmals gegen Ende einer »Weisheit der Zelle« überschriebenen und »April 1947« datierten Reflexion, die erklärtermaßen die Selbsterkenntnis zum Gegenstand hat.[49] Sie kulminiert in einer Meditation über den *Selbstbetrug*, und es ist, genauer gesagt, in diesem Zusammenhang, daß Schmitt die Frage nach dem Feind stellt, die er schließlich mit dem kursiv gesetzten Vers beantwortet. Der Feind wird für Schmitt in dem Augenblick zum Thema, in dem sich der politische Theologe mit der Gefahr von Betrug und Selbstbetrug auseinandersetzt.[50] »Der Selbstbetrug gehört zur Einsamkeit«.[51] Um ihm zu entkommen, hält Schmitt Ausschau nach der »objektiven Macht«, die »der Feind ist« und der niemand »entgehen« kann. Denn, so erfahren wir, »der echte Feind läßt sich nicht betrügen«. Woher wächst dem Feind das Wissen um unsere wahre Identität zu? Oder sollte seine Macht, unser Wesen zu erfassen, nicht auf Wissen beruhen? Was schützt ihn dann vor unserem Betrug? Wer bewahrt ihn vor dem Selbstbetrug, wenn nicht wir es sind, die ihn davor bewahren?[52] Wie also, aufgrund welchen Beistands oder durch welche Fügung, kann der Feind die objektive Macht *sein*, die Schmitt in ihm aufsucht, wie kann er die Last tragen, die Schmitt ihm aufbürdet? Und der Fortgang der Meditation zeigt, *was* Schmitt ihm aufbürdet: In Rede steht der Feind, der uns zu einer Auseinandersetzung *zwingt*, in der wir *ganz* und *existentiell* erfaßt werden. »Wer kann

49 »Du möchtest dich selbst und (vielleicht noch mehr) deine wirkliche Lage erkennen?« lautet der Eröffnungssatz (*ECS*, p. 79). Der unmittelbar vorangehende Text schließt mit der Glaubensaussage: »Uns alle verbindet die Stille des Schweigens und das unverlierbare Geheimnis der göttlichen Herkunft des Menschen« (p. 78). Cf. p. 66 u. 75.
50 Vom *Feind* ist in »Weisheit der Zelle« erst die Rede, nachdem Schmitt beim Selbstbetrug angelangt ist (p. 88). Cf. Kapitel I, S. 45 f.
51 *ECS*, p. 87. Die im folgenden ohne Nachweis zitierten Stellen finden sich p. 88–90.
52 »Aller Betrug ist und bleibt Selbstbetrug« (*ECS*, p. 88). Siehe *G*, p. 27, 63, 89.

denn überhaupt mein Feind sein?« fragt Schmitt. »Und zwar so, daß ich ihn als Feind anerkenne, und es sogar anerkennen muß, daß er mich als Feind anerkennt. In dieser gegenseitigen Anerkennung der Anerkennung liegt die Größe des Begriffs.« Hier geht es offenbar um mehr als um den Kampf mit jenem Feind, der dem »einfachen Kriterium« des Politischen schon deshalb genügte, weil er »auf die reale Möglichkeit der physischen Tötung Bezug« hat. Schmitt hält keinen Moment inne, um sich mit dem Feind zu befassen, der unsere Existenz bedroht, ohne uns als Feind anzuerkennen, oder der uns existentiell in Frage stellt, ohne daß wir uns zur Anerkennung seiner Anerkennung verstehen müßten. Bedarf es der ausdrücklichen Erwähnung, daß er ebensowenig innehält, um zu fragen, ob die Erkenntnis des Feindes und die Anerkennung des Feindes in eins zusammenfallen?[53] Schmitt fragt: »Wen kann ich überhaupt als meinen Feind anerkennen? Offenbar nur den, der mich in Frage stellen kann. Indem ich ihn als Feind anerkenne, erkenne ich an, daß er mich in Frage stellen kann. Und wer kann mich wirklich in Frage stellen? Nur ich mich selbst.« Wirklich, nicht nur existentiell, sondern ganz, kann nur ich selbst mich in Frage stellen. Weshalb? Etwa, weil nur ich selbst und niemand anders dahin gelangen kann, mich ganz oder in dem, was für mich das Wichtigste ist, woraus und wofür ich lebe, zu erkennen? Aber wie wäre es dann um den Selbstbetrug bestellt? Und wie stünde es um die objektive Macht des Feindes? Doch Schmitt fährt fort: »Nur ich mich selbst. Oder mein Bruder. Das ist es. Der Andere ist mein Bruder.« Die »objektive Macht«, der kein Mensch entgeht, ist zurückgekehrt. Mein Bruder wird mich vor dem Selbstbetrug bewahren. Denn »der Bruder erweist sich als mein Feind.« Aber wer ist mein

---

53 Beachte hierzu Schmitts Aussage: »Vorsicht also, und sprich nicht leichtsinnig vom Feinde. Man klassifiziert sich durch seinen Feind. Man stuft sich ein durch das, was man als Feindschaft anerkennt. Schlimm sind freilich die Vernichter, die sich damit rechtfertigen, daß man die Vernichter vernichten müsse. Aber alle Vernichtung ist nur Selbstvernichtung. Der Feind dagegen ist der Andere« (*ECS*, p. 90).

Bruder? Schmitt glaubt in seiner Meditation über den Feind und den Selbstbetrug bei der Wahrheit der *Genesis* Zuflucht zu finden: »Adam und Eva hatten zwei Söhne, Kain und Abel. So beginnt die Geschichte der Menschheit. So sieht der Vater aller Dinge aus. Das ist die dialektische Spannung, die die Weltgeschichte in Bewegung hält, und die Weltgeschichte ist noch nicht zu Ende.«[54]

Offenbarung und Geschichte lassen den Feind für Schmitt zu der objektiven Macht werden, die er anerkennen kann und vermittels deren er sich einen Ausweg aus der Gefahr des Selbstbetruges erhofft. Der Feind verspricht einen solchen Ausweg, wenn wir in ihm das Werkzeug sehen, dessen sich die höchste Autorität bedient, um uns in ein objektives, uns und den Anderen aufs engste verbindendes Geschehen hineinzustellen, in dem wir mit »unserer eigenen Frage« konfrontiert werden und »Antwort tun« müssen. Der Feind erscheint uns dann als der Bürge unserer Identität. Er wird uns begegnen, wenn wir uns suchen. Wir werden uns finden, wenn wir ihm entgegentreten. Schmitts »Weisheit der Zelle« gibt zu erkennen, daß die Begegnung mit dem Feind, um welche die Reflexion kreist, politisch konzipiert und politisch zu verstehen ist, daß Schmitt das Däubler-Wort nicht etwa vor- oder unpolitisch, »nur persönlich« oder »rein geistig« auslegt. Die politische Auseinandersetzung ist fundamental. Sie soll für unsere Identität von konstitutiver Bedeutung sein. Das eben ist mit dem meditativen Selbstverweis an Geschichte und Offenbarung intendiert. Schmitts Absicht kommt sinnfällig darin zum Ausdruck, daß er, was er nie zuvor tat, den Bruder- oder Bürgerkrieg förmlich zum Vater aller Dinge erklärt.[55] Mit einer direkten politischen Anwendung haben wir

---

54 »Historia in nuce. Freund und Feind... Der Feind ist unsere eigene Frage als Gestalt. Das bedeutet in concreto: nur mein Bruder kann mich in Frage stellen und nur mein Bruder kann mein Feind sein. Adam und Eva hatten zwei Söhne: Kain und Abel« (*G*, p. 217). Siehe *G*, p. 238.
55 »Viele zitieren den Satz des Heraklit: Der Krieg ist der Vater aller Dinge. Wenige aber wagen es, dabei an den Bürgerkrieg zu denken« (*ECS*, p. 26; beachte p. 56/57).

es bei der zweiten Stelle zu tun, an der Schmitt den Vers gebraucht, den er sich inzwischen vollständig zu eigen gemacht hat.[56] »Jeder Zwei-Frontenkrieg«, schreibt Schmitt im Kapitel »Der wirkliche Feind« seiner *Theorie des Partisanen*, und die Rede ist dabei ausdrücklich vom Krieg wie vom Bürgerkrieg, *jeder* Zweifrontenkrieg also, »wirft die Frage auf, wer denn nun der wirkliche Feind ist. Ist es nicht ein Zeichen innerer Gespaltenheit, mehr als einen einzigen wirklichen Feind zu haben? Der Feind ist unsere eigene Frage als Gestalt. Wenn die eigene Gestalt eindeutig bestimmt ist, woher kommt dann die Doppelheit der Feinde?«[57] Es ist schwer einzusehen, warum die eigene Gestalt *nicht* eindeutig bestimmt sein kann, wenn sie sich gegen zwei Feinde gleichermaßen scharf *abgrenzt*. Und sollte sie nicht gerade dann mehrere Feinde gegen sich *aufbringen* können, wenn sie eindeutig bestimmt ist? Ganz zu schweigen von dem Zweifrontenkrieg, der darauf beruht, daß die anderen – oder wenigstens einer von ihnen – ihren wahren Feind, *ihre* Frage nicht erkennen. Schmitts Überlegungen sind offenkundig nicht phänomenologisch zu nehmen. Um so sichtbarer treten die Voraussetzungen zutage, die seinem Gebrauch des Däubler-Verses zugrundeliegen: Zunächst der Glaube an eine Art prästabilierte Zuordnung des Feindes. Dann die Annahme, die eigene Identität werde wesentlich über den Bezug auf den Feind, sie werde maßgebend durch das bestimmt, was wir negieren. Schließlich die Gewißheit, daß der Mensch seine Bestimmung nicht anders denn im Handeln erreiche.[58] Schmitt fährt nämlich unvermittelt fort: »Feind ist nicht etwas, was aus irgend-

---

56 An einen Korrespondenzpartner, dem er die Frage nach Bedeutung und Herkunft der beiden Däubler-Verse vorgelegt hatte (s. FN 48), schreibt Schmitt am 24. 3. 1949: »Dass Sie mich jener Verse aus dem ›Sang an Palermo‹ fähig hielten, freut mich; es ist übrigens keineswegs ›falsch‹, das zu glauben.«
57 *Theorie des Partisanen. Zwischenbemerkung zum Begriff des Politischen.* Berlin 1963, p. 87.
58 Vergleiche zu diesen drei Voraussetzungen *Carl Schmitt, Leo Strauss,* p. 96.

einem Grunde beseitigt und wegen seines Unwertes vernichtet werden muß. Der Feind steht auf meiner eigenen Ebene. Aus diesem Grunde muß ich mich mit ihm kämpfend auseinandersetzen, um das eigene Maß, die eigene Grenze, die eigene Gestalt zu gewinnen.« Ich muß den Feind anerkennen, ich muß mit ihm kämpfen, damit ich meine, damit er seine Bestimmung zu erreichen vermag.

Der politische Kampf ist konstitutiv für die Ausbildung meiner Identität. Schmitt geht in seiner Betrachtung des Zweifrontenkriegs ebenso umstandslos zur ersten Person Singular über, wie er in der Meditation über den Selbstbetrug den umgekehrten Wechsel in den Plural, vom Ich zum Wir des Bürgerkriegs vollzog. Wenn der Mensch in der politischen Teilnahme ganz und existentiell erfaßt werden soll, muß *unser* Feind ohne Einschränkung zu *meinem* Feind werden, die *eigene* Frage muß sich als *politische* Frage erweisen, und sie muß grundsätzlich *politisch zu beantworten* sein. Andernfalls beträfe mich das Politische nur in einer besonderen Eigenschaft, ich würde lediglich in einem Aspekt meines Wesens erfaßt, es bliebe stets ein nichttrivialer »Rest«, der politisch inkommensurabel und unerreichbar wäre. Der Anspruch, »das Politische als das Totale erkannt« zu haben, findet in der Auslegung, die Schmitt der Sentenz *Der Feind ist unsre eigne Frage als Gestalt* zuteil werden läßt, sein komplementäres Gegenstück. Beide Aussagen erhellen sich gegenseitig. Der Vers kann uns also in der Tat als Schlüssel zum *Begriff des Politischen* dienen. Der Gebrauch, den Schmitt von ihm macht, beleuchtet insbesondere Schmitts zentrales Anliegen, im Politischen das Maßgebende aufzusuchen und zur Geltung zu bringen. Zugleich führt er uns die Grenzen vor Augen, welche der Selbsterkenntnis in Schmitts Konzeption gesetzt sind. Die unbefragten Voraussetzungen, denen wir begegneten und weiter begegnen werden, treffen sich in dem Glauben, daß die Frage, auf die am Ende alles ankommt, eine Frage ist, die zu stellen nicht in der Macht des Menschen steht, sondern die geschichtlich an ihn ergeht. Eine Frage, die Anruf, Gebot, Auftrag ist, auf die geantwortet, der gehorcht, die erfüllt werden muß. Vor solcher Glaubensgewißheit müssen Unterscheidungen zurücktreten, die, menschlich gefragt und natürlich betrachtet, für die Erkenntnis unserer selbst wie des Feindes von größter Bedeutung sind, etwa die zwischen dem Vordringlichsten und dem Wichtigsten, dem Intensivsten und dem Höchsten, zwischen dem hier und jetzt zu verteidigenden Guten und dem schlechthin Guten, zwischen der bedrohlichsten Feindschaft und der tiefsten Auseinandersetzung. Dem politischen Theologen mag das Festhalten an dergleichen Unterscheidungen als Resultat hybrider »Ich-Verpanzerung« erscheinen,[59] die notwendig im Selbstbetrug endet: Wenn der Ruf erfolgt, zergehen alle Distinktionen. Er läßt sich nicht eingrenzen, festlegen, im voraus fassen, denn wir vermögen nichts über ihn. Ihn zu vernehmen ist eine Sache des Glaubens, wie die Antwort, die wir zu wagen haben, eine Sache des Glaubens bleibt. Wir glauben nur zu wissen, *daß* wir sie wagen müssen und daß sie unseren *ganzen* Einsatz verlangt. Nächst der Rückhaltlosigkeit des Gehorsams scheint die Intensität des Einsatzes das wichtigste Kriterium zu sein und das einzige, von dem wir hoffen können, es werde uns aus dem Bannkreis von Betrug und Selbstbetrug herausführen. Wenn wir unsere Bestimmung nicht anders denn im geschichtlichen Handeln erreichen, dann erreichen wir das Äußerste offenbar in der intensivsten Teilnahme, und das politische Leben, das Schmitt als das intensive Leben par excellence verteidigt,[60] ist das höchste Leben. Der weitreichenden Assimilation des Intensivsten und des Höchsten entspricht die Okkupation des Wichtigsten durch das geschichtlich Vordringlichste. Denn wenn wir daran glauben, daß uns unsere eigene Frage in Gestalt des Feindes entgegentritt, als

---

59 Cf. *G*, p. 111, 192.
60 Siehe neben der Konzeption des *BdP* selbst die explizite Gleichsetzung am Schluß der Kölner Antrittsvorlesung vom 20. 6. 1933 *Reich – Staat – Bund* in: *PuB*, p. 198. Cf. *Die Formung des französischen Geistes durch den Legisten* in: Deutschland – Frankreich, 1. Jg., 2. H., 1942, p. 29 u. *Verfassungslehre*. München u. Leipzig 1928, p. 210, 228.

objektive Macht, die sich nicht betrügen läßt, dann ist die Auseinandersetzung mit dem gegenwärtigen Feind nicht nur das Vordringlichste, sondern allem Anschein nach immer schon das Wichtigste für uns. Wie sonst wäre ein Rückfall in die »Ich-Verpanzerung« auszuschließen? Dem Vertrauen auf den Feind wie dem Sprung in die Intensität liegt der Glaube an den alles entscheidenden, im einzelnen verborgenen, im tiefsten jedoch gewissen Sinn dessen zugrunde, was mit uns geschieht und was durch uns geschehen soll. Oder mit einem anderen Dichterwort zu sprechen, das Schmitt außerordentlich hoch schätzt und von dem er uns wissen läßt, es antworte auf die Frage nach dem Arkanum in seinem »Fatum«: *Vollbringe, was du mußt, es ist schon immer vollbracht und du tust nur Antwort.*[61]

Aus demselben Glauben erklärt sich Schmitts Präokkupation für *das Eigene*: die »eigene Frage«, die »eigene Ebene«, das »eigene Maß«, die »eigene Grenze«, die »eigene Gestalt«. Mag der Versuch, der »Ich-Verpanzerung« dadurch zu entgehen, daß Schmitt sich ganz dem »Eigenen« zuwendet, zunächst in Erstaunen setzen, so nimmt sich diese Verkehrung der Blickrichtung sehr viel weniger paradox aus, sobald das »Eigene« als *das uns Aufgetragene* verstanden wird. Der Glaube, der Herr der Geschichte habe uns *unseren* geschichtlichen Ort und *unsere* geschichtliche Aufgabe zugewiesen, wir seien Teil eines providentiellen Geschehens, das wir aus menschlichem Vermögen nicht durchschauen können, ein solcher Glaube verleiht dem je Besonderen ein Gewicht, das ihm in keinem anderen System zukommt. Die Behauptung oder Verwirklichung des »Eigenen« wird an ihr selbst in den Rang einer metaphysischen Mission erhoben. Da das Wichtigste »schon immer vollbracht« und in das »Eigene« eingesenkt ist, fügen wir uns ebendamit in das umgreifende, das Ich transzendierende Ganze ein, daß wir auf das »Eigene« zurückgehen und auf ihm beharren. Wir öffnen uns für den Ruf,

---

61 *ECS*, p. 53.

der an uns ergeht, wenn wir uns auf die »eigene Frage« be-
sinnen, wir übernehmen unseren Part, wenn wir die Auseinandersetzung mit »dem Anderen, dem Fremden« auf der
»eigenen Ebene« führen, »um das eigene Maß, die eigene
Grenze, die eigene Gestalt zu gewinnen«. Das ist der *tiefste*
Grund für vermeintlich so durch und durch »existentialisti-
sche« Aussagen wie die frühe Behauptung Schmitts, ein Krieg
habe »seinen *Sinn* nicht darin, daß er für hohe Ideale oder
für Rechtsnormen, sondern darin, daß er gegen den *eigenen
Feind* geführt wird«,[62] oder die berühmte Statuierung, wonach die am Konflikt Beteiligten nur selbst entscheiden können, »ob das Anderssein des Fremden im konkret vorliegenden Konfliktsfall *die Negation der eigenen Art Existenz*
bedeutet und deshalb abgewehrt oder bekämpft werden
muß, *um die eigene, seinsmäßige Art von Leben zu retten«.*[63]
Das Eigene als das uns Aufgetragene kann allerdings nur solange eine sichere Zuflucht vor der Gefahr der »Ich-Verpanzerung« verheißen, wie es als factum brutum genommen oder
mit seiner jeweiligen »historischen Konkretion« gleichgesetzt
wird. Weder darf das »Eigene« selbst zum Gegenstand der
Unterscheidung gemacht und in unserem »Fatum« die individuelle Natur vom geschichtlich Kontingenten gesondert werden, noch bleibt Raum für die dornenreichste Frage menschlicher Selbsterkenntnis, wie das dem Menschen Besondere zu
bestimmen und einzuordnen sei, eine Frage, mit der jene andere aufs engste verknüpft ist, was er aus seinem eigenen
Grundbestand habe und was die geschichtlichen Umstände
seinem natürlichen Zustand hinzufügten oder an diesem veränderten.[64] Es bleibt kein Raum für die Unterscheidung von
Natürlichem und Depraviertem, und die Frage darf nicht im
Ernst gestellt werden, ob wir das uns im höchsten Maße und

62 *BdP* I, p. 17 (m. H.); cf. II, p. 50/51.
63 *BdP* III, p. 8 (m. H.); cf. I, p. 4; II, p. 27.
64 Jean-Jacques Rousseau: *Discours sur l'origine et les fondemens de
l'inégalité parmi les hommes.* Préface. Kritische Edition, Paderborn 1984,
3. A. 1993, p. 42.

im vorzüglichsten Sinne Eigene zu erlangen vermögen, indem wir auf dem »Eigenen« beharren, oder ob wir es vielmehr dann zur Entfaltung bringen, wenn wir unsere Orientierung aus dem gewinnen, was dem uns Besonderen vorausliegt und über das Eigene hinausweist.[65] Derartige Fragen und Unterscheidungen sind fehl am Platze, wo die Vermeidung des Selbstbetrugs zum beherrschenden Gesichtspunkt geworden ist und das Streben nach Selbsterkenntnis hinter sich gelassen hat. Denn sie erschütterten ebenjene Sicherheit, die das »Eigene« in Aussicht stellt, solange man glaubt, ohne weiteres auf das Eigene rekurrieren und es selbstverständlich für sich in Anspruch nehmen zu können. Sie zerstörten, konsequent vorangetrieben, die Gewißheit, daß das Gute unbefragt vorauszusetzen sei, daß es keiner Untersuchung bedürfe, ja keine Untersuchung dulde.[66] Aus Schmitts Scheu, in eine solche Untersuchung einzutreten, erklärt sich auch, weshalb der Freund und die Freundschaft in seiner Konzeption so auffallend blaß bleiben und ganz hinter dem Feind und der Feindschaft zurücktreten. In den ersten beiden Fassungen des *Begriffs des Politischen* weiß Schmitt über den Freund und die Freundschaft buchstäblich nichts zu sagen; die dritte Fassung erläutert die Freunde in Parenthese als »Gleichgeartete und Verbündete«[67]; aus einem »Corollarium« von 1938 erfahren wir, der Freund sei »nach deutschem Sprachsinn (wie in vielen anderen Sprachen) ursprünglich nur der Sippengenosse«[68]; in einem postum veröffentlichten Notat stoßen wir

---

65 Siehe dazu *ibid.* den *Einführenden Essay über die Rhetorik und die Intention des Werkes*, p. LX–LXXVII.
66 Cf. *PR*, p. 137; *DA*, p. 25/26; *PT II*, p. 115; *PT*, p. 52 (74).
67 *BdP* III, p. 8.
68 Schmitt fährt fort: »Freund ist also ursprünglich nur der Blutsfreund, der Blutsverwandte, oder der durch Heirat, Schwurbrüderschaft, Annahme an Kindes Statt oder durch entsprechende Einrichtungen ›verwandt Gemachte‹. Vermutlich ist erst durch den Pietismus und ähnliche Bewegungen, die auf dem Weg zum ›Gottesfreund‹ den ›Seelenfreund‹ fanden, die für das 19. Jahrhundert typische, aber auch heute noch verbreitete Privatisierung und Psychologisierung des Freundbegriffes eingetreten. Freundschaft wurde dadurch eine Angelegenheit privater Sympathiegefühle,

dann auf die für Schmitts Denken charakteristische Definition »Freund ist, wer mich bejaht und bestätigt«.[69] Dreh- und Angelpunkt bleibt das »Eigene«, auf seine fraglose, nicht unterscheidende Bejahung und Bestätigung reduziert sich schließlich alles. Aber wie sollte es auch möglich sein, über den Freund und die Freundschaft mehr und anderes zu sagen, wie sollten wir den Freund aktiv bestimmen können, wenn wir uns nicht der Frage aussetzen wollen, was das Gute für uns ist?[70]

Der Feind hat für Schmitt den Vorzug, daß er sich gleichsam *selbst* als Feind bestimmt. Zumindest ist das der Anschein, den Schmitt erweckt, denn der Feind kommt bei ihm fast durchweg als der Angreifer, nie als der Angegriffene in den Blick[71]: Indem der Feind mich angreift oder in Frage stellt, gibt er sich als mein Feind zu erkennen. Die rhetorischen Vorteile einer solchen Perspektive liegen auf der Hand, die »theoretischen« sind für Schmitt noch bedeutsamer. Wenn der Angreifer alle Aufmerksamkeit beansprucht, scheint das zu Verteidigende um so selbstverständlicher vorausgesetzt werden zu können. Außerdem weist uns der Feind mit seinem tatsächlichen oder drohenden Angriff nachdrücklich auf das »Eigene« hin. Schließlich gehen die »objektive Macht«

schließlich gar mit erotischer Färbung in einer Maupassant-Atmosphäre« (*BdP*, Corollarium 2, p. 104). Das ist die ausführlichste Erörterung von Freund und Freundschaft bei Schmitt.
69 Die Aufzeichnung vom 13. 2. 1949, in der Schmitt auf die ein Jahr später in *Ex Captivitate Salus* publizierte Meditation über den Selbstbetrug zurückverweist, lautet: »Historia in nuce. Freund und Feind. Der Freund ist, wer mich bejaht und bestätigt. Feind ist, wer mich in Frage stellt (Nürnberg 1947). Wer kann mich denn in Frage stellen? Im Grunde doch nur ich mich selbst. Der Feind ist unsere eigene Frage als Gestalt« (*G*, p. 217; der zweite Teil des Notats ist in FN 54 wiedergegeben).
70 Siehe dazu David Bolotin: *Plato's Dialogue on Friendship. An Interpretation of the »Lysis« with a New Translation*. Ithaca, N. Y. 1979, 2. A. 1988, p. 85, 117, 127, 134, 158/159, 174–176, 193. Cf. Seth Benardete: *The Tragedy and Comedy of Life*. Chicago 1993, p. 88–91, 128/129, 186, 202/203, 225.
71 Als Ausnahme ist zu nennen: »Weh dem, der keinen Freund hat, denn sein Feind wird über ihn zu Gericht sitzen. Weh dem, der keinen *Feind* hat, denn *ich* werde sein Feind sein am jüngsten Tage« (*ECS*, p. 90).

des Feindes und das »Eigene« auf Eine Autorität zurück, und sie wirken, als Anruf und Antwort zu Einem Geschehen zusammengeschlossen, in Eine Richtung. Gewiß, auch der »Freund«, der »mich bejaht und bestätigt«, bestimmt sich selbst als Freund im Sinne von Schmitts Definition des Freundes. Aber was erfahre ich dadurch über mich? Und vor allem (aus Schmitts Sicht gesprochen): veranlaßt er mich zum Handeln? Fordert er mich heraus, »Antwort zu tun«? Zwingt er mich, das »Eigene« zur Geltung zu bringen? Oder auch nur, ihn als meinen Freund anzuerkennen? Vermag er die »Ich-Verpanzerung« aufzusprengen? Weist er einen Weg aus jenem Zustand »ohne letztes Gericht«, den Schmitt als einen Zustand der Beliebigkeit und des Subjektivismus perhorresziert? Dem Freund kommt in Schmitts Konzeption keine tragende Funktion zu. Ganz im Unterschied zum Feind, der für Schmitts theoretisches Unterfangen schlechterdings unverzichtbar ist.[72] Insofern kann man mit Recht von einem Primat des Feindes sprechen.[73] Insbesondere gilt

72 Vergleiche den vorangehenden Absatz mit dem entsprechenden Abschnitt von Kapitel I, S. 44–47, insbes. S. 45.
73 In der wichtigsten, Schmitts Politische Theologie überhaupt erst ermöglichenden Rücksicht gilt dieser Primat freilich *nicht* (cf. einstweilen FN 66 u. 71). Um so entschiedener kommt er in Schmitts konzeptionellem Handeln zur Geltung. Es mutet wunderlich an, wenn Schmitt sich gegen den »Vorwurf« eines Primats des Feindbegriffs in seiner Konzeption des Politischen verteidigt und im Vorwort des *Begriffs des Politischen* von 1963 – ganz Rechtstheoretiker und nichts als Jurist – ins Feld führt, »daß jede Bewegung eines Rechtsbegriffs mit dialektischer Notwendigkeit aus der Negation« hervorgehe. »Im Rechtsleben wie in der Rechtstheorie ist die Einbeziehung der Negation alles andere als ein ›Primat‹ des Negierten. Ein Prozeß als Rechtshandlung wird überhaupt erst denkmöglich, wenn ein Recht negiert wird. Strafe und Strafrecht setzen nicht eine Tat, sondern eine Untat an ihren Anfang. Ist das vielleicht eine ›positive‹ Auffassung der Untat und ein ›Primat‹ des Verbrechens?« (p. 14/15). Zur selben Zeit und auf der letzten Seite derselben Schrift (p. 124) teilt Schmitt neue Erwägungen zum »linguistischen Problem ›Feind-Freund‹« mit, die ein weiteres Mal um den Vorrang des Feindes kreisen: »ich halte es heute für denkbar, daß der Buchstabe *R* in *Freund* ein Infix ist, obwohl solche Infixe in den indogermanischen Sprachen selten sind. Vielleicht sind sie häufiger als bisher angenommen wurde. *R* in *Freund* könnte ein Infix (in *Feind*) sein wie bei *Frater* (in *Vater*) oder in der Ziffer *drei* (in *zwei*).« *Wie* wunderlich die Selbststilisierung des Nichts-als-Juristen Schmitt ist, wird der Leser ermessen, der

dies für die Frage unserer Identität. Nicht die Wahl des Freundes, sondern der Kampf mit dem Feind soll Aufschluß darüber geben, wer wir sind. Wenn wir unseren Feind nicht geradezu lieben müssen, so sind wir jedenfalls auf ihn verwiesen und bedürfen seiner, um in unser »Eigenes« zu gelangen: »Feind ist nicht etwas, was aus irgendeinem Grunde beseitigt und wegen seines Unwertes vernichtet werden muß. Der Feind steht auf meiner eigenen Ebene. Aus diesem Grunde muß ich mich mit ihm kämpfend auseinandersetzen, um das eigene Maß, die eigene Grenze, die eigene Gestalt zu gewinnen.« Der Feind ist so wenig etwas, das »beseitigt« werden muß, wir bedürfen seiner so sehr, daß Schmitt sich an anderem Ort selbst zurufen kann: »Heureka, ich habe ihn gefunden, nämlich den Feind. Es ist nicht gut, daß der Mensch ohne Feind sei.«[74]

In den beiden Passagen der Selbstvergewisserung über den Feind aus *Ex Captivitate Salus* und *Theorie des Partisanen*, in denen Schmitt den Vers *Der Feind ist unsre eigne Frage als Gestalt* zu seinem Schlüsselwort macht, scheint er der »agonalen« Position näher zu kommen, als »der große metaphysische Gegensatz« zunächst erwarten lassen mag, durch den sich der Verfasser des *Begriffs des Politischen* von ihr geschieden sieht. Tatsächlich gewinnt die Differenz jedoch gerade an den Stellen vermeintlich größter Annäherung scharfe Konturen. Davon, daß der Feind anders als der Widerpart im Agon zu einer Auseinandersetzung zwingt, in der wir ganz und existentiell erfaßt werden sollen, war bereits die Rede. Desgleichen von der providentiellen Bestimmung des Feindes und der konstitutiven Bedeutung des politischen Kampfes für die Identität. An all das vermag der agonale Wettkampf nicht heranzureichen. Der Satz *Es ist nicht gut, daß der Mensch*

sich bei der Lektüre des Vorworts von 1963 daran erinnert, daß die »juristische« Verteidigung gegen den »Vorwurf« eines Primats des Feindes vom selben Autor stammt, der uns u. a. wissen ließ: »Weh dem, der keinen *Feind* hat, denn *ich* werde sein Feind sein am jüngsten Tage.«
74 *G*, p. 146. Vergleiche abermals: »Der Selbstbetrug gehört zur Einsamkeit« (*ECS*, p. 87).

ohne Feind sei könnte auch aus einer agonalen Position heraus geschrieben sein. Allerdings gilt dies nur solange, wie wir den Verweisungszusammenhang außer acht lassen, den Schmitt mit der von ihm gewählten Formulierung herstellt. Und es gilt nicht mehr für den Folge-Satz, der sowohl mit Schmitts eigener Verkündigung als auch mit seiner Auslegung des Däubler-Wortes eng verknüpft ist: *Nenne mir Deinen Feind, und ich sage Dir, wer Du bist.*[75] Der Feind, der »auf meiner eigenen Ebene steht«, ist weder bloßer Mitkämpfer im Ringen um die allseitige Entwicklung der Persönlichkeit noch Gegenringer in jenem Kampf um die Macht, in dem sich die Unschuld des Werdens vollzieht, der Ordnungen hervorbringt und der sie wieder zerbricht. Er ist nicht der Gegenspieler, auf den die Wahl eines »Frei-sich-Entschließenden« gefallen ist, mit dem der Seiner-selbst-Gewisse den Kampf aufnimmt, um sich zu steigern und über das »Eigene« hinauszugelangen.[76] Er ist für Schmitt auch nicht gleichbedeutend mit dem Antagonisten im ernsten Wettstreit um die höchste Entfaltung menschlichen Vermögens oder natürlicher Einsicht.[77] Der Feind steht auf meiner eigenen Ebene, weil er mir *zugeordnet* ist. Und ich muß mit ihm kämpfen, weil er mich *negiert* oder weil ich ihn negieren muß, um *sein* zu können, was ich *bin*. Denn Feindschaft ist »seinsmäßige Negierung eines anderen Seins«.[78] Bei aller Rhetorik der Bezähmung und des Geltenlassens darf diese Schmittsche Grundbestimmung nicht in Vergessenheit geraten. Gewiß, der Feind muß nicht *wegen seines Unwertes* vernichtet werden. Er muß überhaupt nicht *vernichtet* werden, da es dem Menschen nicht zukommt zu vernichten, was er selbst nicht erschaffen hat.[79] Aber wenn der Feind weder vernichtet werden darf noch beseitigt werden soll, so ist nicht weniger wahr, daß der

---

75 *G*, p. 243.
76 Cf. Nietzsche: *Ecce homo.* Warum ich so weise bin, Aph. 7 u. 8 (*KGW* VI, 3, p. 272/273 u. 274, 5–10).
77 Siehe S. 71 ff.
78 *BdP*, p. 33.
79 Cf. *BdP* III, p. 19; *Die Tyrannei der Werte*, p. 61; *G*, p. 8.

je konkrete, der *wirkliche* oder *eigene* Feind im Ernstfall getötet werden muß. Im Kampf auf Leben und Tod steht für Schmitt dabei mehr auf dem Spiel als schiere Selbstbehauptung oder menschliche Anerkennung. Darüber können auch die so Hegelisch klingenden Wendungen nicht hinwegtäuschen, deren sich Schmitt in seiner Meditation über den Feind bedient – seine Rede von der »gegenseitigen Anerkennung der Anerkennung«, in der »die Größe des Begriffs« liege, von der »Beziehung im Anderen auf sich selbst«, die »das wahrhaft Unendliche« sein, oder von der »Negation der Negation«, von der »das wahrhaft Unendliche« abhängen soll. Das zentrale Paradigma, anhand dessen sich Schmitt seines Feindes vergewissert und sich Klarheit über die »Natur« der Feindschaft verschafft, die Geschichte von Kain und Abel, spricht eine andere Sprache. Die »Geschichte der Menschheit« beginnt weder mit einem offenen Duell noch mit einem Kampf um menschliche Anerkennung. Kain hat Abel erschlagen. Von Abels Gegenwehr ist nichts bekannt. Nichts von Agon und Symmetrie. Ganz zu schweigen von »gegenseitiger Anerkennung der Anerkennung«. Schmitts »Beginn« bezeugt den Brudermord. *So* sieht der *Vater aller Dinge* aus. Er bezeugt das *Böse*, dem die Menschen widerstehen müssen und das gleichwohl sein *Gutes* in sich trägt – denn könnte es sonst geschehen? *Das* ist die *dialektische Spannung,* die die Weltgeschichte in Bewegung hält.

Nur in vergleichsweise kurzen Phasen der Menschheitsgeschichte – und auch dann keineswegs überall – gelingt es, die Feindschaft zu begrenzen, sie verbindlichen Regeln zu unterwerfen, sie in geordnete Bahnen zu zwingen. Man kann den *Begriff des Politischen* von 1927 als ein Plädoyer für die Anerkennung des *gerechten Feindes* lesen. Ein Plädoyer, das in Gestalt einer theoretischen Erörterung für die moralische Position eintritt, dem Feind müsse zugebilligt werden, daß er die »eigene, seinsmäßige Art von Leben« mit dem gleichen Recht zu verteidigen sucht, das wir für die Verteidigung unserer Lebensweise und die Behauptung unseres Seins beanspruchen. Schmitt weiß um die Seltenheit einer solchen Hegung der Feindschaft:»Es ist wirklich etwas Seltenes, ja unwahrscheinlich Humanes, Menschen dahin zu bringen, daß sie auf eine Diskriminierung und Diffamierung ihrer Feinde verzichten.«[80] Er sieht sich selbst als Fürsprecher des im ius publicum Europaeum erreichten zivilisatorischen Fortschritts, wenn er in den dreißiger und vierziger Jahren die »Wendung zum diskriminierenden Kriegsbegriff« attackiert, die den »Verzicht auf die Kriminalisierung des Kriegsgegners« rückgängig zu machen droht. Er begreift sich als Verteidiger einer der größten Errungenschaften der »europäischen Menschheit«, wenn er in den Sechzigern mit der Unterscheidung von *konventionellem, wirklichem* und *absolutem Feind* der Ersetzung des »wirklichen« durch den »absoluten Feind« entgegenwirken und Kategorien an die Hand geben will, um die Logik der Vernichtung freizulegen, die die Ächtung des Feindes als »Feind der Menschheit« oder dessen Verdammung als »Unwert« heraufbeschwört.[81] All dies widerspricht nicht der Einsicht, daß der *gerechte Feind* nicht mit dem *Feind tout court* identisch ist. Es bestätigt sie, im Gegenteil, nachdrücklich. Die von Schmitt unterstützte oder gewünschte »Humanisierung« kann auf verschiedene Weise zustandekommen. Der Feind mag als gerechter Feind anerkannt werden, da er einem moralischen Kodex genügt, oder insofern er sich ausschließlich »gerechter Waffen« bedient, insbesondere aber weil und

80 *TdP*, p. 92. Schmitt fährt fort:»Eben das scheint nun durch den Partisanen wieder in Frage gestellt. Zu seinen Kriterien gehört ja *die äußerste Intensität des politischen Engagements*. Wenn Guevara sagt: ›Der Partisan ist der Jesuit des Krieges‹, so denkt er an die *Unbedingtheit des politischen Einsatzes*« (m. H.). Im *Glossarium* nennt Schmitt die »Gesinnungs-Verbrechen von der negativen Seite«, die der »zum Feind der Menschheit Erklärte« begeht, *politisch im extremsten und intensivsten Sinne des Wortes* (p. 145). Soviel zu der Behauptung, Schmitt betrachte die *absolute* Feindschaft und die Kriminalisierung des Feindes oder dessen verbrecherische Gegenwehr als etwas, das »über das Politische hinausgeht« und mithin nicht mehr als *politisch* zu begreifen sei.
81 *Die Wendung zum diskriminierenden Kriegsbegriff.* München 1938, p. 1/2, 47, 48/49; *NdE*, p. 5, 112–115, 298/299; *TdP*, p. 92, 94–96; *Die Tyrannei der Werte*, p. 46, 58/59.

solange er darauf verzichtet, seine Feinde als Verbrecher oder Unmenschen zu diskriminieren. In jedem Fall scheint die Anerkennung des gerechten Feindes an ein Mindestmaß von moralischen Anforderungen oder an einen Grundbestand von Gemeinsamkeiten gebunden zu sein, die es ermöglichen, ihn zu unterscheiden. Oder sollte die Diskriminierung des Feindes unterbleiben können, weil der Feind als Gegenüber in einem Spiel aus Zufall und Notwendigkeit begriffen wird, in dem alle Teilnehmer ihre moralische Interpretation der Phänomene zur Stärkung der eigenen Position aufbieten und *die* Waffen wählen, die ihrem Sein entsprechen, in einem Spiel, in dem mithin ausschließlich »gerechte Feinde« aufeinandertreffen? Wie dem auch sei, Schmitts Anerkennung des gerechten Feindes speist sich aus einer anderen Quelle. Sie ist Ausdruck des Glaubens, daß der Feind Teil der göttlichen Weltordnung sei und daß der Krieg den Charakter eines Gottesurteils habe[82] – wenigstens dann, wenn er zwischen »gerechten Feinden« ausgetragen wird.[83] Solange beide Antagonisten den Krieg als Gottesurteil verstehen, ist ein solcher Krieg – wenn wir für einen Augenblick von seinem Zweck ab-

82 *ECS*, p. 58; *Nehmen/Teilen/Weiden*, p. 494. 1937 beendet Schmitt den Vortrag *Totaler Feind, totaler Krieg, totaler Staat* mit den Worten: »Krieg und Feindschaft gehören zur Geschichte der Völker. Das schlimmste Unheil aber tritt erst ein, wenn, wie im Kriege 1914–18, die Feindschaft sich aus dem Kriege entwickelt, statt daß, *wie es richtig und sinnvoll ist*, eine vorher bestehende, unabänderliche, echte und totale Feindschaft zu dem *Gottesurteil* eines totalen Krieges führt« (*PuB*, p. 239, m. H.). Was Schmitt hier noch *echte und totale Feindschaft* nennt, entspricht in der späteren Nomenklatur der *wirklichen Feindschaft*, die gegen die *konventionelle Feindschaft* des bloßen Duells oder »Spiels« einerseits und gegen die *absolute Feindschaft*, die die Feindschaft selbst »beseitigen« will, andererseits als die *richtige* und *sinnvolle* Feindschaft abgegrenzt wird: »Im Jahre 1914 sind die Völker und Regierungen Europas ohne wirkliche Feindschaft in den ersten Weltkrieg hineingetaumelt. Die wirkliche Feindschaft entstand erst aus dem Kriege selbst, der als ein konventioneller Staatenkrieg des europäischen Völkerrechts begann und mit einem Weltbürgerkrieg der revolutionären Klassenfeindschaft endete« (*TdP*, p. 96).
83 Die Einschränkung gilt für den Theoretiker des Völkerrechts. Für den politischen Theologen läßt sie sich, wie wir sehen werden, im strengen Sinne nicht aufrechterhalten.

sehen – dem agonalen Wettkampf zum Verwechseln ähnlich. Das Wichtigste wird vorausgesetzt, der Sinn der Ordnung, in der jeder für die Bewahrung oder Entfaltung des Eigenen streitet, ist selbst nicht Gegenstand des Streites. Die Lage verändert sich erheblich, sobald der Feind den gemeinsamen Boden verläßt, die verbindende Ordnung in Frage stellt und schließlich den Feind als solchen »beseitigen« oder »vernichten« will. Im Krieg, der zur »Abschaffung des Krieges« geführt, im »Weltbürgerkrieg«, in dem der »absolute Feind« als vorgeblich letztes Hindernis auf dem Weg zur Überwindung aller Feindschaft ausgegeben wird, gewinnt die Feindschaft eine Intensität, von der der »gehegte« Staatenkrieg weit entfernt ist. So bestätigt sich abermals, daß der entscheidende Streit, den Schmitt im Auge hat, der Streit, in dem es für ihn ums Ganze, um den Sinn und um die Ordnung geht, der Streit um den Feind ist. Bejahung und Verneinung der Feindschaft stehen einander unversöhnlich gegenüber. Es ist nur angemessen, daß Schmitt zur Exemplifizierung dessen, was der Feind und die Feindschaft für ihn bedeuten, kein Beispiel aus der Epoche der durch das ius publicum Europaeum regulierten Staatenkriege wählt. Wie auch könnte etwas so »Seltenes, ja unwahrscheinlich Humanes«, das so spät erreicht wurde und nur wenige Jahrhunderte überdauerte, dazu taugen, das primordiale und universelle Phänomen der Feindschaft zu erhellen? Seiner »ontologisch-existenziellen Denkart« gemäß setzt Schmitt sehr viel fundamentaler an. Mit dem Paradigma von Kain und Abel geht er bis auf den ersten Bruder- oder Bürgerkrieg zurück. Der Bürgerkrieg ist frei von den Hegungen des Krieges. Er kennt keinen gerechten Feind. Erst in ihm erhält das, »was man vom Krieg sagt, seinen letzten und bitteren Sinn«.[84] Erst im Bürgerkrieg enthüllt sich die ganze Wahrheit der Feindschaft. Aber noch etwas anderes kommt in Schmitts Paradigma zum Ausdruck. Wenn Schmitt den Brudermord Kains in Erinnerung ruft, so erinnert er auch

84 *ECS*, p. 26; cf. p. 56/57 u. 89.

daran, daß der Feind, der mein Bruder ist, mit mir durch eine Gemeinsamkeit verbunden ist, die alle menschliche Anerkennung transzendiert: der Feind wird zum *gerechten Feind* kraft meiner Anerkennung, aber er ist mein *Bruder* vermöge seines und meines Seins, dank einer Bestimmung, über die wir nicht Herr sind. Zugleich erinnert Schmitt daran, daß es sich bei der Feindschaft der Brüder um kein bloßes Binnenverhältnis, um keine »rein menschliche Angelegenheit« handelt. Er ruft die Rebellion in Erinnerung, die dem Brudermord zugrundeliegt,[85] und verweist so auf einen König, der ganz und gar nicht der Basileus des Heraklit ist. Sowenig der Krieg der Vater und König aller Dinge ist, sowenig ist die Weltgeschichte, von der Schmitt sagt, sie sei noch nicht zu Ende, die Weltgeschichte Hegels. Für den »christlichen Epimetheus« beginnt die Geschichte der Menschheit mit dem Ungehorsam gegen Gott, und sie endet mit dem Gericht Gottes. *Adam und Eva* und der *Jüngste Tag* stecken den heilsgeschichtlichen Horizont ab, in dem sich Schmitts Meditation über den Feind bewegt.[86] Mit seinem Rekurs auf die Geschichte von Kain und Abel setzt Schmitt Heraklit und dem »heraklitischen Epimetheus Hegel«[87] die Wahrheit der Bibel entgegen.

Die Verteidigung der Feindschaft hat für Schmitt ein theologisches Fundament, der Kampf mit dem Feind folgt einer pro-

---

85 Vergleiche Calvins Kommentar zu Genesis IV, 2, 5 u. 7; außerdem Umberto Cassuto: *A Commentary on the Book of Genesis. Part I: From Adam to Noah.* Jerusalem 1978, p. 205–207 u. 212.
86 *ECS*, p. 89 u. 90.
87 Im *Glossarium* spricht Schmitt von der »großen Aufgabe«, den »christlichen Epimetheus sichtbar zu machen, als von welchem der heraklitische Epimetheus Hegel nur ein Abfall ist. Freilich ist dieser Abfall immer noch tausendmal großartiger als die UNO-Toynbee und die Positivisten des Westens« (p. 212). S. p. 71 und Kapitel I, S. 32f. mit FN 40, 41, 42. Vergleiche vor dem Hintergrund der angeführten Positionsbestimmungen Schmitts gegenüber der Philosophie Hegels – insbesondere der an Kojève gerichteten »Frage«, ob es bei Hegel einen *Feind* überhaupt geben könne – Hegels »Definition des Feindes«, die Schmitt im *Begriff des Politischen* mitteilt (p. 62).

videntiellen Bestimmung[88]: Die Verfügung *Ich will Feindschaft setzen zwischen Deinem Samen und ihrem Samen* liegt dem Brudermord Kains voraus. Damit sind wir zu dem Glaubenssatz zurückgekehrt, auf dem Schmitt sein politisch-theologisches Gedankengebäude errichtet hat und der im *Begriff des Politischen* seit 1932 auch an entscheidender Stelle präsent ist.[89] Zu diesem Zeitpunkt – spätestens zu diesem Zeitpunkt – läßt Schmitt keinen Zweifel mehr daran, daß der Kampf mit dem *eigenen*, dem *wirklichen*, dem *totalen Feind* sich erst dort dem äußersten Intensitätsgrad nähert, wo es sich um den Kampf gegen einen Widersacher handelt, dessen moralische Dignität bestritten, dessen geschichtliche Legitimität in Abrede gestellt, dessen religiöse Rechtgläubigkeit verneint wird, oder um den Kampf gegen einen Feind, der den Gegner seinerseits als *absoluten Feind* attackiert. Das äußerste Stadium der Feindschaft beginnt dort, wo die Feinde einander in einem *asymmetrischen* Verhältnis gegenüberstehen. Das äußerste Stadium ist aber das entscheidende Stadium. Dies liegt in der Logik der Intensitätskonzeption des Politischen, die das Maßgebende mit der höchsten Intensität in eins setzt, was unmittelbar die Frage aufwirft, welche Feindschaft Schmitt als die intensivste ins Auge faßt, an welchem Feind sich seine Aussagen über das »Wesen« des Feindes orientieren und von welchem Intensitätsgrad an er die Politik als politisch »im eminenten Sinne« gelten läßt. Denn so wie der Krieg, »je nach dem Grade der Feindschaft, mehr oder weniger Krieg sein« kann,[90] so muß dem neugefaßten Begriff

---

88 Mit der Geschichte von Kain und Abel ruft Schmitt nicht einen Mythos in Erinnerung, der eine Einsicht einprägsam zusammenfaßt, die sich ebensogut anthropologisch begründen und aus anderen Quellen herleiten ließe, sondern er bezieht sich auf eine Glaubenswahrheit, die für Christen – und Juden – Verbindlichkeit besitzt. Cf. *G*, p. 215.

89 *BdP*, p. 67, ebenso III, p. 49. Der Sache nach steht der Satz von der ersten Fassung des *Begriffs des Politischen* an im Zentrum des siebten, dem »anthropologischen Glaubensbekenntnis« oder, genauer gesagt, des dem »Zusammenhang politischer Theorien mit theologischen Dogmen von der Sünde« gewidmeten Kapitels, in das ihn Schmitt 1932 einfügt.

90 »Clausewitz (Vom Kriege, III. Teil, Berlin 1834, S. 140) sagt: ›Der Krieg

des Politischen zufolge auch die Politik je nach der Intensität der Feindschaft *mehr* oder *weniger* politisch, mehr oder weniger *Politik* sein können. Wann Schmitt den äußersten Punkt des Politischen erreicht sieht, erhellt aus zwei Abschnitten des *Begriffs des Politischen*, welche die »Höhepunkte der großen Politik« zum Gegenstand haben. Nach der Abkehr von der Gebiets-Konzeption in den Text eingefügt, zeigen sie in großer Klarheit, daß die intensivste, die entscheidende Feindschaft ein asymmetrisches Verhältnis voraussetzt. Der erste Absatz lautet: »Politisches Denken und politischer Instinkt bewähren sich also theoretisch und praktisch an der Fähigkeit, Freund und Feind zu unterscheiden. Die Höhepunkte der großen Politik sind zugleich die Augenblicke, in denen der Feind in konkreter Deutlichkeit als Feind erblickt wird.« Der zweite erläutert anhand von vier historischen Beispielen, was Schmitt als *große Politik* erscheint. Schließt der erste mit einer zentralen Aussage Schmitts, in der zum erstenmal der Däubler-Vers anklingt, so steht am Ende des zweiten Abschnitts das grundlegende Bibelwort aus Genesis III, 15. Oliver Cromwell führt es in einer Rede am 17. September 1656 ins Feld, deren sich Schmitt an dieser Schlüsselstelle des *Begriffs des Politischen* als Medium der Selbstexplikation bedient.[91] Schmitt läßt uns wissen, daß er »in Cromwells Kampf

ist nichts als eine Fortsetzung des politischen Verkehrs mit Einmischung anderer Mittel.‹ Der Krieg ist für ihn ein ›bloßes Instrument der Politik‹. Das ist er allerdings auch, aber seine Bedeutung für die *Erkenntnis des Wesens der Politik* ist damit noch nicht erschöpft. Genau betrachtet ist übrigens bei Clausewitz der Krieg nicht etwa eines von vielen Instrumenten, sondern die ›ultima ratio‹ der Freund- und Feind-Gruppierung. Der Krieg hat seine eigene ›Grammatik‹ (d.h. militär-technische Sondergesetzlichkeit), aber die Politik bleibt sein ›Gehirn‹, er hat keine ›eigene Logik‹. Diese kann er nämlich nur aus den Begriffen Freund und Feind gewinnen, und diesen Kern alles Politischen offenbart der Satz S. 141: ›Gehört der Krieg der Politik an, so wird er ihren Charakter annehmen. Sobald sie großartiger und mächtiger wird, so wird es auch der Krieg, und das kann bis zu der Höhe steigen, wo der Krieg zu seiner absoluten Gestalt gelangt.‹ Der Krieg kann, je nach dem Grade der Feindschaft, mehr oder weniger Krieg sein.« *BdP* III, p. 16n.1 (m. H.).
91 In ihrem Licht gewinnt Schmitts spätere Aussage »Inzwischen haben wir das Politische als das Totale erkannt« erst ihre volle Bedeutung.

gegen das papistische Spanien« für die Neuzeit »den mächtigsten Ausbruch einer solchen Feindschaft« erkennt, wie sie auf den Höhepunkten der großen Politik manifest wird. Cromwells Feindschaft sei stärker gewesen »als das gewiß nicht zu unterschätzende *écrasez l'infâme* des 18. Jahrhunderts, stärker als der Franzosenhaß des Freiherrn vom Stein und Kleists ›Schlagt sie tot, das Weltgericht fragt euch nach den Gründen nicht‹, stärker sogar als Lenins vernichtende Sätze gegen den Bourgeois und den westlichen Kapitalismus«. Stärker als der *Schlachtruf*, den der Aufklärer Voltaire der katholischen Kirche im Namen von Moral und Menschheit entgegenschleudert, stärker als die *Aufforderung* zur bedingungslosen nationalen Erhebung des Partisanen-Dichters Kleist, stärker selbst als die Geschichtsphilosophie und Wissenschaft für sich reklamierenden *Sätze* des Propagandisten der absoluten Feindschaft Lenin ist, wohlverstanden, die *Rede* Cromwells, der ausdrücklich für sich in Anspruch nimmt, daß seine Feindschaft gegen das papsttreue Spanien auf die Wahrheit der Offenbarung gegründet sei. Schmitts pointierte Zusammenfassung von Cromwells politisch-theologischer Begründung kulminiert in den Sätzen: »Der Spanier ist euer Feind, seine enmity is put into him by God; er ist ›the natural enemy, the providential enemy‹, wer ihn für einen accidental enemy hält, kennt die Schrift und die Dinge Gottes nicht, der gesagt hat, ich will Feindschaft setzen zwischen Deinem Samen und ihrem Samen (Gen. III, 15); mit Frankreich kann man Frieden schließen, nicht mit Spanien, denn es ist ein papistischer Staat, und der Papst hält den Frieden nur, solange er will.«[92] Der providentielle Feind, den der protestantische

---

[92] Die Zitate, die Schmitt auswählt und in einer solchen Abfolge anordnet, daß Cromwells Begründung der Feindschaft in Genesis III, 15 ihren Höhepunkt erreicht, finden sich in Vol. III der Ed. Carlyle von 1902 p. 269, 270/271, 272, 274/275. Die gesamte Rede umfaßt mehr als 40 Druckseiten. Die Referenz *Gen. III, 15* hat Schmitt hinzugesetzt. – In seinem Vortrag *Totaler Feind, totaler Krieg, totaler Staat* sagt Schmitt 5 Jahre später: »Der englische Seekrieg gegen Spanien war ein Weltkampf germanischer und romanischer Völker, zwischen Protestantismus und Katholizismus, Kalvinismus und

Staatsmann und Diktator in konkreter Deutlichkeit als seinen Feind erblickt, ist der wahrhaft souveräne Papst.

Die Höhepunkte der großen Politik sind zugleich die Augenblicke, in denen der providentielle Feind erkannt, in denen die eigene Bestimmung erfüllt wird. Was Schmitt als große Politik erscheint, steht in unübersehbarem Kontrast zur »großen Politik«, die Nietzsche ein halbes Jahrhundert zuvor in *Jenseits von Gut und Böse* postuliert hatte. Der »lange furchtbare eigene Wille«, zu dem Europa sich nach Nietzsche entschließen sollte, der aristokratische Wille, »der sich über Jahrtausende hin Ziele setzen könnte«, der Wille der »großen Wagnisse«, der »jener schauerlichen Herrschaft des Unsinns und Zufalls, die bisher ›Geschichte‹ hieß, ein Ende« machte, dieser Menschenwille muß sich in Schmitts Augen als eine bis dahin nicht gekannte Ausgeburt promethidischer Hybris ausnehmen. Schmitts große Politik hat mit Nietzsches »Kampf um die Erd-Herrschaft« nur insofern und allerdings insofern etwas zu schaffen, als sie dem von Nietzsche vorhergesehenen »Zwang zur großen Politik« in Gestalt *dieses* Kampfes entschieden entgegentritt. Ist es nicht der providentielle Feind des politischen Theologen, der in der Proklamation der Erdherrschaft seinen Anspruch anmeldet?[93] Desgleichen unterscheidet sich Schmitts große Politik von dem, was vor Nietzsche wie nach ihm als »große Politik« im konventionellen Verstande galt und gilt. Keines der vier historischen Beispiele, die Schmitt anführt, ist der klassischen Machtpolitik zwischen Staaten entlehnt. Keines ruft die Feindschaft des »gehegten Krieges« nach Maßgabe des neuzeitlichen Völkerrechts in Erinnerung. Keines auch steht für die Trennung von »Außen« und »Innen«, für die Scheidung von Politik und Ökonomie, Politik und Moral, Politik und Religion. Der hier von den »Hö-

---

Jesuitismus, und es gibt wenig Beispiele für solche Ausbrüche tiefster und letzter Feindschaft, wie man sie in Cromwells Haltung gegenüber den Spaniern findet« (*PuB*, p. 238).
93 Nietzsche: *Jenseits von Gut und Böse*, Aph. 208 u. 203; cf. *Also sprach Zarathustra*, Von tausend und Einem Ziele (*KGW* VI, 1, p. 70–72) und Nachlaß, *KGW* VII, 3, p. 350, 26.

hepunkten der großen Politik« handelt, tritt nicht länger als
»Theoretiker der reinen Politik« auf. Er gibt vielmehr zu erkennen, daß die Politik – um in Clausewitz' Sprache zu reden[94] – erst dort zu ihrer »absoluten Gestalt gelangt«, wo sie
die Intensität des Glaubenskampfes erreicht. Auf dem Höhepunkt der großen Politik streitet der *Glaube* gegen den *Irrglauben*. Im Lichte der beiden neuen Abschnitte über die »große Politik«[95] wird der tiefste Sinn von Schmitts Wendung zum
Intensitätskonzept offenbar, mit allem, was diese Wendung
im einzelnen begleitet und worin sie ihren Niederschlag findet: Von der stillschweigenden Preisgabe der Fiktion der »reinen Politik«,[96] über den so unscheinbaren wie bezeichnenden
Texteingriff in der Neufassung des *Begriffs des Politischen*,
dem zufolge die Unterscheidung von Freund und Feind »theoretisch und praktisch bestehen« kann, »ohne daß gleichzeitig
alle jene moralischen, ästhetischen, ökonomischen oder andern Unterscheidungen zur Anwendung kommen müßten«,
die Schmitt 1927 noch ohne jede Einschränkung den »andern*, relativ selbständigen Gebieten menschlichen Denkens
und Handelns« zugeordnet hatte,[97] bis zu der kommentierenden Feststellung in der Ausgabe von 1933, der Krieg könne,
je nach dem Grade der Feindschaft, *mehr* oder *weniger* Krieg
sein; von der Neuentdeckung des »inneren Feindes«, des
Bürgerkriegs und der Revolution, über die ausdrückliche Erwähnung der »Ketzer und Häretiker«,[98] bis zur Würdigung
der »heiligen Kriege und Kreuzzüge« der Kirche als »Aktio-

94 Siehe FN 90.
95 Der Begriff »große Politik« kommt nur an dieser Stelle des *BdP* vor. Beachte dazu den Aufsatz *Der unbekannte Donoso Cortés* aus dem Jahre 1929
in: *DC*, p. 75/76, 78.
96 *BdP* I, p. 25/26. 1932 streicht Schmitt die Wendungen »Theoretiker der
reinen Politik«, »rein politischer Begriff«, »rein politische Denker« durchgängig.
97 *BdP*, p. 27 (m. H.). 1927 schreibt Schmitt: »Die Unterscheidung von
Freund und Feind kann theoretisch und praktisch bestehen, ohne daß
gleichzeitig moralische, ästhetische, ökonomische oder andere Unterscheidungen zur Anwendung kommen« (I, p. 4).
98 *BdP*, p. 46–48; cf. p. 29, 30–32, 42, 43, 47, 53, 54.

nen, die auf einer *besonders echten und tiefen Feindentschei-dung* beruhen können«.[99] In Schmitts Verweis auf den äußer-sten Intensitätsgrad der »großen Politik« findet die durchgän-gige Gradualisierung des Politischen ihren Fluchtpunkt. Die Herauslösung des Politischen aus der festen Bezogenheit auf das Gemeinwesen, seine Verwandlung in einen gleichsam li-quiden Aggregatszustand, der überall erreicht werden kann und alles zu erfassen vermag, erhält erst in der konzeptionel-len Ausrichtung am Glaubenskampf ihre volle Bedeutung. Es liegt in der Konsequenz einer solchen Orientierung, die *koi-nonía politiké* schließlich selbst wesentlich oder in ihrer höch-sten Vollendung als eine *Glaubensgemeinschaft* zu begreifen. Schmitt macht keine großen Umschweife, diese Konsequenz zu ziehen, wenn er 1933 erklärt: »Bei politischen Entschei-dungen beruht selbst die bloße Möglichkeit richtigen Erken-nens und Verstehens und damit auch die Befugnis mitzuspre-chen und zu urteilen nur auf dem existenziellen *Teilhaben* und Teilnehmen, nur auf der echten *participatio*.« Denn die-se Aussage, mit der sich Schmitt in scharfen Gegensatz zu allen großen politischen Philosophen stellt, unter denen kei-ner, von Platon bis Rousseau, auf den Gedanken gekommen wäre, dem Fremden »die *bloße Möglichkeit* richtigen Erken-nens und Verstehens« bei politischen Entscheidungen abzu-sprechen,[100] hat offenkundig die Besonderheit einer Glau-bensgemeinschaft im Blick. Wenn sie überhaupt irgendwo

---

99 *BdP* III, p. 30 (m. H.). 1927 war für die heiligen Kriege und Kreuzzüge der Kirche noch kein Raum, 1932 wurde ihnen erstmals zugesprochen, daß sie »Aktionen« seien, »die auf einer Feindentscheidung beruhen wie ande-re Kriege« (II, p. 48). Vergleiche die bemerkenswerten Eingriffe im unmit-telbar vorangehenden Satz (I, p. 17; II, p. 48; III, p. 30).
100 Im Falle Platons genügt es, an die *Nomoi* und die einzigartige Rolle zu erinnern, die dem Athenischen Fremden im Platonischen Corpus zukommt. Für Rousseau sei auf das Kapitel »Du Législateur« des *Contrat social* (II, 7) verwiesen. Beide Philosophen haben im übrigen durch ihr Handeln zu ver-stehen gegeben, daß sie sich als Philosophen in der Lage sahen, die poli-tischen Erfordernisse konkreter Gemeinwesen, deren Bürger sie nicht waren, richtig zu erkennen und auf deren politische Entscheidungen gestal-tend Einfluß zu nehmen, nicht nur unbeschadet, sondern vermöge der Tat-sache, daß sie als Fremde mitsprachen und urteilten.

gilt, so gilt sie nirgendwo mehr als im Falle der Gemeinschaft der Gläubigen, die sich auf eine Wahrheit jenseits aller menschlichen Vernunft zurückführt, deren sie teilhaftig geworden zu sein glaubt, und die sich in der existentiellen Teilhabe an der Einen, ihr besonderen Wahrheit, in der vollendeten participatio, unlösbar verbunden sieht.[101] Daß Schmitt den *Begriff des Politischen* schließlich in einem scharfen Angriff auf den »neuen Glauben« gipfeln läßt, rundet das Bild ab. Die Polemik des Schlußkapitels der letzten Fassung gegen das »vollständige Inventar« des »liberalen Katechismus«, gegen die »als ›Wissenschaft‹ verkleidete Metaphysik des liberalen 19. Jahrhunderts« und gegen ihren »Kirchenvater« Benjamin Constant beinhaltet dabei mehr als eine schlichte

---

101 *BdP* III, p. 8; cf. II, p. 27; s. *Die Sichtbarkeit der Kirche. Eine scholastische Erwägung* in: Summa, 2. Viertel 1917, p. 71, 75, 79. Dem im Text zitierten Satz der Ausgabe von 1933 geht die folgende Einfügung voraus, die in den Fassungen von 1927 und 1932 kein Gegenstück hat: »Weder die Frage, ob der ›äußerste Fall‹ gegeben ist, noch die weitere Frage, was als ›äußerstes Mittel‹ lebensnotwendig wird, um die eigene Existenz zu verteidigen und das eigene Sein zu wahren – *in suo esse perseverare* – könnte ein Fremder entscheiden. Der Fremde und Andersgeartete mag sich streng ›kritisch‹, ›objektiv‹, ›neutral‹, ›rein wissenschaftlich‹ geben und unter ähnlichen Verschleierungen sein fremdes Urteil einmischen. Seine ›Objektivität‹ ist entweder nur eine politische *Verschleierung* oder aber die völlige, alles Wesentliche verfehlende *Beziehungslosigkeit*.« Zu den antisemitischen Insinuationen dieser und anderer Stellen der dritten Fassung des *Begriffs des Politischen* siehe *Carl Schmitt, Leo Strauss*, p. 14/15n.5 u. 6; cf. Schmitts Leitartikel *Die deutschen Intellektuellen* in: Westdeutscher Beobachter, Nr. 126 vom 31. 5. 1933 und *SBV*, p. 45. Was Schmitt in allgemeine Aussagen faßt und mit seiner ironischen Berufung auf Spinozas *in suo esse perseverare* sowie der versteckten Kritik an Georg Simmel (*Soziologie. Untersuchungen über die Formen der Vergesellschaftung*. Leipzig 1908, p. 687 über die Objektivität und Teilnahme des Fremden; cf. p. 686 u. 690) mehr andeutet als offen ausspricht, wird von Schmitts Schüler und Freund Ernst Forsthoff kurz darauf ganz ins Antisemitische gewendet und in krudester Weise zur Entfaltung gebracht (*Der totale Staat*. Hamburg 1933, p. 38 ff.; cf. p. 48). Die gegen »den Juden« als die Inkarnation des »Fremden und Andersgearteten« gerichtete Auslegung des Abschnitts war unter den obwaltenden Umständen die naheliegendste »historisch-konkrete« Applikation. Gleichwohl handelt es sich nur um *eine* Auslegung, die allerdings schlaglichtartig erhellt, was es bedeutet – oder unter entsprechenden geschichtlichen Bedingungen bedeuten kann –, wenn die *politiké koinonía* als *Glaubensgemeinschaft* verstanden werden soll.

Umkehrung der polemischen Entgegensetzung des Neuen gegen den Alten Glauben, die David Friedrich Strauß populär gemacht hatte.[102] Schmitt ergreift mit seiner Attacke Partei nicht für den alten, sondern für den rechten Glauben. Aus dieser Position glaubt er Liberalismus und Marxismus zugleich treffen, ja letzteren als einen bloßen »Anwendungsfall der liberalen Denkweise des 19. Jahrhunderts« bestimmen zu können. Indem er das häretische Dogma vom schließlichen Sieg des ökonomischen, industriellen und technischen Fortschritts über das Politische bekämpft, zielt er auf das Glaubenszentrum beider,[103] getreu dem Grundsatz, daß »jede Äußerung im Geistigen, bewußt oder unbewußt, ein – rechtgläubiges oder häretisches – Dogma zur Prämisse hat«.[104]

Der Glaubenskampf, an dem Schmitts Begriffsbildung Maß nimmt, ist der Kampf, in dem der wahre Glaube auf den häretischen Glauben trifft. In ihm ist der *äußerste Intensitätsgrad einer Assoziation und Dissoziation* erreicht. Die *intensivste* Feindschaft erweist sich als die *maßgebende* Feindschaft. Hier geht es um *Herrschaft, Ordnung* und *Frieden* »im eminenten Sinne«. Wir haben es mit dem *Fall* zu tun, *auf den es allein ankommt*. Daß die alltägliche Politik bloß einen schwachen Abglanz dieses Falles darstellt, daß sie gemessen an ihm nur als mehr oder weniger politisch erscheint, daß sie ihm sogar vielfach entgegenwirkt und ihn, soweit es in ihrer Macht steht, verhindern muß, besagt nichts gegen seine beherrschende Zentralität. Ebensowenig, wie der Ausnahmecharakter der »Höhepunkte der großen Politik« irgend etwas gegen deren entscheidende Bedeutung für das Verständnis

---

102 *BdP* III, p. 54 ff., Kapitel 10. Die im Text zitierten Stellen sind p. 55/56, 57 u. 58 entnommen.
103 Als »charakteristische Reihe politisch-polemischer Gegenüberstellungen« des neuen Glaubens führt Schmitt schematisch an: »Freiheit, Fortschritt und Vernunft verbunden mit Wirtschaft, Industrie und Technik besiegen Feudalismus, Reaktion und Gewalttätigkeit verbunden mit Staat, Krieg und Politik – innerpolitisch aktiv als Parlamentarismus und Diskussion besiegen [sie] Absolutismus und Diktatur« (*BdP* III, p. 56/57; cf. II, p. 74).
104 *PR*, p. 5.

von Schmitts Konzeption besagt. Sowenig auch, wie der Umstand, daß die Erwartung der nahen Herrschaft des Antichrist in der Vergangenheit ein ums andere Mal uneingelöst blieb, den Gläubigen im geringsten davon dispensiert, sein Augenmerk auf die satanische Bedrohung zu richten, die heute oder morgen über ihn hereinbrechen kann, und alle Kräfte auf ein Ereignis zu sammeln, für das es kein Beispiel gibt. Der »Fall, auf den es allein ankommt«, ist der Fall, von dem her und auf den hin Schmitt denkt. Nach ihm muß fragen, wer Schmitts konzeptionelles Handeln begreifen will. Denn ihn und nicht die große Mehrzahl dessen, was normalerweise »der Fall ist«, hat Schmitt bei seiner Begriffsbildung im Auge. Was befremdlich erscheint, solange man die Elle der »wissenschaftlichen Handhabbarkeit« anlegt, stellt sich in einem anderen Licht dar, sobald der Fall in den Blick kommt, auf den Schmitts Bestimmungen im höchsten Maße zutreffen, sobald der Punkt ausgemacht ist, von dem her sich die einzelnen Aussagen, die verstreuten Beispiele und Hinweise, die indirekten oder wie beiläufig mitgeteilten Erläuterungen zusammenfügen lassen. Daß Schmitts Begriffe phänomenologisch so wenig »passen«, erklärt sich aus dieser Ausrichtung auf das Alles-Entscheidende, auf das, was für Schmitt am Ende allein Gewicht hat.[105] Wenn Schmitt etwa im ungeheuersten Abschnitt der *Begriffs*-Schrift feststellt, die am Konflikt Beteiligten könnten nur selbst entscheiden, »ob das Anderssein

---

105 Siehe S. 78 u. 80. Schmitt versucht der offenkundigen phänomenologischen Schwäche seines Begriffs in der zweiten Fassung durch die Hilfskonstruktion entgegenzuwirken, daß sich *innerhalb* des Staates und *neben* den *primär* politischen Entscheidungen »zahlreiche *sekundäre* Begriffe von ›politisch‹ ergeben«, oder, wie er 1933 schreibt, daß »zahlreiche *sekundäre* durch die Bezugnahme auf einen bestehenden Staat gekennzeichnete Begriffe des ›Politischen‹ denkbar« seien (II, p. 30; III, p. 12; cf. die erheblichen Modifikationen der darauffolgenden Aussagen zum »latenten Bürgerkrieg«). Dessen ungeachtet hat Schmitt für sich in Anspruch genommen, »rein phänomenologisch« vorgegangen zu sein, und viele seiner Anhänger wie seiner Gegner haben es ihm nachgesprochen. Inter multa alia: »Mon ›Begriff des Politischen‹ évite toute fondation générale; il est purement phénoménologique (c'est-à-dire: descriptif) ...« Brief an Julien Freund vom 10. 11. 1964 in: Schmittiana-II, Eclectica 79–80, Brüssel 1990, p. 58.

des Fremden im konkret vorliegenden Konfliktsfall die Negation der eigenen Art Existenz bedeutet und deshalb abgewehrt oder bekämpft werden muß, um die eigene, seinsmäßige Art von Leben zu retten«, so orientiert sich diese Aussage weder an der politischen Wirklichkeit in ihrer phänomenalen Vielgestaltigkeit noch bleibt sie bei dem stehen, was Schmitt als »einfaches Kriterium des Politischen« bezeichnet. Wem kämen nicht auf Anhieb Dutzende von Beispielen politischer Konflikte in den Sinn, die zu kriegerischen oder revolutionären Auseinandersetzungen eskalierten und somit unstreitig »auf die reale Möglichkeit physischer Tötung Bezug haben«, ohne daß die Feinde sich von einer Entscheidung bestimmen ließen, die entfernt der Einsicht entspräche, daß »das Anderssein des Fremden« »die Negation der eigenen Art Existenz bedeutet«? Da Schmitt die Aussage zweimal neu formulierte, um sie zweimal zu verschärfen, haben wir allen Grund, sie beim Wort zu nehmen. Zumal sie der einzigen Passage des *Begriffs des Politischen* entstammt, die jemals explizit das »Wesen des Feindes« zum Gegenstand erhob. War zunächst davon die Rede, daß *der Feind* »im Konfliktsfalle die Negation der eigenen Art von Existenz bedeutet und deshalb abgewehrt oder bekämpft wird«, so geht es hernach um die denkbar weitreichende Entscheidung darüber, ob *das Anderssein* des Feindes die Negation der eigenen Art Existenz bedeutet und ob darum *dieses Anderssein* abgewehrt oder bekämpft werden muß.[106] Welchen Fall hat Schmitt mit der

---

106 *BdP* III, p. 8 (siehe FN 101). 1927 schreibt Schmitt über den Feind: »Er ist eben der Andere, der Fremde und es genügt zu seinem Wesen, daß er in einem besonders intensiven Sinne existenziell etwas Anderes und Fremdes ist, so daß er im Konfliktsfalle die Negation der eigenen Art von Existenz bedeutet und deshalb abgewehrt oder bekämpft wird, um die eigene, seinsmäßige Art von Leben zu bewahren« (I, p. 4). 1932 wird dieser Satz in mehrere Sätze aufgelöst, durch lange Einschübe unterbrochen und inhaltlich signifikant verändert, wobei der Schluß folgendermaßen lautet: »Den extremen Konfliktsfall können nur die Beteiligten selbst unter sich ausmachen; namentlich kann jeder von ihnen nur selbst entscheiden, ob das Anderssein des Fremden im konkret vorliegenden Konfliktsfalle die Negation der eigenen Art Existenz bedeutet und deshalb abgewehrt oder bekämpft

präzisierten Aussage im Auge? Auf wen trifft sie im höchsten Grade zu? Wer negiert kraft seines Seins? Welchem Sein wohnt eine solche Macht der Negation inne, daß es als Anderssein abgewehrt oder bekämpft werden muß? Der Jurist des ius publicum Europaeum wird die Antwort auf Fragen dieser Art schuldig bleiben. Nicht aber der politische Theologe.[107]

wird, um die eigene, seinsmäßige Art von Leben zu bewahren« (II, p. 27). Im »unveränderten« Neudruck des Textes von 1963 hat Schmitt die Ausgangselemente der ursprünglichen Aussage durch die Aufteilung in *zwei* Absätze noch weiter auseinandergerückt.

107 Alexandre Kojève hat den Fall, auf den es Schmitt ankommt, wenn er die Frage aufwirft, »ob es einen ›Feind‹ bei Hegel überhaupt geben kann«, ohne Zögern erkannt. Schmitt bringt seinen grundsätzlichen Zweifel im Zusammenhang einer Erkundigung bei dem Hegel-Experten zur Sprache, die »den Feind-Begriff bei Hegel und insbesondere das Wort ›Feind‹ in dem Abschnitt über das ›unglückliche Bewusstsein‹ p. 168« der *Phänomenologie des Geistes*, Ed. Hoffmeister betrifft. »Es handelt sich um den Ausdruck: der Feind in seiner eigensten (einige Zeilen später: in seiner eigentümlichen) Gestalt. Wer ist dieser Feind, der sich in den tierischen Funktionen zeigt? Genauer: wie ist es möglich, das[s] er sich gerade in den tierischen Funktionen zeigt? Was hat er dort zu suchen? In meinem Büchlein ›Ex Captivitate Salus‹ ist auf Seite 89/90 in einer Bemerkung über den ›Feind‹ der Vers (Theodor Däublers) zitiert: Der Feind ist unsre eigne Frage als Gestalt.« (Brief vom 14. 12. 1955.) Kojève antwortet am 4. 1. 1956: »Der ›Feind in seiner eigensten Gestalt‹ ist wohl der Teufel, genauer der christliche Teufel, der sich eben in den ›tierischen Funktionen‹ zeigt. Für Hegel (›für uns‹ oder ›an sich‹) sind diese Funktionen ›nichtig‹, weil der Mensch sie *negiert* und nur als deren *Negation* eben Mensch und nicht nur Tier ist. Da aber das ›unglückliche Bewusstsein‹ (d. h. der religiöse Mensch, genauer der Christ) *als Knecht* vor dem Tod und dem Wagen des Lebens im Kampf für die Anerkennung (seiner *menschlichen* Realität und Würde) erscheint und dem Kampf ausweicht, so ist ›für es‹ das Tierische *nicht* ›nichtig‹, sondern mächtig, d. h. eben ›teuflisch‹ ... Wenn man ... vor dem Feinde Angst hat, so wird er ›teuflisch‹ und also ›mächtig‹: er ist der ›Herr‹ und man ist sein ›Knecht‹ (wenigstens sofern man nicht vor ihm flieht, in eine ›andere Welt‹). ›Ob es einen Feind bei Hegel überhaupt geben kann‹, fragen Sie. Wie immer: Ja und Nein. *Ja*, – insofern und *solange* es einen Kampf um Anerkennung, d. h. *Geschichte* gibt. Welt*geschichte* ist die Geschichte der *Feindschaft* zwischen den Menschen (die es unter den Tieren überhaupt nicht gibt: Tiere ›kämpfen‹ *für* etwas, nie *aus* Feindschaft). *Nein*, – insofern und sobald die Geschichte (= Kampf um Anerkennung) im Absoluten Wissen ›aufgehoben‹ ist. So ist letzten Endes die Feindschaft nur ein ›Moment‹ der ›Logik‹, d. h. der menschlichen Rede. Die voll-endete Rede des Weisen (das Abs. Wissen) redet auch (in der Phän. des G.) *über* die (vergangene) Feindschaft, aber der Weise spricht nie *aus* Feindschaft, noch *an* Feinde.«

III

Offenbarung
oder
Wer nicht mit mir ist, der ist wider mich

> Der Bibel zufolge ist der Anfang der Weisheit die
> Furcht des Herrn; den griechischen Philosophen
> zufolge ist der Anfang der Weisheit das Staunen.
> Wir sind so von allem Anfang an genötigt, eine
> Wahl zu treffen, Stellung zu beziehen. Wo also
> stehen wir? Wir sehen uns den unvereinbaren
> Ansprüchen konfrontiert, die Jerusalem und
> Athen auf unsere Gefolgschaft erheben.
>
> Leo Strauss: *Jerusalem und Athen*

Die Politische Theologie steht und fällt mit dem Glauben an
die Offenbarung. Denn sie setzt die Wahrheit der Offenbarung voraus, die eine Wahrheit des Glaubens ist. Sie kann
deshalb nicht umhin, im Unglauben ihren Feind von Anbeginn an zu erkennen. Indem sie ihm entgegentritt, verteidigt
sie ihr Eigenstes. Anders als die tausend Spielarten des Irrglaubens vermag der Unglaube in seiner prägnanten Gestalt
die Politische Theologie radikal in Frage zu stellen. Um so
wichtiger ist es für die Politische Theologie, ihn dem Irrglauben zuzuschlagen und ihm als »seinsmäßigem« Feind zu begegnen, gleichgültig, ob er selbst in der Defensive verharrt
oder zur Offensive übergeht. Im Kampf zwischen Glaube und
Irrglaube darf es keinen »Neutralen« geben: An der Wahrheit
der Offenbarung scheiden sich Freund und Feind. Wer sie
leugnet, ist ein Lügner. Wer sie in Frage stellt, gehorcht dem
Widersacher. Denn ebendarin erweist sich die alles ergreifende, alles durchherrschende Gewalt der Wahrheit, die die Politische Theologie beansprucht, daß sie zur Entscheidung
zwingt, daß sie zu einem Entweder-Oder aufruft, dem sich
niemand zu entziehen vermag. Die Feindschaft ist mit dem
Glauben an die Offenbarung gesetzt. Ein Theologe, der bewiesen hat, welcher Schärfe und Klarheit die theologische Reflexion nach Jahrhunderten beruhigenden Ausgleichs und
blendender »Synthesen« fähig sein kann, hat es so gesagt:
»Nur weil es Offenbarung Gottes gibt, gibt es Feindschaft ge

gen Gott.« Und weiter: »Wo die Offenbarung nicht Glauben weckt, muß sie Empörung wecken.«[1]

Die Unterscheidung von Freund und Feind fände demnach im Offenbarungsglauben nicht nur ihre theoretische Begründung, sondern sie bewährte in ihm zugleich ihre praktische Unausweichlichkeit. Diesem Doppelcharakter trägt Schmitts Politische Theologie Rechnung, wenn sie sich, mit Rücksicht auf ihre Lehre wie in ihrem Vollzug, dezidiert als *politische* Theologie begreift. Mit Rücksicht auf ihre Lehre, insofern sie nicht dabei stehenbleibt, die Wahrheit der Offenbarung auf das Politische »anzuwenden« oder für dessen Verständnis »heranzuziehen«, sondern die Offenbarung als an ihr selbst politisch zu fassen versucht. In ihrem Vollzug, insofern sie sich als geschichtliches Handeln im Stande der Probe und des Gerichts versteht, das Freund und Feind zu unterscheiden weiß. Beide Momente, ihr Modus wie ihre Doktrin, treffen sich im *Gehorsam des Glaubens*, in dem die Politische Theologie ihre raison d'être hat.[2] Wie könnte einer Politischen Theorie, die den Anspruch erhebt, auf Offenbarung gegründet zu sein, im übrigen verborgen bleiben, daß sowohl diesem Anspruch als auch der zugrundeliegenden Behauptung

1 Rudolf Bultmann: *Theologie des Neuen Testaments*. Tübingen 1984 (9. A.), p. 370; cf. p. 427; *Das Evangelium des Johannes*. Göttingen 1941, p. 296; s. *Die drei Johannesbriefe*. Göttingen 1967, p. 43.
2 Calvin kommentiert Römer I, 5: »Unde colligimus, Dei imperio contumaciter resistere, ac pervertere totum eius ordinem, qui Euangelii praedicationem irreverenter et contemptim respuunt, cuius finis est nos in obsequium Dei cogere. Hic quoque observanda est fidei natura, quae nomine obedientiae ideo insignitur, quod Dominus per Euangelium nos vocat: nos vocanti, per fidem respondemus. Sicuti contra, omnis adversus Deum contumaciae caput, est infidelitas.« *Commentarius in Epistolam Pauli ad Romanos*, Ed. Parker (Leiden 1981), p. 16. »Folglich widerstehen alle, die die Predigt des Evangeliums unehrerbietig und verächtlich zurückweisen, dem klaren Befehl Gottes und verkehren seine ganze Ordnung; denn der Zweck des Evangeliums ist es, uns zum Gehorsam gegen Gott zu treiben. Beachtlich, wie Paulus an dieser Stelle das Wesen des Glaubens beschreibt: er bezeichnet ihn als ›Gehorsam‹, weil uns Gott durch das Evangelium ruft, damit wir durch den Glauben dem Rufenden antworten. Umgekehrt ist Unglaube der Inbegriff aller ungehorsamen Auflehnung gegen Gott.« (Übers. Haarbeck, Ed. O. Weber, Neukirchen 1960, p. 21.)

eines geschichtlichen Ereignisses, in dem die souveräne Autorität ihren Willen kundgetan hat, eine Mehrzahl konkurrierender Ansprüche und Behauptungen gegenüberstehen, die eine politische Unterscheidung unvermeidlich machen? Wie, vor allem, vermöchte sie sich der Einsicht zu verschließen, daß der Gehorsam des Glaubens eine solche Unterscheidung von vornherein beinhaltet und verlangt? Und muß sich umgekehrt nicht jede Theologie als politische Theologie begreifen, die im Ernst den Anspruch erhebt, auf Offenbarung zu beruhen? So daß eine Theologie der Offenbarung, die sich nicht als politische Theologie verstehen will, sich selbst nicht verstünde?

Schmitt hat wie kein anderer politischer Theoretiker des 20. Jahrhunderts Offenbarung und Politik zusammengesehen und nach Kräften zu verbinden versucht. Das Ergebnis wird für manchen Theologen ein wahres Ärgernis sein, der »Radikalismus« von Schmitts Unternehmen mag als politisch unklug und gefährlich beurteilt werden. Aber was politisch unklug und gefährlich ist, kann der *Einsicht in die Sache* förderlich sein und ist für den Philosophen nicht selten besonders erhellend. Woraus wäre, in der Tat, mehr zu lernen als aus dem »Radikalismus« eines Denkens, das auf die »tiefsten Zusammenhänge« gerichtet ist? Als aus den Aporien, in die es hineinführt, den grundsätzlichen Alternativen, die es, gewollt oder ungewollt, sichtbar macht, den Fragen, die zu stellen es sich selbst nicht mehr gestattet? Schmitt, der das Politische theologisch oder in ständiger Rücksicht auf die Wahrheit der Offenbarung und das Theologische politisch oder im Licht der Entscheidung zwischen Gehorsam und Empörung konzipiert, gibt uns allen Anlaß, Politik und Offenbarung in ihrem Verhältnis zueinander zu denken und uns mit den Ansprüchen beider auseinanderzusetzen. Darin liegt die fortwirkende Bedeutung, die seiner Politischen Theologie über den geschichtlichen Augenblick hinaus zukommt. Das zentrale Element in Schmitts Theoriegebäude, das die Verbindung zwischen Offenbarung und Politik nach beiden Seiten herstellt, ist der Gedanke, das Politische auf eine triadische Konstellation zurückzuführen, die überall und zu jeder Zeit eintreten kann, dergestalt, daß zwei Individuen genügen, die sich gegen einen Feind zusammenschließen, um eine politische Assoziation zu konstituieren, und drei Personen hinreichen, um das Politische ins Werk zu setzen, handele es sich um natürliche, juristische oder übernatürliche Personen und seien sie alle drei real präsent oder nicht. Die Ausrichtung an der Unterscheidung von Freund und Feind macht das Politische und das Theologische kommensurabel. Der letzte Schritt ist mit der Wendung zur Intensitätskonzeption getan. Wenn das Politische vermittels der Freund-Feindunterscheidung als der »äußerste Intensitätsgrad einer Verbindung oder Trennung, einer Assoziation oder Dissoziation« bestimmt wird,[3] ist die Bahn frei für den bruchlosen Übergang von der Politik zur Theologie der Offenbarung. Die politische Notwendigkeit, zwischen Freund und Feind zu unterscheiden, kann jetzt bis zur Freund-Feind-Konstellation des Sündenfalls zurückverfolgt werden, während andererseits der politische Charakter der theologischen Grundentscheidung zwischen Gehorsam und Ungehorsam, zwischen dem Hangen an Gott und dem Abfall vom Glauben, zutage liegt. Der Kampf mit dem providentiellen Feind läßt sich als ein »im eminenten Sinne« politischer Kampf begreifen, die Geschichte im Horizont der theologischen Lehre vom wahrhaften Freund und Feind des Menschengeschlechts als Heilsgeschehen verstehen. Die eschatologische Auseinandersetzung zwischen Christus und Antichristus, in der die Menschen eine »Verbindung oder Trennung« auf Le-

---

3 *BdP*, p. 27, 38, 62; cf. p. 28, 30, 36, 37, 54, 67. »Mit dem Wort ›politisch‹ ist kein eigenes Sachgebiet und keine eigene Materie angegeben, die man von anderen Sachgebieten oder Materien unterscheiden könnte, sondern nur der *Intensitätsgrad* einer Assoziation oder Dissoziation. Jedes Sachgebiet kann politisch werden, wenn aus ihm der Gegenstand einer Freund- und Feindgruppierung entnommen wird. Das Wort ›politisch‹ bezeichnet *keine neue Materie*, sondern ... nur eine ›neue Wendung‹.« *Hugo Preuß. Sein Staatsbegriff und seine Stellung in der deutschen Staatslehre.* Tübingen 1930, p. 26n.1.

ben und Tod eingehen müssen, erscheint so als Verheißung des Glaubens und als Vollendung der großen Politik zugleich. Schmitt beschränkt sich nicht darauf, das »Tor zur Transzendenz« offenzuhalten.[4]

Wenn das Politische aufblitzt, wo zwei oder drei versammelt sind, die der Wille oder das Gebot verbindet, Einem Feind entgegenzutreten, nimmt sich das, was vor Schmitts Neufassung des Begriffs des Politischen zu Beginn der dreißiger Jahre im anspruchsvollen Verstande »politisch« genannt wurde, nur mehr als profaner Ausschnitt einer sehr viel umfassenderen politisch-theologischen Wirklichkeit aus. Schmitt schafft Raum für politische Assoziationen der unterschiedlichsten Art: für Nationen und Klassen, für Polis, Kirche und Staat, für Partisanenverbände, Sekten usw. Daß die Operation nicht auf größtmögliche Allgemeinheit oder breiteste Anwendbarkeit zielt, sondern den Sinn hat, das Politische begrifflich für das zu erschließen und in ihm das zur Geltung zu bringen, was Schmitt als das Alles-Entscheidende erachtet, das belegen und bekräftigen die bereits eingehend erörterten Bestimmungen und Hinweise, welche die konzeptionelle Erweiterung flankieren. Die präzisierten Aussagen etwa zum »Wesen des Feindes«, die neuen Absätze über die »Höhepunkte der großen Politik«, die Ausführungen über die »echte participatio«, auf der bei politischen Entscheidungen »die bloße Möglichkeit richtigen Erkennens und Verstehens« beruhe, oder die Erinnerung an die heiligen Kriege und Kreuzzüge der Kirche, denen eine »besonders echte und tiefe Feindentscheidung« zugrundeliegen könne, geben zu erkennen,

---

4 Cf. *BdP*, p. 121–123. Thomas von Aquin schreibt zur Freundschaft zwischen Gott und Mensch: »Cum amicitia in quadam aequalitate consistat, ea quae multum inaequalia sunt, in amicitia copulari non posse videntur. Ad hoc igitur *quod familiarior amicitia esset inter hominem et Deum, expediens fuit homini quod Deus fieret homo*, quia etiam naturaliter homo homini amicus est: ut sic, dum visibiliter Deum cognoscimus, in invisibilium amorem rapiamur.« *Summa contra gentiles*, IV, 54 Quod conveniens fuit Deum incarnari; *Opera omnia*, XV, Ed. Leonina (Rom 1930), p. 174 (m. H.). (Schmitt hat in sein Handexemplar der dritten Fassung des *Begriffs des Politischen* die Referenz Summa contra gentiles, IV, 54 eingetragen.)

daß Schmitt bei seiner Begriffsbildung die Glaubensgemeinschaft als die vollendetste oder »intensivste« politische Assoziation und der Glaubenskampf als der tiefste oder »äußerste« politische Kampf vor Augen stehen. Am deutlichsten
kommt diese Orientierung in der dritten Fassung des *Begriffs
des Politischen* zum Ausdruck, in der Schmitt einen verdeck-
ten Dialog mit Leo Strauss führt. Der politische Philosoph,
durch dessen Interpretation und Kritik sich der Verfasser des
Begriffs des Politischen besser verstanden und stärker herausgefordert sah als durch irgendeine Auseinandersetzung
mit dem eigenen Denken, veranlaßt den politischen Theologen, seine Position 1933 schärfer zu bestimmen, als er dies
1932 oder 1927 getan hatte.[5] Selbst einem Zeitgenossen, der
im übrigen in beinahe völliger Unkenntnis des zugrundeliegenden Sachverhalts urteilte, fiel es nach Lektüre der dritten
Fassung nicht schwer, zumindest die Zuspitzung auf den
Glaubenskampf wahrzunehmen und in der Entscheidung
zwischen Gott und dem Satan diejenige Unterscheidung von

5 Nach der Veröffentlichung meines *Dialogs unter Abwesenden* erreichten
mich zwei Zeugnisse zu Schmitts Einschätzung der *Anmerkungen* von
Strauss in den Jahren 1932/33. Piet Tommissen machte mir einen Brief des
katholischen Priesters und Schmitt-Schülers Werner Becker vom 15. 12.
1933 an Schmitt zugänglich, der mit den Sätzen beginnt: »gerade habe ich
die Kritik von Strauss an Ihrem Begriff des Politischen nochmal gelesen. Es
ist wirklich, wie Sie ja auch damals in Köln sagten, eine gute Kritik.« Bek-
ker, der von Schmitt mit einer Arbeit über Hobbes promoviert worden war,
formuliert nach der »nochmaligen« Lektüre der Strausschen Kritik aus seiner Sicht »zweierlei Wünsche« gegenüber Schmitts Schrift: »ihre Hinführung zur politischen Metaphysik – das wäre der Hinweis darauf, dass der
oberste Begriff des Politischen positiv ist, also Ordnung, aber spezifisch solche Ordnung, in der der Begriff des Kampfes und des Feindes ›mitgesetzt‹
ist (Dirks) und die in der Möglichkeit und Bereitwilligkeit, den Feind zu unterscheiden, besonders sichtbar und wohl auch erst konstituiert wird. Und
der andere Wunsch: ihre Hinführung zur politischen Theologie.« Beide
Wünsche hatte Schmitt unter dem Eindruck der Strausschen Herausforderung in der dritten Fassung des *Begriffs des Politischen*, die im Sommer
1933 erschienen war, inzwischen auf seine Weise erfüllt. Günther Krauss,
der 1932/33 bei Schmitt an einer Dissertation über Rudolph Sohm arbeite-
te (*Der Rechtsbegriff des Rechts*. Hamburg 1936), teilte mir 1988 mit,
Schmitt habe ihn seinerzeit auf den Essay von Strauss mit den Worten hin-
gewiesen: »Das müssen Sie lesen. Er hat mich wie kein anderer durchschaut und durchleuchtet.«

Freund und Feind zu erraten, auf die es Schmitt zuletzt ankommt.[6] So wie das *Ziel* seiner Begriffsbildung oder das, was Schmitt später mit dem »geheimen Schlüsselwort« seiner »gesamten geistigen und publizistischen Existenz« als »das Ringen um die eigentlich katholische Verschärfung« namhaft gemacht hat,[7] im *Begriff des Politischen* von 1933 deutlicher hervortritt,[8] so auch der *Grund*, auf dem Schmitt als theoretisch Handelnder steht. Ihn vor allem hatte Strauss bei seinem radikalen Weiterfragen im Auge, mit dem er die Interpretation von Schmitts Theorie bis zum Widerstreit der fundamentalen Alternativen angesichts des Politischen vorantrieb. Schmitts Antwort läßt den aufmerksamen Leser nicht

6 »Das Urbild des Freund-Feindverhältnisses ist das Verhältnis zwischen Gott und dem Satan. Gott und Satan stehen sich nicht wie zwei gleich achtungswürdige und ehrenwerte Gegner gegenüber, die im Wettkampf, im Duell ihre Kräfte messen müssen, um die Rangordnung zu bestimmen, die zwischen ihnen obwalten soll. Zwischen Gott und dem Satan tobt die *Entscheidungsschlacht*, die nach der providenziellen Ordnung der Dinge mit dem Triumphe Gottes und der Vernichtung des Satans enden muß. Von vornherein ist Gott immer der ›Freund‹ und Luzifer der ›Feind‹.« »Weil hinter dem Freund stets – und sei es auch auf die gebrochenste Weise – Gott, hinter dem ›Feind‹ der Teufel durchscheint, steckt hinter jedem Freund-Feindverhältnis notwendigerweise eine *Metaphysik*. Freund ist, wer die Metaphysik teilt, Feind, wer ihr den Glauben versagt.« Ernst Niekisch: *Zum Begriff des Politischen* in: Widerstand, 8. Jg., 12. H., Dezember 1933, p. 369.
7 »Das ist das geheime Schlüsselwort meiner gesamten geistigen und publizistischen Existenz: das Ringen um die eigentlich katholische Verschärfung (gegen die Neutralisierer, die ästhetischen Schlaraffen, gegen Fruchtabtreiber, Leichenverbrenner und Pazifisten). Hier auf diesem Wege der katholischen Verschärfung, kam Theodor H[aecker] mit mir nicht mehr mit; hier blieben sie alle von mir weg, selbst Hugo Ball. Es blieben mir nur Konrad Weiß und treue Freunde wie Paul Adams« (*G*, p. 165).
8 Das gilt selbst noch für bemerkenswerte Einzelheiten, die in keinem direkten Zusammenhang mit der Hauptstoßrichtung des Buches zu stehen scheinen, aber Schmitts Erläuterung seines »Ringens um die eigentlich katholische Verschärfung« anhand konkret bezeichneter Gegnerschaften exakt entsprechen. So fügt Schmitt 1933 die folgende wenig »zeitgemäße« Passage in den Text ein: »Einem rein ›kulturellen‹ oder ›zivilisatorischen‹ Gesellschaftssystem wird es nicht an ›sozialen Indikationen‹ fehlen, *um unerwünschten Zuwachs abzutreiben und Ungeeignete in ›Freitod‹ oder ›Euthanasie‹ verschwinden zu lassen*. Aber kein Programm, kein Ideal und keine Zweckhaftigkeit könnte ein offenes Verfügungsrecht über das physische Leben anderer Menschen begründen« (III, p. 31, m. H.).

im Ungewissen darüber, daß die Notwendigkeit der politischen Entscheidung für ihn in der Wahrheit des Glaubens gründet. Wobei die Zurückführung des Politischen auf Schmitts triadische Konstellation und die Wendung zur Intensitätskonzeption die Stetigkeit des Begründungszusammenhangs verbürgen: Sie setzen Schmitt in den Stand, in den politischen Gegensätzen die tieferliegenden theologischen oder »metaphysischen« Gegensätze aufzusuchen und in der Unaufhebbarkeit dieser den Garanten für die Unentrinnbarkeit jener auszumachen.[9]

Der »metaphysische Kern aller Politik« stand für Schmitt schon in der *Politischen Theologie* von 1922 außer Frage. Doch erst in der »Vorbemerkung«, die er im November 1933 der zweiten Ausgabe vorausschickt, glaubt Schmitt feststellen zu können: »Inzwischen haben wir das Politische als das Totale erkannt.«[10] Die beiden Aussagen, die elf Jahre auseinanderliegen, aber im selben Buch aufeinandertreffen, lassen ermessen, welche Bedeutung die Neubestimmung des Politischen, die Schmitt in drei Anläufen unternimmt, für seine Politische Theologie hat, welche Erweiterung und Verschärfung des Zugriffs sie ihm erlaubt. Denn wofern man nicht Fehldeutungen von der Art erliegen möchte, Schmitt habe um der »lückenlosen Begründung eines eigenständigen Begriffs des Politischen« willen nach 1922 einen Weg eingeschlagen, der ihn schließlich zu einer Position führte, welche »einer

---

9 *BdP* III, p. 10, 19, 45; cf. *Carl Schmitt, Leo Strauss*, p. 69–71.
10 *PT*, p. 46, 54 (65, 79). In der »Vorbemerkung zur zweiten Ausgabe« schreibt Schmitt: »Von protestantischen Theologen haben besonders Heinrich Forsthoff und Friedrich Gogarten gezeigt, daß ohne den Begriff einer Säkularisierung ein Verständnis der letzten Jahrhunderte unserer Geschichte überhaupt nicht möglich ist. Freilich stellt in der protestantischen Theologie eine andere, angeblich unpolitische Lehre Gott in derselben Weise als das ›Ganz Andere‹ hin, wie für den ihr zugehörigen politischen Liberalismus Staat und Politik das ›Ganz Andere‹ sind. Inzwischen haben wir das Politische als das Totale erkannt und wissen infolgedessen auch, daß die Entscheidung darüber, ob etwas *unpolitisch* ist, immer eine *politische* Entscheidung bedeutet, gleichgültig wer sie trifft und mit welchen Beweisgründen sie sich umkleidet. Das gilt auch für die Frage, ob eine bestimmte Theologie politische oder unpolitische Theologie ist.«

thetischen Zerschneidung der geschichtlichen Nabelschnur zwischen Theologie und Politik gleichkommt«,[11] wenn man sich nicht, schärfer gefaßt, zu der Behauptung versteigen will, Schmitt habe der Politischen Theologie den Rücken gekehrt, so wird man die Ausrufung des Politischen zum Totalen eingangs eines Traktats, der *Politische Theologie* überschrieben ist und der mit Macht auf dem unbedingten Vorrang des Theologischen insistiert, nur als die Proklamation einer Politischen Theologie verstehen können, die sich »inzwischen« der Mittel versicherte, um aufs Ganze zu gehen. Sobald das Politische »als das Totale erkannt« ist, läßt sich das Ganze zu dem »metaphysischen Kern« in Beziehung setzen, der »aller Politik« inhärent ist. Alles bewegt sich um Ein Gravitationszentrum, und nichts entgeht der grundsätzlichen Zuständigkeit der Politischen Theologie. Das Politische ist aber solange nicht »als das Totale erkannt«, wie nicht der »metaphysische Kern« als an ihm selbst politisch begriffen zu werden vermag. Schmitts Neubestimmung des Politischen schafft die Voraussetzung dafür. Die Erweiterung und die Verschärfung des Zugriffs, die sie eröffnet, könnten größer nicht sein.

Betrachten wir die theologischen Implikationen von Schmitts politischem Totalismus genauer. In erster Annäherung lassen sich zwei Ebenen unterscheiden, auf denen Schmitts Doktrin zur Entfaltung kommt: die Ebene der politisch-theologischen Auseinandersetzung mit dem Gegner und die Ebene der »Theorie« im engeren Sinne. Auf der Ebene der politisch-theologischen Auseinandersetzung ist der »metaphysische Kern aller Politik« zunächst gleichbedeutend mit der »Metaphysik« oder richtiger: mit der Theologie, die Schmitt auf dem Grunde jeder politischen Theorie, jeder politischen Lehre, jeder politischen Haltung ausmacht. Tatsächlich wird man sagen müssen, daß er sie in jeder geistigen Position wahrnimmt. Denn ökonomische Postulate, moralische Gebote oder

11 Hans Barion: *»Weltgeschichtliche Machtform«? Eine Studie zur Politischen Theologie des II. Vatikanischen Konzils* (1968) in: *Kirche und Kirchenrecht.* Paderborn 1984, p. 606.

ästhetische Forderungen weiß er nicht weniger als »Derivate eines metaphysischen Kerns« zu identifizieren. Für Schmitt trifft in höchstem Maße zu, was er selbst an Donoso Cortés hervorhebt: Er »sieht in seiner radikalen Geistigkeit immer nur die Theologie des Gegners« oder, wie wir hinzufügen dürfen, des Freundes, des »Gleichgearteten und Verbündeten«.[12] Wenn Schmitts Rede vom »metaphysischen Kern aller Politik« indes nichts anderes besagte, als daß jeder politischen oder geistigen Position eine bestimmte »Metaphysik« oder Theologie zugrundeliegen muß, spräche dann nicht mehr dafür, daß Schmitt das »Metaphysische« oder Theologische »als das Totale erkannt« hat? Wie wäre es, in diesem Fall, um den totalen Charakter des Politischen bestellt? Sollte er nur zu erkennen sein, wenn zuvor alles auf das Theologische zurückgeführt und vom Theologischen aus in den Blick genommen wurde? Die Erkenntnis, daß »das Politische das Totale« ist, wäre demnach an die doppelte Voraussetzung gebunden, daß das Theologische das Ganze aufschließt und daß es sich in eins damit als politisch erweist. Zum selben Ergebnis gelangt man, wenn man sich unmittelbar der Frage zuwendet, wie der »metaphysische Kern« in der eben umrissenen Bedeutung als politisch begriffen werden kann. Das Faktum einer Mehrzahl voneinander abweichender und einander widersprechender metaphysischer oder theologischer Positionen begründet noch kein politisches Verhältnis. Ihr Wettstreit um die Wahrheit nötigt, für sich genommen, nicht zur Unterscheidung von Freund und Feind. Die Lage ändert sich von Grund auf, sobald eine Theologie den Anspruch erhebt, der Offenbarung einer souveränen, Gehorsam verlangenden Autorität teilhaftig geworden zu sein. Aus der Sicht dieser Theologie erfährt alles eine »neue Wendung«. Sie sieht sich nicht unzulänglichen oder unhaltbaren Metaphysiken gegenüber. Sie muß ihre Einsicht nicht gegen Irrtümer behaupten. In der Welt, in der sie sich orientiert, geben nicht Wissen

12 *PT*, p. 54 (79); *BdP* III, p. 8.

und Nichtwissen, sondern Sünde und Erlösung den Ausschlag. Sie muß herausfinden, ob eine geistige Position ein rechtgläubiges oder ein häretisches Dogma zur Prämisse hat. Sie weiß sich im Gehorsam des Glaubens mit dem Ungehorsam konfrontiert. Der »metaphysische Kern« erscheint ihr deshalb nicht nur als potentiell, sondern als aktuell und von Anfang an politisch: Es ist nicht erst darauf zu warten, daß die metaphysischen oder theologischen Stellungnahmen zum Gegenstand der Unterscheidung nach Freund und Feind gemacht werden. Sie sind immer schon, »bewußt oder unbewußt«,[13] Parteinahmen nach Maßgabe einer unverrückbaren Scheidelinie von Freund und Feind. Da die Scheidelinie absolut ist, ist die Parteinahme unvermeidlich. Auch wer dezidiert keine metaphysische oder theologische Position vertreten will, wer sich im Glaubensstreit für unwissend oder unzuständig erklärt, entgeht dem Zwang zur Parteinahme nicht. Wer sich nicht für die Wahrheit des Glaubens entscheidet, der entscheidet sich gegen sie. Auf einer solchen theologischen Grundlage findet der Anspruch, »das Politische als das Totale erkannt« zu haben, im »metaphysischen Kern« seine Bestätigung. Auf sie gestützt, glaubt Schmitt jeden Gegner zur Teilnahme am politisch-theologischen Kampf zwingen zu können, in dem immer nur »Metaphysik« auf »Metaphysik«, Theologie auf Theologie, Glaube auf Glaube zu treffen vermag.[14] Der politisch-theologische Kampf ist so total, so alles umfassend und alles vereinnahmend, daß selbst der geschworene Feind aller Politischen Theologie, daß selbst Bakunin, der die Überwindung von Theologie und Politik auf seine Fahnen geschrieben hatte, nicht umhin konnte, die Wahrheit der Politischen Theologie zu beglaubigen, und zwar so sehr, daß er »der Theologe des Anti-Theologischen« und »der Dik-

13 Cf. *PR*, p. 5 und *BdP*, p. 59.
14 Dazu im einzelnen und mit zahlreichen Nachweisen *Carl Schmitt, Leo Strauss*, p. 81–88.

tator einer Anti-Diktatur werden mußte« – daß er es werden *mußte*, denn der Satan hat keine Gewalt über Gott.[15]

Die Art und Weise, in der ein Theoretiker andere Denker interpretiert, wirft Licht auf sein eigenes Denken. Wie einer liest, so pflegt er zu schreiben. Worauf er bei Freund und Feind das größte Augenmerk richtet, darauf ist bei ihm selbst vorzüglich zu achten. Was liegt deshalb näher, als Schmitts zentrale Aussagen auf der Ebene der »Theorie« nach ihrem theologischen Sinn zu befragen? Und was wäre zentraler als sein Anspruch, »das Politische als das Totale erkannt« zu haben? Ein politischer Theologe, der, Bonald und Donoso folgend, die »unermeßlich fruchtbare Parallele« von Theologie und politischer Theorie nicht aus dem Auge verliert, wird schwerlich versäumen, die Frage zu stellen und für sich zu beantworten, welche theologische Position mit seiner Erkenntnis »übereinstimmt«, ob sie, um mit Bonald, Donoso und Schmitt zu reden, im Theismus, Deismus oder Atheismus, im Monotheismus, Polytheismus oder Pantheismus ihre »Entsprechung« hat.[16] Von einem Autor, der seine Leser wissen läßt, daß der Ausspruch *Die Macht ist an sich böse* »dasselbe bedeutet« wie *Gott ist tot*, von einem solchen Autor darf man annehmen, daß er sich im klaren darüber ist, was seine Aufstellung *Das Politische ist das Totale* »im Grunde besagt«.[17] Ihre theologische Bedeutung ist offenbar, sobald man Schmitt beim Wort nimmt: Das Politische kann nur dann das Totale sein, wenn es einen Gott oder Götter gibt, und zwar einen Gott – wenigstens einen Gott –, der handelnd in das Geschehen der Welt eingreift und als Person Forderungen an die Menschen richtet. Nur dann läßt sich Alles zu einer *Person* in Beziehung setzen, zu ihrem *Willen* und zu dem aus

15 *PT*, p. 84. In der ersten Ausgabe von 1922 lauten die beiden letzten Wörter des Satzes und des ganzen Traktats: *geworden ist*. Nachdem Schmitt »das Politische als das Totale erkannt« hat, ersetzt er sie 1933/34 durch: *werden mußte*.
16 Cf. *PT*, p. 52 (76); *GLP*, p. 89.
17 *Gespräch über die Macht*, p. 23; *G*, p. 201; cf. p. 139, 157/158, 169 u. *BdP*, p. 60.

ihrem Willen geborenen *Widersacher.* Denn Politik kann es nur geben zwischen Personen, im Kraftfeld ihres Wollens, ihres Handelns, ihrer Einsicht, niemals zwischen Ideen, Gesetzen oder Zufallsreihen. Keiner wußte das besser als Schmitt.[18] Der sich selbst denkende Gott des Aristoteles oder die den Kosmos schmückenden Götter Epikurs reichen nicht hin, um dem Satz *Das Politische ist das Totale* Wahrheit zu verleihen. Anders steht es mit dem Gott Abrahams, Isaaks und Jakobs, mit dem Dreieinigen Gott, mit dem Gott des Marcion[19] oder mit dem Gott Mohammeds. Wenn es den Gehorsam verlangenden Gott gibt, ist die Welt nicht nur »politomorph«,[20] sondern im Ganzen politisch: Alles ist der Unterscheidung von Freund und Feind zugänglich, weil alles einer Herrschaft untersteht. Nichts ist vorstellbar, das vom Anspruch des höchsten Souveräns ausgenommen werden könnte.

In der wichtigsten Rücksicht setzt Schmitts politischer Totalismus also keinen Primat des Feindes voraus, sondern er hat seinen Angelpunkt im Primat Gottes, des Gottes, der zur Entscheidung zwingt, im Primat des Gottes, gegen den der Ungehorsam rebelliert. Die Rebellion des Ungehorsams aber gilt seit jeher als die Wesensbestimmung des Alten Feindes.[21] Indem Schmitt das Politische an die Unterscheidung von Freund und Feind bindet, öffnet er den »metaphysischen Kern« für das Politische. Indem er es aus der Bezogenheit auf das Gemeinwesen löst, macht er es, vom »metaphysischen Kern« ausgehend, potentiell ubiquitär: die Konstellation von Freund und Feind kann *alles* betreffen und sich buchstäblich *überall* einstellen. Beide Bewegungen finden, zusammengenommen, ihren Niederschlag in dem Satz *Das Politische ist das Totale.* Selbst wenn Schmitt ihn nicht ausgesprochen hätte, bezeich-

---

18 *PT*, p. 11, 32/33, 46, 56 (16, 44/45, 65/66, 83); *RK*, p. 35/36, 39/40, 56 (23, 26, 37); *BdP*, p. 28/29, 37, 39; *G*, p. 202, 203.
19 *PT II*, p. 116–123; cf. *Theodor Däublers »Nordlicht«*, p. 68; *RK*, p. 16 (11).
20 Cf. *PT II*, p. 119.
21 Materialreich unterrichtet darüber Neil Forsyth: *The Old Enemy. Satan and the Combat Myth.* Princeton, N. J. 1987.

nete er eine der tragenden »Achsen« von Schmitts Lehre.[22] Denn präziser lassen sich Sinn und Leistung der Neubestimmung des Politischen für Schmitts eigenstes Unternehmen nicht komprimieren. Der Satz hat mehrere Valenzen und kann als Abbreviatur zur Bezeichnung verschiedener Funktionen dienen. *Theologisch* besagt er im Rahmen von Schmitts Politischer Theologie soviel wie *Der Gehorsam verlangende Gott ist der Herr des Ganzen, der Welt und der Geschichte.* *Historisch* antwortet er auf die Herausforderung einer Zeit, in der »nichts moderner ist als der Kampf gegen das Politische«.[23] *Polemisch* tritt er der liberalen »Kulturphilosophie« entgegen, die dem Politischen bestenfalls ein »eigenes Gebiet« im weiten Feld ihrer autonomen »Kulturprovinzen« zugesteht.[24] *Moralisch* setzt er die Härte der Inanspruchnahme gegen die »Illusion«, die Menschen könnten dem Politischen entrinnen, und die Wahrhaftigkeit gegen den »Betrug« desjenigen, der unter der »Maske«, hinter der »Fassade« des Unpolitischen seine politischen Absichten betreibt; er steht im Dienste »politischer Ehrlichkeit und Sauberkeit«, wenn er etwa der Einsicht zum Durchbruch verhilft, daß »die Entpolitisierung nur eine politisch besonders brauchbare Waffe des politischen Kampfes« darstellt.[25] *Strategisch* hat er den Vorzug, Gläubigen wie Ungläubigen die Unausweichlichkeit eines Entweder-Oder auf Leben und Tod vor Augen zu führen und

22 Neben der »Vorbemerkung« zur *Politischen Theologie* von 1934 siehe u. a. *Weiterentwicklung des totalen Staats in Deutschland* (1933) in: *PuB*, p. 186, *VA*, p. 361; *Staatsgefüge und Zusammenbruch des zweiten Reiches. Der Sieg des Bürgers über den Soldaten.* Hamburg 1934, p. 29; *Was bedeutet der Streit um den »Rechtsstaat«?* in: Zeitschrift für die gesamte Staatswissenschaft, Bd. 95, H. 2, 1935, p. 197. – Zu den »Achsen« cf. *BdP*, p. 122.
23 *PT*, p. 55 (82); siehe Kapitel I, S. 47 und cf. *Carl Schmitt, Leo Strauss*, p. 31/32.
24 Zu den verbreitetsten Irrtümern in der Literatur über Schmitt zählt die Annahme, es sei Schmitt um die Verteidigung der »Autonomie des Politischen« zu tun. Sie verkennt die Stoßrichtung von Schmitts Konzeption des Politischen so gründlich, wie man sie nur verkennen kann, und sie ignoriert im besonderen die Bedeutung des Satzes *Das Politische ist das Totale.*
25 *BdP* III, p. 54; cf. p. 36, 46, 53, 56, 60; *SBV*, p. 27/28.

eine breite Front für die »Bejahung der Feindschaft« und gegen den Verlust des Lebensernstes aufzubauen. *Anthropologisch* schließlich bedeutet er dasselbe wie *Der Mensch kann politisch ganz erfaßt werden.*

Die anthropologische Übersetzung des Ausspruchs mag verdeutlichen, daß wir die Betrachtung der theologischen Implikationen von Schmitts politischem Totalismus nicht verlassen und die »tiefsten Zusammenhänge« keinen Moment aus dem Auge verloren haben. Der Mensch kann *politisch* nur ganz erfaßt werden, weil und insofern das Politische einer *theologischen* Bestimmung gehorcht, so lautet die Position der Politischen Theologie. Daß Schmitt diese Prämisse nicht »vergessen« hat, wenn er in der letzten Neubearbeitung des *Begriffs des Politischen* ausdrücklich feststellt, der Mensch werde »in der politischen Teilnahme ganz und existenziell erfaßt«, das geht, wie wir gesehen haben, unter anderem daraus hervor, daß er gleichzeitig den »metaphysischen Gegensatz« in die Debatte einführt, der zwischen dem politischen und dem agonalen Denken bestehe, und daß er nicht weniger ausdrücklich die Trias *Herrschaft, Ordnung, Frieden* zur Sprache bringt, die Gegenstand und Ziel des politischen Streites ist. Der Streit um die gerechte Herrschaft, um die beste Ordnung, um den wirklichen Frieden betrifft den Menschen *ganz*, weil sich für ihn darin gebieterisch die Frage stellt *Wie soll ich leben?* Daß der Mensch aber in der politischen *Teilnahme*, im politischen *Handeln* ganz *erfaßt* werde, ist an die Voraussetzung einer vollständigen Identifikation oder einer unwiderstehlichen Autorität gebunden. Wie anders wäre er *ganz zu erfassen* als vermöge seiner Liebe oder seines Gehorsams? Der Gehorsam, den der Leviathan zu erzwingen vermag, reicht dazu nicht hin. Der Sterbliche Gott verfügt nicht über die Gewalt der Autorität, die bis ins Innerste der Menschen dringt, um sie in ihrem Gewissen, in ihren Tugenden, in ihrer tiefsten Sehnsucht zu erfassen. Schmitt wird diesem Gegenstand 1938 eines seiner wichtigsten Bücher widmen. Doch schon 1933 geht er unter dem Eindruck der einschneidenden Kritik, die Leo Strauss wenige Monate zuvor veröffentlichte, auf Distanz zum Autor des *Leviathan*. Erstmals vermerkt er jetzt auch dessen »extremen Individualismus«.[26] Tatsächlich befindet sich Schmitts Totalismus in einem »metaphysischen Gegensatz« nicht allein zum agonalen Denken, das den Kampf auf Leben und Tod als Teil des großen Weltenspiels begreift und so den Ernst verfehlt, auf den für Schmitt alles ankommt. Er ist »metaphysisch« ebensowenig mit jenem »extremen Individualismus« zu vereinbaren, der den gewaltsamen Tod zum summum malum erklärt. Wie sollte einer politisch oder theologisch *ganz zu erfassen* sein, der den Tod, den ihm ein anderer zufügen kann, als das größte Übel ansieht? Es sei hier immerhin erwähnt, daß man weder dem agonalen Glauben anhängen noch Schmitts Glauben teilen muß, um die Meinung, der gewaltsame Tod stelle das größte Übel für den Menschen dar, als einen Irrtum zu verwerfen: einzig das Beispiel von Freund Sokrates, das Platon überliefert hat, genügt, uns daran zu erinnern.[27]

Im »Fall, auf den es allein ankommt«, fällt das Politische mit dem Theologischen zusammen. Die Entscheidung zwischen Gott und dem Satan ist theologisch und politisch zugleich, die Unterscheidung von Christ und Antichrist nicht minder. Auf den »Höhepunkten der großen Politik«, wenn der providentielle Feind in konkreter Deutlichkeit als Feind erblickt wird, treffen sich die theologische und die politische in Einer Bestimmung des Feindes. Schmitts Orientierung am *Ausnahmefall* erlaubt ihm, das Politische als das Totale zu erkennen, ohne deshalb den totalen Anspruch des Theologischen leugnen zu müssen. Sie gestattet ihm im Gegenteil, das Theologische vermittels des Politischen als *das Maßgebende* zur Geltung zu bringen. Mit dieser Verbindung beider Gewalten geht er über eine bloße »Korrektur« des liberalen Den-

---

26 *BdP* III, p. 46; ausführlich dazu *Carl Schmitt, Leo Strauss*, p. 40–45.
27 Platon: *Kriton* 44d; cf. *Apologie* 29a–b.

kens weit hinaus, von der er in der ersten Fassung des *Begriffs des Politischen* noch gesagt hatte, sie könne, »sei es vom Politischen, sei es vom Religiösen her« erfolgen.[28] Im gewöhnlichen Gang der Dinge sind das Theologische und das Politische indes nicht deckungsgleich. Längst nicht alles, was theologisch von Bedeutung ist, muß zum Gegenstand der politischen Aufmerksamkeit oder der politischen Auseinandersetzung werden, und es mag ebenso gute theologische Gründe dafür geben, nicht jede politische Entscheidung an theologischen Gesichtspunkten auszurichten, wie es gute politische Gründe dafür gibt, bestimmte Bereiche von politischen Interventionen auszunehmen oder diese zeitweilig zurückzustellen. Der grundsätzliche Vorrang des Theologischen für Schmitt kann bei alledem nicht zweifelhaft sein. Besonders klar tritt er zutage, wenn Schmitt in der *Politischen Theologie II*, dem allgemeinen Sprachgebrauch folgend, das Theologische nach der »geistlichen« und das Politische nach der »weltlichen Seite« auseinanderlegt, um nach Maßgabe dieser Unterscheidung der »potenziellen Ubiquität des Politischen« die »Ubiquität des Theologischen« gegenüberzustellen.[29] Das Theologische *ist* ubiquitär, das Politische *kann* es sein. Das Theologische ist das Totale *tout court*, das Politische *bedingungsweise*.[30] Schmitts letztes Wort in der Sache, das die Rede vom »Totalen« aus naheliegenden Gründen vermeidet, bringt mit größter Präzision zum Ausdruck, was seit langem feststand.[31] Der Vorrang des Theologischen ist die Voraussetzung von Schmitts Totalismus. Das Politische im gewöhnlichen Verstande steht für etwas, das es selbst *nicht* ist, das es aber nachdrücklich in Erinnerung ruft. Es repräsentiert ein

---

28 *BdP* I, p. 30/31. In den beiden späteren Fassungen ist die Passage gestrichen.

29 »Von der weltlichen Seite her setzt sich die potenzielle Ubiquität des Politischen, von der geistlichen her die Ubiquität des Theologischen in immer neuen Erscheinungsformen durch« (*PT II*, p. 73).

30 Beachte *PT II*, p. 118 u. 123.

31 Cf. *PT*, p. 46, 50, 51, 52, 55, 56 (65, 71, 73, 75, 82, 83).

Anderes, das ihm voraus- und zugrunde liegt, ein Anderes, das allerdings nicht das »Ganz Andere« ist, weil es im alles entscheidenden Fall im Politischen durchbricht, aufscheint und in realer Gegenwart präsent ist.[32] Das Verhältnis läßt sich auch so bestimmen: Während »das Politische« den Menschen ganz und auf Leben und Tod in Anspruch nehmen kann, nimmt »das Theologische«, nimmt der Gehorsam verlangende Gott ihn immer schon und auf ewig in dieser Weise in Anspruch. Denn »Gott will und braucht nichts weniger als alles«.[33]

Abermals sind wir zum »theologischen Grunddogma von der Sündhaftigkeit der Welt und der Menschen« zurückgekehrt, das für Schmitts Politische Theologie von entscheidender Wichtigkeit ist.[34] Es besagt ebendies: daß Gott nichts weniger als alles will, daß er unbedingten Gehorsam fordert und daß die Welt dieser Forderung nicht genügt. Es ist das Grunddogma also nicht jeder, sondern derjenigen Theologien, die auf Offenbarung gegründet sind und vom Gehorsam gebietenden Gott handeln. Im Dogma der Sündhaftigkeit suchen sie das Verhältnis der Welt zu diesem Gott zu fassen. In der Erbsündenlehre geht es deshalb *zuerst* um Gott, *danach* um den Menschen. Dem entsprechend hat die von Schmitt immer wieder herangezogene Unterscheidung zwischen dem »von Natur bösen« und dem »von Natur guten« Menschen[35] einen politisch-theologischen Sinn. Sie betrifft nicht in erster Linie anthropologische Erkenntnisse oder Mutmaßungen, sondern zielt auf die fundamentale Frage von Glaube und Unglaube:

---

32 Cf. *PT II*, p. 118n.

33 »Es gibt keine Provinzen, von denen wir sagen können, da hat Gott nichts zu schaffen – da braucht Gott nicht dreinzureden ... Gott will und braucht nichts weniger als alles!« Karl Barth: *Vom christlichen Leben.* München 1926, p. 22f.

34 *BdP* III, p. 45 (II, 64). Siehe Kapitel I, S. 29ff., Kapitel II, S. 94ff.

35 Cf. *PT*, p. 50–52 (70–75); *RK*, p. 16/17, 67 (11, 44); *PR*, p. 3ff.; *Die Diktatur. Von den Anfängen des modernen Souveränitätsgedankens bis zum proletarischen Klassenkampf.* München u. Leipzig 1921, p. 9, 146/147.

Das, worauf es für Schmitt im Glaubensstreit um den »guten« oder »bösen Menschen« am Ende ankommt, ist nicht sosehr die Anerkenntnis der »Gefährlichkeit« des Menschen, als vielmehr die Anerkenntnis der Souveränität Gottes. Auf den ersten Blick freilich scheint sich ein anderes Bild zu ergeben. Im *Begriff des Politischen* widmet Schmitt dem Streit um die »Anthropologie« ein eigenes Kapitel, das – nach den wahrnehmbaren Reaktionen der vergangenen sechs Jahrzehnte zu urteilen – bei vielen, wenn nicht bei den meisten Lesern den Eindruck hinterlassen hat, es sei Schmitt ausschließlich um die »Gefährlichkeit« des Menschen zu tun, der Theoretiker des Politischen erwarte und erheische von ihnen nichts als das Eingeständnis, daß der Mensch ein »problematisches« und »riskantes Wesen« ist. Wie gelingt es Schmitt, diesen Eindruck zu vermitteln? Einen Eindruck, ohne den seine Schrift wohl kaum die politische Wirkung entfaltet hätte, die sie tatsächlich entfaltete. Und wie versteht er es, diejenigen Leser, die er dafür empfänglich glaubt, gleichwohl zum theologischen Kern des Streites hinzuführen, so daß sie mit der »moralischen Disjunktion« des *Credo* oder *Non-Credo* konfrontiert werden? Der erste Satz des Kapitels lautet: »Man könnte alle Staatstheorien und politischen Ideen auf ihre Anthropologie prüfen und danach einteilen, ob sie, bewußt oder unbewußt, einen ›von Natur bösen‹ oder einen ›von Natur guten‹ Menschen voraussetzen.« Gleich zu Beginn wird so die Erbsündenlehre evoziert, zu der sich alle Staatstheorien und politischen Ideen bewußt oder unbewußt ins Verhältnis setzen, zumal in der letzten Zeile des vorangegangenen Abschnitts das Stichwort vom »anthropologischen Glaubensbekenntnis« gefallen war. Schmitt fährt dann aber fort, die Unterscheidung sei »ganz summarisch und nicht in einem speziell moralischen oder ethischen Sinne zu nehmen«. »Entscheidend« sei, so versichert er dem Leser, »ob – als Voraussetzung jeder weiteren politischen Erwägung – der Mensch ein problematisches oder ein unproblematisches Wesen *sein soll*. Ist der Mensch ein ›gefährliches‹ oder ein ungefährliches, ein riskantes oder ein harmlos nicht-riskantes Wesen?«[36] Könnte es sein, daß das »anthropologische Glaubensbekenntnis« doch nur den Status einer mehr oder weniger plausiblen Annahme hat? Auf der ersten Stufe seines Aufstiegs zur Erbsündenlehre setzt Schmitt so allgemein an, daß sich sein Unterfangen geradezu harmlos und jedenfalls nicht-riskant ausnimmt. Zum einen scheint die Unterscheidung des »von Natur bösen« oder »von Natur guten« Menschen zwei Kategorien von »Staatstheorien und politischen Ideen« zu konstituieren, die unterschiedslos als *Staatstheorien* und *politische Ideen* gelten können, einerlei, ob sie mit dem Dogma der Erbsünde übereinstimmen oder ob sie ihm widersprechen. Zum anderen wird die Unterscheidung »von Natur böse« oder »von Natur gut« in einer Art und Weise übersetzt, daß Schmitt sich für die Alternative »von Natur böse« breitester Zustimmung gewiß sein kann. Denn wem käme es in den Sinn, in Abrede zu stellen, daß der Mensch ein problematisches, gefährliches, riskantes Wesen *ist*? Die anthropologische Kontroverse entzündet sich, wie Schmitt selbstverständlich wußte, an der Frage, ob der Mensch ein solches Wesen immer *war* und immer *bleiben wird*. Wir wollen dabei für einen Augenblick außer acht lassen, daß auch diese Frage noch nicht an den Kern des Streites rührt, ob der Mensch als ein von Natur *gutes* oder als ein von Natur *böses* Wesen zu betrachten sei. Auf der zweiten Stufe geht Schmitt zum Angriff über. Er bestreitet jetzt, daß es sich bei den liberalen oder anarchistischen »Theorien und Konstruktionen, die den Menschen als ›gut‹ voraussetzen«, überhaupt um Staatstheorien und politische Ideen handelt. Der »Glaube an die ›natürliche Güte‹« kann nach Schmitt nämlich weder einer *positiven* Staatstheorie noch einer *Bejahung* des Politischen als Grundlage dienen. Das Fazit seiner Kritik von Anarchismus und Liberalismus ist »die merkwürdige und *für viele sicher beunruhigende*

---

36 *BdP* III, p. 41 (m. H.). Ich zitiere nach der letzten Fassung, die nicht nur inhaltlich präziser, sondern der ersten und zweiten auch sprachlich überlegen ist (cf. II, p. 59).

Feststellung, daß alle echten politischen Theorien den Menschen als ›böse‹, d. h. als ein keineswegs unproblematisches, sondern ›gefährliches‹ und ›dynamisches‹ Wesen voraussetzen. Für jeden im eigentlichen Sinne politischen Denker ist das leicht nachzuweisen.«[37] Echte politische Theorien sind solche Theorien, die das Politische bejahen. Und diese Theorien stimmen durchweg mit der Wahrheit der Erbsündenlehre überein, daß der Mensch böse ist. Schmitt geht noch nicht soweit, die Anerkennung der Erbsünde selbst zur Bedingung zu machen. Er präsentiert deren Wahrheit vielmehr in einer Fassung, die dem gesunden Menschenverstand unmittelbar einleuchtet und ihm um so vertrauter erscheinen muß, als der gesunde Menschenverstand von jeher geneigt war, in der Einsicht, daß der Mensch »böse«, d. h. ein keineswegs unproblematisches, sondern »gefährliches« Wesen ist, den »eigentlichen Sinn« des Mythos vom Sündenfall, die Quintessenz der Erbsündenlehre zu erkennen. Schmitt wählt den kleinsten gemeinsamen Nenner, der für alle akzeptabel ist, die im »anthropologischen« Streit gegen den »Glauben an die ›natürliche Güte‹« in Stellung gebracht und im politischen Kampf als Bundesgenossen gegen Liberalismus und Anarchismus gewonnen werden können. Eine kurze Zwischenbetrachtung, in der erstmals die Vorstellung von der Sündhaftigkeit und Erlösungsbedürftigkeit des Menschen in den Gedankengang eingeführt wird, bereitet den letzten und entscheidenden Schritt vor. Schmitt stellt den »anthropologischen« Denkvoraussetzungen des Pädagogen, des Juristen des Privatrechts und des Moralisten einerseits die »methodischen Denkvoraussetzungen« des politischen Denkers und des Theologen andererseits gegenüber, die dem anthropologischen »Optimismus« gleichermaßen widersprechen. Auf der dritten Stufe kommt der »Zusammenhang politischer Theorien und theologischer Dogmen von der Sünde« offen zur Sprache. Von der »Gefährlichkeit« des Menschen, von seinem »dynamischen«,

---

37 *BdP* III, p. 43 (m. H.); II, p. 61.

»riskanten« oder »problematischen« Charakter ist nicht länger die Rede. Der »Zusammenhang«, auf den es Schmitt vom ersten Satz des Kapitels an ankam, »tritt«, so erfahren wir jetzt, »bei Autoren wie Bossuet, Maistre, Bonald und Donoso Cortes nur besonders auffällig hervor; bei zahllosen andern ist er ebenso intensiv wirksam. Er erklärt sich zunächst aus der ontologisch-existenziellen Denkart, die einem theologischen wie einem politischen Gedankengang wesensgemäß ist. Dann aber auch aus der Verwandtschaft dieser methodischen Denkvoraussetzungen.« So, wie ein Theologe aufhört, »Theologe zu sein, wenn er die Menschen nicht mehr für sündhaft oder erlösungsbedürftig hält und Erlöste von Nicht-Erlösten, Auserwählte von Nicht-Auserwählten nicht mehr unterscheidet«, so hört der politische Denker auf, ein politischer Denker zu sein, wenn er nicht mehr zwischen Freund und Feind unterscheidet. Der politische Theologe aber wird erst dadurch zum politischen Theologen, daß er den Zusammenhang der beiden Unterscheidungen erkennt und die Verbindung zwischen dem theologischen und dem politischen »Gedankengang« selbst herstellt, theoretisch ausarbeitet und praktisch zur Entfaltung bringt. Genau das haben »Autoren wie Bossuet, Maistre, Bonald und Donoso Cortes« getan. Wem die Bedeutung des »methodischen Zusammenhangs« der theologischen und der politischen Denkvoraussetzungen, die beide Male »zu einer Unterscheidung und Einteilung der Menschen, zu einer ›Abstandnahme‹« führen, noch nicht klargeworden ist, den läßt Schmitt wissen, der protestantische Theologe Ernst Troeltsch und der katholische Schriftsteller Ernest de Seillière hätten »an dem Beispiel zahlreicher Sekten, Häretiker, Romantiker und Anarchisten gezeigt, daß die Leugnung der Erbsünde alle soziale Ordnung zerstört. Der methodische Zusammenhang theologischer und politischer Denkvoraussetzungen ist also klar.«[38] Schmitt hat uns Schritt für Schritt auf einen *Begründungszusammenhang* auf-

38 *BdP* III, p. 44, 45/46; II, p. 63, 64.

merksam gemacht, und er konfrontiert uns an der einzigen Stelle, an der im *Begriff des Politischen* die Erbsünde ausdrücklich erwähnt wird, schließlich mit einem apodiktischen Entweder-Oder: der Glaube oder die Unordnung.

Was im »anthropologischen Glaubensbekenntnis« der *Begriffs*-Schrift in Rede steht, ist nicht eine mehr oder weniger plausible Annahme zur »Anthropologie«. Schmitt zieht das Dogma von der Erbsünde auch nicht heran, um ein Axiom seines »Menschenbildes« mit einer probaten Rechtfertigung zu versehen. Er bedient sich des anthropologischen Streites im Gegenteil, um die Erbsündenlehre ins Spiel zu bringen. Und dies wiederum tut er nicht allein oder zuerst, um deren politische Unverzichtbarkeit zu behaupten. Das, worum es in der Erbsündenlehre für Schmitt vor allem geht, ist die Verteidigung des Zentrums der Offenbarungstheologie und der Voraussetzung jeder – nach seinem Verständnis – genuinen Moral.[39] In Rede steht die *Wahrheit seines Glaubensbekenntnisses*. Die weitverbreitete Meinung, Schmitt hätte die »Berufung auf die Erbsünde« ebensogut durch die »Berufung auf die Philosophische Anthropologie der Gegenwart« ersetzen oder er hätte, wie gelegentlich vorgebracht wird, Leser, die dem Dogma keinen Glauben schenken, mit dem »gleichen Resultat« an die Evolutionsbiologie verweisen können, solche

---

39 Siehe Kapitel I, S. 26 f. u. 40–44. Werner Becker schreibt in seinem Brief vom 15. 12. 1933 an Schmitt: »Es ist nicht richtig zu sagen, dass Sie sich an die ›Moral-Auffassung der Gegner‹ ›binden‹ – aber Sie binden sich ... an deren Moral-Terminologie. Sie lehnen es ab, den Menschen als moralisch böse zu bezeichnen, weil das Wort moralisch sofort humanitär missverstanden würde. Die Schwierigkeit liegt wohl darin, dass es nicht möglich ist, von der Natur des Menschen, seiner Gefährdetheit und Gefährlichkeit und von seiner Bedürftigkeit zu sprechen, ohne die Erbsünde zu erwähnen. Damit gibt es aber für den Christen eine moralische Qualität, die man mit gläubigem Wirklichkeitssinn annehmen und anwenden muss, ohne dass daraus dem Einzelnen ein moralischer Vorwurf erwachsen könnte. Der Mensch ist eben kein gutartig böses Tier (wie für Hobbes, bei dem ›Leitung durch den Verstand‹ Begriffen wie Dressur und Gewöhnung völlig gleichgeordnet sind), sondern ... ein gutwillig erbsündiger Mensch, in dieser schwer durchdringbaren Spannung zwischen Freiheit und Endlichkeit, die von der Tatsache der Erlösung kommt.«

Interpretationen verkennen und verfehlen das Wichtigste.[40] Das »theologische Grunddogma von der *Sündhaftigkeit der Welt* und der Menschen« läßt sich durch keine Einsicht und durch kein Ergebnis der Anthropologie »ersetzen«. Es ist mit seiner »Abstandnahme« unfehlbar an die Anerkenntnis der Souveränität Gottes gebunden. Die Souveränität des Gottes, »der gesagt hat, ich will Feindschaft setzen zwischen Deinem Samen und ihrem Samen«, ist der Vereinigungspunkt, in dem sich die drei Unterscheidungen von *Erlösten und Nicht-Erlösten*, von *Auserwählten und Nicht-Auserwählten*, von *Freund und Feind* treffen. In ihr hat die »Unterscheidung und Einteilung der Menschen«, durch welche »der unterschiedslose Optimismus eines durchgängigen Menschenbegriffs unmöglich« wird, ihren letzten Bestimmungsgrund. Wer von der Souveränität Gottes »absehen« will, dem muß der Sinn der Erbsünden- wie der Gnadenlehre verschlossen und die Stoßrichtung von Schmitts Attacke gegen die »natürliche Güte« wie gegen den »durchgängigen Menschenbegriff« verborgen bleiben. Genau dieses »Absehen« nimmt Schmitts Kritik ins Visier. Sein Angriff richtet sich gegen eine Welt, die ihre »Sündhaftigkeit« leugnet oder vergessen hat: »In einer guten Welt unter guten Menschen herrscht natürlich nur Friede, Sicherheit und Harmonie Aller mit Allen; die Priester und Theologen sind hier ebenso störend wie die Politiker und Staatsmänner.«[41] Die Theologen und Politiker sind in ihr *störend* – und nicht etwa *überflüssig*, wie Schmitt zunächst geschrieben hatte –, weil sie die Souveränität Gottes, weil sie seine Setzungen und Satzungen, weil sie die Notwendigkeit der Entscheidung zwischen dem Gehorsam und dem Ungehorsam in Erinnerung rufen, die eine solche Welt verneint. Der »unterschieds-

40 Cf. Heinrich Meier (Hrsg.): *Die Herausforderung der Evolutionsbiologie.* München 1988, p. 8–11. Arnold Gehlen, dem führenden Vertreter der »Philosophischen Anthropologie« nach dem Zweiten Weltkrieg, hielt Schmitt entgegen, daß seine Anthropologie schließlich doch bloß auf den »darwinistischen Glauben« gegründet sei, der Mensch stamme von tierischen Vorfahren ab.
41 *BdP* III, p. 45; cf. II, p. 64.

lose Optimismus eines durchgängigen Menschenbegriffs« ist
Ausdruck dessen und Chiffre für das, was Schmitt bis in die
spätesten Schriften hinein nicht müde wird, als die *Selbstermächtigung des Menschen* zu attackieren. Friedrich Gogarten hat diesen Gegen-Begriff zur *Souveränität Gottes* – Gogarten spricht von der »Selbstmächtigkeit und Autonomie des
Menschen« – in einer im März 1933 unter dem Titel *Säkularisierte Theologie in der Staatslehre* veröffentlichten Rede als
Auflehnung gegen »die *Grundordnung der Welt, auf der alle
anderen Ordnungen beruhen, nämlich die von Schöpfer und
Geschöpf*« bestimmt.[42] Damit trifft er den Kern der Sache, die
ihn mit Schmitt verbindet. Der Vortrag, der sich ausdrücklich
auf Schmitts *Politische Theologie* beruft und auf den sich
Schmitt einige Monate später in der »Vorbemerkung zur
zweiten Ausgabe« des Traktats seinerseits bezieht,[43] ist ein
sowohl historisch als auch systematisch bemerkenswertes
Zeugnis Politischer Theologie. In unserem Zusammenhang
verdient er besondere Aufmerksamkeit, weil er den auf-
schlußreichsten Kommentar enthält, der von theologischer
Seite zu Schmitts »anthropologischer« Unterscheidung zwischen dem »von Natur guten« und dem »von Natur bösen«
Menschen vorgelegt worden ist. »Es besteht heute«, so erläutert Gogarten den Sinn von Schmitts Gegenüberstellung,[44] da
»die Idee der moralisch-religiösen Autonomie des Individu-

---

42 Die bei der Reichsgründungsfeier der Universität Breslau in der Aula
Leopoldina am 18. Januar 1933 gehaltene Rede wurde am 2. und 3. März
1933 gekürzt in den Münchner Neuesten Nachrichten abgedruckt. Sie liegt
jetzt in einer kritischen Edition in der Sammlung Friedrich Gogarten: *Gehören und Verantworten. Ausgewählte Aufsätze.* Tübingen 1988 (p. 126–141)
vor, s. p. 126 u. 132.
43 Siehe FN 10. Im Falle von Heinrich Forsthoff, des zweiten protestantischen Theologen, den Schmitt namentlich erwähnt, bezieht sich der Hinweis auf das gleichfalls 1933 veröffentlichte Buch *Das Ende der humani-
stischen Illusion. Eine Untersuchung über die Voraussetzungen von
Philosophie und Theologie.* Berlin.
44 Gogartens Auslegung hat den Satz der *Politischen Theologie* zu ihrem
Ausgangspunkt: »Jede politische Idee nimmt irgendwie Stellung zur ›Natur‹ des Menschen und setzt voraus, daß er entweder ›von Natur gut‹ oder
›von Natur böse‹ ist« (p. 50/72).

ums unser gewohntes Denken völlig beherrscht, die Gefahr, daß die beiden Sätze, der Mensch sei von Natur gut oder er sei von Natur böse, als ein Gegensatz innerhalb dieses moralisch-religiös autonomen Denkens verstanden werden. In Wahrheit aber sagt die Aussage, daß der Mensch von Natur böse ist, ... etwas völlig anderes, als ein von der Idee der moralisch-religiösen Autonomie des Menschen beherrschtes Denken zu fassen vermag. Sie steht in einem radikalen Gegensatz zu jenem Denken und allen Aussagen, die von diesem moralischen Denken aus über die Eigenschaften des Menschen gemacht werden.« Dieses geht nach Gogarten »von der Selbstmächtigkeit und Autonomie des Menschen aus. Sie ist das Gutsein des Menschen, das darum auch durch alles eventuelle und gewiß nie geleugnete Bösesein des Menschen niemals aufgehoben werden kann ... Jene Aussage dagegen, daß der Mensch ›von Natur böse‹ ist, geht gerade nicht von der Selbstmächtigkeit des Menschen aus, sondern sie geht im Gegenteil von einer Macht aus, der der Mensch untertan ist. Von einer Macht, in und durch deren Gegenüber, deutlicher und bestimmter: in deren Hörigkeit er er selbst ist. Und vor dieser Macht und vor ihrem Anspruch auf ihn ist er böse. Er ist böse, das heißt hier: er will nicht er selbst sein, so wie er es ist in der Hörigkeit vor dieser Macht, sondern in der freien, nur sich selbst verantwortlichen Verfügung über sich selbst.« Gogarten unterstreicht die Souveränität Gottes, indem er zwei Gesichtspunkte mit Nachdruck geltend macht: Erstens, »daß der Mensch hier so gesehen wird, daß sein Personsein nicht in ihm selbst gegründet ist, sondern in dem verantwortlichen Gegenüber zu einer Macht, von der er darum das Leben hat und die darum auch die Gewalt hat, ihn zu vernichten, das heißt, in ewiges Verderben zu stoßen.« Zweitens sei zu beachten, »daß der Ursprung des Von-Natur-böse-Seins, das hier ausgesagt wird, nicht in der aufweisbaren Geschichte eines Menschen aufzuzeigen ist. Es entsteht also nicht durch ein singuläres, besonderes Faktum in der Geschichte eines Menschen, sondern es bestimmt schon immer seine ganze

Geschichte. Seine gesamte Person, sein gesamtes Personsein, so wie es sich in seiner Geschichte darstellt, ist immer schon böse. Es ist immer schon in der Auflehnung gegen jene Macht begriffen ... Wo immer den Menschen die Erkenntnis von Gut und Böse überfällt ..., da kommt er immer schon vom Bösen her; da ist er selbst schon böse; da ist er schon nicht mehr gut in der einfachen, widerspruchslosen, kindlich-gehorsamen Hörigkeit gegenüber der Macht, vor der er er selbst ist.«[45]

Aus der Sicht des Offenbarungsglaubens ist der Mensch »von Natur« böse, weil er sich natürlicherweise aus der »kindlich-gehorsamen Hörigkeit« gegenüber der Macht löst, der er untertan sein soll. Sein *Bösesein* ist gleichbedeutend mit der Mißachtung der Souveränität Gottes. Es ist wesentlich Ungehorsam. Darüber herrscht bei allen theologischen Meinungsverschiedenheiten in der Auslegung des Sündenfalls und der Erbsünde[46] Einigkeit. Einigkeit herrscht somit darüber, daß das Bestreben des Menschen, sein Leben aus eigener Kraft, allein der natürlichen Vernunft und dem eigenen Urteil folgend, zu führen, die Erbsünde *ist*. Die Theologie kann nicht umhin, im philosophischen Leben eine beharrliche Wiederholung und Erneuerung des Sündenfalls zu sehen. Angesichts der unüberbrückbaren Kluft, durch die sie sich von der Philosophie geschieden weiß, verblassen die Unterschiede, die zwischen den Positionen einzelner Philosophen etwa zur Anthropologie be-

---

45 Gogarten: *Säkularisierte Theologie in der Staatslehre*, p. 137/138. Beachte p. 132 u. 139–141; s. ferner *Der doppelte Sinn von Gut und Böse* (1937), insbes. p. 202 ff., in *Gehören und Verantworten*. Vergleiche im Lichte von Gogartens Kommentar Schmitts Abgrenzung gegenüber dem »Moralisten«, der »eine Wahlfreiheit zwischen Gut und Böse voraussetzt«, und Schmitts Vorbehalt gegen eine »theologische Unterstützung«, welche »die Unterscheidung *gewöhnlich* ins *Moraltheologische* verschiebt oder wenigstens damit vermengt«. BdP III, p. 45/46 (m. H.); II, 63/64 mit n. 24.
46 Cf. *PT*, p. 51 (73/74); *RK*, p. 17 (11). Einen dogmengeschichtlichen Überblick geben Leo Scheffczyk und Heinrich Köster: *Urstand, Fall und Erbsünde*. Handbuch der Dogmengeschichte, Bd. II, Fasz. 3a, b, c, Freiburg i. Br. 1979–1982, sowie Julius Gross: *Geschichte des Erbsündendogmas. Ein Beitrag zur Geschichte des Problems vom Ursprung des Übels*. München u. Basel 1960–1972, 4 Bde.

stehen[47]: was besagen alle Differenzen in der Einschätzung der menschlichen Natur gegenüber der fundamentalen Übereinstimmung, daß diese Natur das philosophische Leben ermöglicht und darin ihr *Gutsein* enthüllt? Am Maßstab des Offenbarungsglaubens gemessen, rücken die Philosophen nicht nur zusammen; im Lichte des Kriteriums von Autorität und Gehorsam wird offenbar, was sie in Wahrheit eint, und was sie trennt, erweist sich als nachgeordneten Ranges. Große Theologen haben diese Wahrheit zu allen Zeiten erkannt und die Trennungslinie immer wieder nachgezogen. Rudolf Bultmann faßt sie – Martin Heidegger vor Augen, dessen Nähe ihm die entscheidende Differenz um so deutlicher ins Bewußtsein rückte[48] –

47 Werner Becker geht in dem erwähnten Brief an Schmitt soweit zu erklären: »Ob man den Menschen wie Hobbes oder wie Rousseau ansieht, ist eigentlich mehr eine Geschmacksache. Gemeinsam ist beiden das, was Sie den ›antireligiösen Diesseitsaktivismus‹ nennen. Und hier ist tatsächlich der Feind, gegen den wir kämpfen.« So unklug und überzogen Beckers Formulierung erscheinen mag, so erhellend ist seine Verortung des gemeinsamen Feindes für die Position, aus der heraus Becker schreibt. Man wird dem Hobbes-Interpreten, katholischen Priester und Schmitt-Schüler zubilligen müssen, daß er um die »tiefsten Zusammenhänge« weiß und daß er etwas Wesentliches von der Feindschaft erfaßt hat, die für das Denken seines Lehrers bestimmend ist. Cf. Kapitel I, S. 20f. u. 34.
48 Heidegger hat in seiner Schrift *Phänomenologie und Theologie* die Grenze von der anderen Seite her nicht weniger scharf gezogen. 1927/28 in Tübingen und Marburg als Vortrag gehalten und 1970 mit einer Widmung an Bultmann veröffentlicht, stellt Heidegger in ihr fest, »daß der *Glaube* in seinem innersten Kern als eine spezifische Existenzmöglichkeit gegenüber der wesenhaft zur *Philosophie* gehörigen und faktisch höchst veränderlichen *Existenzform* der Todfeind bleibt. So schlechthin, daß die Philosophie gar nicht erst unternimmt, jenen Todfeind in irgendeiner Weise bekämpfen zu wollen! Dieser *existenzielle Gegensatz* zwischen Gläubigkeit und freier Selbstübernahme des ganzen Daseins ... muß gerade die *mögliche Gemeinschaft* von Theologie und Philosophie *als Wissenschaften* tragen, wenn anders diese Kommunikation eine echte, von jeglicher Illusion und schwächlichen Vermittlungsversuchen freie soll bleiben können. Es gibt daher nicht so etwas wie eine christliche Philosophie, das ist ein ›hölzernes Eisen‹ schlechthin.« (Frankfurt/Main 1970, p. 32; cf. p. 18–20, 26/27; *GA* 9, p. 66, 52–54, 60/61; ferner *Nietzsche*. Pfullingen 1961, Bd. I, p. 14.) Vergleiche zu Heideggers Satz »So schlechthin, daß die Philosophie gar nicht erst unternimmt, jenen Todfeind in irgendeiner Weise bekämpfen zu wollen!« den Abschnitt über den ursprünglichen Sinn der Politischen Philosophie in Kapitel II (S. 70ff.).

1933 in den Satz: »Der Glaube kann die Wahl der philosophischen Existenz nur als einen Akt der sich selbst begründenden Freiheit des Menschen beurteilen, der seine Gebundenheit an Gott verleugnet.«[49] Aus der Sicht des Offenbarungsglaubens beruht die Wahl des philosophischen Lebens auf einem Akt des Ungehorsams. Oder wie der heilige Bonaventura und der Autor des *Antichrist* in beinahe ebenso vielen Worten geltend gemacht haben: die Philosophie selbst erscheint als der Baum der Erkenntnis des Guten und Bösen.[50]

Du sollst essen von allerlei Bäumen im Garten; aber von dem Baum der Erkenntnis des Guten und Bösen sollst du nicht essen. Jean-Jacques Rousseau hat den »Grund« dieses Gebotes in der Absicht gesehen, »den menschlichen Handlungen von Anfang an eine Moralität zu geben, welche sie auf lange Zeit nicht erworben hätten«.[51] Was immer der Genfer Philosoph mit seiner Deutung außerdem im Auge gehabt haben mag,[52] die Verankerung eines uranfänglichen moralischen Entweder-Oder im Offenbarungsglauben läßt sich kaum präziser zum Ausdruck bringen. Das »an ihm selbst gleichgültige und in jedem anderen System unerklärliche Gebot«, an dessen Erklärung Rousseau sich versucht, verbürgt eine moralische Disjunktion, die aller menschlichen Erkenntnis des Guten und Bösen vorausliegt. Es begründet mithin eine Gewißheit, die menschliche Sicherheit oder Unsicherheit

---

49 Bultmann: *Theologische Enzyklopädie.* Tübingen 1984, p. 89. Beachte p. 93, 131, 143, 201 und cf. p. 69/70, 108, 165. Eberhard Jüngel und Klaus W. Müller haben Bultmanns Marburger Vorlesung in einer Edition zugänglich gemacht, deren Sorgfalt der Bedeutung dieser theologischen Selbstbesinnung entspricht.
50 »... philosophia est lignum scientiae boni et mali, quia veritati permixta est falsitas ... Cavere debent sibi discentes quae sunt philosophiae; fugiendum est omne illud quod est contrarium doctrinae Christi, sicut interfectivum animae.« Bonaventura: *Sermones de tempore,* dominica tertia Adventus, *Opera omnia,* IX, p. 63 (Ed. Quaracchi). Nietzsche: *Der Antichrist,* Aph. 48, *KGW* VI, 3, p. 224/225.
51 Rousseau: *Discours sur l'inégalité,* Note IX, Kritische Edition, p. 320.
52 Cf. *ibid.* neben dem Kommentar zu p. 318ff. p. XXXI–XXXIV, XLI–XLIII, LXV mit n. 68 u. p. 70–74 mit n. 80, 84, 86, 88, 90.

radikal übersteigt, und entspricht so dem Bedürfnis des moralischen Menschen nach unbedingter Gültigkeit in vollkommener Weise. *Moral man as such is the potential believer.* Das erste biblische Gebot begründet aber nicht nur die Gewißheit eines moralischen Entweder-Oder schlechthin. Es schließt ein besonderes Verbot ein. Es macht den Menschen nicht allein mit der Unterscheidung von Gehorsam und Ungehorsam bekannt, sondern untersagt ihm zugleich die Mittel, deren er bedarf, um ein Leben führen zu können, das sich außerhalb des Gehorsams stellt. Denn es verbietet dem Menschen nicht irgendeinen Baum, vielmehr den, ohne dessen Frucht ihm ein selbstbestimmtes Leben verwehrt bleibt. Das Gebot bezeichnet, näher besehen, nichts Geringeres als die biblische Alternative zur Philosophie, und insofern ist es alles andere als »an ihm selbst gleichgültig«. Alle späteren Gebote und Urteile, welche die Philosophie betreffen, sind in diesem ersten vorweggenommen. Vorweggenommen ist darin insbesondere das Interdikt gegen die Frage, die mit der Philosophie gleichursprünglich ist und deretwegen die Philosophie Politische Philosophie werden muß: *quid sit deus?*[53] Der biblische Gott offenbart sich, wem er will, wann er will, wo er will und wie er will. Der Gott der Offenbarung gibt dem Gläubigen durch sein Handeln zu erkennen, wer er ist, in den Grenzen, die sein Wille festlegt, und zu den Zwecken, die sein Urteil bestimmt. In der Frage der Philosophie vermag der Gehorsam des Glaubens deshalb Auflehnung, Zurückweisung,

---

53 Cicero: *De natura deorum* I, 60. Leo Strauss: *The City and Man.* Chicago 1964, p. 241. Strauss hat sich wie kein anderer Philosoph dieses Jahrhunderts mit der biblischen Alternative auseinandergesetzt. Siehe *Jerusalem and Athens. Some Preliminary Reflections* (1967) in: *Studies in Platonic Political Philosophy.* Chicago 1983, p. 147–173, insbes. p. 155; *On the Interpretation of Genesis* (1957) in: L'Homme. Revue française d'anthropologie, Vol. XXI, 1, 1981, p. 6–20, insbes. p. 18/19; beachte *Persecution and the Art of Writing.* Glencoe, Ill. 1952, p. 107; *On the »Euthyphron«* in: *The Rebirth of Classical Political Rationalism.* Chicago 1989, p. 202/203; und vergleiche *Farabi's »Plato«* in: Louis Ginzberg Jubilee Volume. New York 1945, p. 376/377, 393 sowie *Socrates and Aristophanes.* New York 1966, p. 33, 45, 52/53.

Hybris wahrzunehmen. Sie erscheint ihm, wie im Falle Calvins, als Akt vermessener Neugierde[54] oder, so im Falle Luthers, als der Anfang eines Weges, an dessen Ende die Verlorenheit des Nichts steht.[55] Die Frage: Gehorsam oder Unge-

54 »Unde intelligimus hanc esse rectissimam Dei quaerendi viam et aptissimum ordinem: non ut audaci curiositate penetrare tentemus ad excutiendam eius essentiam, quae adoranda potius est, quam scrupulosius disquirenda.« Calvin: *Institutio christianae religionis* (1559) Ed. Barth/Niesel, I, 5, 9. Cf. I, 6, 2: »omnis recta Dei cognitio ab obedientia nascitur«, und III, 7, 1: »O quantum ille profecit qui se non suum esse edoctus, dominium regimenque sui propriae rationi abrogavit, ut Deo asserat! Nam ut haec ad perdendos homines efficacissima est pestis, ubi sibiipsis obtemperant, ita unicus est salutis portus, nihil nec sapere, nec velle per seipsum, sed Dominum praeeuntem duntaxat sequi.« Siehe außerdem Calvins Kommentar zu Genesis II, 16/17. Einen interessanten »Beitrag zum Vergleich zwischen reformatorischem und patristischem Denken« im Hinblick auf die Frage, bis zu welchem Punkt dem *quid sit deus?* der Philosophen Zugeständnisse gemacht werden dürfen, hat E. P. Meijering unter dem Titel *Calvin wider die Neugierde* (Nieuwkoop 1980) vorgelegt.
55 »Hoc fit, quando ratione speculatur de deo, der ist verlorn, quia wird yhr [irre] yn dem steigen und klettern und fit certus, ut dicat non esse deum ... Quem satan da hin bringt, das er in mit gedancken furet absque verbo, dem kan niemand raten.« Luthers Predigt über Johannes XVII, 1–3 vom 15. August 1528 (Ed. Clemen/Hirsch VII, p. 217, *WA* XXVIII, p. 92) hat eine so zentrale Stelle des Evangeliums zum Gegenstand und gibt einen so wichtigen, in seiner Schärfe und Klarheit unerreichten Kommentar des *quid sit deus?* aus der Sicht des christlichen Glaubens, daß die entscheidende Passage hier nicht nur als knapper Auszug aus Rörers Nachschrift, sondern ungekürzt in der von Caspar Cruciger zu Luthers Lebzeiten veröffentlichten Fassung mitgeteilt sei. Von ihr wird berichtet, Luther habe sie »sein bestes buch« genannt und gesagt: »Diß soll nach der heiligen Biblien mein werdes und liebstes buch sein« (*WA* XXVIII, p. 34). Luther kommt auf die Hieron-Simonides-Episode aus *De natura deorum* im Kontext seiner Auslegung des Verses *Das ist aber das ewige Leben, daß sie dich, daß du allein wahrer Gott bist, und den du gesandt hast, Jesum Christum, erkennen* aus dem Gebet Jesu zu sprechen: »... wer da wil sicher faren, der hüte sich nur fur allem, was vernunfft und menschen gedancken jnn diesem artikel meistern, und wisse, das kein rat ist widder des Teuffels verfurung zubestehen, denn das man am blossen hellen wort der schrifft haffte und nicht weiter dencke noch speculire, sondern schlechts die augen zugethan und gesagt: Was Christus sagt, das sol und mus war sein, ob ichs noch kein mensch verstehen und begreiffen noch wissen könne, wie es war sein möge. Er weis wol, was er ist und was odder wie er von jhm selbs reden sol. Wer das nicht thut, der mus anlauffen und jrren und sich stürtzen. Denn es ist doch nicht müglich auch den geringsten Artikel des glaubens durch menschliche vernunfft odder sinne zubegreiffen, Also das auch kein mensch auff erden on Gottes wort jhe mal ein rechten gedancken und gewis erkendnis von Gott

horsam? erfährt auf diese Weise ihre Verwandlung in die Antwort: Offenbarungsglaube oder Nihilismus. Wenn das *quid sit deus?* des Ungehorsams beim Nichts enden muß, weil Gott der Herr aller Erkenntnis Gottes ist, ohne diese Erkenntnis aber alle Erkenntnis unsicher und jedes Gebot fragwürdig bleibt, so scheint umgekehrt der Gehorsam des Glaubens auf Alles hoffen zu dürfen. Ihm ist jene Erkenntnis Gottes vorbehalten, die in der Sprache der Bibel das ewige Leben heißt und die allein die *Offenbarung* gewährt: ein übermenschliches Ereignis, das alle menschliche Ungewißheit besiegt. Der Glaube an die Offenbarung verspricht wirksamen Schutz vor der Gefahr des Nihilismus. Er ist auf ein partikulares Geschehen gerichtet, über das keine Macht der Welt Gewalt hat, im Falle des Christentums zentral und entscheidend auf die Menschwerdung Gottes in Jesus, dem Christus. Carl Schmitt hebt die grundstürzende, allem menschlichen Trachten und Sinnen entzogene Unverfügbarkeit dieses Geschehens hervor, wenn er es »ein geschichtliches Ereignis von unendlicher, unbesitzbarer, unokkupierbarer Einmaligkeit« nennt, und er tut ein übriges, indem er hinzusetzt, daß seine Aussage über den »Wesenskern« der Christenheit »alle philosophischen, ethischen und sonstigen Neutralisierungen fernhalten soll«. Das factum brutum der Offenbarung erlaubt weder Subsumtion noch Indifferenz. Das »geschichtliche Ereignis« der »Inkarnation in der Jungfrau«, das die natürliche Ordnung der Dinge durchbricht, duldet keine andere Annäherung als die in der

hat mügen treffen und fassen, Welches auch die Heiden selbs haben müssen zeugen. Denn so schreiben sie von einem gelerten Poeten Simonides, das er auff eine zeit gefragt ward und solte sagen was doch Gott were odder was er von Gott hielte und gleubte, da nam er ein auffschub und frist drey tage sich darauff zubedencken. Da diese umb waren und solte antworten, begeret er noch drey, das er jhm mocht besser nach dencken, und nach diesen abermal also, so lange bis er zu letzt nicht weiter kund noch wolt und sprach: was sol ich sagen? jhe lenger ich darnach dencke, jhe weniger ich davon weis. *Damit ist angezeigt, das menschliche vernunfft, jhe höher sie feret Gottes wesen, werck, willen und rath zuerforschen und ergründen, jhe weiter sie davon kompt und zu letzt dahin fellet, das sie Gott fur nichts helt und nichts uberal gleubt*« (*WA* XXVIII, p. 91/92, m. H.).

Demut des Glaubens.[56] *Alles aber, was nicht aus dem Glauben kommt, ist Sünde.*

Die Offenbarung weist den einzig statthaften Weg zur »Erkenntnis Gottes«. In ihr manifestiert sich die göttliche Allmacht, ohne die mindeste Einschränkung zu erleiden. Sie hat die Glaubensgewißheit, daß für Gott nichts unmöglich ist, zu ihrer Voraussetzung wie zu ihrem Inhalt. Die Offenbarung enthüllt in allem, was sie den Menschen gebietet und verheißt, die Unergründlichkeit des göttlichen Willens und wahrt so die »Grundordnung der Welt«: die unendliche Überlegenheit des Schöpfers über seine Schöpfung, die unumschränkte Souveränität des allmächtigen Gottes. Denn nur der unbegreifliche Gott ist allmächtig. Schmitt hat daher guten Grund, auf der »unokkupierbaren Einmaligkeit« des »geschichtlichen Ereignisses« zu bestehen, welches die Christenheit für ihn ist, und zu betonen, daß sie *in ihrem Wesenskern* nicht sei, als was sie, menschlich betrachtet, erscheinen mag: »keine Moral und keine Doktrin, keine Bußpredigt und keine Religion im Sinne der vergleichenden Religionswissenschaft«. Die Christenheit muß Teil jener Geschichte sein, die von der Providenz regiert wird und die Schmitt »eine in großen Zeugnissen stürmende, in starken Kreaturierungen wachsende Einstückung des Ewigen in den Ablauf der Zeiten« nennt. Ein »Zeugnis« und eine »Kreaturierung« freilich, deren Einmaligkeit jeden Vergleich verbietet, und auf einem Kern- oder Gründungsereignis beruhend, dessen Unbegreiflichkeit nur gläubig hingenommen oder ungläubig zurückgewiesen werden kann. Das *Ecce, ancilla Domini, fiat mihi secundum verbum tuum* gilt Schmitt als »Ingrund und Inbild« der Antwort

---

56 *Drei Möglichkeiten*, p. 930. »Je n'ai pas changé, il est vrai. Ma liberté vis-à-vis des idées est sans bornes parceque je reste en contact avec mon centre inoccupable qui n'est pas une ›idée‹ mais un événement historique: l'incarnation du Fils de Dieu. Pour moi le christianisme n'est pas en premier lieu une doctrine, ni une morale, ni même (excusez) une religion; il est un événement historique. Summa contra Gentiles III 93« (*G*, p. 283). Cf. *Die Sichtbarkeit der Kirche*, p. 75/76; *Die geschichtliche Struktur*, p. 153; ferner Kapitel I, S. 26 f. u. 37–40.

des Menschen, welche die Allmacht Gottes verlangt.[57] Der
politische Theologe ist sich des untrennbaren Zusammenhangs von Allmacht und Unergründlichkeit bewußt, der uns
im Offenbarungsglauben am Ende in allen seinen Stücken begegnet. Nicht nur in Rücksicht auf die Heilstatsachen und deren Verkündigung im besonderen, vielmehr im Wunderglauben insgesamt und im Glauben an die göttliche Providenz im
ganzen, in der Lehre vom Sündenfall und in der Vorstellung
von der Gnadenwahl, in der Verheißung des ewigen Lebens
wie in der Strafe der ewigen Verdammnis. Schmitt berührt
den Nerv der Frage, wenn er zum größten aller Wunder, zur
creatio ex nihilo, festhält, die Rede von der »Schöpfung aus
dem Nichts« habe »keinen anderen Sinn, als die Herkunft der
Welt aus Gott unbegreiflich zu machen und im Unbegreif-
lichen zu belassen«.[58] Ausdrücklich macht er sich zum Anwalt der göttlichen Allmacht, wenn er Léon Bloys *Tout ce qui
arrive est adorable* aufnimmt, um es als ein christlicher Epimetheus nachzusprechen.[59] Und wir sehen ihn für die göttliche Unergründlichkeit Partei ergreifen, wenn er an Calvins
Gnadenlehre zu rühmen weiß, diese habe dem Begriff der
Gnade »die ihm in der rechten Ordnung zukommende Un-
berechenbarkeit und Unmeßbarkeit« wiedergegeben: »sie
verlegt ihn aus einer vermenschlichten, normativistischen
Ordnung in die ihm zukommende, über menschliche Nor-
mierungen erhabene, göttliche Ordnung zurück«.[60] Im gleichen Sinne verteidigt Schmitt die Theologie gegen ihre »Ver-
flüchtigung« zur »bloß normativen Moral«, erinnert er an
den »ontologisch-existenziellen« Charakter der Unterscheidungen von Freund und Feind, Erlösten und Nicht-Erlösten,

---

57 *Drei Möglichkeiten*, p. 930/931; *G*, p. 30, 269. »Nicht humanitas, sondern humilitas« (p. 274).
58 *G*, p. 212; cf. Schmitts eigene Rede von der creatio ex nihilo p. 60; *PT II*,
p. 125.
59 »*Tout ce qui arrive est adorable*. Wer nicht mehr imstande ist, die Allmacht Gottes zu lobpreisen, sollte wenigstens vor ihr verstummen.« *1907
Berlin*, p. 14; s. *G*, p. 8.
60 *DA*, p. 26.

Auserwählten und Nicht-Auserwählten, setzt er dem »Gesichtspunkt der Wahlfreiheit« die »Sündhaftigkeit der Welt und der Menschen« entgegen.[61]

Tatsächlich ist die Allmacht zu ihrer Verteidigung, so sie einer Verteidigung bedarf, nirgendwo mehr auf die Unergründlichkeit angewiesen als in der Sünden- und Gnadenlehre. Denn wie anders wäre der Sündenfall der Menschen mit der Allmacht Gottes zu vereinbaren, ohne daß Gottes Allgüte Schaden nähme? Und wie wäre der Glaube an die Allgüte zu retten, ohne daß die Vorstellung der Allmacht aufgegeben werden müßte? Wie sollte dies gelingen, wenn nicht unter Berufung auf die Unergründlichkeit des göttlichen Willens? »Gott hat zugelassen, was geschehen ist, und nicht zugelassen, was nicht geschehen ist.«[62] Alle Fragen nach dem Sinn, nach der Notwendigkeit, nach dem letzten Grund des Sündenfalls müssen bei der Unergründlichkeit des göttlichen Willens enden und vor ihr verstummen, wenn die Allmacht Gottes nicht in Frage gestellt werden soll. Nicht anders steht es mit den Fragen zur Gnadenwahl. Warum hat Gott Jakob geliebt, Esau aber gehaßt, »ehe die Kinder geboren waren, und weder Gutes noch Böses getan hatten«? Wie ist eine solche Wahl mit der göttlichen Gerechtigkeit in Einklang zu bringen? Einerlei, ob man zur Antwort gibt, »wegen der Sünde des ersten Stammvaters« würden »alle Menschen als der Verdammung schuldige geboren«, so daß Gott barmherzig sei gegen die, die er durch seine Gnade befreit, »dagegen gerecht gegen jene, die er nicht befreit, gegen keinen aber ungerecht«,[63]

61 *BdP* III, p. 45. »In dem Maße, in dem die Theologie Moraltheologie wird, tritt dieser Gesichtspunkt der Wahlfreiheit hervor und verblaßt die Lehre von der radikalen Sündhaftigkeit des Menschen. ›Homines liberos esse et eligendi facultate praeditos; nec proinde quosdam natura bonos, quosdam natura malos‹, Irenaeus, Contra haereses (L. IV, c. 37, Migne VII p. 1099)« (*BdP* II, p. 63n.24).
62 *1907 Berlin*, p. 14.
63 »Cum enim omnes homines propter peccatum primi parentis damnationi nascantur obnoxii, quos Deus per suam gratiam liberat, sola misericordia liberat: et sic quibusdam est misericors, quos liberat, quibusdam autem justus, quos non liberat, neutris autem iniquus.« Thomas von Aquin:

oder ob man auf jeden aufschiebenden Zwischenschritt verzichtet, um ohne Umschweife zu erwidern, der Grund, weshalb Gott nicht ungerecht sei, bestehe darin, »daß *er* es so gewollt und es *ihm* so gefallen hat von Ewigkeit her«, denn für seinen Willen gebe es »schlechterdings kein Gesetz und keine Verpflichtung«[64] – in beiden Fällen findet die menschliche Rechtfertigung der Gnadenwahl ihren letzten Halt in der Unergründlichkeit des göttlichen Willens. Kein Geschöpf vermag gegen den Willen eines allmächtigen Schöpfers Rechte geltend zu machen. So wird in einem der wirkungsmächtigsten Werke der Politischen Theologie aller Zeiten die Frage nach der Gerechtigkeit Gottes mit der Gegenfrage abgewiesen: »Spricht auch ein Werk zu seinem Meister: warum machst du mich also? Hat nicht ein Töpfer Macht, aus Einem Klumpen zu machen ein Faß zu Ehren, und das andere zu Unehren?« Doch die Berufung auf das unumschränkte Recht des allmächtigen Schöpfers bleibt, wenn sie Berufung auf sein Recht sein soll,[65] nicht weniger an die Voraussetzung der Uner-

---

In omnes S. Pauli Apostoli Epistolas Commentaria. Turin (Marietti) 1902, *Ad Romanos*, caput IX, lectio 3, p. 136 (Übers. Fahsel, p. 313). Cf. lectio 3 in fine (Fahsel, p. 318), lectio 4, p. 139 (Fahsel, p. 321/322). Ebenso Augustinus: *De diversis quaestionibus ad Simplicianum*, I, 2, no. 16. Ed. Flasch (*Logik des Schreckens. Die Gnadenlehre von 397.* Lat.-dt., Mainz 1990), p. 200/202; cf. 20, p. 226.

64 »Ratio itaque, quod non ideo est iniustus Deus, est, quia sic voluit ac placuit ab eterno, et voluntatis eius nulla est lex nullumque debitum omnino. Voluntas libera, que nulli subiacet, non potest iniusta esse, cum sit impossibile eam esse iniustam, nisi contra legem aliquam faciat.« Luther: *Vorlesung über den Römerbrief 1515/1516*, p. 156. »Hoc enim vult efficere apud nos, ut in ea quae apparet inter electos et reprobos diversitate, mens nostra contenta sit, quod ita visum fuerit Deo, alios illuminare in salutem, alios in mortem excaecare: neque superiorem causam eius voluntate inquirat. Insistere enim debemus in istas particulas, Cuius vult, et Quem vult: ultra quas procedere nobis non permittit... Satan autem ipse, qui intus efficaciter agit, ita est eius minister, ut non nisi eius imperio agat.« Calvin: *Commentarius in Epistolam Pauli ad Romanos*, p. 209 (Ed. Weber, p. 194).

65 Besonders klar ist der Kommentar Calvins: »Ratio cur non debeat figmentum cum fictore suo contendere: quia fictor nihil facit nisi ex iure suo. Per vocem Potestatis non intelligit suppetere virtutem ac robur figulo ut pro libidine agat: sed optimo iure hanc facultatem ei competere. Neque enim vult Deo asserere potestatem aliquam inordinatam: sed quae merito illi sit deferenda« (p. 212; Ed. Weber p. 197). Beachte Luther, p. 154.

gründlichkeit des göttlichen Willens gebunden. Nur unter dieser Voraussetzung nämlich werden die Geschöpfe in der Lage sein, den Willen des Schöpfers in liebendem Gehorsam zu bejahen und die »Gefäße des Zorns« wie die »Gefäße der Barmherzigkeit« als Zeugnisse dessen wahrzunehmen, was Paulinisch die *Herrlichkeit, gloria, dóxa* Gottes genannt wird.[66]

Die Unergründlichkeit des göttlichen Willens reicht hin, um alle göttlichen Attribute zu verteidigen: die Barmherzigkeit, den Zorn und die Herrlichkeit, Gottes Allmacht und Allwissenheit, seine Güte und Gerechtigkeit. Doch sind in ihr nicht alle Attribute zugleich aufgehoben? Die Allmacht Gottes genügt, um jeden Widerspruch auszuräumen und jedes Wunder zuzulassen. Was indes kann noch als Wunder gelten, wo nichts mehr als unmöglich erscheint? Die Unergründlichkeit der Allmacht Gottes ist die einzige Voraussetzung, deren es bedarf, um die Möglichkeit der Offenbarung im ganzen zu begründen. Aber *was* muß in diesem Fall vorausgesetzt werden?[67]

Nicht nur für Carl Schmitt hängt zuletzt alles von der Frage ab, vor der er sich selbst Einhalt gebietet. Der Leitsatz des

---

66 Paulus: *Ad Romanos* IX, 11–23. »Atque ita tenacissime firmissimeque credatur id ipsum, quod deus cuius vult miseretur et quem vult obdurat, hoc est cuius vult miseretur et cuius non vult non miseretur, esse alicuius occultae atque ab humano modulo investigabilis aequitatis«. Augustinus: *De diversis quaestionibus ad Simplicianum*, I, 2, 16, p. 198; cf. p. 202 (aequitate occultissima et ab humanis sensibus remotissima iudicat), 212, 232 (ita occulta est haec electio, ut in eadem consparsione nobis prorsus apparere non possit), 238. Vergleiche Thomas von Aquin: »In quo datur intelligi quod homo non debet scrutari rationem divinorum judiciorum cum intentione comprehendendi, eo quod excedant rationem humanam« (caput IX, lectio 4, p. 139; Fahsel, p. 321). Calvin: »ac non potius suo silentio moneat, mysterium quod non capiunt mentes nostrae, reverenter adorandum, atque ita curiositatis humanae protervism compescat. Sciamus itaque Deum a loquendo non alium in finem supersedere, nisi quia immensam sapientiam suam modulo nostro comprehendi non posse videt« (p. 211; Ed. Weber, p. 196; cf. p. 204/205 u. 212; Ed. Weber, p. 191 u. 197). Luther, p. 168/170; beachte zu IX, 16: »Hic tamen moneo, ut in istis speculandis nullus irruat, qui nondum est purgate mentis, *ne cadat in barathrum horroris et desperationis*, sed prius purget oculos cordis in meditatione vulnerum Jhesu Christi« (p. 160, m. H.).
67 »Ich werde sein, was ich sein werde.« Exodus III, 14; cf. XXXIII, 19 u. Paulus: *Ad Romanos* IX, 15.

Tertullian *Wir sind zu etwas verpflichtet, nicht, weil es gut ist, sondern weil Gott es befiehlt* begleitet Schmitt über alle Wendungen und Wechselfälle seines langen Lebens hinweg.[68] In dem, was »der Jurist und Theologe Tertullian sagt«, findet ein Denken seinen prägnanten Ausdruck, in dessen Zentrum die Souveränität Gottes steht, ein Denken, das von der Souveränität Gottes ausgeht, um immer aufs neue zu ihr zurückzukehren.[69] Der berühmte Ausspruch Tertullians ruft die nicht weniger berühmte Frage in Erinnerung: will Gott das Gute, weil es gut ist, oder ist das Gute gut, weil Gott es will? mithin: hat das Gute ein Sein, das vom Willen Gottes unabhängig ist, oder nicht? und weiter: gibt es einen Maßstab, eine Ordnung, eine Notwendigkeit, wodurch dem Willen Gottes Schranken gesetzt sind, oder gibt es nichts dergleichen?

68 *PR*, erste Fassung (1919), p. 84; zweite Fassung (1925), p. 137; *DA* (1934), p. 25/26; *PT II* (1970), p. 115. 1919 und 1925 gibt Schmitt Tertullian im Originalwortlaut wieder: audaciam existimo de bono divi praecepti disputare, neque enim quia bonum est, idcirco auscultare debemus, sed quia deus praecipit. 1934 übersetzt er den Leitsatz selbst ins Deutsche: »Wir sind zu etwas verpflichtet, nicht, weil es gut ist, sondern weil Gott es befiehlt« und läßt den entsprechend verkürzten lateinischen Text in Klammern folgen. An keiner dieser Stellen teilt Schmitt indes die Quelle mit. Das Zitat entstammt Tertullians *De poenitentia*, IV (*Opera Omnia*, Ed. Migne, Paris 1866, I, 1344A) und findet seine Fortsetzung in einer Aussage, die Schmitts Politischer Theologie insgesamt als Motto dienen kann: »Ad exhibitionem obsequii, prior est majestas divinae potestatis: prior est auctoritas imperantis, quam utilitas servientis.«
69 Der protestantische Theologe Alfred de Quervain hat das mit größerer Selbstverständlichkeit wahrgenommen als der katholische Schriftsteller Hugo Ball, der einen Schritt eher einhielt und meinte, Schmitts Denken finde seine Orientierung an der Souveränität des Papstes. »Die Tendenz zum Absoluten, die ihn charakterisiert«, schreibt Ball über Schmitt, führt »in ihrer letzten Konsequenz nicht zu einer alles bedingenden Abstraktion, heiße sie Gott, Form, Autorität oder sonstwie, sondern zum Papste als der absoluten Person«. *Carl Schmitts Politische Theologie* in: Hochland, Juni 1924, p. 264; cf. p. 277, 278, 279, 284. Gott ist für Schmitt aber keine Abstraktion. Er teilt Hamanns Kritik an Kant (*BdP*, p. 89). Für de Quervain liegt »das Entscheidende« darin, »daß bei Schmitt die Selbstherrlichkeit der Moral und der Weltanschauung und der in sich gefestigten, sich selbst behauptenden Machtverhältnisse durchschaut wird. Hier wird die Erkenntnis von Gottes Souveränität nicht beiseite geschoben. Sie ist die Voraussetzung.« *Die theologischen Voraussetzungen der Politik. Grundlinien einer politischen Theologie.* Berlin 1931, p. 168; beachte p. 43, 63, 64, 70.

Schmitts Antwort unterliegt keinem Zweifel. In der Tat führt er Tertullians »klassische Formulierung« ursprünglich ein, um sie jedem Versuch entgegenzusetzen, der darauf hinzielt oder zum Ergebnis haben könnte, daß die Souveränität Gottes in irgendeiner Weise eingeschränkt wird: Der Wille Gottes darf weder durch die Ordnung der Natur begrenzt noch »mit Hilfe logischer Stringenz gezwungen«, noch »einem Gesetz unterworfen werden, wie die politischen Revolutionäre den Monarchen der volonté générale unterwerfen wollten«. Das ist der »Gegensatz«, den Tertullian »klassisch formuliert« hat.[70] Eineinhalb Jahrzehnte später ist Schmitt bestrebt, die Voraussetzung klarzustellen, an die Tertullians Diktum gebunden ist: »Der noch so unerforschliche Ratschluß eines persönlichen Gottes ist, *solange man an Gott glaubt*, immer bereits ›in Ordnung‹ und nicht reine Dezision.« Er könnte nur dann nicht immer schon »in Ordnung« sein, wenn Gott nicht Gott wäre, allmächtig, allgütig, unergründlich. Der Glaube an Gott, an den Gott der christlichen Offenbarung, entscheidet über Alles und Nichts.[71]

Der Glaube setzt der Ungewißheit ein Ende. Für den Glauben ist einzig die *Quelle* der Gewißheit, die *Herkunft* der Wahrheit ausschlaggebend.[72] Die Offenbarung verheißt einen

---

70 *PR* (1919), p. 84. In der zweiten Fassung ändert Schmitt die Stelle und fügt zwei Sätze ein, die seine Position noch schärfer bestimmen: »*Wie kommt die Philosophie dazu, fragte Fénelon, Gottes Autorität beschränken zu wollen? Es ist richtig, daß Gott auf solche Weise einer allgemeinen Ordnung unterworfen und daß der autoritäre Befehl und jede Aktivität unmöglich wird.* Hier liegt eine Analogie zu der Denkweise der politischen Revolutionäre, die den Monarchen der volonté générale zu unterwerfen suchten. Es ist der alte Gegensatz, für welchen Tertullian die klassische Formulierung gefunden hat: audaciam ...« *PR* (1925), p. 137 (m. H.). Zum locus classicus des Gegensatzes in Platons *Euthyphron* sei von philosophischer Seite auf den bereits erwähnten Aufsatz verwiesen, den Thomas L. Pangle 1989 unter dem Titel *On the »Euthyphron«* aus dem Nachlaß von Leo Strauss publizierte (FN 53).
71 *DA*, p. 26 (m. H.).
72 »Dieu d'Abraham, Dieu d'Isaac, Dieu de Jacob, non des philosophes et des savants. Certitude, certitude, sentiment, joie, paix. Dieu de Jésus-Christ.« Pascal: *Le Mémorial du 23 novembre 1654.* (*Œuvres complètes,*

so unerschütterlichen Schutz vor menschlicher Willkür, daß
das Nichtwissen demgegenüber als von untergeordneter Bedeutung erscheint. Auch dafür hat Tertullian, mit dem
Schmitt so vieles verbindet,[73] die klassische Formulierung gefunden: Praestat per Deum nescire, quia non revelaverit,
quam per hominem scire, quia ipse praesumpserit.[74] Das Gebot des unumschränkt regierenden Gottes setzt dem menschlichen Belieben ein Ende. Nicht in der Weise, in der Wissen
die Willkür beendet, das für alle verbindlich ist, die es selbst
erlangt haben. Vielmehr so, daß das geoffenbarte oder über-
lieferte Gebot vor die Entscheidung stellt zwischen Gehorsam
und Ungehorsam. Der »autoritäre Befehl« des göttlichen Souveräns bewirkt eine »Einteilung der Menschen«, eine »Abstandnahme«. Er schafft Ordnung durch Unterscheidung,
Gemeinsamkeit durch Trennung. Schmitts römischer Gewährs-

Ed. Mesnard, Paris 1991, III, p. 50.) Cf. Tertullian: *De carne Christi*, V (Migne, II, 805B–807B).
73 Die Gemeinsamkeiten reichen – wenn wir vom Wichtigsten absehen
und auch das Offenkundige beiseite lassen, auf das Schmitt selbst hinweist
– bis zu Besonderheiten ihrer Rhetorik und ihres Denkstils, die – mutatis
mutandis – den Interpreten des einen wie des anderen auffielen. Jan H.
Waszink schreibt in seiner Ausgabe von Tertullians *Über die Seele* (Zürich
u. München 1980, p. 316): »Da Tertullian in seinen überwiegend polemischen Schriften fortwährend seine Meinungen wechselt und diese stark von
der jeweiligen Situation bestimmen läßt, gibt es wenig ›feste Punkte‹ in seiner Glaubenslehre. Das setzt einer systematischen Entwicklung seiner Ge-
dankenwelt gewisse Grenzen.« Die wenigen »festen Punkte« sind deshalb
um nichts weniger »fest«, sondern im Gegenteil alles entscheidend. So
kann ein anderer Tertullian-Kenner erklären: »Daß bei dogmatischen Fragen Tertullians Auffassung im Kern dieselbe geblieben ist, nimmt nicht
wunder. Da es ihm nicht darum ging, in ruhiger Arbeit einmal gewonnene
Erkenntnisse zu vertiefen, sondern da er mit seinem Werk unmittelbar in
das Leben und in die geistigen Kämpfe seiner Zeit eingreifen wollte, hat er
das einmal entworfene Gedankengebäude zwar noch ausgebaut, aber nur
in einigen Punkten umgestaltet ... es hat in Tertullians Entwicklung keinen
Bruch gegeben.« Carl Becker in der Einleitung zu Tertullians *Apologeticum*.
Darmstadt 1984 (3. A.), p. 20. Vergleiche die Charakterisierung Tertullians
in Hans Blumenberg: *Die Legitimität der Neuzeit*. Frankfurt/Main 1966,
p. 283 (Neuausgabe 1988, p. 345), die Schmitt unter »die für mich wichtigsten Stellen des Buches« von Blumenberg rechnet (*PT II*, p. 115).
74 *De anima*, I, 6 (Migne, II, 689B). Cf. Blumenberg: *Die Legitimität der
Neuzeit*. Erneuerte Ausgabe, p. 349.

mann hatte eine klare Vorstellung von der Einteilung der Menschen, die sich aus dem göttlichen Befehl ergibt. Er weiß Christen und Empörer gegen Christus,[75] Rechtgläubige und Ketzer, er weiß die Freunde Gottes[76] und die Feinde Gottes[77] zu unterscheiden. Insbesondere weiß er um den tiefen Gegensatz, der ihn wie seine Nachfolger von den Philosophen trennt. Der politische Theologe, der der Frage nach dem Guten den Gehorsam entgegenstellt, hat den »alten Gegensatz« nicht nur der Sache nach »klassisch formuliert«, sondern ihm darüber hinaus in denkwürdiger Lakonik unmittelbar Ausdruck verliehen. »Was also hat Athen mit Jerusalem zu schaffen? Was die Akademie mit der Kirche? Was die Ketzer mit den Christen?« heißt es zu Beginn eines gleichfalls berühmten, wenn auch nicht des berühmtesten Wortes von Tertullian.[78] Die scharfe Trennung zwischen »dem Philosophen und dem Christen, dem Schüler Griechenlands und dem des Himmels« ist für das Denken Tertullians kennzeichnend. Die Opposition zu den »Erzvätern der Ketzer« ist direkter Ausfluß seines Credo.[79]

75 Christi rebelles. *De praescriptione haereticorum*, IV, 4 (Ed. Preuschen, p. 4; Migne, II, 18B).
76 Siehe dazu Peterson: *Der Gottesfreund. Beiträge zur Geschichte eines religiösen Terminus* in: Zeitschrift für Kirchengeschichte, N. F. IV, 1923, p. 161–202, insbes. p. 180ff., 194, 198 und S. 112f. mit FN 4.
77 Dei hostes. *Apologeticum*, XLVIII, 15 (Ed. Becker, p. 216; Migne, I, 595B).
78 »Quid ergo Athenis et Hierosolymis? Quid academiae et ecclesiae? Quid haereticis et Christianis? Nostra institutio de porticu Salomonis est, qui et ipse tradiderat dominum in simplicitate cordis esse quaerendum. Viderint qui Stoicum et Platonicum et dialecticum Christianismum protulerunt. Nobis curiositate opus non est post Christum Iesum, nec inquisitione post Evangelium. Cum credimus, nihil desideramus ultra credere. Hoc enim prius credimus, non esse, quod ultra credere debeamus.« *De praescriptione haereticorum*, VII, 9–13. (Ed. Preuschen, p. 7; Migne, II, 23B–24A.)
79 »Adeo quid simile philosophus et Christianus, Graeciae discipulus et caeli, famae negotiator et salutis (vitae), verborum et factorum operator, et rerum aedificator et destructor, amicus et inimicus erroris, veritatis interpolator et integrator et expressor, et furator eius et custos?« *Apologeticum*, XLVI, 18 (Ed. Becker, p. 206; Migne, I, 580A–581A). Haereticorum patriarchae philosophi: *Adversus Hermogenem*, VIII; *De anima*, III, 1 (Migne, II, 223C; II, 692A). Über Sokrates urteilt Tertullian: »Adeo omnis illa tunc sapientia Socratis de industria venerat consultae aequanimitatis, non de fidu-

Im Falle Schmitts liegen die Dinge nicht anders. Zwar trennen den vorkonstantinischen Kirchenlehrer aus Nordafrika und den christlichen Epimetheus im nachreformatorischen Mitteleuropa siebzehn Jahrhunderte einer wechselvollen Geschichte des Verhältnisses von Theologie und Philosophie, einer Geschichte der Abwehr und des Austauschs, der Herrschaft und der Dienstbarkeit, der Auflehnung und der Anpassung. Doch kein geschichtliches Ereignis vermag die Ordnung der Dinge außer Kraft zu setzen, und keine noch so erfolgreiche historische Akkommodation ist imstande, einen prinzipiellen Gegensatz aufzuheben. Ein politischer Theologe, der als geschichtlich Handelnder in die politisch-theologischen Kämpfe der Gegenwart eingreifen und seine Begriffe, Theorien, Konzeptionen »mit vollem Bewußtsein in die Waagschale der Zeit« werfen will,[80] muß seine Strategie und Rhetorik den sich wandelnden geschichtlichen Gegebenheiten anpassen. Wenn er sich aber als politischer Theologe begreifen will, wird er nicht umhin können, den »alten Gegensatz« ins Auge zu fassen, und sich daran, unbeschadet allen geschichtlichen Wandels, des eigenen Standorts vergewissern. Schmitts Opposition zu den Philosophen und dem philosophischen Leben tritt nicht nur indirekt oder in verhüllter Form zutage. Schmitt läßt es nicht dabei bewenden, mit der Stimme Tertullians zu sprechen oder mit dem Bischof Fénelon zu fragen, wie die Philosophie dazu komme, Gottes Autorität beschränken zu wollen. Er greift die Philosophen auch nicht bloß versteckt an, indem er scheinbar andere Gegner ins Visier nimmt. Etwa, wenn er über Donoso Cortés, abermals einen nahen Geistesverwandten, bemerkt, kein »russischer Anarchist« habe die »Behauptung, ›der Mensch ist gut‹, mit solcher elementaren Überzeugung ausgesprochen, wie der spa-

cia compertae veritatis. Cui enim veritas comperta sine Deo? cui Deus cognitus sine Christo? cui Christus exploratus sine Spiritu sancto? cui Spiritus sanctus accomodatus sine fidei sacramento? Sane Socrates facilius diverso spiritu agebatur.« *De anima*, I, 4 (Migne, II, 688A).
80 *VA*, p. 8.

nische Katholik die Antwort: Woher weiß er, daß er gut ist, wenn Gott es ihm nicht gesagt hat?«[81] Im eigenen Namen erklärt Schmitt an prominentem Ort: »Für die stärkste und folgenreichste aller geistigen Wendungen der europäischen Geschichte halte ich den Schritt, den das 17. Jahrhundert von der überlieferten christlichen Theologie zum System einer ›natürlichen‹ Wissenschaftlichkeit getan hat.« Und er läßt keine Unklarheit aufkommen, was insonderheit er unter die Folgen dieses Schrittes rechnet: »Die in vielen Jahrhunderten theologischen Denkens herausgearbeiteten Begriffe werden jetzt uninteressant und Privatsache. Gott selbst wird in der Metaphysik des Deismus im 18. Jahrhundert aus der Welt herausgesetzt und gegenüber den Kämpfen und Gegensätzen des wirklichen Lebens zu einer neutralen Instanz; er wird, wie Hamann gegen Kant gesagt hat, ein Begriff und hört auf, ein Wesen zu sein.«[82] Die »stärkste und folgenreichste aller geistigen Wendungen der europäischen Geschichte«, mit der er die »Stufenfolge« der neuzeitlichen Neutralisierungen und Entpolitisierungen beginnen läßt, bezeichnet für Schmitt die Abkehr vom Glauben an die partikulare Providenz, an den unumschränkt regierenden Gott.[83] Sie läßt sich, was immer im einzelnen zu der »historisch konkreten Lage« zu sagen sein mag, die diese Wendung heraufbeschwor, auf jenen Gegensatz zurückführen, »für welchen Tertullian die klassische Formulierung gefunden hat«. Der unverstellte Blick auf den

81 *PT*, p. 52 (74).
82 *Das Zeitalter der Neutralisierungen und Entpolitisierungen* in: *BdP*, p. 88/89. Cf. den Wortlaut der Erstfassung *Die europäische Kultur in Zwischenstadien der Neutralisierung* in: Europäische Revue, 5. Jg., 8. H., November 1929, p. 524/525.
83 *PT*, p. 37, 44 (49, 62). Über Joseph de Maistre sagt Schmitt, er »sieht, noch ganz mit den Vorstellungen der Theologie des klassischen Zeitalters, den einzelnen Menschen in seiner Bedeutungslosigkeit vor der überweltlichen providentiellen Macht, die uns regiert«. Über die Theologie, auf die sich Maistre stützen kann, erfahren wir an anderer Stelle: »in der katholischen Kirche und ihrer Theologie waren in einem Jahrtausend geistiger Arbeit alle menschlichen Probleme in der höchsten Form, die sie haben können, nämlich theologisch, erörtert« (*PR*, p. 154, 182).

grundlegenden Gegensatz, aus dem alles weitere folgt, bewahrt vor der irrigen Meinung, als sei Schmitts Opposition »epochengebunden«, als sei sie an die geschichtliche Entwicklung geknüpft, die mit dem 17. Jahrhundert einsetzte,[84] als sei sie lediglich gegen die moderne Philosophie gerichtet. Für Sokrates ist in Schmitts Denken noch weniger Raum als für Nietzsche. Platon oder Xenophon, Aristoteles oder Cicero kommen bestenfalls als »Rechtslehrer« eines längst vergangenen Äons oder als Urheber von historischem Anschauungsmaterial in Betracht, an dem die »Entwicklung konkreter Begriffe aus der Immanenz einer konkreten Rechts- und Gesellschaftsordnung« exemplifiziert werden kann.[85] Als Repräsentanten des philosophischen Lebens werden sie mit beredtem Schweigen übergangen. Auf eine Auseinandersetzung mit ihrem eigenen Wahrheitsanspruch läßt sich Schmitt auch nicht ansatzweise ein. Allerdings kann nur gegen die modernen und die mittelalterlichen Philosophen der Vorwurf erhoben werden, sie seien von der geoffenbarten Wahrheit des Glaubens abgefallen. Mit ihm gewinnt Schmitts Attacke gegen den »Atheismus« und »Nihilismus« der Philosophen eine andere Qualität, desgleichen seine Einrede, sie machten sich der »Ich-Verpanzerung« und der »Neutralisierung« schuldig, mit einem Wort: sie verschlössen sich gegen den Anruf des Herrn der Geschichte. Entsprechend verschärft sich der Ton gegenüber Philosophen des »christlichen Äons«. Unüberhörbar etwa in den Ausbrüchen gegen Nietzsche, der schon früh als ein »Hohepriester« und »Schlachtopfer« des »privaten Priestertums« in Acht und Bann getan wird, aber keineswegs auf sie beschränkt.[86] In seinem Nachlaßwerk *Glossarium* gibt

---

84 Im *Nomos der Erde* beginnt der allmähliche Verfall des »Wissens um den Sinn der christlichen Geschichte« im 13. Jahrhundert. »Die großen philosophischen Systeme haben auch hier den konkreten Geschichtssinn aufgehoben und die geschichtlichen Kreaturierungen des Kampfes gegen Heiden und Ungläubige in neutrale Generalisierungen aufgelöst« (p. 33).
85 *NdE*, p. 37; *VA*, p. 427, 502.
86 *PR*, p. 27. Zu Nietzsche s. *DC*, p. 107, 109; *Drei Möglichkeiten*, p. 930; *VA*, p. 428, 429; *G*, p. 87, 91, 163.

Schmitt die Zurückhaltung, die er in den veröffentlichten Schriften noch wahrt, vollends auf. Der Angriff auf die Philosophie und die Philosophen wird hier zu einem Leitmotiv, dessen Variationen vom herablassenden Spott bis zur barschen Zurechtweisung reichen.[87] Seinen Höhepunkt hat er in der Anklage Spinozas: »Die dreisteste Beleidigung, die jemals Gott und den Menschen zugefügt worden ist und die alle Flüche der Synagoge rechtfertigt, liegt in dem ›sive‹ der Formel: Deus sive Natura.«[88] Die Gleichsetzung von Gott und Natur scheint die »Entgegensetzung von Nomos und Physis«, in der Schmitt bereits ein Werk der »Zerstörung« erkennt,[89] an Ungeheuerlichkeit bei weitem zu übertreffen. Und doch kommt in jener Gleichsetzung nur zu seinem Ende, was in dieser Entgegensetzung seinen Anfang nimmt. Zwischen der Identifizierung des Deus sive Natura und der Unterscheidung von Physis und Nomos, mit der die Philosophie beginnt,[90] hält der Satz von der natürlichen Güte gewissermaßen die Mitte. Er wird von Schmitt, wie selbst der oberflächlichste Leser feststellen kann, mit besonderer Beharrlichkeit bekämpft. Um so bemerkenswerter muß es erscheinen, daß Schmitt am wichtigsten Ort seiner Attacke gegen den »Glauben an die ›natürliche Güte‹« den Namen des Philosophen, mit dem die Vorstellung vom natürlichen Gutsein des Menschen mehr verbunden ist als mit dem jedes anderen, nicht ein einziges Mal erwähnt. Jean-Jacques Rousseau bleibt im Kapitel zur »Anthropologie« des *Begriffs des Politischen* ungenannt. Mit gutem Grund, denn Rousseau taugt in keiner Weise zum Eideshelfer bei Schmitts Versuch, die – bewußte oder unbewußte – Übereinstimmung mit dem Erbsündendogma zur notwendi-

---

87 »Cogito ergo sum – sum, sum, sum, Bienchen summ herum« (*G*, p. 58). »Eine Philosophie des Willens zur Macht aber ist der Gipfel miserabelster Geschmacklosigkeit und existenzieller Dummheit« (p. 49). Cf. *G*, p. 46, 89, 165, 210–212.
88 *G*, p. 28; s. p. 60, 84, 86, 141, 276.
89 *NdE*, p. 38, 40.
90 Zur Entdeckung der Natur als Beginn der Philosophie s. Strauss: *Natural Right and History*, p. 81–95, insbes. p. 90/91.

gen Voraussetzung »aller echten politischen Theorien« zu erheben. Wie vermöchte Schmitt ernsthaft zu bestreiten, daß der Genfer der Urheber einer »echten politischen Theorie« war?[91] Andererseits ist Rousseau der wirkliche Antipode Schmitts im »Anthropologie«-Kapitel, denn Rousseau stellt das natürliche Gutsein des Menschen en pleine connaissance de cause gegen die Lehre vom Sündenfall und der Erbsünde. Das Gutsein, das hier in Rede steht, hat freilich weder mit der romantischen Sentimentalität eines verlorenen Paradieses noch mit der selbstvergessenen Phantasmagorie einer in der Zukunft liegenden Idylle allgemeiner Friedfertigkeit und Menschenfreundlichkeit etwas zu schaffen. Sein harter Kern ist die natürliche Fähigkeit zur Selbstgenügsamkeit: Was den Menschen *gut* sein läßt, ist die Bewahrung seiner fundamentalen Unabhängigkeit, die Verwirklichung des Beisichselbstseins, die zu erreichen ihm seine Natur grundsätzlich erlaubt. In diesem Gutsein – und nicht in einem diffusen »Glauben« an die »natürliche Güte« – hat das »theologische Grunddogma von der Sündhaftigkeit der Welt und der Menschen« seinen wahren Gegenbegriff und festen Widerhalt. Aber Rousseau spricht nicht nur vom natürlichen Gutsein des Menschen.[92] Er hat auch den Ausdruck »natürliche Güte« geprägt, und zwar in derjenigen Schrift, in der die Prinzipien seiner Philosophie nach Rousseaus eigenem Urteil »mit der

91 Als Alternative bliebe nur, die Tatsachen so umzubiegen, daß sie der Doktrin genügen. Diesen Weg hatte Schmitt in der *Politischen Theologie* eingeschlagen, als er unter Berufung auf den Baron Seillière die Behauptung aufstellte, im *Contrat social* sei »der Mensch noch keineswegs von Natur gut; erst in Rousseaus spätern Romanen entfaltet sich, wie Seillière vortrefflich nachgewiesen hat, die berühmte ›rousseauistische‹ These vom guten Menschen« (p. 51/73). An dieser Aussage ist alles falsch. Angefangen bei der Chronologie der Schriften, auf die sich Schmitt bezieht, denn die beiden einzigen »Romane«, die Rousseau veröffentlichte, die *Nouvelle Heloïse* und der *Emile* – wenn man auch ihn einen »Roman« nennen will –, wurden vor bzw. gleichzeitig mit dem *Contrat social*, nämlich 1761 und 1762, publiziert, und der *Discours sur l'inégalité* erschien bereits 1755.
92 Rousseau: *Discours sur l'inégalité*, Note IX, Kritische Edition, p. 300; beachte die Hinweise und Erläuterungen, die p. 300/301n.368 gegeben werden.

größten Kühnheit, um nicht zu sagen Verwegenheit zu erkennen gegeben sind«.[93] Im *Discours sur l'inégalité*, in dem Rousseau die Voraussetzungen der Politischen Theologie einer weitreichenden Kritik unterzieht,[94] hat die »natürliche Güte« ihren ersten und für alles weitere entscheidenden Auftritt in Gestalt der Maxime: *Sorge für dein Wohl mit dem geringstmöglichen Schaden für andere*. Rousseau führt sie als »maxime de bonté naturelle« ein, um sie an die Stelle einer Maxime zu setzen, die er »cette maxime sublime de justice raisonnée« nennt, während sie gemeinhin als eines der zentralen Gebote der Bergpredigt bekannt ist: *Tue anderen, wie du willst, daß man dir tue.*[95] Wie man sieht, besitzt selbst die natürliche Güte einen harten Kern und der Begriff wird von Rousseau politisch gezielt verwendet. Umgekehrt wird man Schmitt nicht absprechen können, daß er sich seine Feinde mit sicherem Gespür wählt. Auch dann, wenn er sie nicht wirklich kennt.[96]

Schmitt ergreift gegen Nietzsche und für den »protestantischen Theologen« Kierkegaard Partei. Er hält dem erklärten Anti-Christen den »innerlichsten aller Christen« entgegen.[97]

---

93 *Les confessions*, IX, *Œuvres complètes*, I, p. 407.
94 *Discours sur l'inégalité*, p. XXXIIff., LXV, 70ff., 104, 168, 270, 318ff., 386ff.
95 *Discours sur l'inégalité*, p. 150 mit n. 187 u. 188.
96 In den letzten beiden Jahrzehnten seines Lebens sah Schmitt Rousseau in einem günstigeren Licht. Er stand jetzt unter dem Eindruck der Autorität des katholischen Historikers und Literaten Henri Guillemin, die ihm versicherte, Rousseau sei Christ gewesen und Voltaire habe dem Genfer deshalb nach dem Leben getrachtet. Zu Rousseaus 250. Geburtstag läßt Schmitt unter der Überschrift *Dem wahren Johann Jakob Rousseau* auf der Titelseite der Zürcher Woche (29. 6. 1962) einen Artikel erscheinen, der Sympathie für den Verfolgten bekundet: »Bei dem Wort ›letzter Mensch‹ denke ich sofort an Jean-Jacques Rousseau, den verzweifelten Einzelgänger in einer überzivilisierten Welt, das verfolgte und im Verfolgungswahnsinn endende Individuum, das den Widerstand gegen eine glanzvolle und übermächtige Zivilisation gewagt hat, fortschrittsfeindlich mitten im Strom der Aufklärung und ihres damals noch ungebrochenen Fortschrittsglaubens.«
97 *PT*, p. 15 (22); *Die Sichtbarkeit der Kirche*, p. 75. Das *Nachwort* zu seiner Ausgabe von Johann Arnold Kanne: *Aus meinem Leben* (Berlin 1919, Neudruck 1940) beschließt Schmitt mit einer Eloge auf Kierkegaard, »der wie ein neuer Kirchenvater die ewig gleiche Wahrheit seinem Zeitalter von

Gegen Heidegger bietet er den katholischen Geschichtstheologen Konrad Weiss auf.[98] In der grundsätzlichsten Parteinahme folgt er ohne Schwanken jener Scheidelinie, die zwischen den politischen Philosophen von Sokrates bis Strauss, von Platon bis Rousseau einerseits und den politischen Theologen von Tertullian bis Donoso Cortés, von Augustin bis Calvin andererseits verläuft. So steht außer Frage, daß ihn von Hegel in der wichtigsten Rücksicht ungleich mehr trennt als von dem später über alle Maßen geschmähten Friedrich Julius Stahl,[99]

neuem artikulierte« (p. 68). Es ist eine unter mehreren ähnlichen Charakterisierungen (z.B. *PR*, p. 97; *DC*, p. 101/102, 106/107). Im *Glossarium* nennt Schmitt Kierkegaard »un chrétien véritable authentique, un père de l'église invisible, qui reste le père et le grand maître et la source authentique de tout existentialisme; et l'existentialisme de Kierkegaard est encore plus profondément chrétien que celui de Heidegger est athéiste« (p. 80; cf. p. 22, 71, 151, 158, 179).

98 *G*, p. 83; cf. p. 80, 111, 151, 168, 220, 236, 275. Mehr und Wichtigeres als aus den ungezählten Abhandlungen, die Schmitt und Heidegger in einem Atemzug nennen, ist zu Schmitts Haltung gegenüber dem solitären Schwarzwälder der folgenden Notiz vom 24. 4. 1949 zu entnehmen: »Ich kenne den Psalm und lese in der Bibel: ›Der Herr ist mein Hirt, mir wird nichts mangeln‹. Ich kenne die moderne Philosophie und lese bei Heidegger: Der Mensch ist der Hirt (des Seins)« (p. 232). Beachte Strauss: *Liberalism Ancient and Modern*, p. 234/235, 236/237, 256.

99 Vor 1933 stellt Schmitt den politischen Theologen noch in die Reihe der Theoretiker, denen er sich besonders nahe weiß (*BdP*, p. 64; cf. *D*, p. 9; *PT*, p. 39, 40, 45, 53 [53, 56, 64, 77]), und im direkten Vergleich mit Hegel attestiert er ihm eine Einsicht, die mit seiner eigenen Auffassung in bemerkenswerter Weise übereinstimmt: »zu dem alten Gott der christlichen Metaphysik führte, trotz der reaktionären Elemente und trotz der christologischen Terminologie Hegels, [bei Hegel und den Hegelianern] nichts mehr zurück, und Stahl bewies seine Überlegenheit dadurch, daß er den Hegelianismus mit Sicherheit als den Feind des auf christlicher Grundlage bestehenden Alten erkannte und von der Philosophie Schellings ausging, die seit 1809 zur Anerkennung eines persönlichen Gottes zurückgekehrt war. Stahl war kein Romantiker« (*PR*, p. 95; cf. p. 82n., 95n.1). Zu Hegel siehe Kapitel I, S. 32f. mit FN 40 u. 42. Nach dem Erscheinen der *Introduction à la lecture de Hegel* findet sich Schmitt in seiner Einschätzung von Hegels Atheismus durch die Autorität Kojèves bestätigt. Am 9. Mai 1955 schreibt er dem Philosophen in Paris: »Alles Entscheidende steht auf Seite 215 Ihrer Introduction à la lecture de Hegel ... Viele haben Hegel als ›Atheisten‹ bezeichnet, und wir kennen ja alle Bruno Bauers witzige ›Posaune des jüngsten Gerichts‹. Aber diese Ihre Stelle auf Seite 215 müsste die ganze bisherige Philosophie verändern, wenn die Philosophen, die im Zuge der akademischen Arbeitsteilung heute das legale Recht auf die Firma ›Philosophie‹ ver-

oder daß ihn mit einem politischen Philosophen vom Range Spinozas unendlich viel weniger verbindet als mit einem politischen Theologen vom Zuschnitt Joseph de Maistres. Schmitts Gegensatz zu den politischen Philosophen im prägnanten Sinne des Begriffs ist durchgängig und im einzelnen unschwer zu erkennen.[100] Einzig für Thomas Hobbes scheint sich ein abweichendes Bild zu ergeben. Schmitt rühmt den Verfasser des *Leviathan* nicht nur als »echten Lehrer«, als den ein politischer Theologe einen politischen Philosophen wie ein politischer Philosoph einen politischen Theologen schätzen und anerkennen kann, ohne daß deshalb einer von beiden die Differenz aus dem Auge verlieren müßte, die ihn im Wichtigsten vom anderen trennt. Er nennt den »einsamen Philosophen von Malmesbury« zuzeiten emphatisch einen »Bruder« und, nach Anrufung des gekreuzigten Gottes, seinen »Freund«, für dessen Seele zu beten er sich nicht verwehren lasse.[101] Freunde, Schüler und Bewunderer Schmitts haben ihrerseits die Gemeinsamkeiten betont, die sie bei Hobbes und Schmitt wahrzunehmen glaubten. Man ist schließlich soweit gegangen, Schmitt zum »deutschen Hobbes des 20. Jahrhunderts« zu erklären.[102] Sollten wir in Schmitts Verhältnis zu Hobbes auf das Eine Gegenbeispiel von Gewicht gestoßen sein, nach dem eine sorgfältige Interpretation Aus-

walten, Sie wirklich vernommen hätten.« Seine Distanz zu der Hegel-Kojèveschen Position der »Selbstvergottung des Menschen« klarstellend, fährt Schmitt fort: »Ich bin aber nicht Ihrer Meinung, dass das ›Nehmen‹ seit Napoleon aufgehört habe, und dass heute nur noch produziert (geweidet) werde. Es wird nur mehr ausgeweidet. Der irdische Gott, der nur noch gibt und nicht mehr nimmt, weil er aus dem Nichts schafft, schafft vor allem erst einmal das Nichts, aus dem er schafft d. h. nimmt.«
100 Dem widerspricht in keiner Weise, daß Schmitt etwa in seiner *Verfassungslehre* auf Konzepte Rousseaus zurückgreift oder daß er im Zusammenhang seiner Erwägungen über die Bedeutung von Land und Meer für den Gang der Weltgeschichte einen Paragraphen aus Hegels *Grundlinien der Philosophie des Rechts* zur Entfaltung bringen will.
101 *Der Leviathan in der Staatslehre des Thomas Hobbes.* Hamburg 1938, p. 5, 125, 132; *ECS*, p. 61, 64, 67; cf. p. 68, 75, 78, 89.
102 Helmut Schelsky: *Thomas Hobbes. Eine politische Lehre.* Berlin 1981, p. 5.

schau halten muß?[103] Oder wäre es möglich, daß wir in ihm die Ausnahme gefunden haben, gegen die das Normale nichts beweist, während die Ausnahme alles beweist? Und gesetzt, wir hätten sie gefunden, um was für eine Ausnahme handelte es sich genau? Sicher ist, daß kein anderer Philosoph in Schmitts Œuvre von der ersten bis zur zweiten *Politischen Theologie* ähnlich präsent ist. Ebenso sicher ist, daß Schmitts Urteil über keinen anderen Philosophen vergleichbaren Schwankungen unterworfen und insgesamt durch eine so tiefe Ambivalenz gekennzeichnet ist. Gründe genug, Schmitts Verhältnis zu Hobbes näher zu betrachten.

Das wichtigste Zeugnis seiner Auseinandersetzung mit Hobbes hat Schmitt unter dem Titel *Der Leviathan in der Staatslehre des Thomas Hobbes. Sinn und Fehlschlag eines politischen Symbols* vorgelegt. Der schmale Band nimmt im Corpus der Schmittschen Schriften in mehrfacher Hinsicht eine Sonderstellung ein. Wenige Wochen nach Hobbes' 350.

103 Niccolò Machiavelli scheidet als mögliches Gegenbeispiel aus, da Schmitt ihn als Philosophen nicht wahrgenommen hat. Was Schmitt über den »armen Florentiner Humanisten« (*L*, p. 128) zu sagen weiß, nach dessen Landsitz er sein Haus in der Plettenberger Zurückgezogenheit benennen wird, verbleibt in jeder Hinsicht im Rahmen des Konventionellen. In einem Zeitungsartikel zum 400. Todestag schreibt Schmitt, Machiavelli sei »weder ein großer Staatsmann noch ein großer Theoretiker« gewesen. »Die letzten vierzehn Jahre seines Lebens verbrachte er in der Verbannung auf dem Lande, in einem kleinen Haus an der Straße von Florenz nach Rom, mit den Beschäftigungen eines kleinbäuerlichen Rentners und im ganzen als ein armer Teufel, der sich vergebens bemühte, wieder in die politische Karriere zu kommen. Das ist die Situation, in der die beiden politischen Schriften entstanden, die ihn weltberühmt gemacht haben« (Kölnische Volkszeitung, 21. 6. 1927). Schmitt sieht in Machiavelli den Patrioten, den Moralisten und den Techniker. Er schätzt seine »Ehrlichkeit« und betont, daß der Autor des *Principe* kein Machiavellist gewesen sei. Schon »eine Staatstheorie« mag er ihm indes nicht zubilligen, und noch viel weniger erkennt er in ihm einen politischen Philosophen, mit dem er sich im Ernst auseinanderzusetzen hätte (cf. *D*, p. 6–10; *GLP*, p. 89; *BdP*, p. 65; *L*, p. 78, 128/129; *G*, p. 49, 55). Auf welchem Niveau eine solche Auseinandersetzung im besten Fall geführt werden kann, hat Leo Strauss mit seinem Buch *Thoughts on Machiavelli* (Glencoe, Ill. 1958) und mit dem nicht weniger erstaunlichen Aufsatz über Machiavelli in der von ihm und Joseph Cropsey herausgegebenen *History of Political Philosophy* gezeigt (2. Ausgabe, Chicago 1972, p. 271–292; 3. Ausgabe, Chicago 1987, p. 296–317).

und pünktlich zu Schmitts 50. Geburtstag erschienen, auf den das Vorwort »Berlin, den 11. Juli 1938« vordatiert ist, handelt es sich um das erste und neben der späteren Aufsatzsammlung *Donoso Cortés in gesamteuropäischer Interpretation* einzige Buch, das Schmitt über einen anderen politischen Theoretiker veröffentlichte. Zugleich ist es ein Buch, in dem Schmitt wesentlich von sich selbst spricht, vielfach verhüllt, voller Anspielungen und verschlüsselter Hinweise, deshalb um nichts weniger Einblick gewährend, im Entscheidenden e contrario argumentierend, die eigene Position durch Vergleich, Kontrast und Widerspruch bestimmend. Ein Buch also über Hobbes *und* Schmitt, »im Schatten« eines politischen Symbols und biblischen Schreckbildes von unheimlicher Aktualität für die Zeitgenossen. Vor allem aber ein Traktat, in dem Politik und Religion wie sonst nirgendwo bei Schmitt aufeinandertreffen und sich kreuzen oder, wenn man der Mehrzahl der Interpreten Glauben schenken wollte, einander durchkreuzen. Nächst dem *Begriff des Politischen*, der *Politischen Theologie* und der *Politischen Theologie II* wird *Der Leviathan in der Staatslehre des Thomas Hobbes* so zum Prüfstein jeder Auseinandersetzung, die auf das Zentrum und den Zusammenhang von Schmitts Denken zielt. Das Buch, das mit dem Wort »Hobbes« beginnt und mit dem Wort »Hobbes« endet, kreist um den im buchstäblichen Sinne zentralen Satz: »Aber der Gedanke des Staates als eines technisch vollendeten, von Menschen geschaffenen *magnum artificium*, als einer ihr ›Recht‹ und ihre ›Wahrheit‹ nur in sich selbst, nämlich in der Leistung und in der Funktion findenden Maschine, wurde zuerst von Hobbes erfaßt und als klarer Begriff systematisch gestaltet.«[104] Der Satz markiert knapp und präzise die Schlüsselrolle, die Schmitt Hobbes beim »entscheidenden ersten Schritt« auf dem Weg zu der »grundsätzlichen, in der Technisierung gipfelnden Neutralisierung jeder Wahrheit« zu-

---

104 *L*, p. 70. Es ist der zentrale Satz des zentralen Absatzes des zentralen Kapitels des Buches.

schreibt.[105] Sein »Aber« resümiert den zentralen Gegenstand der politisch-theologischen Kritik, die Schmitt in der ersten Hälfte des Buches an Hobbes entwickelt, um ihr in der zweiten Hälfte eine dramatische, über Hobbes weit hinausreichende Wendung zu geben. Die politisch-theologische Kritik an Hobbes war für Schmitt spätestens seit seinem Dialog mit Strauss über den Begriff des Politischen überfällig, und der 1937 publizierte Aufsatz *Der Staat als Mechanismus bei Hobbes und Descartes* stellte den ersten Versuch dar, sie zumindest teilweise nachzuholen. In der ersten Hälfte des *Leviathan*, in welcher der Aufsatz von 1937 größtenteils Aufnahme gefunden hat, bringt Schmitt seine Kritik nach drei Seiten hin zur Entfaltung: Einmal betrifft sie die »ganz individualistisch« aufgefaßte Vertragskonstruktion des »von Menschen hergestellten Kunstproduktes« Staat, das Hobbes einen »sterblichen Gott« nennt; zum anderen richtet sie sich gegen die »ihr ›Recht‹ und ihre ›Wahrheit‹ nur in sich selbst findende Maschine«, deren Endergebnis »ein riesenhafter Mechanismus im Dienst der Sicherung des diesseitigen physischen Daseins der von ihm beherrschten und beschützten Menschen« sein wird; schließlich gilt sie dem Symbol, das Hobbes für »das erste Produkt des technischen Zeitalters« wählte, dem fatalen Mißgriff des Aufklärers, »das große Tier« und alle Kräfte, die von alters her mit ihm verbunden sind, »heraufzubeschwören«.[106] Sie richtet sich also gegen jede der »drei verschiedenen, miteinander nicht in Einklang zu bringenden Vorstellungen«, die Hobbes nach Schmitts Urteil von seinem »Gott« verwendet: »Im Vordergrund steht auffällig das berüchtigte mythische Bild vom *Leviathan*«, heißt es in der anfänglichen Exposition der Kritik. »Daneben dient eine juristi-

---

105 *L*, p. 64, 65.
106 *L*, p. 9, 51, 52/53, 54, 123; *Der Staat als Mechanismus bei Hobbes und Descartes* in: Archiv für Rechts- und Sozialphilosophie, Bd. 30, H. 4, 1937, p. 628, 629, 630 (seitenidentisch, aber mit abweichender Paginierung zugleich in: Dem Gedächtnis an René Descartes. 300 Jahre Discours de la Méthode. Erinnerungsgabe der Internationalen Vereinigung für Rechts- und Sozialphilosophie. Berlin 1937, p. 164, 165, 166).

sche Vertragskonstruktion dazu, eine durch Repräsentation zustande kommende souveräne *Person* zu erklären. Außerdem überträgt Hobbes – und das scheint mir der Kern seiner Staatsphilosophie zu sein – die cartesianische Vorstellung vom Menschen als einem *Mechanismus mit einer Seele* auf den ›großen Menschen‹, den Staat, den er zu einer von der souverän-repräsentativen Person beseelten Maschine macht.«[107] In allen drei Rücksichten ist die Stoßrichtung von Schmitts Kritik eine *wesentlich politisch-theologische*, und in allen dreien nimmt sie Hobbes als *Philosophen* ins Visier.

Es mag auf den ersten Blick verwundern, daß Schmitts politisch-theologische Kritik nicht nur die Vorstellung des mythischen Bildes und der Maschine, sondern auch die der juristischen Vertragskonstruktion betrifft, die Hobbes dazu dient, das Zustandekommen einer souveränen Person durch Repräsentation zu erklären. War die Ausrichtung des Hobbesschen Denkens an der Entscheidung der souveränen Person, waren sein Personalismus und der an ihn gebundene Dezisionismus nicht Schmitts große Entdeckung seit der *Politischen Theologie* von 1922? Reichten Hobbes' Personalismus und Dezisionismus nicht aus, um dem »juristischen Denker« mit einer solchen Hochschätzung zu begegnen, daß der »Philosoph und naturwissenschaftliche Denker« demgegenüber während mehr als eines Jahrzehnts Schmitts Nachsicht gewiß sein konnte?[108] Tatsächlich bleibt Hobbes' Personalismus 1938 nicht außer acht, aber er wird in einen neuen Zusammenhang gestellt und neu bewertet. Schmitt hebt hervor, daß die souverän-repräsentative Person, die für Hobbes »der alleinige Garant des Friedens« ist, »nicht durch, sondern nur anläßlich des Konsenses zustandekommt«, der im Sozialvertrag seinen Niederschlag findet. Aus Hobbes' juristischer Vertragskonstruktion folgt, daß die souverän-repräsentative Person »unverhältnismäßig mehr« ist, »als die summierte Kraft aller

---

107 *Der Staat als Mechanismus,* p. 624 (160); cf. *L,* p. 48/49.
108 *PT,* p. 32/33 (44–46); cf. p. 43 (61).

beteiligten Einzelwillen bewirken könnte«. Die »angehäufte Angst der um ihr Leben zitternden Individuen«, so erfahren wir, »beschwört den neuen Gott mehr, als daß sie ihn schafft«, und was nicht *geschaffen*, sondern nur *beschworen* werden kann, scheint die Überlegenheit der Transzendenz zu behalten: »Insofern ist der neue Gott gegenüber allen einzelnen Vertragspartnern und auch gegenüber ihrer Summe *transzendent*, freilich«, setzt der politische Theologe hinzu, »*nur in einem juristischen, nicht in einem metaphysischen Sinne.*«[109] Eine bloß juristische »Transzendenz« genügt aber in keiner Weise, um die grundsätzliche Überlegenheit des Souveräns zu gewährleisten, die ihm in den Augen Schmitts zukommen muß und die ihm allein als dem Repräsentanten einer höheren, menschliche Schöpferkraft und Verfügungsmacht übersteigenden Autorität zukommen kann. Die juristische bedarf der metaphysischen Transzendenz. Die autoritäre Herrschaft ist auf eine metaphysische Begründung angewiesen.[110] Zu einer solchen Begründung war Hobbes

109 *L*, p. 52 (m. H.).
110 Gogarten variiert das Thema aus Schmitts *Politischer Theologie* folgendermaßen: »Staatliche Gewalt und volkliches Recht werden ... im Kern zerstört, wenn sie ihre Legitimation von der säkularisierten religiös-autonomen Persönlichkeit empfangen. Sollen sie wirkliche Gewalt und wirkliches Recht sein gegenüber dem Menschen, so müssen sie ihre Legitimation von eben derselben Macht empfangen, der der Mensch in seinem innersten Wesen und in seinem eigentlichen Sein untertan ist.« »Die Anwendung säkularisierter theologischer Begriffe in der Staatslehre bedeutet, daß der Staat nicht mehr ... vom Souverän transzendiert wird, sondern *an die Stelle des Souveräns tritt der Staat selbst*. Das heißt aber faktisch, *das Volk wird zum Souverän*. Genau so, wie in der Theologie selbst bei der Säkularisierung ihrer Begriffe die Menschheit in irgendeiner Form ... an die Stelle Gottes tritt, Gott also etwas im Menschen wird, genau ebenso tritt in einer von säkularisierten theologischen Begriffen beherrschten Staatslehre an die Stelle der von Gott beauftragten und Gott verantwortlichen Obrigkeit das Volk selbst, die Staatsgewalt geht nicht mehr von Gott, sondern vom Volke aus. Das Säkulum rutscht sozusagen an die Stelle, die zu besetzen die theologischen Begriffe, eben weil sie säkularisiert sind, die Kraft verloren haben.« Dem Staat »wird durch die Überschätzung des Volkes seine besondere Hoheit genommen. Denn eine Hoheit, die mir von demjenigen übertragen wird, gegen den ich sie ausüben soll, ist keine echte Hoheit mehr.« *Säkularisierte Theologie in der Staatslehre*, p. 131, 132, 135. Cf. Forsthoff: *Der totale Staat*, p. 30, 31, 41.

dank seines »Rationalismus« und »radikalen Individualismus« weder willens noch in der Lage. Sein Personalismus stand deshalb, geschichtlich gesehen, von vornherein auf verlorenem Posten. Da die souverän-repräsentative Person »nur in einem juristischen, nicht in einem metaphysischen Sinne« transzendent sein sollte, konnte sie »die im Laufe des folgenden Jahrhunderts sich vollziehende völlige Mechanisierung der Staatsvorstellung nicht aufhalten.«[111] Mehr noch, der von Schmitt früher wegen seines »Personalismus« gerühmte »juristische Denker« erscheint im historischen Rückblick nicht einmal als ein gescheiterter *Aufhalter*, sondern bereits als ein *Beschleuniger wider Willen*: Da für Hobbes nicht der Staat als Ganzes Person, sondern die souverän-repräsentative Person lediglich die Seele des »großen Menschen« sei, werde der Mechanisierungsprozeß durch Hobbes' Personalismus »sogar erst vollendet. Denn auch dieses personalistische Element wird in den Mechanisierungsprozeß hineingezogen und geht darin unter.« Die souverän-repräsentative Person ist letztlich doch »nur ein Produkt menschlicher Kunst und Intelligenz«. Sie trägt den Makel, der dem Hobbesschen Staat als Ganzem, »mit Leib und Seele«, anhaftet, ein *homo artificialis*, eine *Maschine*, ein durch und durch *von Menschen verfertigtes Werk* zu sein, »bei dem Stoff und Künstler, materia und artifex, Maschine und Maschinenbauer, dasselbe sind, nämlich Menschen«.[112] Schmitts Kritik an der »juristischen Vertrags-

---

111 *L*, p. 52, 53. In der ersten Fassung macht Schmitt den von ihm behaupteten Kausalzusammenhang explizit: »Insofern ist der neue Gott gegenüber allen einzelnen Vertragspartnern und auch gegenüber ihrer Summe transzendent, aber nur in einem juristischen, nicht in einem metaphysischen Sinne. Die souverän-repräsentative Person kann *daher* auch die völlige Mechanisierung der Staatsvorstellung nicht aufhalten« (*Der Staat als Mechanismus*, p. 629/165, m. H.). Ein Jahr später überläßt Schmitt es dem Leser, das *daher* auf *freilich nur in einem juristischen, nicht in einem metaphysischen Sinne* zurückzubeziehen. Er verteilt die ursprüngliche Aussage auf zwei Absätze und legt durch einen längeren Einschub einen Sicherheitsabstand ein, für den er im wesentlichen auf eine Passage zurückgreift, die sich im alten Text an anderem Ort findet (p. 630/166).
112 *L*, p. 54; *Der Staat als Mechanismus*, p. 629 (165).

konstruktion«, welche Hobbes dazu dient, das Zustandekommen der souveränen Person zu »erklären«, ist deshalb Teil einer sehr viel umfassenderen Kritik, die bei der Vorstellung vom Sozialvertrag als einer promethidischen Erfindung ansetzt, vermittels deren »atomisierte Einzelne« das Wunder eines allmächtigen, obzwar sterblichen *Neuen Gottes* bewirken sollen. Das »entscheidende Element« der Hobbesschen Konstruktion erkennt Schmitt darin, »daß dieser Vertrag nicht, wie nach mittelalterlichen Vorstellungen, ein vorhandenes, *von Gott geschaffenes* Gemeinwesen und eine präexistente, natürliche Ordnung betrifft, sondern daß der Staat als Ordnung und Gemeinwesen *das Ergebnis menschlichen Verstandes und menschlicher Schöpfungskraft* ist und durch den Vertrag überhaupt erst entsteht.« Schmitts politisch-theologische Opposition kommt deutlich zum Vorschein, wenn er kurz zuvor über den solcherart ins Leben gerufenen *deus mortalis* sagt: »weil die Staatsgewalt allmächtig ist, hat sie göttlichen Charakter. Ihre Allmacht aber ist ganz anderer als göttlicher Herkunft: sie ist Menschenwerk«.[113] Die Unterscheidung *göttlicher Herkunft* oder *Menschenwerk* erweist sich als ein Leitmotiv des ganzen Buches. In ihrem Lichte leuchtet unmittelbar ein, weshalb Schmitt den Gedanken des Staates als einer von Menschen geschaffenen, ihr »Recht« und ihre »Wahrheit« nur in sich selbst findenden Maschine in den Mittelpunkt stellt, desgleichen, wie sich dieser Gedanke zu jenem Schritt des 17. Jahrhunderts »von der überlieferten christlichen Theologie zum System der ›natürlichen‹ Wissenschaftlichkeit« verhält, den Schmitt im *Zeitalter der Neutralisierungen und Entpolitisierungen* als »die stärkste und folgenreichste aller geistigen Wendungen der europäischen Geschichte« bezeichnete. Was Schmitt dort »in größerem geistesgeschichtlichen Zusammenhang« umriß, wird hier in principio, an seinem historischen Beginn, anhand des Staates als der »machina machinarum« gezeigt. Umgekehrt heißt das, daß Schmitt

113 *L*, p. 50/51 (m. H.); cf. p. 126 und *Die Sichtbarkeit der Kirche*, p. 74.

den modernen Staat von Anfang an im Blick auf sein geschichtliches Ende und die Hobbessche Theorie unter dem Gesichtspunkt ihrer fernsten Auswirkungen oder als »wesentlichen Faktor des großen, vierhundertjährigen Prozesses« fortschreitender »Neutralisierung« darstellt: die Abkehr, die Hobbes im 17. Jahrhundert von den »mittelalterlichen Vorstellungen« eines Gemeinwesens göttlicher Einrichtung und einer repräsentativen Person göttlichen Rechts vollzog, als der bestimmende Auftakt einer Entwicklung, die »mit innerer Folgerichtigkeit in der allgemeinen Technisierung gipfelt« und als deren Resultat die dominierenden Ideologien des 20. Jahrhunderts den Staat übereinstimmend »für einen Apparat« halten, »dessen sich die verschiedenartigsten politischen Mächte als eines technisch-neutralen Instruments bedienen können«.[114] Im gleichen Sinne hatte *Das Zeitalter der Neutralisierungen und Entpolitisierungen* den Bogen vom Abfall »von der überlieferten christlichen Theologie« in der Epoche der Bacon, Galilei, Descartes, Hobbes und Spinoza, zur »dumpfen Religion der Technizität« und zum »Massenglauben eines antireligiösen Diesseits-Aktivismus« in der Gegenwart geschlagen. 1938 vermeidet Schmitt solche Begriffe. Auch von »vulgärer Massenreligion« ist nicht mehr die Rede, nicht einmal von einer »aktivistischen Metaphysik«.[115] Wohl aber hält *Der Leviathan in der Staatslehre des Thomas Hobbes* ausdrücklich fest, daß dem »entscheidenden Schritt«, den Hobbes mit der Vorstellung des Staates »als eines Kunstproduktes menschlicher Berechnung« getan hat, eine »metaphysische Entscheidung« zugrundelag und daß »alles weitere« danach »keines neuen metaphysischen Entschlusses« mehr

---

114 *L*, p. 53, 54, 62, 63/64. Schmitt nennt die »westliche Liberaldemokratie« und den »bolschewistischen Marxismus«. Der zeitgenössische Leser, dem Parolen wie »Der Staat ist ein Mittel zum Zweck« oder »Die Partei befiehlt dem Staat« aus zahllosen Massenveranstaltungen und offiziellen Verlautbarungen im Ohr klangen, konnte den Nationalsozialismus selbst ergänzen, den Schmitt in seinem Traktat mit Schweigen übergeht.
115 *BdP*, p. 92–94.

bedurfte.[116] Die Hinwendung zur modernen Wissenschaft und Technik ist weder in ihrem Ursprung noch in ihrem Ergebnis *metaphysisch neutral*. War Hobbes sich im klaren, an welcher »metaphysischen« Front er Stellung bezog und welcher Macht er zum Durchbruch verhalf? Daß er den Staat, in dem Schmitt »ein prototypisches Werk der neuen, technischen Zeit« erkennt, mit dem Namen eines biblischen Ungetüms belegt, muß aus der Perspektive der Schmittschen Deutung als Anachronismus erscheinen. In der Tat vertritt Schmitt die Ansicht, daß das Bild des Leviathan der Hobbesschen Konzeption »nicht adäquat« sei, und zwar nicht nur, soweit es sich um deren »Kern« handelt. Doch was, mag man fragen, liegt an einer solchen »Unangemessenheit«, wenn das Bild ohnedies, wie Schmitt wiederholt bemerkt, nichts als »ein aus gutem englischem Humor geborener, halbironischer, literarischer Einfall« ist, der sich noch dazu »zeitgeschichtlich erklärt«?[117] Was sich zunächst wie eine »Entlastung« ausnimmt, enthält indes Schmitts eigentliche Kritik: Hobbes' »literarischer Einfall« wird weder dem Ernst der Sache noch seiner eigenen Lage gerecht. Er beschwört ein »mythisches Symbol von hintergründiger Sinnfülle«, das »den Rahmen jeder nur gedanklichen Theorie oder Konstruktion« sprengt. Hobbes wagt sich auf ein Gebiet vor, dessen Gefahren er verkennt, weil es nicht sein Gebiet ist. Der Philosoph läßt sich mit Kräften ein, deren er nicht Herr werden kann, weil er nicht an sie – glaubt. Der Name des Leviathan aber »gehört nun einmal«, so werden wir von Schmitt belehrt, »zu den my-

---

116 *L*, p. 59, 64; *Der Staat als Mechanismus*, p. 630 (166).
117 *L*, p. 48, 53; 31n., 43n. »Nur die ungeheuerliche Schlagkraft dieses mythischen Bildes hat zu dem Irrtum geführt, in ihm die Zentralvorstellung des neuen staatstheoretischen Systems zu erblicken. Die Sätze und Worte, mit denen Hobbes den Leviathan einführt, lassen aber keinen Zweifel darüber, daß er selbst dieses Bild weder begrifflich noch irgendwie mythisch oder dämonisch ernst genommen hat ... Er bedient sich des Bildes ohne Schauder und ohne Respekt.« *Der Staat als Mechanismus*, p. 625/626 (161/162).

thischen Namen, die sich *nicht ungestraft* zitieren lassen«.[118] Humor und Ironie sind fehl am Platze, wo es um Heil und Unheil, um Verhängnis und Errettung geht. Der »christliche Volksglaube des Mittelalters« wußte noch, daß der Walfisch, die Schlange oder der Drache namens Leviathan als Symbol für den »bösen Feind schlechthin«, für »die Macht des Teufels in ihren verschiedenen Erscheinungsformen« oder für »den Satan selbst« dienen konnte. Vor dem Hintergrund dieses Wissens, das im 16. und 17. Jahrhundert mit dem alten Glauben »verschwindet« und das Schmitt mit seinem Buch über den Leviathan zu neuem Leben erweckt, ist das Gewicht zu begreifen, das Schmitt dem mythischen Symbol beilegt,[119] obgleich das Bild vom Leviathan für Hobbes vielleicht bloß ein »literarischer Einfall« war.[120] Schmitt hat später über Hobbes geurteilt, er sei »eben auch insofern ein ›Aufklärer‹, als ihm jeder mythologische Sinn« abgehe.[121] Aus diesem Mangel erklärt sich für Schmitt, weshalb es zum »Fehlschlag« des von Hobbes gewählten politischen Symbols kommen mußte. Doch das Urteil über Hobbes, über seine Absichten und Irrtümer, ist eine Sache. Eine andere ist die Frage, ob dem mythischen Bild, auf das Hobbes »halbironisch« verfiel, nicht eine tiefere Wahrheit eignet. Ist das alttestamentliche Symbol für die

118 *L*, p. 9, 79 (m. H.). Ernst Forsthoff erkennt in seiner Rezension von Schmitts Traktat der Behauptung, daß »das Staatsbild des Hobbes ... schließlich an dem Mythus des Leviathan zugrunde ging«, den »Rang einer paradigmatischen Belehrung« zu. »Die Überwältigung der Hobbesschen Staatskonzeption durch die irrationalen Mächte zeigt die begrenzte Mächtigkeit der ratio im geschichtlichen Raum; der Griff der ratio nach dem Staat als der stärksten geschichtlich-politischen Potenz mißlang und mußte mißlingen. Insoweit ist das Buch von Schmitt abschließend und endgültig.« Zeitschrift für deutsche Kulturphilosophie. N. F. des Logos, Bd. 7, H. 2, 1941, p. 212/213.
119 *L*, p. 12, 14, 16, 36, 37, 39, 44. Luther erklärt in einer Marginalie zum 41. Kapitel des Buches Hiob »LEUIATHAN nennet er die grossen Walfisch im meer/Doch darunter beschreibt er der welt Fürsten/den Teufel mit seinem Anhang.«
120 Daß es möglicherweise doch mehr war, will Schmitt 1938 nicht mehr ausschließen (p. 43/44).
121 *Staatliche Souveränität und freies Meer* in: Das Reich und Europa. Leipzig 1941, p. 98.

stärkste Macht auf Erden, wenn es auf die »machina machinarum« angewandt wird, nur anachronistisch, oder trägt es nicht vielmehr dazu bei, den theologischen Gegensatz zu erhellen, der dem vierhundertjährigen Prozeß der »Neutralisierung« in Schmitts Augen zugrundeliegt? Kommt die Hybris des neuzeitlichen Unternehmens der »Selbstermächtigung« nicht sinnfällig in dem alten Bild zum Ausdruck, das in der Hobbesschen Neugestaltung Gott, Mensch, Tier und Maschine in eins zusammenzuzwingen versucht?[122] Und wenn es für »jeden guten Christen« eine »grauenerregende Vorstellung« sein mußte, »dem *Corpus mysticum* des Gottmenschen, dem großen Christus, ein großes Tier entgegengesetzt zu sehen«, hat Hobbes' »Fehler« dann nicht die Augen öffnen helfen? Schmitt selbst ruft jedem guten Christen in Erinnerung, *wer* in der Zukunft auf dem Leviathan thronen oder in der Gegenwart sich des wert- und wahrheitsneutralen Staatsapparates bedienen könnte, wenn er die Frage nach der Identität des Neuen oder Sterblichen Gottes in den Raum stellt: »Wer ist dieser Gott, der den angstgequälten Menschen Frieden und Sicherheit bringt?«[123]

Die Losung des Antichrist *Frieden und Sicherheit* taucht ein zweites Mal zu Beginn des fünften Kapitels von Schmitts Buch auf. Schmitt schickt ihr hier, das Thema des Kapitels in einem Satz benennend, die These voraus, daß »die Frage des Glaubens und des Wunders« dem Leviathan »zum Verhängnis wurde«. Der Leviathan, dessen »Krankheit zum Tode« Schmitt im folgenden verhandelt, ist nicht die überaus erfolg-

---

122 *L*, p. 31, 48, 79. Cf. *Der Staat als Mechanismus*, p. 624 (160).
123 *L*, p. 48, 96. Während Schmitt *Frieden und Sicherheit* nur zweimal verwendet, kommt die Trias *Ruhe, Sicherheit und Ordnung* als Zweckbestimmung der Hobbesschen Staatskonstruktion mehrfach vor (cf. p. 47, 64, 71/72, 90). An einer einzigen Stelle wird der Antichrist selbst beim Namen genannt: »Im Genter ›liber floridus‹ (12. Jahrhundert) thront der Antichrist auf dem Leviathan, der als *serpens* bezeichnet und als großer Fisch dargestellt ist, also hier wohl nur die ›Welt‹, nicht eine apokalyptische Figur bedeutet; vgl. das Reallexikon zur deutschen Kunstgeschichte, herausgegeben von Otto Schmitt, Stuttgart 1937, I, S. 716, Artikel Antichrist von Oswald Erich« (p. 13n.1).

reiche Große Maschine, die in den drei Jahrhunderten nach Hobbes »von jedem Inhalt politischer Ziele und Überzeugungen unabhängig wird«, sondern der Sterbliche Gott, »der den Menschen Frieden und Sicherheit bringt und *aus diesem Grunde* – nicht kraft eines ›göttlichen Rechtes der Könige‹ – *unbedingten Gehorsam* fordert«. Es ist die »gottähnliche souveräne Person des Staates«, gegen die es »kein Widerstandsrecht« gibt, »weder unter Berufung auf ein höheres oder anderes Recht, noch aus Gründen und Argumenten der Religion«, der Große Mensch, der »*allein* straft und belohnt«, der »*allein* kraft seiner souveränen Gewalt« durch Gesetz bestimmt, »was in Fragen der Gerechtigkeit Recht und Eigentum, und was in Dingen des religiösen Glaubens *Wahrheit und Bekenntnis* ist«.[124] Die Frage des Glaubens und des Wunders wird nach Schmitts These dem Leviathan zum Verhängnis, der aus eigener Machtvollkommenheit die »Einheit von Religion und Politik« herzustellen versucht. Oder um es ohne Umschweife zu sagen: Schmitts Gegenstand ist das Scheitern des Versuchs, post Christum die Religion zu einem Teil der Politik zu machen. Schmitt selbst spricht freilich keineswegs ohne Umschweife. Er ist davon so weit entfernt, daß er im Gegenteil den Eindruck erweckt, aus ebender Position heraus zu sprechen, deren Unhaltbarkeit er unter Beweis stellen will. Er bedient sich des rhetorischen Kunstgriffs, die Perspektive des Widerparts scheinbar zu seiner eigenen zu machen, um die Notwendigkeit, mit der dessen Sache scheitern muß, um so wirkungsvoller zeigen zu können. Alles ist sorgfältig in Szene gesetzt, angefangen bei der Ausgangskonstellation des Dramas, die Schmitt gegen Ende des ersten Kapitels unter Berufung auf und in Auseinandersetzung mit dem »jüdischen Gelehrten« Leo Strauss aufbaut. »Von deutscher Seite« zieht er seinen Kritiker Helmut Schelsky hinzu.[125] Strauss ist der

124 *L*, p. 63, 79/80, 99 (m. H.).
125 *L*, p. 20, 22. Schelsky wird sich 1941 gleichfalls auf den »jüdischen Gelehrten« beziehen (*Thomas Hobbes*, p. 217), allerdings nicht unter Hinweis auf *Die Religionskritik Spinozas*, sondern auf das 1936 erschienene Buch

Autor, durch den Schmitt die Unterscheidung von Religion und Politik in die Diskussion einführen läßt. Strauss habe in seinem Buch *Die Religionskritik Spinozas* bemerkt, »daß Hobbes die Juden als die eigentlichen Urheber der aufrührerischen, staatszerstörenden Unterscheidung von Religion und Politik ansieht«. Um die Unterscheidung von vornherein in sichere Bahnen zu lenken, nimmt Schmitt sogleich eine historische »Korrektur« vor: »Das ist nur mit der Einschränkung richtig, daß Hobbes die typisch judenchristliche Aufspaltung der ursprünglichen politischen Einheit bekämpft.« Das Problem, dem Schmitts Interesse gilt, beginnt erst mit dem »christlichen Äon«. In ihm ist auch für Juden und Heiden nichts mehr, wie es gewesen. Strauss folgend fährt er fort: »Die Unterscheidung der beiden Gewalten, der weltlichen und der geistlichen, war nach Hobbes den Heiden fremd, weil für sie die Religion ein Teil der Politik war«; ihn stillschweigend »ergänzend« setzt er hinzu: »die Juden bewirkten die *Einheit* von der religiösen Seite her. Nur die römische Papstkirche und herrschsüchtige presbyterianische Kirchen oder Sekten leben von der staatszerstörenden Trennung geistlicher und weltlicher Gewalt.« Schmitt kommt zu dem Resümee: »Der Kampf gegen das von der römischen Papstkirche erstrebte ›Reich der Finsternis‹, die Wiederherstellung der ursprünglichen Einheit, ist, wie Leo Strauß feststellt, der eigentliche Sinn der politischen Theorie des Hobbes. Das trifft zu.«[126] An der von Schmitt herangezogenen Textstelle spricht Strauss indes weder von der »römischen Papstkirche« noch vom »eigentlichen Sinn der politischen Theorie des Hobbes«, noch auch von der »ursprünglichen Einheit«, um deren »Wiederherstellung« es gehe. Statt von der Kritik der »Papstkirche« ist bei Strauss von Hobbes' grundsätzlicher Kritik der Offenbarungsreligion die Rede, es handele sich um das Judentum oder um das Christentum, sie betreffe die Zeit vor

The Political Philosophy of Hobbes. Its Basis and Its Genesis (Oxford), das Schmitt unerwähnt läßt.
126 *L*, p. 21 (m. H.).

oder nach der christlichen Revolution, sie gelte dem Katholizismus oder dem Protestantismus. Entsprechend grundsätzlich ist die Alternative gefaßt, die Strauss in Rücksicht auf die Bestimmung des Verhältnisses von Religion und Politik formuliert. »Was die Heiden angeht, so war ihre Religion ein Teil ihrer Politik.« Die *Offenbarung* dagegen »macht die Politik zu einem Teil der Religion; sie kehrt also – so verstehen wir Hobbes – das natürliche Verhältnis, das im Heidentum verwirklicht war, um.«[127] Im Mittelpunkt des Interesses von Hobbes und Strauss stehen die politischen Konsequenzen des Offenbarungsglaubens, und die entscheidende politische Frage für die beiden Philosophen lautet: Soll die Politik zu einem Teil der Religion werden? Schmitt greift den ersten Teil der Alternative auf, hütet sich aber, den zweiten zu erwähnen. Eine kleine, umschaltende Gedankenbewegung genügt Schmitt, um der Unterscheidung von Religion und Politik die Spitze zu nehmen, die sie bei den Philosophen hat, und die klare Alternative *Suprematie von Politik oder Offenbarungsreligion* in die vieldeutige Gegenüberstellung *Aufspaltung oder Einheit von Religion und Politik* zu verwandeln. Sie erlaubt ihm

---

127 Leo Strauss: *Die Religionskritik Spinozas als Grundlage seiner Bibelwissenschaft. Untersuchungen zu Spinozas Theologisch-politischem Traktat.* Berlin 1930, p. 75. Ein Vierteljahrhundert danach bekräftigt Strauss: »The Old Testament set up the rule of priests, i. e., a form of government which is bound to issue in chaos, as the Old Testament record itself shows. The rule of priests was responsible for the fact that after the anarchy had induced the Jews to set up a king ›after the manner of the nations‹, ›generally through the whole history of the kings ... there were prophets that always controlled the kings.‹ That is to say, the Old Testament laid the foundation for the dualism of power temporal and power spiritual which is incompatible with peace, the demand par excellence of reason. As regards Christianity, it originated in rebellion against the civil sovereign and therefore was forced eventually to sanction the dualism of the two powers. Holding the view of the Bible which he did, Hobbes was compelled to try his hand at a natural explanation of the Biblical religion. The fundamental difference between paganism and Biblical religion consists in this: that whereas pagan religion was a part of human politics, Biblical religion is divine politics, the politics of the kingdom of God.« *On the Basis of Hobbes's Political Philosophy* (1954) in: *What Is Political Philosophy?* Glencoe, Ill. 1959, p. 188; cf. *Thoughts on Machiavelli*, p. 184/185 u. 231.

außerdem, das Christentum vom Judentum abzusetzen und gleichzeitig unter Hinweis auf das, was den Juden ante Christum gelungen war, diskret daran zu erinnern, daß »die Einheit« auch »von der religiösen Seite her« bewirkt werden kann. Schließlich dient sie ihm dazu, die »Wiederherstellung der ursprünglichen Einheit« zur eigentlichen Probe für das Hobbessche Unternehmen zu machen, wobei er nicht verfehlt, zu Beginn des Beweisgangs festzuhalten, daß der Versuch, dessen Fehlschlag im fünften Kapitel ad oculos demonstriert wird, in direkter Opposition zu Papst und Kirche steht.[128] Der zweite Zeuge, den Schmitt aufruft, erfüllt eine doppelte Aufgabe. Zum einen beglaubigt er für jedermann, daß die von Schmitt advokatorisch eingenommene Perspektive als zeitgemäß gelten darf. Zum anderen gibt er dem aufmerksamen Leser zu erkennen, daß Schmitt mit seinem Verfahren eine durchaus unzeitgemäße Absicht verfolgt. Schmitt führt Helmut Schelskys Aufsatz *Die Totalität des Staates bei Hobbes* aus dem Jahre 1938 ins Feld, der sich in keiner Hin-

---

128 *Die Religionskritik Spinozas* ist das wichtigste Buch, um den Argumentationsgang des *Leviathan*-Traktats zu begreifen. Daß Schmitt seine Hobbes-Deutung und -Kritik in der Auseinandersetzung mit Strauss entwickelt, kann niemanden überraschen, der den Dialog unter Abwesenden aus den Jahren 1932/33 über den *Begriff des Politischen* kennt. Wie intensiv sich Schmitt mit dem Spinoza-Buch von Strauss befaßt hat, bezeugt Schmitts Handexemplar, das sich heute in meinem Eigentum befindet, durch zahlreiche Anstreichungen, Marginalien und sonstige Eintragungen. Auf dem zweiten Blatt zu Beginn des Buches hat Schmitt unter seinem Namenszug in Tinte vermerkt: »1. Begegnung: Frühjahr 1932; 2. Begegnung: Sommer 1937; 3. Begegnung (1. Wieder-Begegnung) Juli 1945 (Anstoß das Gespräch mit Eduard Spranger 30/6 45).« (Zum Gespräch mit Eduard Spranger s. *ECS*, p. 9–12.) Karl Löwith, der das Exemplar von 1956 bis 1973 besaß, unterrichtet Strauss am 28. 6. 1956 davon, daß er das Spinoza-Buch aus einem Antiquariats-Katalog bekommen habe, »und siehe da: das mit vielen Randbemerkungen versehene Exemplar von Carl Schmitt! Ein Stempel zeigt, dass es offenbar mit Schmitts Bibliothek von USA Behörden 1945 sequestriert wurde.« Er berichtet dann von der Tinten-Eintragung und erkundigt sich: »Wie ist diese sog. 3. Begegnung zu verstehen?« (Department of Special Collections, University of Chicago Library, Leo Strauss Papers, Box 2, Folder 11). Löwith hatte sich schon zwei Jahrzehnte zuvor schwer getan, den Charakter der *Begegnung* zwischen Schmitt und Strauss zu verstehen (s. *Carl Schmitt, Leo Strauss*, p. 15n. 6, 70/71n. 64).

sicht eine Unzeitgemäßheit zuschulden kommen ließ. Anders als zuvor im Falle von Leo Strauss erteilt Schmitt diesmal dem Autor selbst das Wort, was ihm u. a. gestattet, den Begriff *Politische Theologie* im Buch aufscheinen zu lassen, ohne ihn ein einziges Mal in den Mund nehmen zu müssen. »Mit dem Bilde des Leviathan«, faßt Schmitt Schelskys Deutung zusammen, »›tritt Hobbes allem religiös bestimmten Staatsdenken entgegen und stellt er sich in die Reihe der großen politischen Denker. Weggenossen auf dieser Bahn sind ihm Machiavelli, Vico und in neuerer Zeit Nietzsche und Sorel‹. Die ›tiefe Bedeutung seines Begriffs des Leviathan‹ aber liegt darin, daß dieser, nur hinieden präsente, ›irdische‹ und ›sterbliche‹ Gott ganz auf die politische Tat des Menschen gestellt ist, die ihn immer wieder von neuem dem Chaos eines ›natürlichen‹ Zustandes abringen muß. So hat Hobbes ›gegen die politische Theologie in jeder Form seinen großen zeitgeschichtlichen Kampf‹ geführt. Der Leviathan ist das große Symbol dieses Kampfes.« Schmitt erwähnt mit keiner Silbe, daß Schelskys Deutung wesentlich gegen *ihn* gerichtet ist, und wie sich von selbst versteht, geht er erst recht nicht darauf ein, daß sie *seine* Politische Theologie im Auge hat.[129] Die Auswahl der drei kurzen Schelsky-Zitate spricht für sich. Statt dem jungen Wissenschaftler, der mehr als vier Jahrzehnte später zurückblickend von sich sagen wird, er sei damals »eher ein Anhänger« des Nationalsozialismus gewesen,[130] zu widersprechen oder ihn auch nur im mindesten zu »korrigieren«, nimmt Schmitt Schelskys Interpretation auf und benutzt sie für seine eigenen Zwecke: »*Nach dieser Auffassung*

---

129 Schmitt erwähnt p. 30/31 und 43 einen Punkt aus Schelskys Kritik. Der Angriff, von dem Schmitt sagt, er sei »nicht ganz gerecht«, geht dem Absatz, der Schelskys eigentliche Herausforderung enthält, unmittelbar voraus. *Die Totalität des Staates bei Hobbes* in: Archiv für Rechts- und Sozialphilosophie, Bd. 31, H. 2, 1938 ist eine direkte Entgegnung auf Schmitts wenige Monate zuvor an gleichem Ort veröffentlichten Beitrag *Der Staat als Mechanismus bei Hobbes und Descartes* (cf. p. 177, 181, 189, 190/191; beachte p. 176 u. 193).
130 Schelsky: *Thomas Hobbes* (Vorwort von 1980), p. 9; cf. p. 11.

Schelskys muß es aber – und zwar gerade im Sinne seiner These von den Denkern der politischen Tat – *entscheidend darauf ankommen*, ob der von Hobbes geschaffene Mythos des Leviathan eine echte Wiederherstellung der ursprünglichen Lebenseinheit war, ob er sich als politisch-mythisches Bild im Kampf gegen die judenchristliche Zerstörung der natürlichen Einheit bewährt hat oder nicht, und ob er der Härte und Bosheit eines solchen Kampfes gewachsen war.«[131] Damit ist die Ausgangskonstellation erreicht. Auf dem Prüfstand befindet sich das Vorhaben, die »ursprüngliche«, die »natürliche«, ja die »ursprüngliche und natürliche heidnische Einheit von Politik und Religion« im Zeichen des Leviathan wiederherzustellen, und mit ihm jede Position, die im Leviathan das »große Symbol« ihres Kampfes gegen die Politische Theologie findet. Die Politische Theologie, die ausdrücklich nur im Modus der Verneinung zur Sprache kommt, muß in dem Maße als überlegen erscheinen, in dem der Nachweis gelingt, daß die antichristliche Restauration zum Scheitern verurteilt ist.

Schmitt spart bei seiner Beweisführung nicht mit Ironie. Dem »neuen Gott« des Thomas Hobbes und dem von ihm bewirkten »Wunder«[132] läßt er »die Frage des Glaubens und des Wunders« zum Verhängnis werden, das große Symbol des Kampfes gegen die Politische Theologie an deren ureigenster Domäne zerschellen, den Philosophen, dem er attestiert, einer »der ersten und kühnsten Kritiker jedes Wunderglaubens« zu sein,[133] am Wunderglauben zu Fall kommen. Die Ironie steigert sich zu kaum noch verhohlenem Hohn, wenn

131 *L*, p. 22/23 (m. H.).
132 *L*, p. 48.
133 *L*, p. 82. »Seine Kritik wirkt schon durchaus aufklärerisch. Hier tritt er als der eigentliche Inaugurator des 18. Jahrhunderts auf. Er schildert fast schon im Stile Voltaires die Möglichkeiten des Irrtums, der Täuschung und des offenen oder geheimen Betruges, die Kunstgriffe der Fälscher, Schauspieler, Bauchredner und anderer Schwindler, so anschaulich, daß auf diesem Gebiete jeder Anspruch auf Glauben unsinnig und eigentlich überhaupt nicht mehr diskutabel zu sein scheint.«

Schmitt das Ansinnen erörtert, das Wunder der Verfügungsmacht des staatlichen Souveräns zu unterstellen und es so zu einem Teil der Politik – der Politik, insofern sie Menschenwerk ist – zu machen. »Hobbes, der große Dezisionist«, vollbringe schließlich auch im Falle des Wunders »seine typisch dezisionistische Wendung: *Autoritas, non Veritas*. Nichts ist hier wahr, alles ist hier Befehl. Wunder ist das, woran die souveräne staatliche Gewalt als an ein Wunder zu glauben befiehlt; aber auch – und hier liegt der Spott besonders nahe – umgekehrt: die Wunder hören auf, wenn der Staat sie verbietet.«[134] Für einen Augenblick scheint der Autor der *Politischen Theologie* Mühe zu haben, an sich zu halten. Doch Schmitt bleibt dem selbstgewählten Perspektivenwechsel treu und hetzt den Widersacher auf der vorgezeichneten Bahn bis zum Ende. Er folgt dem Leviathan auf den Gipfel seiner Macht, den der Sterbliche Gott erreicht, sobald er »auch über Wunder und Bekenntnis« gebietet, aber nur, um jetzt – die Ironie auf die Spitze treibend – für ihn »einzufordern«, was für ihn auf immer unerreichbar bleiben muß. Auf dem Höhepunkt des Dramas, »auf dem Höhepunkt der die Einheit von Religion und Politik bewirkenden souveränen Macht«, zeigt Schmitt »die Bruchstelle in der sonst so geschlossenen, unwiderstehlichen Einheit«, enthüllt er den »Todeskeim, der den mächtigen Leviathan von innen her« zerstören wird. Denn hier, »wo es um das Wunder und den Glauben geht, weicht Hobbes am entscheidenden Punkt aus«, da er »die Unterscheidung von innerem Glauben und äußerem Bekenntnis« in das politische System des Leviathan einführt und lediglich die Herrschaft über das äußere Bekenntnis der Staatsunterworfenen für den Sterblichen Gott reklamiert, während er die Gedanken- und die Glaubensfreiheit grundsätzlich anerkennt. Hobbes, oder die Person gleichen Namens, der Schmitt den Part der »Wiederherstellung der ursprünglichen Einheit« übertragen hat, scheut offenbar vor der letzten Konsequenz

134 *L*, p. 82/83.

des Restaurationsvorhabens zurück.[135] Die »Einheit von Religion und Politik« ließe sich nur verwirklichen, wenn es gelänge, die Menschen *ganz*, von innen und außen, mit Leib und Seele, in ihrem Handeln und in ihrem Denken, nach ihrem Bekenntnis und auf dem Grunde ihres Glaubens zu erfassen. Dazu aber reicht die »Allmacht« des Sterblichen Gottes nicht aus. Seine Zwangsgewalt, die nichts als Menschenwerk ist, hat keine Macht über die Gedanken und das Gewissen. Sein Befehl versagt vor dem Glauben. Oder wie Schmitt in gebührendem Abstand und an geeignetem Ort feststellt: *Nichts Göttliches läßt sich äußerlich erzwingen.*[136] Damit ist der Versuch, die »Einheit von Religion und Politik« im Zeichen und mit den Mitteln des Leviathan herzustellen, ad absurdum geführt. Die »Bruchstelle« kann von der weltlichen Seite her nicht geschlossen werden.[137] Auch dann, wenn die Unterscheidung von Innen und Außen nicht anerkannt wird, setzt sich »die letztliche Überlegenheit des Innerlichen gegenüber dem Äußerlichen, des Unsichtbaren gegenüber dem Sichtbaren, des Stillen gegenüber dem Lauten, des Jenseits gegenüber dem Diesseits« durch.[138] In der Überlegenheit des Inner-

---

135 *L*, p. 84–86.
136 *L*, p. 94.
137 Cf. Fjodor M. Dostojewskij: *Der Großinquisitor*. Ed. L. Müller, München 1985, p. 25/26 (*Die Brüder Karamasoff*. Übers. Rahsin, München 1980, p. 419/420); Flavius Josephus: *Contra Apionem* II, 165/166.
138 *L*, p. 95 (cf. *Die Sichtbarkeit der Kirche*, p. 75 u. 77). Forsthoff zitiert in seiner Besprechung 1941 die etwas weniger »anstößige« Aussage Schmitts, die sich im ersten Teil des Absatzes findet und noch nicht direkt auf das Theologische Bezug nimmt: »In dem Augenblick, in dem die Unterscheidung von innen und außen anerkannt wird, ist die Überlegenheit des Innerlichen über das Äußerliche und damit die des Privaten über das Öffentliche im Kern bereits entschiedene Sache.« Er bemerkt dazu: »Diese Feststellung Schmitts ist von größter Tragweite. Nur ließe sich die Frage stellen, ob es darauf ankommt, daß die Unterscheidung anerkannt [also wohl von der Staatsgewalt selbst anerkannt] wird, ob es nicht genügt, daß sie vorhanden und dem allgemeinen Bewußtsein präsent ist« (p. 211). Schmitts Antwort auf diese »Frage« unterliegt keinem Zweifel. Die dramatische Inszenierung, deren er sich in seinem Buch bedient, erfüllt nicht zuletzt den Zweck, die Unterscheidung »dem allgemeinen Bewußtsein« mit größter Eindringlichkeit vor Augen zu halten.

lichen und des Glaubens, des Göttlichen und des Jenseits, in der Überlegenheit dessen, was sich äußerem Zwang widersetzt und menschlicher Willkür entzieht, hat das Scheitern des Sterblichen Gottes seinen wahren Grund – und die Politische Theologie ihren entscheidenden Rückhalt.[139] Der Leviathan, den Schmitt beschreibt, ist nicht erst im Gefolge verhängnisvoller Fehlentwicklungen oder feindlicher Angriffe »eine äußerlich allmächtige, innerlich ohnmächtige Macht-

139 Jürgen Moltmann befindet sich im Irrtum, wenn er Schmitt als Kronzeugen für ebenjene Position in Anspruch nehmen will, deren Unhaltbarkeit Schmitt mit seinem *Leviathan*-Buch zu demonstrieren bestrebt ist, und behauptet, Schmitt habe eine »Remythologisierung« des Leviathan in heidnischer Absicht versucht. (*Covenant oder Leviathan? Zur Politischen Theologie der Neuzeit* in: Zeitschrift für Theologie und Kirche, 90. Jg., H. 3, August 1993, p. 311–314, 315.) Wie es um »Carl Schmitts Bewunderung und Paganisierung des Leviathan« steht, die Moltmann dem Verfasser des Traktats von 1938 zuschreibt und die er aus der Position seiner Politischen Theologie heraus kritisiert, davon kann sich der Leser ein eigenes Bild machen, wenn er der Illustration Aufmerksamkeit schenkt, die Schmitt für die letzte Seite seiner Schrift und für den Schutzumschlag der Originalausgabe gewählt hat. Sie verdient um so mehr Beachtung, als Schmitt niemals zuvor und niemals danach eines seiner Bücher »illustrierte«. Schmitt druckt die wenig imposante Darstellung eines Leviathan ab, dessen eigentümliche Kopfhaltung dem Betrachter Rätsel aufgibt. (Dem Herausgeber des Nachdrucks von 1982 erschien die Abbildung offenbar so wenig imposant, daß er für den Schutzumschlag die »attraktivere« Radierung »Der angespülte Fisch« verwandte.) Schmitts Wahl wurde indes nicht durch ästhetische Gesichtspunkte bestimmt. Er hat »seinen« Leviathan nämlich – ohne irgendwo ein Wort darüber zu verlieren – aus der »herrlichen Zeichnung im ›Hortus deliciarum‹ der Äbtissin Herrad von Landsberg (12. Jahrhundert)« herausgeschnitten, »wo Gott als Fischer, Christus am Kreuz als Köder am Angelhaken und der Leviathan als geköderter Riesenfisch abgebildet sind« (*L*, p. 15/16). Für den Betrachter der »herrlichen Zeichnung« löst sich das Rätsel der merkwürdigen Kopfhaltung des Ungetüms: Was auf den ersten Blick als die Zunge des Tieres erscheinen mochte, stellt sich als das äußerste Ende des Angelhakens heraus. Der Leviathan hat den Kopf schmerzverzerrt nach oben gewendet, denn er befindet sich, vom Kreuz durchbohrt, im Todeskampf, und der siegreiche Christus sperrt sein Maul weit auseinander. So sieht Schmitts »Bewunderung des Leviathan« ins Bildhafte übersetzt aus. (Eine Reproduktion der Zeichnung, aus der Schmitt das Schluß-Bild des Buches herausnahm, findet sich im Reallexikon zur deutschen Kunstgeschichte. Stuttgart 1937, I, p. 695 unter dem Stichwort »Angel, Angler«. Schmitt erwähnt die Quelle nicht, doch er weist den Leser auf den Artikel »Antichrist« im selben Band hin [*L*, p. 13n.], und wer dem Antichrist nachgeht, wird auf den Angler stoßen.) Siehe die Abbildungen S. 262.

konzentration«.[140] Sein Konstruktionsprinzip macht ihn zu einem Koloß auf tönernen Füßen. Er ist ein Gott, der den Menschen Ruhe, Sicherheit und Ordnung für ihr »diesseitiges, physisches Dasein« verspricht, aber ihre Seelen nicht zu erreichen weiß und ihr tiefstes Verlangen ungestillt läßt; ein Mensch, dessen künstliche Seele auf juristische, aber nicht auf metaphysische Transzendenz gegründet ist; ein Tier, dessen unvergleichliche irdische Macht in der Lage sein soll, die »Kinder des Stolzes« durch den Schrecken im Zaum zu halten, aber nichts gegen jenen Schrecken vermag, der vom Jenseits ausgeht und der dem Unsichtbaren innewohnt; eine Maschine, die die Idee der Repräsentation durch die »faktisch-gegenwärtige Leistung des wirklichen Schutzes« verdrängt und »unbedingten Gehorsam gegen die Gesetze ihres Funktionierens« verlangt, aber keine Identifikation erlaubt.[141] Die Bestimmungen, die Schmitt hervorhebt, treffen sich ausnahmslos in der »äußerlichen Macht«, auf der der Leviathan beruht, und in der »reinen Diesseitigkeit«, in der er aufgeht: seine *auctoritas* ist nichts als *potestas*.[142] Die summa potestas des Leviathan genügt, um einen »Sicherheitsstaat« zu schaffen, dessen »wesentlichste Institution« die Polizei ist. Sie reicht aus, um einen Mechanismus zu befehligen, der »seinen Wert, seine Wahrheit und seine Gerechtigkeit in seiner technischen Vollkommenheit« hat.[143] Aber »ein Mechanismus ist keiner Totalität fähig«. Und ebensowenig »kann die reine Diesseitigkeit des individuellen physischen Daseins zu einer sinnvollen Totalität gelangen.«[144] Hobbes mag

---

140 *L*, p. 93/94.
141 *L*, p. 47, 48, 54, 55; 50/51, 52, 126; 32, 35, 96; 53, 69, 71, 72.
142 *L*, p. 68/69, 86; cf. *DA*, p. 27/28; *RK*, p. 34–36 (22/23); *ECS*, p. 16, 71.
143 *L*, p. 47, 90; 69.
144 Daß Schmitt diese beiden Aussagen, mit denen der letzte Abschnitt des Aufsatzes *Der Staat als Mechanismus bei Hobbes und Descartes* begann (p. 631/167), in das Buch nicht aufnimmt, nachdem Schelsky sie schon mit der Wahl seines Titels *Die Totalität des Staates bei Hobbes* attackiert hatte, überrascht nicht. Die »sinnvolle Totalität« bleibt 1938 unerwähnt. An ihre Stelle tritt die Frage der »Wiederherstellung der ursprünglichen Einheit«, und Schelsky wird eine eigene Rolle in dem Beweisverfahren zugewiesen, das Schmitt jetzt e contrario führt.

die summa potestas des staatlichen Souveräns zur summa auctoritas erklären. Er mag für ihn »die aus dem christlichen Mittelalter überkommene Formel ›Statthalter Gottes auf Erden‹« verwenden, weil der staatliche Souverän »sonst zum ›Statthalter des Papstes auf Erden‹ würde«. Er mag ihm endlich im »Kampf mit dem römischen Papst« die Befugnis zusprechen, darüber zu entscheiden, was als Wunder zu gelten habe und was nicht. Die Autorität des Stellvertreters Christi, deren Gewalt sich aus der Berufung auf das Göttliche herleitet, zum Glauben Zugang hat, im Innerlichen ihre Wirksamkeit entfaltet und für das Jenseits zu binden und zu lösen versteht, bleibt dem Sterblichen Gott verwehrt.[145] So »weltenweit« wie sich die Entfernung ausnimmt, »die einen technisch-neutralen Staat von einem mittelalterlichen Gemeinwesen trennt«, so weltenweit erscheint der Abstand, durch den die auctoritas des Leviathan von der auctoritas des Papstes und selbst von der potestas des Kaisers innerhalb der Einheit der Respublica Christiana geschieden ist.[146]

145 *L*, p. 68; 50, 103, 125/126; 80/81, 84; beachte p. 68n. u. 81n. Cf. *RK*, p. 30, 35/36, 39/40, 45, 66 (20, 23, 26, 29/30, 43); *G*, p. 243.
146 *L*, p. 70; cf. p. 50/51, 80. »Die mittelalterliche, west- und mitteleuropäische Einheit von Imperium und Sacerdotium ist niemals eine zentralistische Machtanhäufung in der Hand eines Menschen gewesen. Sie beruhte von Anfang an auf der Unterscheidung von *potestas* und *auctoritas* als zwei verschiedenen Ordnungsreihen derselben umfassenden Einheit. Die Gegensätze von Kaiser und Papst sind daher keine absoluten Gegensätze, sondern nur ›diversi ordines‹, in denen die Ordnung der Respublica Christiana lebt. Das darin liegende Problem des Verhältnisses von Kirche und Reich ist wesentlich anders als das spätere Problem des Verhältnisses von Kirche und Staat. Denn *Staat* bedeutet wesentlich die erst seit dem 16. Jahrhundert mögliche Überwindung des konfessionellen Bürgerkrieges, und zwar eine durch Neutralisierung bewirkte Überwindung. Im Mittelalter bringen es die wechselnden politischen und geschichtlichen Situationen mit sich, daß auch der Kaiser *auctoritas*, auch der Papst *potestas* in Anspruch nimmt. Aber das Unglück entstand erst, als – seit dem 13. Jahrhundert – die aristotelische Lehre von der ›societas perfecta‹ dazu benutzt wurde, um Kirche und Welt in zwei Arten von societates perfectae zu trennen... Weder für den Kaiser, der einen Papst in Rom einsetzen oder absetzen ließ, noch für einen Papst in Rom, der die Vasallen eines Kaisers oder Königs vom Treueid entband, war dadurch die Einheit der Respublica Christiana auch nur einen Augenblick in Frage gestellt« (*NdE*, p. 30/31). Cf. Rudolph Sohm: *Kirchenrecht*. München u. Leipzig 1923, Bd. II, p. 244/245.

Hobbes hat offenkundig gewichtige politische und philosophische Gründe, für den Leviathan jene Autorität nicht anzustreben, die Schmitt für ihn »einfordert«, um sein Scheitern zu demonstrieren. Der in unserem Zusammenhang gewichtigste Grund, weshalb »the inward *thought*, and *belief* of men« von jeder Verpflichtung gegenüber dem Souverän ausgenommen bleiben,[147] besteht darin, daß Hobbes an der Verteidigung der *libertas philosophandi* um nichts weniger gelegen ist als seinem Nachfolger Spinoza, auch wenn er nicht »gleich im Untertitel seines Buches« von ihr spricht, wie Spinoza dies im *Tractatus theologico-politicus* tut. In Schmitts dramatischer Erzählung sind die Rollen freilich anders verteilt. In ihr fällt es dem »jüdischen Philosophen« zu, »die kaum sichtbare Bruchstelle« im System des Leviathan zu erkennen und sie zur Entfaltung der *libertas philosophandi* zu nutzen. Die »individuelle Gedankenfreiheit«, die bei Hobbes »nur als letzter hintergründiger Vorbehalt« offen bleibe, werde bei Spinoza zum »formgebenden Grundsatz« und »die Notwendigkeiten des öffentlichen Friedens sowie das Recht der souveränen Staatsgewalt, verwandeln sich in bloße Vorbehalte«. Was die beiden Philosophen in Wahrheit eint, wird vollständig ausgeblendet und worin sich ihre Haltung gegenüber der Religion tatsächlich unterscheidet, wird bis zur Unkenntlichkeit verzeichnet,[148] wenn Schmitt erklärt, »der Eng-

147 Thomas Hobbes: *Leviathan or the Matter, Forme and Power of a Commonwealth Ecclesiasticall and Civil*. Ed. Oakeshott (Oxford o. J.), XL, p. 307/308. »A private man has always the liberty, *because thought is free*, to believe or not believe in his heart those acts that have been given out for miracles, according as he shall see what benefit can accrue by men's belief, to those that pretend or countenance them, and thereby conjecture whether they be miracles or lies« (XXXVII, p. 291, m. H.).
148 Bei Strauss hatte Schmitt gelesen und in seinem Exemplar mit Anstreichungen versehen: »Während Spinoza, hierin ganz der Averroistischen Tradition zugehörend, ja die Tendenz dieser Tradition auf die Spitze treibend, die Religion als notwendiges Mittel für den Bestand des Staats anerkennen muß, gibt es in der Staats-Lehre des Hobbes keinen Ansatz-Punkt für eine derartige Rechtfertigung der Religion. Daß Wissenschaft und Religion (Schrift) wesens-verschieden, daß die Verbindung von Wissenschaft und Re-

länder« suche sich »mit einem solchen Vorbehalt nicht aus dem Glauben seines Volkes herauszustellen, sondern, im Gegenteil, in ihm zu bleiben«, der »jüdische Philosoph dagegen« komme »von außen an eine Staatsreligion heran« und bringe »daher auch den Vorbehalt von außen mit«.[149] Nach dieser Aufspaltung, die die Unterscheidung von Innen und Außen virtuos ausspielt, sind wir bis zu einem gewissen Grade auf die letzte, noch tiefer ins Innerliche vorstoßende Wendung vorbereitet, die uns erwartet. Nicht nur, daß Hobbes »im Glauben seines Volkes« zu verharren suchte, er soll auch von einem »monarchistischen Glauben« erfüllt gewesen sein. Er erblickte im König den wahrhaftigen Stellvertreter Gottes auf Erden und legte ihm diesen Titel nicht etwa, wie wir bis dahin annehmen durften, bloß deshalb bei, weil er die Position des staatlichen Souveräns im Kampf gegen den Papst zu stärken beabsichtigte. Allerdings habe Hobbes »seinen monarchistischen Glauben« nur dadurch »retten« können, »daß er sich in einen grundsätzlichen Agnostizismus zurückzog. Das war der Abgrund, aus dem seine Frömmigkeit entsprang, denn«, bekennt Schmitt, »*ich glaube, daß es bei Hobbes echte Frömmigkeit gewesen ist. Aber sein Denken war nicht mehr gläu-*

ligion (Schrift) für beide verderblich sei, lehrt Hobbes ebenso wie Spinoza; aber jener geht über diesen hinaus, indem er glaubt, die Staats-Gesinnung aller Untertanen in der Vernunft allein, ohne Beanspruchung der Offenbarung, verankern zu können. Nach Spinoza wird das Gebot der Nächsten-Liebe willens-bestimmend für die Menge erst als ›offenbart‹; nach Hobbes hingegen ist dieses Gebot den Menschen bereits dadurch von Gott zulänglich vorgeschrieben, daß er sie als vernünftige Wesen geschaffen hat: der Unterschied zwischen den Weisen und der Menge bleibt außer Betracht; *weil* dieser Unterschied außer Betracht bleibt, besteht keine Notwendigkeit, auf die Religion zu rekurrieren« (*Die Religionskritik Spinozas*, p. 80/81). Schmitt notiert am Rande zum letzten Satz: »Spinoza der *fremde* Zuschauer, cf. S. 228«. Er verweist sich selbst an ein Beispiel, das Strauss für das Vergnügen gibt, das Spinoza in der *Kontemplation* fand (p. 228n. 302).
149 *L*, p. 86/87, 88. Der protestantische Staatsrechtslehrer Rudolf Smend preist in einem Brief zu Schmitts 50. Geburtstag »die glänzende Kontrastierung Hobbes-Spinoza S. 88« als »das für mich eindrücklichste und schönste« unter den »Columbuseiern« Schmitts, von denen das Buch »eine Anzahl« enthalte. »Und das ist nur Ihr Kleingeld!« (Brief vom 10. Juli 1938 in: Schmittiana-III, p. 140/141.)

big«.[150] Nachdem Schmitt Hobbes zunächst gleichsam in zwei Personen auseinandergelegt hatte, präsentiert er uns jetzt ein Doppelwesen, das sich aus zwei Personen zusammensetzt. Er zeigt uns einen Philosophen, der unter dem Einfluß anderer Philosophen wie Bacon und Descartes steht und deren »metaphysischer Entscheidung« folgt; einen Philosophen, den »seine philosophisch-systematische Staatslehre« von christlichen Denkern wie Erastus oder Bodin unterscheidet und »ihn zu einem Bahnbrecher moderner Naturwissenschaftlichkeit« sowie des »ihr zugehörigen Ideals technischer Neutralisierung macht«; einen Philosophen, dem eine Hauptrolle im stärksten und folgenreichsten Umbruch der europäischen Geschichte, in der Abkehr von der christlichen Theologie und deren Glauben an die partikulare Providenz zukommt; einen Philosophen, der einer »der ersten und kühnsten Kritiker jedes Wunderglaubens« ist und darin »als der eigentliche Inaugurator des 18. Jahrhunderts« und dessen Attacken gegen das Christentum auftritt; kurz, einen Philosophen, dem Schmitt von Grund auf widerspricht und den er aus der Position der Politischen Theologie heraus einer scharfen Kritik unterzieht. Daneben zeigt er uns einen »vir probus«, der beim christlichen Glauben blieb, »da er einem christlichen Volk angehörte«; einen frommen Mann, dessen innerster Kern von seinem ungläubigen Denken nicht berührt wurde; einen Christen, mit dem sich Schmitt darin verbunden sieht, daß er gleich ihm an der entscheidenden Wahrheit festhielt. Denn auch für Hobbes war, wie wir am Ende erfahren, »Jesus der Christ«.[151] Wie die beiden Personen in Hobbes zu einer Einheit verbunden, wie etwa der Philosoph des Naturzustandes, wie der Religions- und Bibelkritiker mit dem gläubigen Christen übereingebracht werden könnten, wie insbesondere der Kritiker jeden Wunderglaubens das Wunder der Menschwerdung Gottes von seinem Denken ausgenom-

150 *L*, p. 125/126 (m. H.).
151 *L*, p. 48, 59; 65/66; 64, 65, 70, 80; 82; 126.

men und der eigenen Kritik entzogen haben sollte, das bleibt Schmitts Geheimnis.[152] Aber indem Schmitt den Leser nachdrücklich auf das Credo eines »vir probus« hinweist, der einem christlichen Volk angehört, kann er ihm jedenfalls sein eigenes Credo vor Augen stellen. Tatsächlich kommt das Bekenntnis, daß Jesus der Christus ist, in dem Buch, das Schmitt zu seinem 50. Geburtstag veröffentlicht, zweimal (im ersten und siebten Kapitel) zur Sprache, so wie die Parole des Antichrist zweimal (im dritten und fünften Kapitel) vorkommt. Schmitt führt den »allein wesentlichen Glaubenssatz« in einer Fußnote ein, die er der ersten Erwähnung von Leo Strauss hinzufügt. Hobbes setze, behauptet Schmitt, ein christliches Gemeinwesen voraus, »in welchem der Souverän den allein wesentlichen Glaubenssatz – *that Jesus is the Christ* – nicht antastet, sondern schützt«. Erst die »Technisierung des Staates« mache »dann alle solche Unterscheidungen wie Juden, Heiden und Christen gegenstandslos« und führe »in einen Bereich totaler Neutralität«. In welcher Weise Hobbes ein christliches Gemeinwesen »voraussetzt« – ob als geschichtliche Gegebenheit, mit der, zumindest vorläufig, gerechnet werden muß, oder im Sinne eines eigenen Glaubensvorbehalts, oder gar als notwendige Voraussetzung seines Gedankengebäudes –, ist an dieser Stelle noch unklar. Im Licht des Bekenntnisses vom siebten Kapitel wird für den Leser, der zum Anfang des Traktats zurückkehrt, deutlich, daß Schmitt den Christen Hobbes von dem Vorwurf ausnehmen will, den er dem Philosophen Hobbes machen muß, »Wegbereiter«, ja »revolutionärer Vorkämpfer« der »grundsätzlichen Neutralisierung jeder Wahrheit« und des »wissenschaftlich-positivistischen Zeitalters« zu sein. Der »vir probus« hat es nicht so gemeint und anders gewollt. Er hat die Folgen seines Beginnens nicht abzusehen vermocht. Ihm ging

---

152 Zu Hobbes' Kritik des Offenbarungsglaubens sei hier ein für allemal auf Strauss' Essay *On the Basis of Hobbes's Political Philosophy* verwiesen, insbes. p. 182–191. Cf. *Persecution and the Art of Writing*, p. 28.

es nicht um die Neutralisierung, sondern um die Positivierung der entscheidenden Wahrheit, um die Rettung des »allein wesentlichen Glaubenssatzes«, der ein *Satz der Unterscheidung* ist: der Unterscheidung von Juden, Heiden und – Philosophen.[153] Auf der Interpretationslinie, die in der Strauss-Anmerkung des ersten und in der vir probus-Stelle des siebten Kapitels angedeutet ist, bewegt sich die gesamte Umwertung und Aneignung des Thomas Hobbes, die Schmitt im Spätwerk versucht. In seinem Essay *Die vollendete Reformation* von 1965 tritt der Philosoph hinter dem Christen zurück. Als die »wichtigste Frage«, die für die »geistige Verortung Hobbes'« zu klären sei, bezeichnet Schmitt die Frage nach dessen »Stellung in dem Prozeß der sogenannten Säkularisierung, in der fortschreitenden Entchristlichung und Entgöttlichung des öffentlichen Lebens«.[154] Um diese Klärung herbeizuführen, läßt Schmitt den »Kritiker jedes Wunderglaubens« der Vergessenheit anheimfallen. Statt des Konstrukteurs der »machina machinarum«, der ihr »Recht« und ihre »Wahrheit« nur in sich selbst findenden Staatsmaschine, rückt der Verfechter der »politischen Einheit eines christlichen Gemeinwesens« in den Vordergrund.[155] Und der Wegbereiter der »grundsätzlichen Neutralisierung jeder Wahrheit«

153 *L*, p. 20/21n. 1. Am 2. 11. 1976 schreibt Schmitt in einem Brief an den Verfasser, daß er gerne wissen möchte, ob Strauss »meine Leviathan-Schrift von 1938 kennengelernt und vor allem, ob er den Challenge meines Hobbes-Aufsatzes *Die vollendete Reformation* (that Jesus is the Christ) vernommen hat. Das ist nicht nur aus persönlichen Gründen wichtig.«
154 *Die vollendete Reformation. Bemerkungen und Hinweise zu neuen Leviathan-Interpretationen* in: Der Staat, 4. Jg., 1. H., 1965, p. 61. Bei den »neuen Leviathan-Interpretationen«, mit denen sich Schmitt befaßt, handelt es sich durchweg um theologische Hobbes-Deutungen. Während Schmitt in seinem Buch von 1938 den Begriff *Politische Theologie* nur ein einziges Mal, »negativ« in Form eines Schelsky-Zitats verwendet, gebraucht er ihn in dem 19-Seiten-Aufsatz fünfmal im eigenen Namen. (Ich zitiere nach der Erstveröffentlichung, da der Wiederabdruck in der Neuausgabe des *Leviathan*-Buches von 1982 nicht zuverlässig ist; s. *Carl Schmitt, Leo Strauss*, p. 71n. 64.)
155 *Die vollendete Reformation*, p. 52, 64. Die Akzentverschiebung wird besonders augenfällig, wenn man den kontrastierenden Vergleich von Hobbes und Erastus im *Leviathan*-Traktat (p. 65/66) neben die Neubewertung

wird nun in aller Form durch den Verteidiger der Wahrheit, daß Jesus der Christus ist, abgelöst. Ausdrücklich nimmt Schmitt Hobbes gegen den Verdacht in Schutz, die Bekenntnisformel *that Jesus is the Christ* könnte selbst an der Spitze der Neutralisierung der christlichen Wahrheit stehen.[156] »Die effektive Neutralisierung sieht ganz anders aus.« Lessing etwa hat sie sich in seinem *Nathan der Weise* zuschulden kommen lassen. Seine philosophisch konzipierte und politisch gezielt eingesetzte Parabel von den drei täuschend nachgemachten Ringen »ist keine innerchristliche Angelegenheit mehr; sie neutralisiert vielmehr das ganze Christentum, als eine von mehreren theistischen Religionen, mit zwei andern theistischen Buchreligionen, dem Judentum und dem Islam, zu einem allgemeinen Gottesglauben. Der Satz, daß Jesus der Christus ist, wird jetzt auswechselbar; er kann jetzt z. B. auch lauten: Allah ist groß. Das läßt sich ohne Mühe weitertreiben, erst zu einer allgemeinen Gottgläubigkeit, dann zu einer noch allgemeineren Gläubigkeit.« Ganz anders Hobbes. Was man ihm auch sonst vorwerfen kann, »auf den Gedanken, den echten Ring zu imitieren, ist er jedenfalls nicht gekommen. Sein Satz, daß *Jesus der Christus* ist, trifft den Kern der apostolischen Verkündigung und fixiert sowohl das historische wie das kerygmatische Thema des ganzen Neuen Testamentes. *Quis est mendax nisi is, qui negat quoniam Jesus est Christus?* (1. Joh. 2, 22).«[157] Die zweite, von Schmitt nicht

hält, die Schmitt 1965 in gleicher Sache vornimmt, ohne sich auf neues Material oder neue Argumente zu stützen (p. 58/59).

156 »Indem er sich für das, was Christentum ist, mit dem Satz, daß Jesus der Christus ist, begnügt, scheint er, wenigstens innerhalb des christlichen Bereichs, Rom und Genf und alle die vielen anderen christlichen Kirchen, Konfessionen und Sekten auf einen gemeinsamen, neutralen Nenner ›Jesus Christus‹ zu bringen. In Wirklichkeit meint er es nicht so. Bei ihm bleibt die religiöse Einheit und Besonderheit der einzelnen christlichen Kirchen gewahrt, weil sie durch die souveräne Entscheidung des christlichen Souveräns getragen wird. Das ist ein *cujus regio, ejus religio*, und eben deshalb keine Neutralisierung, sondern zunächst eher das Gegenteil, nämlich eine dogmatische Positivierung gegenüber der Eigenart abweichender Meinungen des konfessionellen Gegners oder Nachbarn« (p. 62).

157 *Die vollendete Reformation*, p. 62/63.

mitgeteilte Hälfte des Verses lautet: *hic est Antichristus, qui negat Patrem et Filium.* Das Bekenntnis, das auf die Frage, wer Gott ist, antwortet, schließt die Antwort auf die Frage, wer Gottes Feind ist, ein.[158] Schmitt glaubt, Hobbes habe in der alles entscheidenden Rücksicht Freund und Feind richtig unterschieden. Der »allein wesentliche Grundsatz« gewinnt für die Hobbes-Deutung Schmitts eine solch überragende Bedeutung, daß er in ihm 1965 anders als noch 1938 nicht mehr bloß einen letzten, hintergründigen Glaubensvorbehalt des Engländers sehen, sondern ihn zu einer »Achse des begrifflichen Denksystems seiner politischen Theologie« erheben will. Nicht nur der vir probus, auch sein Denken soll nun für den Glauben gerettet werden.[159] An anderer Stelle geht Schmitt soweit zu erklären: »Der wichtigste Satz des Thomas Hobbes bleibt: Jesus is the Christ.«[160] Wenn ein Satz, der kein Satz des Thomas Hobbes, sondern die Kernaussage des Evangeliums ist, als der wichtigste Satz des Philosophen von Malmesbury gelten könnte, dann freilich wäre sein Denken ganz zurückgenommen in den Gehorsam des Glaubens.

---

158 Vergleiche Luthers Predigt über Johannes XVII, 3 vom 15. August 1528, *WA* XXVIII, p. 90; Ed. Clemen/Hirsch, VII, p. 216.
159 *Die vollendete Reformation*, p. 52; *BdP*, p. 121–123.
160 *G*, p. 243.

IV

Geschichte
oder
Der christliche Epimetheus

Christlich hat man im voraus schon mehr als
gesiegt, so daß man nicht leidet, um zu siegen,
sondern eher, weil man gesiegt hat, was einem
just die Lust gibt, sich in alles zu finden, und
Erhebung gibt über die Leiden; denn da man
gesiegt hat, kann man sich schon in ein wenig
Leiden finden. Weltlich muß man, in Ungewißheit gespannt, warten auf das, was nach dem
Leiden folgt, ob nun der Sieg folgt; christlich ist
auf nichts zu warten, der Sieg längst im Glauben
einem im voraus in die Hand gegeben.

Sören Kierkegaard: *Das Eine, was not tut*

Die Geschichte ist für die Politische Theologie der Stand der
Probe und des Gerichts. In ihr fällt die Entscheidung zwischen Gott und Satan, Freund und Feind, Christ und Antichrist. In ihr haben sich der Gehorsam, die Tapferkeit und die
Hoffnung zu bewähren. In ihr wird aber auch der Politischen
Theologie das Urteil gesprochen, da sie sich selbst als Akt geschichtlichen Handelns oder als Theorie aus dem Gehorsam
begreift. Moral, Politik und Offenbarung sind aus der Sicht
der Politischen Theologie in der Geschichte zusammengeschlossen, wie Gehorsam, Tapferkeit und Hoffnung für sie
in der Demut zusammengeschlossen sind. Doch gelingt es
ihr, Moral, Politik und Offenbarung so zu verbinden, daß sie
dem geschichtlichen Handeln eine »konkrete« Orientierung
zu geben vermag? Wird die Politische Theologie mithin ihrem
eigenen Anspruch gerecht? Kann sie ihm jemals gerecht werden? Oder sollte sie ihre Demut dadurch bezeugen, daß sie
sich die Unerfüllbarkeit eines solchen Unterfangens selbst
eingesteht? Was läge dann an ihr? Und was hinge von ihr
ab? Zu welchem Ende wäre sie »Theorie«?

Bei Schmitt tritt das Dilemma der Politischen Theologie in
besonderer Schärfe hervor, da er auf die grundsätzliche Apo-
rie, der sich eine Politische Theorie gegenüber sieht, die
Theorie aus dem Gehorsam des Glaubens sein will, mit

einem forcierten Historismus antwortet. Alles, was ihm in dieser Welt als wesentlich erscheint, erscheint ihm als wesentlich geschichtlich. Und in allem, was er als das »geschichtlich Wirkliche« wahrzunehmen glaubt, glaubt er eine »unendliche Einmaligkeit« wahrzunehmen. Die Einsicht, daß alle geschichtliche Wahrheit nur einmal wahr ist, gilt ihm als das »Arcanum der Ontologie«. Als christlicher Epimetheus beansprucht er, der Wahrheit teilhaftig geworden zu sein, daß »jedes menschliche Wort eine Antwort ist«, und er meint außerdem zu wissen, daß die Antwort des geschichtlichen Handelns, die der Herr der Geschichte durch deren »Anruf« gebietet, »vom Menschen her gesehen nur ein Vorgebot sein kann und meistens sogar nur ein blindes Vorgebot ist«.[1] Spricht Schmitt damit eine geschichtliche Wahrheit aus, die nur einmal wahr ist? Oder wirbt er mit den Mitteln der »Theorie« um Verständnis und Nachsicht für seine, für unsere Blindheit? Und verdienen Menschen, die so mit Blindheit geschlagen sind, wie Schmitt sie uns »in dem furchtbaren Bild« Louis de Bonalds vor Augen führt, »das den Weg der Menschheit durch die Geschichte darstellen soll«, nicht in der Tat Nachsicht und Erbarmen: »eine Herde von Blinden, geführt von einem Blinden, der sich an einem Stock weitertastet«?[2] Wäre es möglich, daß der christliche Epimetheus uns in eine Wahrheit einweiht, die er nach Kräften zu verbergen trachtet?

Um näheren Aufschluß zu erhalten, wenden wir uns der »unendlichen Einmaligkeit des geschichtlich Wirklichen« anhand zweier konkreter Beispiele zu. Wir vergewissern uns zunächst, wie der christliche Epimetheus das geschichtliche Handeln im Falle eines anderen Theoretikers beurteilt. Danach betrachten wir, wie sich Schmitts eigener Fall aus dem Gesichtswinkel des christlichen Epimetheus ausnimmt. Auf diese Weise können wir nicht nur die Entscheidungen in Augenschein nehmen, die Schmitts Historismus in der Ge-

---

1 *Die geschichtliche Struktur*, p. 148, 151, 166; cf. *BdP*, p. 62, 79.
2 *PT*, p. 49 (70).

schichte zeitigt, sondern zugleich in vivo die Konsequenzen beobachten, die sich aus dem Dilemma der Politischen Theologie ergeben. So verstanden mag »die Geschichte« eine Probe genannt werden, was aus einer Theorie zu lernen sei, die sich, der alles entscheidenden Wahrheit sicher, nicht im Ernst auf die Fragen einläßt: Was ist Tugend? Was ist Gott? Was ist das Gute?

Die erstaunlichste und deshalb erhellendste Einschätzung eines Theoretikers der Vergangenheit, die Schmitt vornimmt, ist seine Einschätzung des Thomas Hobbes. Warum versucht Schmitt, aus dem Kritiker der Bibel, der Offenbarung und der Wunder durchaus einen Zeugen der christlichen Wahrheit zu machen? Weshalb beharrt er darauf, den Verfasser des *Leviathan* um den Preis seiner Aufspaltung in einen Philosophen und einen vir probus für den Glauben retten zu wollen? Die plausibelste, für Schmitt günstigste und für uns fruchtbarste Annahme scheint zu sein, daß Schmitt in der Gestalt des Engländers den paradigmatischen Fall eines in seiner Frömmigkeit verkannten Mannes zeigen will, der, von allen Seiten angefeindet, auf die politisch-theologische Herausforderung seiner Zeit mit dem Wagnis eines »Vorgebots« antwortet. Schmitts Wahl trifft Hobbes, weil er dessen Antwort eine überragende geschichtliche Bedeutung beimißt und sie christlicher Glaubensstärke wert und würdig erachtet. Ob Hobbes für ein solches Exempel taugt, hängt allein und hängt allerdings davon ab, »daß es bei Hobbes echte Frömmigkeit gewesen ist«. Daß er die politischen Folgen und historischen Auswirkungen seines Handelns nicht übersah, daß er sich in Irrtümer und Fehlentscheidungen von großer Tragweite verstrickte, daß gute Christen ihn gar für einen Wegbereiter des Antichrist halten mochten, das alles spricht nicht gegen, sondern begründet den paradigmatischen Charakter seines Falles. Der Glaube aber ist unverzichtbar.

Die Umrisse, die der Fall in der Rückschau des christlichen Epimetheus annimmt, sind wohlvertraut. Der »Anruf«, auf den Hobbes antwortet, ist die Herausforderung der Glaubensspaltung, sein »Vorgebot« die Parteinahme für den modernen Staat. Unter dem Eindruck der Unsicherheit und der Unordnung, die die Glaubensspaltung gebiert, stellt Hobbes die Frage nach der weltlichen Instanz, die inappellabel zu entscheiden vermag. Die blutigen Wirren vor Augen, die das Jahrhundert der konfessionellen Bürgerkriege über weite Teile Europas gebracht hat, erkennt er im staatlichen Souverän die einzige Macht, die in den Stand gesetzt werden kann, Frieden zu schaffen und Sicherheit zu gewährleisten. Den »wichtigsten Satz des Thomas Hobbes« ausgenommen, stehen alle Aussagen und Positionen des Engländers, die Schmitt zu würdigen weiß und auf die er immer wieder zurückkommt, in unmittelbarem Zusammenhang mit Hobbes' Parteinahme für den modernen Staat: Sein Bestehen auf der notwendigen Entsprechung von *oboedientia et protectio*, sein Eintreten für die *potestas directa* und seine Zurückweisung der politischen Ansprüche, die die *potestates indirectae* erheben, seine dezisionistische Klarstellung *auctoritas, non veritas, facit legem*, seine theoretische Umsetzung des obrigkeitlichen Herrschafts- und Befriedungsgrundsatzes *cuius regio, eius religio*, sein unbeirrbares Festhalten an den Fragen *quis iudicabit? quis interpretabitur? quis interrogabit?* Die Entscheidung für den neuzeitlichen Staat war aus Schmitts Sicht aber in concreto eine Entscheidung für die »Säkularisierung«. Denn die »völlig unvergleichbare, einmalige geschichtliche Besonderheit dessen, was man in einem spezifischen Sinne ›Staat‹ nennen kann, liegt darin, daß dieser Staat das Vehikel der Säkularisierung ist«. Durch die Kennzeichnung als »Vehikel der Säkularisierung« erfährt der Staat, den Schmitt als »einen geschichtlichen, an eine bestimmte Epoche gebundenen, konkreten Begriff« verstanden wissen will, seine Einordnung in das christliche Geschichtsbild. Er wird in einen Vorgang von überweltlicher Bedeutung hineingestellt und erhält seinen Ort in der epochenübergreifenden Geschichte des christlichen Europa zugewiesen. »Die neue Größe ›Staat‹ beseitigt das sakrale Reich und das Kaisertum des

Mittelalters; sie beseitigt auch die völkerrechtliche potestas spiritualis des Papstes und sucht die christlichen Kirchen zu einem Mittel ihrer staatlichen Polizei und Politik zu machen. Die römische Kirche selber zieht sich auf eine bloße ›potestas indirecta‹ zurück und spricht, soviel ich feststellen kann, nicht einmal mehr von einer autoritas directa.« Die »Entthronung von Kaiser und Papst« bedeutet, »wissenschaftlich und soziologisch gesehen, die Ent-Theologisierung der Argumentation« im Recht, »praktisch« gesprochen, die Beseitigung der bisherigen Hegung des Krieges, das Ende der mittelalterlichen Tyrannenlehre, »d. h. der Interventionsmöglichkeiten von Kaiser und Papst«, das Ende des Fehde- und Widerstandsrechts, »aber auch das Ende der alten Gottesfrieden«. Das weltgeschichtliche Ausmaß des Vorgangs zeigt sich in der veränderten Lage, die sich für das Christentum im Glaubenskampf ergibt: »Vor allem bedeutet diese Art Staat das Ende der Kreuzzüge, d. h. der päpstlichen Mandate als anerkannter Rechtstitel für Landnahmen des Bodens nicht-christlicher Fürsten und Völker.«[3]

Die »Säkularisierung« markiert ein Ende und einen Neubeginn. An die Stelle der politisch-theologischen Ordnung der Respublica Christiana mit ihrer hierarchischen Gliederung und sakralen Ausrichtung tritt der Pluralismus der Behemoths und Leviathane, die sich als souveräne politische Einheiten gegenüberstehen und so, vermöge ihrer Leistungsmacht und auf der Grundlage prinzipieller Gleichheit, eine neue, profane und rationale Ordnung ausbilden. In ihrem Innern gelingt es ihnen, durch klare Zuständigkeiten, durch eine zentralisierte Gesetzgebung, Verwaltung und Justiz den Streit der Konfessionen und Faktionen niederzuhalten. Untereinander bringen sie durch die wechselseitige Anerkennung ihrer Hoheitsgewalt über das eigene, abgegrenzte Territorium eine mehr oder weniger erfolgreiche Hegung der Feindschaft

---

3 *NdE*, p. 97/98; *Staatliche Souveränität*, p. 79; *VA*, p. 383; *ECS*, p. 16, 71.

zustande. Der Krieg wird zum Krieg zwischen Staaten, und die Staaten erweisen sich dadurch als Staaten, daß sie dem Bürgerkrieg eine Ende machen. »Was dem Bürgerkrieg kein Ende macht, ist kein Staat. Das eine schließt das andere aus.« Entspräche die Wirklichkeit der etatistischen Vorstellung, so gäbe es, solange die »Epoche der Staatlichkeit« andauert, innerhalb des Staates »keine Feinde mehr«, und außerhalb seines Herrschaftsgebietes hätte es der Staat einzig mit »gerechten Feinden« in Gestalt anderer Staaten zu tun. Politik wäre gleichbedeutend mit Außenpolitik. Alles übrige fiele der Polizei anheim.[4]

Hobbes hat mit seiner Parteinahme für den modernen Staat die äußersten Konsequenzen aus der neuen Situation gezogen. Der »Gedanke der souveränen *politischen* Entscheidung, die alle theologisch-kirchlichen Gegensätze neutralisiert und das Leben säkularisiert«, war schon im Frankreich des 16. Jahrhunderts aus den konfessionellen Bürgerkriegen entstanden.[5] Doch der Gedanke des Staates »als einer ihr ›Recht‹ und ihre ›Wahrheit‹ nur in sich selbst, nämlich in der *Leistung* und in der *Funktion* findenden Maschine, wurde zuerst von Hobbes erfaßt und als klarer Begriff systematisch gestaltet«. Wenn der »*geschichtliche Sinn* des modernen Staates«, wie Schmitt nicht genug betonen kann, darin besteht, »dem ganzen Streit um die justa causa, d.h. um materielles Recht und materielle Gerechtigkeit«, ein Ende zu setzen,[6] dann findet dieser Sinn im »technischen Charakter« des Hobbesschen Staates seinen vollkommenen Ausdruck: »Dieser Staat ist entweder als Staat wirklich vorhanden, dann funktioniert er als das unwiderstehliche Instrument der Ruhe, Sicherheit und Ordnung, und dann hat er alles objektive und alles subjektive Recht auf seiner Seite, da er als alleiniger und höchster Gesetzgeber alles Recht selber *macht*; oder er ist

4 *L*, p. 47, 72; *NdE*, p. 98/99, 128/129; *BdP*, p. 10.
5 *Staatliche Souveränität*, p. 79; *Die Formung des französischen Geistes*, p. 12, 19, 21, 23.
6 *NdE*, p. 128/129 (m. H.).

nicht wirklich vorhanden und erfüllt seine Funktion der Friedenssicherung nicht, dann herrscht eben wieder der Naturzustand, und es ist überhaupt kein Staat mehr da.«[7] Sobald der »technische Charakter« des Staates erkannt ist, stellt sich allerdings die Frage, wozu die ihr »Recht« und ihre »Wahrheit« in sich selbst findende Maschine konkret eingesetzt werden kann und eingesetzt werden soll. Daß es sich bei ihr um ein Instrument zur Herstellung von Ruhe, Sicherheit und Ordnung handele, beantwortet die Frage nach dem Zweck keineswegs. Ruhe welcher Art? Sicherheit um welchen Preis? Und was für eine Ordnung? Aus der Blickrichtung des christlichen Epimetheus gefragt: Steht der Befehlsmechanismus des Staates im Dienste christlicher oder steht er im Dienste antichristlicher Zwecke? Die Frage erscheint um so naheliegender, als Hobbes im *Leviathan* erklärt, dem Befehl des Souveräns werde auch dann Gehorsam geschuldet, wenn dieser die christliche Religion verbieten und die öffentliche Verleugnung des christlichen Glaubens verlangen sollte.[8]

Schmitt versucht die Frage geschichtlich aufzulösen. Zu Beginn der vierhundertjährigen »Epoche der Staatlichkeit« *war* der sein »Recht« und seine »Wahrheit« allein in seiner Leistung und seiner Funktion findende Staat die richtige Antwort, mit ihrem Ende *ist* er es nicht mehr. Er war die richtige Antwort, weil er den Streit um das Recht, die Wahrheit und den Zweck durch die Herstellung von »Ruhe, Sicherheit und Ordnung« in einem geschichtlichen Augenblick faktisch entschied, da nichts vordringlicher zu sein schien als die Herstellung von »Ruhe, Sicherheit und Ordnung«. Seine geschichtliche Richtigkeit war ebendarin begründet, daß er die Frage nach dem Richtigen zu entschärfen und in den Hintergrund

---

7 *L*, p. 71/72 (m. H.).
8 Hobbes: *Leviathan*, XLII, Ed. Oakeshott, p. 372. Schmitt läßt diese Aussage des Philosophen unerwähnt beiseite. Tatsächlich ist sie wenig geeignet, die Behauptung zu stützen, Hobbes habe ein christliches Gemeinwesen *vorausgesetzt* oder der Satz »Jesus is the Christ« sei eine *Achse seines begrifflichen Denksystems*.

zu drängen verstand, zu einer Zeit, zu der das aus Schmitts Sicht Wichtigste noch *vorausgesetzt* und deshalb auf dem Wege der schieren Herstellung von »Ruhe, Sicherheit und Ordnung« verteidigt werden konnte. Die geschichtliche Wahrheit des Staates bestand mit anderen Worten darin, daß er die Wahrheit des Glaubens schützte, ohne daß er sie zu seiner Wahrheit erhob. Seine Wahrheit blieb solange wahr, wie die Voraussetzungen Gültigkeit behielten, an die sein »Sinn« gebunden war, die der moderne Staat selbst jedoch nicht zu gewährleisten vermochte. Aufgrund der beherrschenden Stellung, die ihm im Prozeß der Neutralisierung und Entpolitisierung zukam, trug er im Gegenteil entscheidend zur Erosion und Destruktion der Voraussetzungen bei, auf denen seine geschichtliche Wahrheit beruhte. Am Ende der »Epoche der Staatlichkeit« scheint erstmals sogar das Politische bedroht und der Verteidigung bedürftig. Die Wahrheit des Glaubens sieht sich einer Herausforderung ohne Beispiel gegenüber. Das »Vehikel der Säkularisierung« bereitete, wie sich jetzt abzeichnet, dem »Massenglauben eines antireligiösen Diesseits-Aktivismus« den Boden, der in einer »Religion der Technizität« gipfelt. Und indem es mit einigem Erfolg »Ruhe, Sicherheit und Ordnung« herstellte, gab es schließlich den gefährlichen Illusionen eines »Zeitalters der Sekurität« Nahrung: Der Staat sei nichts als ein »Apparat« zu beliebiger Verwendung oder aber ein »großer Betrieb«, in dem ausschließlich Sachzwänge obwalteten; die so erfolgreiche Polizei des Staates bedürfe nur noch der Ausdehnung auf einen Leviathan im Weltmaßstab, um die Verheißung von Frieden und Sicherheit universelle Wirklichkeit werden zu lassen; danach bestünde keine Notwendigkeit mehr, Freund und Feind zu unterscheiden, und die Frage nach dem Richtigen könnte endgültig der Vergessenheit überantwortet werden, da sie sich als historisch obsolet erwiesen hätte.

Hobbes hat die »machina machinarum« entworfen, deren sich Liberalismus, Bolschewismus, Nationalsozialismus drei Jahrhunderte später als eines technisch-neutralen Instrumentes oder als einer Waffe zur Durchsetzung ihrer Ziele bedienen. Er hat den »Sicherheitsstaat« theoretisch grundgelegt, in dem die Existenz des Bourgeois ihr Genügen findet, des Bourgeois, »der die Sphäre des unpolitisch risikolos-Privaten nicht verläßt«, des Bourgeois, der »der Tapferkeit überhoben und der Gefahr eines gewaltsamen Todes entnommen bleiben will«. Er hat insbesondere der »Neutralisierung jeder Wahrheit« Vorschub geleistet, die die Gefahr verschärft, daß der Befehlsmechanismus des Staates in den Dienst antichristlicher Zwecke gestellt wird. Doch Hobbes »meint es nicht so«. Und in dem konkreten Augenblick, für den Hobbes' »Antwort« nach Schmitts Glaube bestimmt war, diente sie, wiederum nach Schmitts Glaube, nicht dem Antichrist.[9] Worauf aber stützt sich Schmitts Meinung? Und gesetzt, Hobbes hätte aus »echter Frömmigkeit« gehandelt, konnte er guten Gewissens glauben, daß seine Theorie nicht dem Antichrist dienen werde? Hätte Hobbes Grund gehabt, sich als »Aufhalter« zu verstehen? Oder hätte er nicht eher befürchten müssen, zum »Beschleuniger« zu werden? Hat irgendein Theoretiker, der »für seinen geschichtlichen Augenblick« denken und handeln will, Grund, sich als »Aufhalter« zu verstehen? Ungeachtet der Gefahr, daß der Erfolg seiner »Antwort« ihn später zu einem »Beschleuniger« machen wird? Lassen sich »Aufhalter« und »Beschleuniger« überhaupt unterscheiden, solange die Geschichte nicht an ihrem Ende angelangt ist? Woraus gewinnt das geschichtliche Handeln dann seine Orientierung, wenn das *cui bono?* das *quid est bonum?* erst einmal verdrängt hat und die Frage *Was?* durch die Spekulation *Wer?* zum Verstummen gebracht worden ist? Sowohl prospektiv oder in seiner demütig-wagenden »Nachvorwegnahme« als auch retrospektiv oder in seiner das aktive Handeln stärkenden Rückschau auf »vollbrachte Ereignisse« scheint das Urteil des christlichen Epimetheus einzig im blin-

9   *L*, p. 47, 63, 65, 69, 103; *BdP*, p. 62; *VA*, p. 384/385; *Die vollendete Reformation*, p. 62. Cf. *Carl Schmitt, Leo Strauss*, p. 44/45.

den Willen zum Gehorsam oder in der guten Absicht des Glaubens Halt zu finden.[10]

Die »Säkularisierung« kann in ihrem Beginn, die gute Absicht des Glaubens bei den Handelnden vorausgesetzt, geradezu als ein Unternehmen christlicher Bergung gedeutet werden. Zunächst im Sinne einer großen Anstrengung zu retten, was nach der Kirchenspaltung, bei der es sich »für beide Teile« um »eine schwere Strafe« handelte,[11] zu retten war. Dann aber auch im Sinne des Aufgreifens einer christlichen Möglichkeit, welche die »spezifisch theologisch-politische Krise« der Reformation geschichtlich eröffnete. Wenn man den Protestantismus als eine ursprüngliche, um nicht zu sagen »ewige« Möglichkeit des Christentums anerkennt, wie der frühe Schmitt das in einer seiner am prononciertesten katholischen Veröffentlichungen getan hat,[12] oder wie dies der katholische Theologe Jean Guitton tut,[13] auf den sich der späte Schmitt in unserem Zusammenhang bezieht,[14] ist es nur folgerichtig, wenn man die protestantische Rechtfertigung der Obrigkeit, die den Staat in aller Form von der Autorität des Papstes emanzipierte, gleichfalls als eine christliche Möglichkeit begreift.[15] Der späte Schmitt geht noch einen Schritt weiter. Er erklärt Hobbes' Entscheidung für die »Säkularisierung« zur Vollendung der Reformation. Hobbes'

10 Cf. *Drei Möglichkeiten*, p. 930/931; *Die geschichtliche Struktur*, p. 152; *G*, p. 114.
11 *Die Sichtbarkeit der Kirche*, p. 78.
12 »Sobald der, wenn auch durch viele Glieder vermittelte Kontakt mit Gott da ist, läßt sich die revolutionäre Kraft des Gottesglaubens nicht mehr wegschaffen; auch in der Kirche besteht der Satz, daß man Gott mehr gehorchen muß als den Menschen, und der Vorbehalt, der damit in die Macht jedes Einzelnen gelegt wird, ist so unaustilgbar und sublim, daß er sogar der unfehlbaren Instanz gegenüber Geltung behält.« *Die Sichtbarkeit der Kirche*, p. 77.
13 Jean Guitton: *Le Christ écartelé. Crises et conciles dans l'église*. Paris 1963, p. 228, 230/231; cf. p. 17/18, 32, 49, 217, 219, 226, 240, 253–255.
14 *Die vollendete Reformation*, p. 65n. 5.
15 Schmitts wichtigster Gewährsmann ist hier Rudolph Sohm, der im 3. Kapitel seines *Kirchenrechts* die Haltung der Reformation zum Staat ausführlich darstellt. Siehe insbes. Bd. I, p. 487/488, 548–561, 565/566, 570.

Parteinahme war nicht bloß faute de mieux aus den Bedrängnissen seiner Zeit heraus verständlich oder für einen vir probus insofern vertretbar, als sie sich immerhin mit der protestantischen Auffassung in Einklang bringen ließ. Sie war vielmehr Ausdruck einer tiefgreifenden geschichtlichen – theologischen und politischen – Umwälzung, die sich in Hobbes' Handeln erfüllte. Schmitts letztes Wort zur »konkreten geschichtlichen Verortung des umstrittenen Philosophen« lautet, daß Hobbes »die klare staatliche Alternative zum römisch-kirchlichen Entscheidungsmonopol begrifflich-systematisch erreicht und dadurch *die Reformation vollendet* hat. Das war die Frucht einer Epoche, die vom Mittelalter her noch durch die Vorstellung eines *jus reformandi,* von dem eben dadurch erst entstehenden, epochegebundenen ›Staat‹ her bereits durch den Anspruch auf Souveränität bestimmt war.«[16] Damit scheint Hobbes endgültig historisiert und christianisiert zu sein. Der *Leviathan,* in dem Schmitt »die Frucht eines in spezifischer Weise theologisch-politischen Zeitalters« erkennt, erhält einen Platz, wenn nicht in der Kirchengeschichte, so jedenfalls in der Geschichte der europäischen Christenheit. Hobbes wollte mit der Konzeption, die er im *Leviathan* entwickelte, der »hierokratischen Corpus-Lehre der römischen Theologie« ein »staatliches Gegenstück« entgegenstellen, das vom Protestantismus inspiriert und geschichtlich getragen war. Einen Hinweis seines Freundes, des katholischen Theologen und Kirchenrechtlers Hans Barion aufnehmend, ist Schmitt 1965 geneigt, in Hobbes' Verwendung des biblischen Symbols für die stärkste Macht auf Erden eine Antwort auf die »auffällige Beschwörung des Leviathan-Bildes« im *Policraticus* des John of Salisbury zu vermuten. Danach hätte Hobbes das im *Policraticus* aus einer »monistisch-hierokratischen« Position heraus negativ besetzte, für das Corpus unum der Bösen gebrauchte Bild positiviert und sich zu eigen gemacht, so wie er die hierokratische Position

16 *PT II*, p. 121; *Die vollendete Reformation*, p. 56, 65.

selbst »umgekehrt« und die plenitudo potestatis, die jene für den Papst beanspruchte, auf den Staat übertragen hätte.[17] Für Schmitt ist ausgemacht, daß der Adressat des »staatlichen Gegenstücks«, das Hobbes entwarf, ein christlicher Souverän war, daß Hobbes einen christlichen Souverän im Auge hatte, als er »die alles beherrschende Frage« quis iudicabit? zur Entfaltung brachte, und daß Hobbes einen christlichen Souverän voraussetzte, als er den »ewigen Zusammenhang von Schutz und Gehorsam« säkularisierte, um daraus das Fundament seines Gebäudes zu gewinnen. Im »Weltkampf zwischen Katholizismus und Protestantismus« stand Hobbes auf seiten des Protestantismus. Nach außen stärkte er mit seiner Verteidigung der potestas directa »die Front gegen den Weltfeind des damaligen England, die römische Kirche«.[18] Im Innern entsprach sein Bauwerk dem gesamten Zuschnitt nach weit eher den Erwartungen und Anforderungen eines Lutheraners, »der sich jeder Obrigkeit beugt«, als daß es der »selbstbewußten Größe eines geistigen Nachfahren von Großinquisitoren« hätte genügen können.[19] Die im hohen Alter vollendete christliche Umdeutung des *Leviathan* erhellt, welche Bedeutung für Schmitt einer abgewandelten Sentenz Barbey d'Aurevillys zukommt, die er in einem seiner letzten Aufsätze scheinbar beiläufig und mit dem lapidaren Kommentar versehen anführt, Hugo Ball habe sie »nicht verstanden«. Die Rede ist von Barbey d'Aurevillys Ausspruch über Hobbes' *Leviathan* und de Maistres *Du Pape* in *Les prophètes du passé*, der, wie Schmitt sagt, den *Leviathan* und *Du Pape* »für die beiden wichtigsten Bücher der Neuzeit erklärte«. Schmitt läßt der in einer Fußnote versteckten Benennung seiner Alternative nur noch den Hinweis auf *Die vollendete Reformation* fol-

---

17 *Die vollendete Reformation*, p. 63, 66, 68/69; Hans Barion: *Kirche und Kirchenrecht*, p. 431; John of Salisbury: *Policraticus* (1159), VI, 1.
18 *L*, p. 126; *Staatliche Souveränität*, p. 79, 89, 93; *Die Formung des französischen Geistes*, p. 22/23; *Die vollendete Reformation*, p. 68.
19 Cf. *PT*, p. 51 (74) u. beachte Kapitel III, FN 137, 145, 146.

gen.[20] Tatsächlich bedarf es über diesen Hinweis hinaus keiner weiteren Erläuterung Schmitts, daß er die Wichtigkeit der beiden Bücher in der grundsätzlichen Alternative sieht, die sie für ihn repräsentieren, auf der Grundlage einer freilich noch wichtigeren Gemeinsamkeit, die er durch seine Deutung des *Leviathan* gesichert glaubt. Denn die überragende Wichtigkeit, die Schmitt den so ungleichen Werken zuerkennt, kann nicht auf deren Geschichtsmächtigkeit beruhen. Hier fiele der Vergleich für *Du Pape* gar zu ungünstig aus. Kam Maistres »Antwort« zu spät, oder kam sie zu früh?[21] Blieb seinem »Vorgebot« die geschichtliche Bestätigung bisher versagt, weil Europa noch nicht bereit war, den Preis zu bezahlen, »den Donoso für die Rettung Europas verlangte, nämlich die Rückkehr zur katholischen Kirche«?[22]

20 *Clausewitz als politischer Denker*, p. 493n. 7; cf. Hugo Ball: *Die Flucht aus der Zeit*. Luzern 1946, p. 222. Es ist Schmitt, nicht Barbey d'Aurevilly, der den *Leviathan* und *Du Pape* »für die beiden wichtigsten Bücher der Neuzeit« erklärt. Der französische Katholik hatte geschrieben: »Ainsi, au bout de toutes les philosophies, le système du Pape de Joseph de Maistre *et de toute l'Église* ou le Léviathan de Hobbes! Ou le droit absolu avec son Interprète infaillible qui juge, condamne et absout, ou des luttes sans fin, sans dernier mot, sans apaisement; le vivier de sang de la force (car l'intelligence n'est qu'une force) et le pauvre Esprit humain, secoué par ses passions comme un arbre ébranché et fendu, pour toute mesure du droit et du devoir des hommes! Voilà l'alternative. On verra comme le monde s'en tirera, mais il faudra choisir.« Jules-Amédée Barbey d'Aurevilly: *Les prophètes du passé*. Paris (1851) 2. A. 1889, p. 55n. (m. H.).
21 In der *Politischen Theologie* sagte Schmitt über Maistre vier Jahrzehnte zuvor: »Der Wert des Staates liegt darin, daß er eine Entscheidung gibt, der Wert der Kirche, daß sie letzte inappellable Entscheidung ist« (p. 50/p. 71). Wenn Schmitt einige Zeilen danach behauptet, Maistre erkläre »die Obrigkeit als solche für gut, wenn sie nur besteht: tout gouvernement est bon lorsqu'il est établi«, läßt er ihn, um in Schmitts Terminologie zu bleiben, »lutheranischer« erscheinen, als er ist, denn bei Maistre lautet das Zitat, dessen Quelle Schmitt nicht nennt: »Il faut partir d'ailleurs d'un principe général et incontestable: savoir que tout gouvernement est bon lorsqu'il est établi *et qu'il subsiste depuis longtemps sans contestation.*« *Du Pape*, II, 8, Ed. Lovie/Chetail, Genf 1966, p. 181 (m. H.).
22 *DC*, p. 113. Barbey d'Aurevilly schreibt wenige Zeilen vor der Sentenz, auf die sich Schmitt bezieht, um diejenigen Leser, die seinen Hinweisen nachgehen, wissen zu lassen, welche »beiden Bücher« *er* »für die wichtigsten der Neuzeit« hält: »Et puisque j'ai cité le livre du *Pape*, qu'il me soit

Hobbes wird von Schmitt historisiert, der historische Hobbes ist für Schmitt dagegen von untergeordnetem Interesse. Zwar mahnt Schmitt die Hobbes-Interpreten, sie sollten die Aussagen von Hobbes als Antworten auf solche Fragen zu begreifen lernen, »die er sich selbst gestellt hat«, und an einer Stelle ist Schmitt sogar einem förmlichen Bekenntnis zu der hermeneutischen Maxime nahe, daß »es darauf ankommt, Hobbes zunächst einmal so zu verstehen, wie er sich selbst verstanden hat«.[23] Tatsächlich aber gilt Schmitts ganze Aufmerksamkeit jenen Fragen, von denen er zu wissen meint, »die Geschichte« habe sie Hobbes gestellt,[24] und da er in der Sicherheit seines Geschichtsglaubens rückblickend sowohl den geschichtlichen »Anruf« als auch die Angemessenheit oder Unangemessenheit von Hobbes' »Antwort« erkennen zu können glaubt, nimmt er für sich immer schon stillschweigend in Anspruch, Hobbes besser zu verstehen, als dieser sich selbst verstanden hat. Sowenig Schmitt in Wahrheit nach dem Selbstverständnis des Philosophen fragt, sowenig läßt er sich auf den Wahrheitsanspruch ein, den Hobbes erhebt und der keineswegs an den geschichtlichen Augenblick gebunden ist, in dem Hobbes gelebt und gedacht hat.[25] So wie sich

permis d'ajouter en passant qu'il est à lui seul, sous sa forme historique, toute une Prophétie que le temps se chargera de justifier, et plus prochainement qu'on ne croit. Les peuples chrétiens, qui ne le sont actuellement que de nom et de baptême, doivent revenir, dans un temps donné, à cette théorie du Pape, qui est la théorie de l'unité dans le pouvoir et qui a fait pousser à l'Erreur le cri qu'on pousse quand on est frappé. Lorsque nous serons las, et cette fatigue commence déjà, des pouvoirs fictifs, conventionnels, et remis en question tous les matins, nous reviendrons au pouvoir vrai, religieux, absolu, divin; à la Théocratie exécrée, mais nécessaire et bienfaisante, ou nous sommes donc destinés à rouler, pour y périr, dans les bestialités d'un matérialisme effréné« (*Les prophètes du passé*, p. 54/55n.).

23 *Die vollendete Reformation*, p. 66, 68.

24 Die Fragen quis iudicabit? quis interpretabitur? quis interrogabit? sind in Schmitts Sinne »Antworten« auf die historische Herausforderung der Zeit. Es sind Fragen, die Hobbes an andere richtet und nicht solche, die er im präzisen Verstande *sich selbst* stellt.

25 Cf. Hobbes: *Leviathan*, XXX, Ed. Oakeshott, p. 220; *De cive*, Ep. ded. und Praef., Ed. Warrender (Oxford 1983), p. 75 u. 77 ff.

Schmitt bei seinem Glauben beruhigt, »daß es bei Hobbes echte Frömmigkeit gewesen ist«, so baut er auf die Meinung, daß die »konkrete geschichtliche Verortung« das Wichtigste in Hobbes' Denken aufzuschließen und freizulegen vermag. Schmitt stützt sich erklärtermaßen auf den »Grundsatz der question-answer-Logik«, den er von R. G. Collingwood aufnimmt, um ihn christlich zu »konkretisieren«.[26] Die dogmatische Verengung, die aus Schmitts Historismus resultiert, findet allenthalben, im großen wie im kleinen, ihren Niederschlag.[27] Sie kommt in der Selbstverständlichkeit zum Ausdruck, mit der Schmitt unterstellt, Hobbes habe ein christliches Gemeinwesen »vorausgesetzt«. Sie zeigt sich ebenso darin, daß das, was Schmitt Hobbes' »Wissenschaftlichkeit« nennt, schließlich nur noch als Antwort auf den Verlust einer anderen, Sicherheit verbürgenden Evidenz in den Blick gerät, die zuvor »im Streit der Theologen hoffnungslos verloren gegangen war«.[28] Und da Hobbes mit seiner Theorie auf die zerbrochene Einheit der mittelalterlichen Respublica Christiana »geantwortet« haben muß, kommt Hobbes' Auseinandersetzung mit der antiken Philosophie, die für Hobbes, »wie er sich selbst verstanden hat«, von zentraler Bedeutung war, bei Schmitt schlechterdings nicht vor. Die »konkrete geschichtliche Verortung« erlaubt Schmitt aber immerhin, Parallelen zur eigenen Situation zu ziehen, eigene Abhängigkeiten wahrzunehmen und vermittels der historischen Einordnung seines »Vorläufers« den eigenen Fall zu bedenken und verfremdet zur Darstellung zu bringen. Ein Weiteres kommt hinzu. Wenn Schmitt zu dem Ergebnis gelangt, die »epochale Bedeutung des Thomas Hobbes« bestehe darin, »den rein politi-

---

26 *Die vollendete Reformation*, p. 66/67. Beachte *Die geschichtliche Struktur*, p. 151/152.
27 So sagt Schmitt etwa über Hobbes: »In der konkreten Situation seiner Zeit kommt er zu dem Schluß, daß die Gefahren, die einer individualistischen Freiheit von den Kirchen und den Propheten her drohen, schlimmer sind als alles das, was von einer staatlich-weltlichen Obrigkeit zu befürchten ist« (*Die vollendete Reformation*, p. 61). Cf. Kapitel III, S. 170f. u. 180.
28 *Die vollendete Reformation*, p. 59.

schen Sinn des geistlichen Entscheidungsanspruchs begrifflich klar erkannt zu haben«,[29] billigt er Hobbes eine Erkenntnis zu, deren Wahrheit nicht »nur einmal wahr« war – wobei wir für den Moment außer acht lassen wollen, daß sie einem Philosophen des 14. oder 16. Jahrhunderts nicht minder zugänglich gewesen war, wie jeder Leser von Machiavellis *Discorsi* oder Marsilius von Paduas *Defensor pacis* sich überzeugen kann –, sondern noch immer wahr ist.

Über seinen eigenen Fall hat Schmitt im Sommer 1945 gesagt, er lasse sich benennen, »mit Hilfe eines Namens, den ein großer Dichter gefunden hat. Es ist der schlechte, unwürdige und doch authentische Fall eines *christlichen Epimetheus*.«[30] Schlecht, unwürdig und doch authentisch – Schmitts Charakterisierung bezieht sich vor allem anderen auf die Jahre seiner Unterstützung des nationalsozialistischen Regimes, Jahre, die in der Mitte seines Lebens liegen und im Mittelpunkt des Streites um seine Person stehen. Für viele machen sie Schmitt überhaupt erst zu einem Fall. Aber Schmitts Charakterisierung bezieht sich nicht nur auf die Rolle, die er während jener Zwölf Jahre gespielt hat, sowenig wie sein Fall auf sein Handeln im Dritten Reich beschränkt ist. Schmitts Selbstcharakterisierung, die einem öffentlichen Bekenntnis christlicher Reue näher kommt als irgendeine andere Äußerung innerhalb seines zu Lebzeiten publizierten Œuvre, um damit zugleich der christlichen Rechtfertigung den Weg zu ebnen, faßt die NS-Vergangenheit ins Auge, ohne bei ihr stehenzubleiben.

Die Attribute *schlecht, unwürdig, und doch authentisch* mögen als Ausgangspunkt für eine Betrachtung des Falles von Carl Schmitt dienen, der prosekutorische Absichten so fremd sind, wie ihr apologetische Beweggründe fernliegen. Wir unterstellen, Schmitt habe das Wesentliche getroffen, als er seinen Fall als christlicher Epimetheus *schlecht* und *unwürdig*

29 *Die vollendete Reformation*, p. 64.
30 *ECS*, p. 12; cf. p. 31 u. 53; *G*, p. 23, 24, 66, 101, 159, 238.

nannte, und überlassen es Schmitts zukünftigen Biographen, uns darüber zu belehren, daß er in Wahrheit als schlechter oder weniger schlecht, als unwürdiger oder weniger unwürdig zu beurteilen sei. Wenn wir Schmitts Meinung zu unserem Ausgangspunkt wählen, so freilich nicht allein deshalb, weil eine Biographie, die diesen Namen verdiente, nicht verfügbar ist, sondern weil für uns das Hauptinteresse an Schmitts Urteil der Bestimmung *und doch authentisch* gilt. Uns interessiert, wie der christliche Epimetheus, der sein Handeln angesichts der Unergründlichkeit des providentiellen Willens, von dem er die Geschichte regiert glaubt, nur im Sinne eines »Vorgebots« verstanden wissen möchte, wie dieser christliche Epimetheus sein Tun und Lassen post festum einordnet. Uns interessiert, welche Konsequenzen der politische Theologe für seine Theorie zieht, oder ob die konkrete geschichtliche Erfahrung des eigenen Falles für seine Theorie folgenlos bleibt. Deshalb gilt unser Hauptinteresse der Tatsache, daß Schmitt für seinen Fall in Anspruch nimmt, er sei, obgleich schlecht und unwürdig, der *authentische* Fall eines *christlichen Epimetheus.* Für Schmitts Entscheidung von 1933, der NSDAP beizutreten und am Aufbau des Dritten Reiches tatkräftig mitzuwirken, lautet die zentrale Frage demnach, wie Schmitt im »geschichtlichen Augenblick« des Jahres 1933 und wie er in der Rückschau des Jahres 1945 glauben konnte, daß seine Entscheidung mit seiner Politischen Theologie zu vereinbaren sei. Eine Reihe jener Fragen, die die Historiker beschäftigen, insbesondere aber Apologeten und Prosekutoren bewegen, treten demgegenüber zurück. Etwa die Erwägungen zu Schmitts persönlichen Motiven oder die Mutmaßungen über den Einfluß, den Freunde und Bekannte, ja sogar ihm fernstehende Respektspersonen auf seine Entscheidung ausgeübt haben könnten.[31] Wir werden

---

31 Zu den Legenden, die sich um Schmitts Biographie ranken, zählt das von verschiedenen Historikern und Journalisten verbreitete Gerücht, Heidegger habe Schmitt aufgefordert, der NSDAP beizutreten oder sich der Bewegung »nicht zu verschließen«. Als Beleg wird ein Brief Heideggers vom

nicht untersuchen, ob Schmitts Furcht oder ob Schmitts Eitelkeit eine größere Rolle spielte, um lediglich die Schmitt wohlvertraute Hobbessche Alternative zu erwähnen; und wir werden uns erst recht nicht auf die verwickelte Kasuistik einlassen, welches der in Frage kommenden Motive unter Berücksichtigung aller Umstände gegebenenfalls eher als belastend oder eher als entlastend anzusehen sei. Von ungleich größerem Gewicht ist für uns, daß Schmitt nach dem Zweiten Weltkrieg die Meinung vertritt, die Bereitschaft, mit der er der Tyrannis in Deutschland jahrelang zu Diensten war, und die antisemitischen Ausbrüche, die er sich seit 1933 gestattete, seien mit dem Fall eines christlichen Epimetheus in Einklang zu bringen und sprächen nicht gegen dessen Authentizität. Keine historische Belehrung der Zukunft wird an das heranreichen können, was wir aus Schmitts eigenem Urteil, das seit Jahrzehnten allgemein zugänglich ist, über seinen Glauben und über die auf seinen Glauben gegründete Politische Theologie zu lernen vermögen.[32]

Wie sehr ist Schmitts Lehre dem Despotismus förderlich? Nimmt sie ihn überhaupt wahr? Oder ist sie ihm gegenüber konstitutionell mit Blindheit geschlagen?[33] In einem Fall scheint sie von seiner Gefahr geradezu überwältigt. Die Vorstellung von der drohenden Despotie des Antichrist hält

22. April 1933 genannt. Tatsächlich gibt es diesen Brief nicht. Ebensowenig gibt es irgendein anderes Indiz dafür, daß Schmitt, der die politischen Ereignisse 1932/33 in Berlin aus nächster Nähe verfolgte, sich von dem Freiburger Philosophen Ratschläge erteilen ließ, mit dem ihn ein ausgesprochenes Nicht-Verhältnis verband. Der einzige Brief Heideggers an Schmitt, der uns vorliegt, datiert vom 22. August 1933. Heidegger bedankt sich darin in allgemeinen Worten für die dritte Fassung des *Begriffs des Politischen*, die der Preußische Staatsrat dem Rektor der Universität Freiburg zugesandt hatte. Darüber hinaus ist nicht bekannt, daß Schmitt, der unzählige Wissenschaftler in aller Welt mit Büchern und Sonderdrucken bedachte, mit Heidegger Publikationen ausgetauscht oder korrespondiert hätte.

32 Cf. Johann Wolfgang von Goethe: *Noten und Abhandlungen. Israel in der Wüste*. Ed. Trunz, Bd. II, p. 223/224.

33 Cf. Kanzler Friedrich von Müller: *Unterhaltungen mit Goethe*. Eintragung vom 19. Oktober 1823. Ed. Grumach, Weimar 1959, p. 99; *PT II*, p. 123; ferner Kapitel I, S. 37 u. 39.

Schmitt mit einer solchen Macht in ihrem Bann, daß seine Aufmerksamkeit für alle anderen Quellen und Formen des Despotismus in der politischen Wirklichkeit herabsinkt (von jenen Ausprägungen gar nicht zu reden, die Hobbes unter dem Namen *Kingdom of Darkness* zusammenfaßte). Schmitts Fixierung auf die Gefahr des Antichrist, auf den Einen Fall, auf den es allein ankommt, führt uns geradenwegs ins Zentrum seines eigenen Falles, der ohne jene Fixierung nicht angemessen verstanden werden kann. Denn sie steckt den Horizont ab, in dem sich Schmitt mit seinen politischen Parteinahmen bewegt. Die eschatologische Erwartung, die Gespanntheit auf die Bedrohung, die jede andere Bedrohung in den Schatten stellt, hat dabei von Anbeginn an einen ambivalenten Charakter. Sie schärft das Bewußtsein für den Ernst der Entscheidung, erschüttert die Sekurität des Status quo, durchkreuzt den Komfort und das Behagen der Selbstzufriedenheit. Zugleich aber erleichtert sie im gewöhnlichen Gang der Ereignisse die Selbstberuhigung mit wohlfeilen Ausflüchten von der Art des vermeintlich »geringeren Übels« oder der »notwendigen Gegengifte« und »unvermeidlichen Wagnisse«, die im Hinblick auf die Einzigartigkeit der Gefährdung und das, was mit *ihr* auf dem Spiel steht, zu rechtfertigen seien. Sie erhöht, mit einem Wort, die Gefahr des Selbstbetrugs.[34]

Um der Herrschaft des Antichrist entgegenzuwirken, setzt Schmitt auf die Verteidigung des Politischen, und der Kampf »für« oder »gegen« die Feindschaft wird für ihn, wie wir gesehen haben, zum wichtigsten politisch-theologischen Krite-

---

34 In einer Tischrede, die er am Vorabend seines 50. Geburtstags an den engsten Freundeskreis richtet, erklärt Schmitt: »Jeder von Ihnen kennt meine großen Schwächen, meine Neugierde, Begeisterungsfähigkeit, die Fähigkeit, sich betrügen zu lassen.« (Ms. Hauptstaatsarchiv Düsseldorf.) Cf. *G*, p. 95, 174, 227, 238. (Zu den vier Geburtstagsgästen zählten der Preuß. Finanzminister Johannes Popitz und der ev. Landesbischof Heinrich Oberheid, zu dem Schmitt sagt, er sei »für mich, der ich aus dem katholischen Teil Westfalens stamme, zu einem wahren Initiator in die Welt [geworden], ohne deren innerste Eroberung man nicht Deutscher sein kann – in die Welt des lutherischen Christentums, lutherischer Gottes- und Gnadengläubigkeit«.)

rium, da er in der Verneinung der Feindschaft das sicherste Anzeichen der Bedrohung erkennt, die vom Alten Feind ausgeht.[35] Das apokalyptische Grauen des Antichrist steht so in einem präzisen Sinne vor und hinter Schmitts Handeln als politischer Theologe. Zum erstenmal kommt es in einem Buch zur Sprache, das Schmitt Mitte des Ersten Weltkriegs über »die Elemente, den Geist und die Aktualität« des »Nordlicht«-Epos seines Freundes Theodor Däubler veröffentlicht. Es ist die einzige unter seinen zahlreichen Schriften, für die er ein Christus-Wort als Motto wählt. Die Beschwörung des Antichrist, die den Kulminationspunkt der plastischsten Beschreibung und Kritik darstellt, welche Schmitt der »moralischen Bedeutung der Zeit« zuteil werden läßt, erweist sich als Angelpunkt für alles Weitere.[36] In ihrer Perspektive wird sichtbar, was die nachfolgenden Entscheidungen und Positionsbestimmungen Schmitts untereinander verbindet und was sich in ihnen durchhält, die manchem Zeitgenossen als Ausdruck von bloßem »Okkasionalismus« oder schierem Opportunismus erschienen. Denn die Verteidigung des Politischen beschränkt sich nicht auf Schmitts Bemühungen – im *Begriff des Politischen* und in der *Politischen Theologie* – um dessen theoretische Grundlegung oder um den Nachweis seiner »Unentrinnbarkeit«. Sie ist ebenso das Leitmotiv jener Studien, die Schmitts Ansehen als Jurist begründeten. Von der eingehenden Beschäftigung mit dem Problem der Rechtsverwirklichung oder dem Beharren auf dem personalen Element in der Gesetzesanwendung – in *Die Diktatur* und zuvor schon in den Frühschriften *Gesetz und Urteil* und *Der Wert des Staa-*

35 1947 notiert Schmitt, man habe sich »über die Konstatierung« – über *seine* Konstatierung – »entsetzt«, »daß ein Unterschied zwischen Freund und Feind ist und daß es so etwas wie Feindschaft immer noch gibt unter den Menschen. Das war ein roher Griff an den sensiblen Punkt. Der Teufel fuhr auf, als in dieser Weise auf seinen Busch geklopft wurde, und lehrte den Buschklopfer Mores« (*G*, p. 12). Siehe Kapitel I, S. 45 f. und Kapitel II, S. 93 ff.
36 *Theodor Däublers »Nordlicht«*, p. 59–72. Das Christus-Wort Lukas XII, 56, das Schmitt zum Motto bestimmt, lautet: »Ihr Heuchler, die Gestalt der Erde und des Himmels könnt Ihr prüfen, wie prüfet ihr aber diese Zeit nicht?«

tes und die Bedeutung des Einzelnen –, über das nachdrück-
liche Insistieren auf der politischen Entscheidung, die jeder
Verfassung voraus- und dem gesamten Legalitätssystem zugrunde liegt – in der *Verfassungslehre*, im *Hüter der Verfassung* oder in *Legalität und Legitimität* –, bis zum Herzstück
der staatsrechtlichen Arbeiten Schmitts, bis zur juristischen
Umsetzung und geschichtlichen Vergegenwärtigung der »Lehre von der Souveränität«.

Besonders klar tritt Schmitts Leitmotiv naturgemäß im Für
und Wider seiner unmittelbar polemischen Stellungnahmen
und Konzepte hervor. Etwa in seiner Kritik der Politischen
Romantik, die vor dem Entweder-Oder der moralischen und
politischen Entscheidung in ein ewiges Gespräch auszuweichen suche; in seinem Kampf gegen den Anarchismus, der
die »anspruchsvolle moralische Entscheidung«, den »Kern
der politischen Idee«, in einem »paradiesischen Diesseits unmittelbaren, natürlichen Lebens und problemloser ›Leib‹haf-
tigkeit« paralysiere; oder in seinem Aufbegehren gegen die
»heute herrschende Art ökonomisch-technischen Denkens«,
die »eine politische Idee gar nicht mehr zu perzipieren« vermöge. Gegen solche und andere Feinde »des Politischen«
führt Schmitt 1922 die »politische Idee des Katholizismus«
ins Feld. 1939 proklamiert er das Reich als Träger einer politischen Idee, die »in einen bestimmten Großraum aus-
strahlt«, und als Zentrum einer neuen, polyzentrischen politischen Ordnung der Erde. 1963 bietet er den Partisanen als
letztes Beispiel für die Widerstandskraft auf, welche eine politische Idee oder die »äußerste Intensität des politischen Engagements« gegen das »System unbeirrter Sachlichkeit« zu
mobilisieren in der Lage ist.[37] Die halsbrecherischen Unternehmen und Fehleinschätzungen, die dem gleichen Muster
folgen, sind damit nicht erschöpft. 1933 versucht Schmitt,

---

37 *PR*, p. 162; *PT*, p. 55/56 (82/83); *RK*, p. 56/57 (37/38); *Völkerrechtliche
Großraumordnung mit Interventionsverbot für raumfremde Mächte. Ein
Beitrag zum Reichsbegriff im Völkerrecht.* Berlin-Wien 1939, p. 69, 72; *TdP*,
p. 92.

nachdem am 30. Januar »Hegel gestorben« und der »Beamtenstaat des 19. Jahrhunderts« durch eine »andere Staatskonstruktion ersetzt worden« war, dem Nationalsozialismus eine »Dreigliederung der politischen Einheit« in Staat, Bewegung und Volk anzusinnen und diese gegen die »zweiteilige« Konstruktion der »Liberaldemokratie« in Stellung zu bringen, hinter welcher »ein anarchischer Pluralismus sozialer Mächte wucherte«: der »totale Führerstaat« als Garant des Primats des Politischen und Ausweg aus »einem chaotischen Gemenge von Staatlich und Nichtstaatlich, Öffentlich und Privat, Politisch und fiktiv Unpolitisch«.[38] Vorausgegangen war dem zu Beginn der dreißiger Jahre eine letzte Anstrengung Schmitts, das Politische dem Entscheidungsmonopol des Staates im klassischen Verstande zu überantworten, und zwar mit dem konzeptionellen Angebot des »totalen Staates«, der »nichts absolut Unpolitisches mehr kennt« und souverän darüber befindet, was er als politisch ansehen und was er als unpolitisch gelten lassen will, mit dem konzeptionellen Angebot also des totalen Staates »aus Stärke und Kraft« oder »im Sinne der Qualität und der Energie« an ein Regime autoritären Zuschnitts, das imstande wäre, den Interessen des Ganzen gegenüber den Partikularinteressen der Gesellschaft und der in ihr wirksamen Parteien Geltung zu verschaffen.[39] Aus demselben Grund setzt Schmitt schon in den zwanziger Jahren große Hoffnungen in den stato totalitario Mussolinis.

Die »Überlegenheit des Fascismus über wirtschaftliche Interessen, sei es der Arbeitgeber, sei es der Arbeitnehmer, und der, man kann sagen, heroische Versuch, die Würde des Staates und der nationalen Einheit gegenüber dem Pluralismus ökonomischer Interessen zu halten und durchzusetzen«, fin-

---

38 *SBV,* p. 17, 23, 27, 31/32, 42, 44, 46.
39 *Der Hüter der Verfassung.* Tübingen 1931, p. 73, 78–82; *Die Wendung zum totalen Staat* (1931) in: *PuB,* p. 146, 151–154, 157; *BdP,* p. 24, 26; *Legalität und Legitimität.* München u. Leipzig 1932, p. 95–97; *Gesunde Wirtschaft im starken Staat* in: Langnamverein, Jg. 1932, H. 1, Vortrag vom 23. 11. 1932, p. 13–32, insbes. p. 16–18, 21–23, 31/32; *Weiterentwicklung des totalen Staats in Deutschland* (1933) in: *VA,* p. 361/362, 364/365.

den Schmitts uneingeschränkte Sympathie. Im Gewande einer Buchbesprechung veröffentlicht er 1929 eine Eloge auf das *Wesen und Werden des fascistischen Staates*, die seine eigenen politischen Präferenzen der Jahre vor dem Dritten Reich auf wenigen Seiten offenlegt: »Der fascistische Staat entscheidet nicht als neutraler, sondern als höherer Dritter. Das ist seine Suprematie. Woher kommt diese Energie und diese neue Kraft? Aus nationaler Begeisterung, aus der individuellen Energie Mussolinis, aus der Kriegsteilnehmerbewegung, vielleicht noch aus weiteren Gründen«.[40] Was in Deutschland »eine großartige philosophische Theorie« blieb, der Staat als der *höhere* Dritte, das sieht Schmitt in Italien Wirklichkeit werden, weil der Faschismus begriffen habe, daß eine »Suprematie des Staates gegenüber der Wirtschaft nur mit Hilfe einer geschlossenen, ordensmäßigen Organisation durchführbar« ist. »Sowohl der Fascismus wie der kommunistische Bolschewismus bedarf zu seiner Überlegenheit über die Wirtschaft eines solchen ›Apparates‹.« Denn wie »soll der Staat der höhere und mächtigere Dritte sein, wenn er nicht eine starke, festformierte, in sich geschlossene und daher nicht wie die Partei auf freier Werbung beruhende, hierarchische Organisation zur Verfügung hat? Der ungeheuren neuen Aufgabe ist nur eine solche neue Organisation gewachsen.«[41]

40 *Wesen und Werden des fascistischen Staates* in: Schmollers Jahrbuch für Gesetzgebung, Verwaltung und Volkswirtschaft im Deutschen Reiche, 53. Jg., 1. H., 1929, p. 108, 111 (*PuB*, p. 110, 113; ich zitiere nach dem Wortlaut der Originalveröffentlichung).
41 *Wesen und Werden*, p. 111 (*PuB*, p. 112). »Es gehört zum Schicksal Deutschlands, daß es bereits vor hundert Jahren eine großartige philosophische Theorie vom Staat als dem höheren Dritten produziert hat, die von Hegel über Lorenz von Stein zu den großen Nationalökonomen (wie Schmoller und Knapp) geht, die dann einer ziemlich rohen Verflachung anheimfiel und leicht als Lehre vom Obrigkeitsstaat verschrien werden konnte, weil ihr in der soziologischen Wirklichkeit keine neue, mit soziologischem Bewußtsein der neuen Situation geschaffene Organisation entsprach, sondern nur ein gut diszipliniertes und technisiertes Beamtentum in Verbindung mit einer traditionalistisch verhärteten, national verwirrenden Pluralität von Dynastien, deren ideelle Grundlage der politisch lähmende Begriff der Legitimität war. Der Fascismus dagegen legt aus guten Gründen Wert darauf, revolutionär zu sein« (p. 111; *PuB*, p. 112/113).

Da Schmitt sich schon so weit auf die »soziologische Wirklichkeit« eingelassen hat, stellt er auch noch die Frage, wem der
»von Mussolini aufgebaute Apparat«, der seinem Anspruch
nach einzig dem Ganzen verpflichtet ist, wohl »seinem Wesen
nach auf die Dauer dienen muß, den kapitalistischen Interessen der Arbeitgeber oder den sozialistischen Interessen der
Arbeitnehmer?« Schmitts Prognose lautet, »daß er, und zwar
in demselben Maße, in dem er *echter Staat* ist, auf die Dauer
den Arbeitnehmern zugute kommt, und zwar deshalb, weil
diese *heute* das Volk sind und der Staat nun einmal die politische Einheit des Volkes ist. Nur ein schwacher Staat ist kapi-
talistischer Diener des Privateigentums. Jeder starke Staat
– wenn er wirklich höherer Dritter ist und nicht einfach identisch mit den wirtschaftlich Starken – zeigt seine eigentliche
Stärke nicht gegenüber den Schwachen, sondern gegenüber
den sozial und wirtschaftlich Starken. Caesars Feinde waren
die Optimaten, nicht das Volk; der Staat des absoluten Fürsten mußte sich gegen die Stände durchsetzen, nicht gegen
die Bauern usw. Daher können die Arbeitgeber und insbesondere die Industriellen einem fascistischen Staat niemals
ganz trauen, und müssen sie vermuten, daß er sich eines
Tages im Ergebnis zu einem Arbeiterstaat mit Planwirtschaft
entwickeln werde.« Sollte sich diese Prognose bewahrheiten,
ergäbe sich »ein schönes Beispiel für die List der weltgeschichtlichen Idee«, insofern »Mussolini im erbitterten Kampf
gegen die offiziellen Hüter des Sozialismus eine sozialistische
Armatur geschaffen hätte«. Der Erfolg des Faschismus in der
Auseinandersetzung mit dem Hauptfeind, dem Liberalismus,
liegt dagegen nicht in einer ungewissen Zukunft. Zwar möchte Schmitt nicht ausschließen, »daß möglicherweise auch einmal einige liberale Rückschläge eintreten können, wenn die
Führung durch Mussolini aufhört«, doch schon jetzt hat der
italienische Faschismus für Schmitt die »Atmosphäre ideolo-
gischen Betruges« durchbrochen, die den Liberalismus umgibt, und die Position des Politischen, die Schmitt durch den
Liberalismus am stärksten gefährdet glaubt, geschichtliche

Gestalt annehmen lassen. Was Schmitt am Faschismus Mussolinis mit Bewunderung erfüllt, ist die entschiedene Antithese zum Liberalismus, die er in ihm sieht oder die er in ihn hineinsieht, die Antithese zur Herrschaft des Geldes, des Unsichtbaren, der indirekten Gewalten: »Der fascistische Staat will mit antiker Ehrlichkeit wieder Staat sein, mit sichtbaren Machtträgern und Repräsentanten, nicht aber Fassade und Antichambre unsichtbarer und unverantwortlicher Machthaber und Geldgeber.« Ganz anders der Liberalismus, der »ein kunstvolles System von Methoden zur Schwächung des Staates« ist und »alles spezifisch Politische und spezifisch Staatliche« auflöst, einschließlich der Demokratie, denn Demokratie »ist ein Begriff, der ebenso spezifisch in die Sphäre des Politischen gehört«. Ausdrücklich verteidigt Schmitt den Faschismus daher gegen den Vorwurf, in einem »absoluten Gegensatz zur Demokratie« zu stehen.[42] Der Faschismus mache nicht Front gegen die Demokratie, sondern gegen »die liberale Auflösung der echten Demokratie«. Und ins Grundsätzliche gewendet stellt Schmitt fest: »Wie die Dinge heute liegen, ist in keinem Land der Kampf um den Staat und das Politische ein Kampf gegen eine echte Demokratie, aber ebenso notwendig ist er ein Kampf gegen die Methoden, mit denen das liberale Bürgertum des 19. Jahrhunderts den damaligen, heute längst erledigten monarchischen Staat geschwächt und gestürzt hat.«[43]

Wenn es sich um die Verteidigung des Politischen handelt, ist Schmitt entschlossen, auch revolutionäre Kräfte als mög-

---

42 *Wesen und Werden*, p. 112/113 (m. H.); 108 (*PuB*, p. 113, 114; 110). »Daß der Fascismus auf Wahlen verzichtet und den ganzen ›elezionismo‹ haßt und verachtet, ist nicht etwa undemokratisch, sondern antiliberal und entspringt der richtigen Erkenntnis, daß die heutigen Methoden geheimer Einzelwahl alles Staatliche und Politische durch eine völlige Privatisierung gefährden, das Volk als Einheit ganz aus der Öffentlichkeit verdrängen (der Souverän verschwindet in der Wahlzelle) und die staatliche Willensbildung zu einer Summierung geheimer und privater Einzelwillen, d.h. in Wahrheit unkontrollierbarer Massenwünsche und -ressentiments herabwürdigen« (p. 109; *PuB*, p. 110/111).
43 *Wesen und Werden*, p. 108, 110 (*PuB*, p. 110, 111).

liche »Aufhalter« in Erwägung zu ziehen, und soweit es gegen den Liberalismus geht, ist er, wie die Dinge *heute*, d. h. nach der Zäsur des Ersten Weltkriegs, liegen, sogar bereit, sich bis zu einem gewissen Grade auf die Demokratie einzulassen. Denn ungeachtet ihrer spinozistisch-rousseauistischen Vorbelastung vermag Schmitt in der modernen Demokratie zumindest ein »politisches Formprinzip« zu erkennen, das im »Kampf um den Staat und das Politische« gegen den zur Herrschaft gelangten »antipolitischen« Liberalismus der Gegenwart ausgespielt werden kann. So verwendet er mehrere Veröffentlichungen der zwanziger und frühen dreißiger Jahre – allen voran *Die geistesgeschichtliche Lage des heutigen Parlamentarismus* und die *Verfassungslehre* – darauf, die »Liberaldemokratie« in ihre heterogenen Bestandteile zu zerlegen und den feindlichen Widerstreit ihrer Grundprinzipien darzutun: des politischen Prinzips, das die Demokratie als Herrschaftsform charakterisiert, einerseits und der un- bzw. antipolitischen Prinzipien, die den bürgerlichen Rechtsstaat bestimmen, andererseits.[44] Unter der Überschrift *Der bürgerliche Rechtsstaat* läßt Schmitt 1928 eine auf die politische Quintessenz konzentrierte Kritik erscheinen, die beinahe in jeder Hinsicht das komplementäre Gegenstück zu der Lobrede bildet, die er ein Jahr später dem faschistischen Staat widmet. Als »Grundprinzip« des bürgerlichen Rechtsstaats identifiziert Schmitt »die Unkontrollierbarkeit des einzelnen«. Aus ihm leiten sich die beiden für den rechtsstaatlichen Liberalismus wesentlichen Forderungen nach der Sicherung der Grundrechte und der Gewaltenteilung her. »Dabei wird die

---

44 *GLP,* p. 14, 16, 18, 21–23, 45/46, 58; *VL,* p. 41, 213, 216/217, 255/256, 305. Die beiden zentralen Sektionen der *Verfassungslehre* sind »Der rechtsstaatliche Bestandteil der modernen Verfassung« und »Der politische Bestandteil der modernen Verfassung« überschrieben. Im Vorwort sagt Schmitt über sein Werk: »In der Hauptsache ist die Verfassungslehre des bürgerlichen Rechtsstaates dargestellt. Darin wird man *keinen Einwand* gegen das Buch finden können, denn diese Art Staat ist *heute im Allgemeinen noch vorherrschend* und die Weimarer Verfassung entspricht durchaus seinem Typus« (p. IX, m. H.).

Freiheit des einzelnen als prinzipiell unbegrenzt, der Staat und seine Gewalt als begrenzt gesetzt. Was der Staat darf, wird ihm genau zugemessen. Überall werden Kontrollorgane eingefügt und juristisch gesichert.« Der bürgerliche Rechtsstaat entscheidet sich im strengen Sinne für keine Form des Staates, auch nicht für die Demokratie. Die Demokratie wird von ihm vielmehr auf eine bloße Organisationsform, etwa der Gesetzgebung, reduziert, der andere Organisationsformen die Waage halten sollen, etwa die monarchische für die Exekutive. So ergibt sich ein status mixtus, »der absichtlich entgegengesetzte Prinzipien gegeneinander ausbalanciert, aber nicht im Interesse der politischen Einheit, sondern der individuellen Freiheit«.[45] Der bürgerliche Rechtsstaat ist in Schmitts Augen seinem Wesen und seinem Werden nach Ausdruck der *Entscheidung für das Unpolitische.*[46] Seine »typische Erscheinungsform« sieht Schmitt im parlamentarischen System. »Es enthält aristokratische und monarchische Elemente und ist in allem eine aus dem liberalen Interesse entstandene Formenmischung, um das eigentlich Politische zu hemmen, wo es

45 *Der bürgerliche Rechtsstaat* in: Die Schildgenossen. Zweimonatsschrift aus der katholischen Lebensbewegung, 8. Jg., 2. H., März/April 1928, p. 128, 129. Der Text wurde von der Redaktion mit dem Hinweis versehen: »Die nachfolgenden Ausführungen sind eine Niederschrift Dr. Werner Bekkers nach einem Vortrage von Prof. Dr. Carl Schmitt. Das Manuskript ist von Carl Schmitt durchgesehen und wird mit dessen Zustimmung in den ›Schildgenossen‹ veröffentlicht« (p. 127). Schmitt publizierte ihn kurz danach auch in der Zeitschrift *Abendland*, H. 3, 1928, p. 201–203.
46 »Die beiden Prinzipien des bürgerlichen Rechtsstaates, Freiheit des einzelnen und Gewaltenteilung, sind beide unpolitisch. Sie enthalten keine Formen des Staates, sondern Methoden der Organisation von *Hemmungen* des Staates. Hier zeigt sich der unmittelbare Einfluß liberalen Denkens, das allen Formelementen feindlich ist. ›Die Freiheit konstituiert nichts.‹ (Mazzini.) Es muß vor allem betont werden, daß der bürgerliche Rechtsstaat keine Form des Staates und für sich keine Verfassung, sondern nur ein System von Kontrollen des Staates ist« (p. 129). »Das Schema des bürgerlichen Rechtsstaates, dessen Sinn gerade darin besteht, eine politische Form zu vermeiden, hat das Bürgertum endgültig in der heute geltenden französischen Verfassung von 1875 gefunden. Es kulminiert im parlamentarischen System. Das vom Volk unabhängige Parlament macht den Höhepunkt des bürgerlichen Rechtsstaates aus« (p. 129/130).

sich zeigt. Es ist die Form, die sich das Bürgertum zum Schutz vor dem Staat geschaffen hat, also eine antipolitische Form, wie das liberale Bürgertum selbst etwas Unpolitisches ist.« Auf den prinzipiellen Angriff folgt die historisierende Erledigung. Der bürgerliche Rechtsstaat »mit seinem Parlamentarismus« hatte in der Vergangenheit »eine bestimmte Aufgabe«. Er diente dazu, »das Bürgertum, d. h. eine durch die beiden Merkmale Besitz und Bildung charakterisierte Bevölkerungsgruppe, in den damals vorhandenen monarchischen Staat zu integrieren«. Diese Aufgabe hat er erfüllt. Um so wichtiger ist es jetzt, argumentiert Schmitt, seinen Historismus in praktische Politik umsetzend, daß man sich über die »Relativität des Versuches« klarwird. Zumal es den früheren Gegenspieler des Parlamentarismus, die Monarchie, nicht mehr gibt, »der seine Kräfte aus einer anderen Zeit zog. Schon deshalb muß das ganze System leerlaufen.« *Heute* stellt sich eine völlig andere Aufgabe. »Heute geht es darum, das Proletariat, eine nicht besitzende und nicht gebildete Masse, in eine politische Einheit zu integrieren.« Im Hinblick auf diese »zentrale Aufgabe«, die »politisch gemeistert« werden muß und die »die Unzulänglichkeit der Methoden des bürgerlichen Rechtsstaates erkennen läßt«, plädiert Schmitt für die Aktivierung des »politischen Bestandteils« der Verfassung, für die Mobilisierung des »Demokratischen«, das in der Weimarer Verfassung immerhin »stark genug hervorgehoben« sei, »so daß das Volk jederzeit die Möglichkeit hat, trotz aller Hemmungen und Ventile und hinter der Mauer, die von den Ideen des bürgerlichen Rechtsstaates her gebaut werden, seine politische Form zu finden«. Daran knüpft Schmitt »für die Verfassungsentwicklung der nächsten Zeit« die Forderung, »die Demokratie aus ihrer Verhüllung durch liberale Momente zu retten«.[47] Aber was soll gerettet werden? Welche Gestalt wird zum Vorschein kommen, wenn die liberalen Hüllen erst einmal gefallen, die rechtsstaatlichen Hemmungen

47 *Der bürgerliche Rechtsstaat*, p. 129, 130/131.

überwunden sind? Ist die Hinwendung zur Demokratie mehr als ein Euphemismus für eine unbestimmte Flucht nach vorn? Zeigt sie Konkreteres an als die Abwendung vom Liberalismus oder den Wunsch nach einer solchen Abwendung?

Fest steht, daß Schmitt einer rasanten Beschleunigung mit ungewissem Ausgang das Wort redet. In einem historischen Augenblick, in dem in der »deutschen Demokratie überall vermieden wird, die Konsequenzen des Demokratischen zu ziehen«, tritt Schmitt als Fürsprecher einer Demokratie auf, in der mit ebendiesen Konsequenzen Ernst gemacht werden soll. »Das demokratische Prinzip verlangt, daß das Volk in seiner Gesamtheit verantwortlich entscheidet und regiert.« In der »heutigen Demokratie« wird dem demokratischen Prinzip nicht Genüge getan, da sie sich liberaler statt demokratischer Methoden bedient, um die Souveränität des Volkes ins Werk zu setzen. Die Entscheidung des Souveräns kommt nämlich »durch geheime Einzelabstimmung zustande. Das bedeutet: die einzelnen sind in dem einzigen Momente, in dem sie öffentliche Verantwortung tragen, isoliert.« Sie entscheiden als Individuen und im Geheimen, nicht als Volk und in der Öffentlichkeit. Die liberale Demokratie bleibt deshalb eine »Demokratie ohne Demos, ohne Volk«. In seinem Kampf gegen den Liberalismus macht sich Schmitt zum Anwalt des Volkes. Volk ist für ihn dabei »nur versammeltes Volk«, sichtbar und real präsent. Um »Träger der politischen Verantwortung« sein zu können, muß es außerdem, anders als das »heutige Staatsvolk«, das »kulturell, sozial, klassenmäßig, rassenmäßig, religiös gespalten« ist, politisch geeint und homogen sein. Die Demokratie, die Schmitt proklamiert, erweist sich mithin als eine Demokratie auf der Grundlage von Öffentlichkeit, Akklamation und Homogenität: Öffentlichkeit, weil es ohne Öffentlichkeit »kein Volk gibt«; Akklamation, weil der zustimmende oder ablehnende Zuruf der versammelten Menge bzw. die öffentliche Meinung in den modernen Großstaaten die Form der Willensäußerung des Volkes ist, die der Kanalisierung, Bezähmung oder Verfälschung durch »li-

berale Methoden« am wenigsten zugänglich zu sein scheint;
Homogenität, weil Demokratie als Identität von Regierenden
und Regierten eine, wie auch immer näher bestimmte,
Gleichartigkeit voraussetzt.[48] Daß Schmitt mit seiner Konzeption von Demokratie, die er dem bürgerlichen Rechtsstaat
polemisch entgegenstellt, so gut wie alle konkreten Fragen
unbeantwortet läßt und beinahe jede politische Option offenhält, liegt auf der Hand und ist ihm selbst gewiß nicht verborgen geblieben.[49] Ein Autor, der die Hobbesschen Sentenzen
quis iudicabit? quis interpretabitur? quis interrogabit? unzählige Male in seinem Leben wiederholt hat, muß gewußt
haben, was er tut, wenn er die Demokratie als Mehrheitsentscheidung bestimmt, um im nächsten Satz hinzuzufügen:
»Sie hat den Sinn, daß die politischen Fragen im Sinne der
politisch verantwortlichen Überzeugung der Mehrheit des
Volkes geregelt werden.«[50]

Echter Nationalismus verlangt nach Demokratie. Er gründet sich auf die Souveränität des Volkes, oder er ist auf nichts
gegründet. »Echter Nationalismus«, erklärt Schmitt in seinem Aufsatz über den italienischen Faschismus, »echter Nationalismus, allgemeine Wehrpflicht und Demokratie sind
nun einmal ›dreieinig, nicht zu trennen‹«.[51] Ist Schmitt ein
Anhänger dieser Dreieinigkeit gewesen? Sollte er sich etwa,
in seiner Weise, auf die Demokratie eingelassen haben, um

---

48 *Der bürgerliche Rechtsstaat*, p. 131, 132, 133. Siehe *VL*, p. 205, 214/
215, 231, 234–237 (zur Homogenität); 208, 244–246, 280–282 (zur Öffentlichkeit); 83/84, 243, 246/247 (zur Akklamation). Zur Bedeutung, die
Schmitt der Akklamation beimißt, cf. Peterson: Εἰς Θεός. *Epigraphische,
formgeschichtliche und religionsgeschichtliche Untersuchungen.* Göttingen
1926, Abschnitte III u. IV, insbes. p. 141, 145, 146–152, 213, 215.
49 Cf. *VL*, p. 84.
50 *Der bürgerliche Rechtsstaat*, p. 132.
51 *Wesen und Werden*, p. 109 (*PuB*, p. 110); *VL*, p. 231; siehe auch Heinz
O. Ziegler: *Die moderne Nation. Ein Beitrag zur politischen Soziologie.* Tübingen 1931, insbes. p. 233, 243 und vom selben Autor *Autoritärer oder totaler Staat.* Tübingen 1932, p. 7, 9–11, 16, 18; cf. *LuL*, p. 93 sowie *Völkerrechtliche Neutralität und völkische Totalität* (1938) in: *PuB*, p. 255.

den Nationalismus zu befördern? War Schmitt also ein Nationalist? Oder ist er ein Theoretiker des Nationalismus? Dem Faschismus bescheinigt Schmitt 1929, eine »große Steigerung des staatsbürgerlichen und nationalen Selbstbewußtseins bei der Masse der Italiener, insbesondere bei den Bauern,« erreicht zu haben,[52] und angesichts der Prognose, die er dem faschistischen Staat als einer vielversprechenden Verwirklichung der Theorie des »höheren Dritten« stellt, darf man annehmen, daß er ihm auch am ehesten die Bewältigung jener »zentralen Aufgabe« zutraute, von der er ein Jahr zuvor gesagt hatte, sie sei in Deutschland »noch kaum ins Auge gefaßt worden«: die politische Integration des Proletariats, genauer gesagt, die »Integrierung« des Volkes in seiner Gesamtheit »zur politischen Einheit von innen her«.[53] Schmitts Hoffnungen stützten sich allerdings nicht sosehr auf tatsächliche Erfolge oder auf die Praxis des Faschismus als auf dessen Verlautbarungen oder auf die faschistische Rhetorik. Die faschistische Berufung auf den Mythos der Nation dient ihm bereits wenige Monate nach der Machtergreifung des Duce als Beleg für die »Überlegenheit des Nationalen« über den internationalen Sozialismus und dessen Mythos vom Klassenkampf. 1923 bietet er den Redner Mussolini als Kronzeugen für die stärkste politische Kraft auf, die er in der Gegenwart wahrzunehmen glaubt. »In seiner berühmten Rede vom Oktober 1922 in Neapel, vor dem Marsch auf Rom, sagte Mussolini: ›Wir haben einen Mythus geschaffen, der Mythus ist ein Glaube, ein edler Enthusiasmus, er braucht keine Realität zu sein, er ist ein Antrieb und eine Hoffnung, Glaube und Mut. Unser Mythus ist die Nation, die große Nation, die wir zu einer konkreten Realität machen wollen.‹ In derselben Rede nennt er den Sozialismus eine inferiore Mythologie.« Kommentierend fährt Schmitt fort: »Wie damals, im 16. Jahrhundert, hat wieder ein Italiener das Prinzip der politischen Wirklichkeit aus-

---

52 *Wesen und Werden*, p. 109 (*PuB*, p. 110).
53 *Der bürgerliche Rechtsstaat*, p. 130, 133.

gesprochen.«[54] Was in der politischen Wirklichkeit zählt, sind Antrieb, Hoffnung, Glaube und Mut; worauf es heute ankommt, ist, die Mythologie zu erkennen, die diese Kräfte und Tugenden in der größten Intensität zu wecken und zu entfalten vermag; und hier meint Schmitt, was die »neuere Zeit« anbelangt, »die Überlegenheit des Nationalen« festzustellen, oder, wie er sich drei Jahre später korrigiert, darauf bauen zu können, »daß der stärkere Mythus im Nationalen liegt«. Weder heißt dies indes, daß Schmitt den Glauben des »nationalen Mythus« teilt, noch heißt es, daß er sich um der Nation willen auf ihn beruft, ihn im Hinblick auf die Nation bedenkt oder ihn im Interesse der Nation unterstützt. Schmitt ist kein Theoretiker des Nationalismus, sondern politischer Theologe. Der Nationalismus hat für ihn in der entscheidenden Rücksicht keinen anderen Status als die »inferiore Mythologie« des Sozialismus. Und Schmitt läßt seine Leser, soweit sie ihre Augen nicht mit Fleiß vor dem Wichtigsten verschließen, über seine grundsätzliche Distanz durchaus nicht im unklaren: »Für die politische Theologie ist das Polytheismus, wie jeder Mythus polytheistisch ist.« Eine Abirrung also von der wahren Theologie, ein Abfall vom rechten Glauben. »Aber«, konstatiert der geschichtlich Handelnde, »als gegenwärtige starke Tendenz kann man es nicht ignorieren.«[55] Im gleichen Sinne nimmt Schmitt zur Kenntnis, daß sich zwischen 1815 und 1918 eine »Entwicklung von der dynastischen zur demokratischen Legitimität« vollzog und »daß die heute herrschende Art der Legitimität tatsächlich demokratisch ist«,[56] ohne des-

---

54 *GLP*, erste Ausgabe 1923, p. 64, 65 (zweite Ausgabe 1926, p. 88, 89). Beachte die Änderungen des Textes von 1926 gegenüber der Erstausgabe. Der kommentierende Zusatz findet sich in beiden Fassungen des Buches, nicht aber in der Erstveröffentlichung innerhalb der Bonner Festgabe für Ernst Zitelmann. München u. Leipzig 1923, p. 472, und auch nicht im Wiederabdruck in *PuB*, p. 17.
55 *GLP*, p. 65 (89); cf. *VL*, p. 238. Peterson schreibt in *Politik und Theologie*: »Zu den Völkern, den gentes, gehört es eben, daß sie dem metaphysischen Pluralismus, der Vielgötterei, dem Heidentum zufallen« (Transkription Nichtweiß, p. 4).
56 *GLP*, p. 18 (39).

halb einen Augenblick zu vergessen, daß die Demokratie für die Politische Theologie, jener »unermeßlich fruchtbaren Parallele von Metaphysik und Staatstheorie« zufolge, ihre »Entsprechung« im Pantheismus, im »Immanenz-Pantheismus« oder in der »Immanenz-Philosophie« hat.[57] Pantheismus, Immanenzphilosophie und Polytheismus scheinen sich, danach zu urteilen, ohne ernsthafte Schwierigkeiten miteinander vereinbaren zu lassen. Sei dem wie dem sei. Kein Theoretiker, der beabsichtigte, die Souveränität des Volkes zu unterstützen, wäre auf den Gedanken gekommen, die Lehre von der Souveränität vorzutragen, die Schmitt vorträgt, und keiner, dessen politisches Denken um die Nation kreiste, wäre darauf verfallen, die Konzeption des Politischen zu entwickeln, die Schmitt entwickelt.[58] Wenn wir uns dem politischen Akteur im gemeinen Verstande zuwenden, ergibt sich kein anderes Bild. Sowenig die Einsicht, daß die demokratische oder plebiszitäre Legitimität als »staatliche Rechtfertigung« und »Sanktion« heute unverzichtbar ist, »weil es heute nun einmal keine andere Sanktion gibt«,[59] sowenig die Einsicht in die politischen Möglichkeiten der Berufung auf die Demokratie, die bei ihm seit 1923 zusehends wächst,[60] Schmitt zu

---

57 *PT*, p. 44–46, 52 (62–65, 76); cf. *D*, p. 142; *GLP*, p. 20 (41); *VL*, p. 79/80, 237/238; *Die legale Weltrevolution* in: Der Staat, 21. Jg., 3. H., 1978, p. 397. Siehe dazu Donosos Rede vom 30. Januar 1850 (Ed. Veuillot, *Œuvres de Donoso Cortés*. Lyon 1877, I, p. 394/395) und seinen Brief an Kardinal Fornari vom 19. Juni 1852 (Ed. Maschke, *Essay über den Katholizismus, den Liberalismus und den Sozialismus*. Weinheim 1989, p. 309–312).
58 Siehe Kapitel II, S. 59–63, 100 und Kapitel III, S. 111–116.
59 *LuL*, p. 93, 94.
60 Während Schmitt 1929 meint, den Faschismus gegen die Behauptung in Schutz nehmen zu sollen, daß dieser sich in einem Gegensatz zur Demokratie befinde, schreibt er 1923 noch: »Nur der italienische Fascismus war theoretisch wie praktisch eine Durchbrechung dieser Herrschaft [der demokratischen Prinzipien]. Von ihm abgesehen, wird man sagen müssen, daß bisher das demokratische Prinzip unbestrittenermaßen anerkannt ist« (*GLP*, p. 18). 1926 wird daraus bereits: »Nur der italienische Fascismus legt anscheinend keinen Wert darauf, ›demokratisch‹ zu sein. Von ihm abgesehen, wird man sagen müssen, daß bisher das demokratische Prinzip unbestritten allgemein anerkannt ist« (2. A., p. 39). Im zweitletzten Absatz des Buches heißt es: »Bisher gibt es nur ein einziges Beispiel dafür, daß

einem Demokraten macht, sowenig macht die Überzeugung, daß der stärkere Mythos gegenwärtig »im Nationalen« liegt, Schmitt zu einem Nationalisten. Für einen Nationalisten steht die Identifikation mit der Nation im Zentrum der eigenen Existenz. Für Schmitt hat dies zu keinem Zeitpunkt gegolten: sein Zentrum war anders besetzt.[61] Auch der viel erörterte »Kampf mit Genf und Versailles« kann deshalb nicht dazu taugen, Schmitt als Nationalisten auszuweisen. Das Eintreten für die Interessen der Nation oder, um es unserem Fall angemessener zu formulieren, für die Interessen des Staates, in dem man lebt, ist kein Ausweis von Nationalismus, sondern

unter bewußter Berufung auf den Mythus Demokratie und Parlamentarismus verächtlich beiseite gesetzt wurden, und das war ein Beispiel für die irrationale Kraft des nationalen Mythus« (p. 64). 1926 ersetzt Schmitt die von Mussolini verächtlich beiseite gesetzte *Demokratie* durch *Menschheitsdemokratie* (2. A., p. 89).
61 Cf. *G*, p. 283. Im »Entwurf eines Berichtes an P. Erich Przywara«, den er im »Winter 1945/46« im Internierungslager Lichterfelde verfaßte, stellt sich Schmitt dem Jesuitenpater folgendermaßen vor: »Ich komme zu Ihnen, hochverehrter Pater, mit der Bitte, diesen Bericht als ein *depositum* anzunehmen, das Sie entweder bei sich aufbewahren oder irgendwohin weitergeben wollen, wie es Ihnen in der Abnormität unserer heutigen Lage richtig scheint. Das *depositum* betrifft Erkenntnisse und Einsichten, die nur in langen Forschungen und Erfahrungen und nur aus dem innersten Kern der deutschen Ereignisse heraus entstehen und nur von einem *deutschen Katholiken* gemacht werden konnten, d. h. von einem Deutschen, der legitimen Anteil, volle *participatio* hatte, *ohne sich zu identifizieren*« (Typoskript, Hauptstaatsarchiv Düsseldorf, m. H.). Schmitt schließt den »Bericht« mit der Bitte, »diese Sendung in unserer phantastischen Zeit anzunehmen, als hätte Ihnen eine Meereswoge in einer versiegelten Flasche den Plan einer Schatzinsel zugetrieben, den irgendein Seeschäumer ins Meer geworfen hat, ein arger Seeschäumer, dem Sie aber trotzdem den priesterlichen Segen nicht zu versagen brauchen, um den er in seiner Art Frömmigkeit und Demut bittet, um unseres gekreuzigten Gottes willen und seiner reinsten und heiligsten Mutter Maria.« (Der »Bericht« konnte im Nachlaß Przywara bisher nicht aufgefunden werden. Hingegen ist ein Brief Schmitts vom 10. Oktober 1959 erhalten, in dem es heißt: »Vor 14 Jahren erschien mir in der Verlassenheit des Camp Ihr Bild wie das eines tröstlichen Engels«. Über seinen Beitrag *Nomos-Nahme-Name* zur Festschrift für Erich Przywara, den er seinem Brief zum 70. Geburtstag des Theologen beifügt, schreibt er: »Nach dem Brief aus dem Camp vom Februar 1946 ist es sozusagen der Versuch einer zweiten Botschaft an Sie, hochverehrter, hochwürdiger Herr Pater Przywara.«)

in normalen Zeiten eine Selbstverständlichkeit. Soweit Schmitts »Kampf mit Genf« darüber hinausging, war er eher ein Kampf gegen eine Einrichtung, in der Schmitt ein liberales Instrument zur Domestizierung des Politischen sah, denn ein Kampf für die Nation; und soweit sein »Kampf mit Versailles« aus dem in Deutschland von links bis rechts bestehenden Konsens der Zeit herausragte, war er wiederum zuallererst ein Kampf gegen das »System der westlichen Liberaldemokratie«. Will man ausloten, wie tief Schmitts Berufung auf »das Nationale« tatsächlich reichte, scheint zwei anderen Erwägungen größeres Gewicht beizumessen zu sein: Als »die Geschichte« gegen die deutsche Nation entschieden hatte und das Land nach 1945 geteilt am Boden lag, hat Schmitt in der Zurückgezogenheit seines »San Casciano« in vier Jahrzehnten nichts geschrieben, was von ferne an eine »Exhortatio ad capessendam Germaniam in libertatemque a barbaris vindicandam« erinnerte. Vor allem aber: konnte sich ein Nationalist 1933 auf den Hitlerismus einlassen, konnte er danach über Jahre dem »totalen Führerstaat« dienstbar sein, konnte er Freiheit, Integrität und Ehre der Nation der Willkür eines Einzelnen und dessen akklamierender Gefolgschaft unterordnen?

Kehren wir zur zentralen Frage zurück. Die Entscheidung, die Schmitt im Frühjahr 1933 fällte, war nicht die Entscheidung eines Nationalisten, sondern die eines politischen Theologen. Wie vermochte er sie mit seiner Politischen Theologie zu vereinbaren? Zehn Jahre zuvor hatte Schmitt eine andere Entscheidung zum Gegenstand eines öffentlichen Räsonnements gemacht. Sie betraf unmittelbar und ausdrücklich die Katholische Kirche. Er hätte sie folglich den zuständigen Autoritäten anheimstellen und sich an deren Politik orientieren können. Doch wie bei so vielen Gelegenheiten davor und danach verhielt sich Schmitt eher »protestantisch«, weder der intermediären Instanzen achtend noch auf Repräsentation bauend, sich einzig auf den eigenen Glauben oder auf die souveräne Autorität beziehend, mehr in der Nachfolge des »protestantischen Theologen« aus Dänemark das Entweder-

Oder des geschichtlichen Augenblicks aufsuchend als den überlieferten Regeln der römischen Institution genügend, mit der er sich identifizierte. Schmitt steht 1923 unter dem Eindruck des Gegensatzes von westeuropäischer Bildung, Moral, Zivilisation und russischer Barbarei, ein Gegensatz, der nach der Oktoberrevolution seine politisch-konkrete Zuspitzung in der Alternative Liberalismus oder Bolschewismus zu finden scheint. Schmitt weiß, daß es sich dabei nicht um die letzte, nicht um jene »große Alternative« handelt, »die keine Vermittlung mehr zuläßt«. Die Lage ist zu unübersichtlich, und die Wahl entbehrt offenbar noch zu sehr der eschatologischen Verschärfung, als daß der Leitsatz des Kardinals Newman direkte Anwendung fände: *No medium between catholicity and atheism.*[62] Was tun, wenn der Atheismus in sehr unterschiedlicher Gestalt auftritt? Wie sich entscheiden, wenn der Feind an mehreren Fronten ausgemacht werden kann? Schmitt verkennt die Ausnahmestellung der Kirche nicht: »Sub specie ihrer alles überlebenden Dauer braucht die katholische Kirche sich auch hier nicht zu entscheiden, auch hier wird sie die complexio alles Überlebenden sein. Sie ist die Erbin. Aber«, fährt er nach der Bekräftigung seines Bekenntnisses fort, »es gibt trotzdem eine unvermeidliche Entscheidung des gegenwärtigen Tages, der aktuellen Konstellation und der gegenwärtigen Generation. Hier muß die Kirche, auch wenn sie sich für keine der kämpfenden Parteien erklären kann, doch tatsächlich auf einer Seite stehen, so, wie sie zum Beispiel in der ersten Hälfte des neunzehnten Jahrhunderts auf der gegenrevolutionären Seite stand«, auf der Seite also der politischen Theologen Bonald, Maistre, Donoso Cortés.[63] Um mit der gebotenen Vorsicht anzudeuten, wie die »unvermeidliche Entscheidung des gegenwärtigen Tages« ausfallen muß, stellt Schmitt eine Mutmaßung über die »Entscheidung« eines längst vergangenen Tages an. Er verläßt die

62 *PT*, p. 49 (69).
63 *RK*, p. 79/80 (52).

Gegenwart und geht ein halbes Jahrhundert in der Geschichte zurück, bis zu dem »symbolischen Vorpostengefecht«, das Bakunin gegen die théologie politique de Mazzini führte. »Und hier *glaube ich*«, lautet Schmitts verschlungene Antwort, »in jenem Vorpostenkampfe Bakunins waren die katholische Kirche und der katholische Begriff der Humanität auf der Seite von Idee und westeuropäischer Zivilisation, neben Mazzini und nicht neben dem atheistischen Sozialismus des anarchistischen Russen.«[64]

Wie verschlungen Schmitts Antwort ist, wird noch deutlicher, wenn wir uns vergegenwärtigen, daß der Name Mazzinis in ihr für den Liberalismus oder für die Freimaurerei stehen kann, die im 18. Jahrhundert, wie Schmitt bemerkt, »der letzte europäische Gegner« des Katholizismus war, aber auch – in einem Atemzug mit »Idee«, »Moral«, »Zivilisation« – für den »Gottesglauben«, für die »Religion« im weiteren Sinne und selbst für den »nationalen Enthusiasmus«.[65] Nur die Entscheidung gegen die Barbaren der »russischen Räterepublik« mit ihrem atheistischen Sozialismus nimmt vergleichsweise klare Konturen an. Allerdings gibt Schmitt am selben Ort zu Protokoll: »Ich weiß, daß in dem russischen Haß gegen die westeuropäische Bildung mehr Christentum liegen kann als im Liberalismus und im deutschen Marxismus, daß große Katholiken den Liberalismus für einen schlimmeren Feind hielten als den offenen sozialistischen Atheismus, und daß endlich vielleicht in der Formlosigkeit potentiell die Kraft zu einer neuen, auch das ökonomisch-technische Zeitalter gestaltenden Form liegen könnte.«[66] Kaum etwas scheint unmöglich, fast alles mag sich in der Zukunft als richtig – oder als falsch erweisen. Damit liegen die wichtigsten Gründe bereit, auf die Schmitt zehn Jahre später zurückgreifen kann,

64 *RK*, p. 80 (m. H.). In der zweiten Ausgabe von 1925 ist der letzte Satz der Schrift vorsichtiger formuliert: »... näher bei Mazzini als bei dem atheistischen Sozialismus des anarchistischen Russen« (p. 53).
65 *RK*, p. 73, 75 (48, 49).
66 *RK*, p. 79 (52).

um sich selbst davon zu überzeugen, daß ein Einschwenken auf den Nationalsozialismus nach dessen Sieg vom März 1933 politisch-theologisch zu rechtfertigen sei.

Andere Gesichtspunkte kommen in der bewegten Dekade hinzu. Wenige Monate, nachdem Schmitt seine späte Option für »Mazzini« zu Papier gebracht hatte, wurde er Zeuge, wie sich »auf italienischem Boden« die Loslösung des »nationalen Enthusiasmus« von der »Ideologie des angelsächsischen Liberalismus« vollzog.[67] Mussolini war weder liberal, noch war er Freimaurer. Mit dem italienischen Faschismus betrat eine neue politische Formation den europäischen Schauplatz, die sich Schmitt schon allein dadurch empfahl, daß sie sich dezidiert antiuniversalistisch gebärdete und emphatisch die »Verteidigung des Eigenen« auf ihre Fahnen schrieb. Analoges gilt 1933 für den Nationalsozialismus in Deutschland: Die Instrumentalisierung des »nationalen Mythus« als aussichtsreiche Strategie, um der Realisierung der apokalyptischen Schreckensvision vom alles erfassenden, alles verschlingenden »Weltstaat« entgegenzuwirken. Während des Jahrzehnts von 1923 bis 1933, in dem Schmitt voller Bewunderung den Weg Mussolinis verfolgte, wuchs zudem seine Überzeugung, Liberalismus und Marxismus stimmten im Wesentlichen oder hinsichtlich ihrer »Metaphysik« überein, für den Marxismus bleibe das liberale Erbe bestimmend, er sei »nur ein Anwendungsfall der liberalen Denkweise des 19. Jahrhunderts«. Die Zusammenfassung von Liberalismus und Marxismus zum »neuen Glauben« der Gegenwart, der einem »mit Illusion und Betrug angefüllten Säkulum« entstammte, über einen Grundbestand gemeinsamer Dogmen verfügte und einen gemeinsamen antipolitischen Endzweck verfolgte, mußte Faschismus und Nationalsozialismus als die entschlossensten und dort, wo die Hoffnungen auf eine »autoritäre Lösung« faktisch gescheitert waren, als die einzigen politischen Anti-

67 *GLP*, p. 65 (89).

poden von realer Bedeutung erscheinen lassen.[68] Ein drittes Element mag Schmitts Rechtfertigung vor sich selbst erleichtert haben. Der Nationalsozialismus berief sich wie keine andere politische Kraft auf »die Geschichtlichkeit« und auf »das Geschick«. Welche Massenbewegung wäre dem »Arcanum« näher gekommen, daß alle geschichtliche Wahrheit nur einmal wahr ist? Gab es hier nicht eine beachtliche Resonanz mit Schmitts eigenem »geschichtlichen Denken«, mit seinem christlichen Geschichtsglauben? Und sollte in der neuen Schicksalsgläubigkeit, so diffus, vulgär, unchristlich sie sich ausnehmen mochte, nicht zumindest ein Antidot gegen die übermächtige »Religion der Technizität« liegen? Sicher ist, daß der Nationalsozialismus gerade mit der Berufung auf die Geschichtlichkeit und den Primat des geschichtlichen Handelns unter christlichen Theologen Zustimmung und Sympathie erntete, bei protestantischen und katholischen, bei bedeutenden und weniger bedeutenden.[69] Sie schlug die Brük-

68 Cf. *Wesen und Werden*, p. 113 (*PuB*, p. 114); *BdP* III, p. 55/56.
69 Das einzige, was Rudolf Bultmann, der nicht auf den Nationalsozialismus einschwenkte, diesem in seiner Vorlesung *Theologische Enzyklopädie* 1933 zugute hält, ist bezeichnenderweise das »verborgene Wissen um die Geschichtlichkeit des Daseins«, das der »Bewegung« innewohne und das sie in die Tradition des Ringens um das »geschichtliche Bewußtsein« von Kierkegaard bis zur dialektischen Theologie stelle: »Die wahre positive Kraft der Bewegung erhebt sich zu eigenem Bewußtsein in einer Ideologie, die sie zu verdecken und damit zu verderben droht. Ihre Kraft entspringt einem verborgenen Wissen um die Geschichtlichkeit des Daseins, dem Wissen darum, daß die konkreten geschichtlichen Gegebenheiten mit ihrem Anspruch und die konkreten geschichtlichen Entscheidungen die Wirklichkeit des Lebens konstituieren. Daher die Abwendung von Idealismus, Rationalismus, von Liberalismus und Demokratie, sofern in diesen zeitlose Ideen dem Leben Forderung und Wirklichkeit geben wollen und das Einzelne am Allgemeinen gemessen werden soll ... Im Rückschlag gegen Idealismus und Rationalismus ist aber die Gefahr groß, in die Romantik und eine materialistische Biologie zu verfallen. Die konkreten Gegebenheiten des Lebens, die unsere Wirklichkeit konstituieren, können es nur als *geschichtliche* Gegebenheiten.« *Theologische Enzyklopädie*, p. 64. Vergleiche Gogarten: *Ich glaube an den dreieinigen Gott. Eine Untersuchung über Glauben und Geschichte*. Jena 1926, p. 43, 44/45, 78, 81, 100–102, 123, 180. Emanuel Hirsch: *Die gegenwärtige geistige Lage im Spiegel philosophischer und theologischer Besinnung. Akademische Vorlesungen zum Verständnis des deutschen Jahres 1933*. Göttingen 1934, p. 32/33, 35/36. *Christliche*

ke, über die eine ganze Reihe von ihnen zur Unterstützung der »nationalen Bewegung« gelangten. Die »Verteidigung des Eigenen« und die Frontstellung gegen die »aktivistische Metaphysik« des Liberalismus wie des marxistischen Sozialismus trugen das ihre dazu bei, daß die »unvermeidliche Entscheidung des gegenwärtigen Tages« bei den politischen Theologen Emanuel Hirsch und Friedrich Gogarten, bei Schmitts theologischen Freunden Karl Eschweiler und Hans Barion, bei einem Paul Althaus oder Gerhard Kittel 1933 gleich ausfiel.

Fünf Jahre später hat sich Schmitt in mancherlei Weise eines anderen besonnen. Der Traktat über den Leviathan, den er zum 11. Juli 1938 veröffentlicht, ist auch eine Kritik des herrschenden Regimes. Von der Illusion, »den Führer führen« zu können, ist außer den traurigen Ergebnissen, die sie vordem zeitigte, wenig übrig geblieben. Parteiämter bekleidet Schmitt nicht mehr, seitdem »Das Schwarze Korps« Ende 1936 seinen katholischen Hintergrund vor den Augen der NS-Gewaltigen »enthüllte«. Wenn Schmitt am Schluß seines Traktats von Hobbes sagt, er sei »für uns der echte Lehrer einer großen politischen Erfahrung«, und die »für uns heute erkennbare und fortwährend fruchtbare Leistung« des Engländers wenige Zeilen zuvor als »die des großen Lehrers im Kampf gegen alle Arten der indirekten Gewalt« bestimmt, so mögen in dieses einzig unzweideutige und uneingeschränkte Lob, das Hobbes innerhalb des Buches zuteil wird, die Erfahrungen eingegangen sein, die Schmitt in den ersten Jahren des Dritten Reiches mit den verschiedensten Parteigliederungen und NS-Organisationen, vom Amt Rosenberg bis zur SS, gesammelt hatte. Der aktuelle Bezug des Angriffs auf die potestas indirecta, gleichviel, in welcher Gestalt sie auftrete und ihre Ansprüche geltend mache, konnte politisch

Freiheit und politische Bindung. Hamburg 1935, p. 19. Konrad Weiss: *Die politische Spannung von Inbegriff und Geschichte* in: Die Schildgenossen, 13. Jg., H. 1, 1933, p. 39, 40, 42/43, 44.

wachen Zeitgenossen jedenfalls schwerlich entgehen.[70] Dasselbe gilt für die pointierte »Wiedergabe« einschlägiger Hobbesscher Positionen. Etwa für die Aussage, zu einer »rationalen staatlichen Macht« gehöre »vor allem immer die volle politische Gefahrübernahme und in diesem Sinne die Verantwortung für Schutz und Sicherheit der Staatsunterworfenen. Hört der Schutz auf, so hört auch der Staat selber auf und jede Gehorsamspflicht entfällt. Dann gewinnt das Individuum seine ›natürliche‹ Freiheit wieder.«[71] Komplizierter liegen die Dinge, wo von Hobbes als einem »geistigen Ahnen des bürgerlichen Rechts- und Verfassungsstaates« die Rede ist.[72] Immerhin gibt es auch hier neue Obertöne. In der Behauptung, »inzwischen« sei Hobbes »als Theoretiker des ›positiven Rechtsstaates‹ anerkannt«, die Schmitt unter Hinweis auf die Äußerung eines nationalsozialistischen Juristen aus dem Jahre 1930, aus der Zeit vor dessen Konversion zum Nationalsozialismus, aufstellt, schwingt ein später Respekt für jenen »bürgerlichen Rechtsstaat« mit, den Schmitt ein Jahrzehnt zuvor scharf attackiert hatte und an dessen Destruktion er sich von 1933 bis 1936 tatkräftig beteiligte.[73] Nach fünf

70 *L*, p. 131/132; cf. insbes. p. 116/117.
71 *L*, p. 113.
72 *L*, p. 103, 114; cf. p. 100–102, 110/111 u. insbes. 70–72; beachte Kapitel III, S. 164, 169, 178, 179.
73 »In der geschichtlichen Lage des deutschen 19. Jahrhunderts ist ›Rechtsstaat‹ der Gegenbegriff gegen zwei Arten von Staat: gegen den christlichen, also einen von der *Religion* her bestimmten, und gegen den als ein Reich der *Sittlichkeit* aufgefaßten Staat, nämlich den preußischen Beamtenstaat der Staatsphilosophie Hegels. Im Kampf gegen diese beiden Gegner tritt der Rechtsstaat ins Leben. Das ist seine Herkunft, sein *principium*, wenn ich so sagen darf: seine Rasse.« »Ein christlicher Staat konnte seine Totalität und Ganzheit aus dem religiösen Glauben eines damals noch durchaus christlichen Volkes gewinnen; der Staat als Reich der Sittlichkeit und der objektiven Vernunft war ebenfalls noch einer Totalität fähig und jedenfalls der bürgerlichen Gesellschaft übergeordnet; der Rechtsstaat des 19. Jahrhunderts dagegen ist nichts als der zum Mittel und Werkzeug der individualistischen bürgerlichen Gesellschaft gewordene neutrale Staat.« *Was bedeutet der Streit um den »Rechtsstaat«?*, p. 191 u. 192. Cf. p. 198, 199, 201; ferner *Fünf Leitsätze für die Rechtspraxis*. Berlin 1933, insbes. Leitsätze 4 u. 5; *Nationalsozialistisches Rechtsdenken* in: Deutsches Recht, 4. Jg., Nr. 10, 25. 5. 1934, p. 229; *Der Führer schützt das Recht* in: Deut-

Jahren »totalem Führerstaat« erscheint der Vielgeschmähte in milderem Licht, und der Sinn einer Formel wie nulla poena, nullum crimen sine lege verlangt weder eine ausgreifende rechtswissenschaftliche Erörterung noch eine ausdrückliche Verteidigung gegen das Postulat nullum crimen sine poena.[74]

Von ungleich größerer Bedeutung ist die grundsätzliche Auseinandersetzung, die Schmitt 1938 mit dem »Sicherheitsstaat« des Leviathan führt. Die politische Brisanz insbesondere des von Schmitt, wie wir gesehen haben, e contrario entwickelten Arguments, daß die »Einheit von Religion und Politik« von seiten »der Politik«, gestützt auf bloßes »Menschenwerk«, post Christum nicht mehr hergestellt werden könne, bedarf keines Kommentars. So lautet der vielleicht wichtigste Satz des Buches an die Adresse des Regimes: *Nichts Göttliches läßt sich äußerlich erzwingen.* In den beiden unmittelbar darauffolgenden Zeilen evoziert Schmitt die »politische Situation eines Seneca« unter Nero. Den Abschnitt, in dem solches zu lesen steht, beginnt er kaum weniger herausfordernd: »Wenn aber wirklich die öffentliche Macht nur noch öffentlich sein will, wenn Staat und Bekenntnis den innerlichen Glauben ins Private abdrängen«, oder – wie jeder Leser ergänzen kann – nicht mehr erreichen, »dann begibt sich die Seele eines Volkes auf den ›geheimnisvollen Weg‹, der nach innen führt. Dann wächst die Gegenkraft des Schweigens und der Stille.«[75] Was sollen wir über die poli-

sche Juristen-Zeitung, 39. Jg., H. 15, 1. 8. 1934, Sp. 946, 947, 948, 949 (*PuB*, p. 200, 201, 203); *DA*, p. 35, 58/59; *Die Verfassung der Freiheit* in: Deutsche Juristen-Zeitung, 40. Jg., H. 19, 1. 10. 1935, Sp. 1133 u. 1135; *Nachwort* in: *Disputation über den Rechtsstaat*, p. 86, 88.

74 *L*, p. 111, 113/114, 115. In die Sammlung *Positionen und Begriffe* nimmt Schmitt 1940 den Aufsatz *Der bürgerliche Rechtsstaat* von 1928 nicht mit auf. Zu Schmitts früherer Kritik des Satzes *nulla poena sine lege* s. *Nationalsozialistisches Rechtsdenken*, p. 228 u. *Der Weg des deutschen Juristen* in: Deutsche Juristen-Zeitung, 39. Jg., H. 11, 1. 6. 1934, Sp. 692/693.

75 *L*, p. 94/95. In *ECS*, p. 21 führt Schmitt die beiden Sätze in entstellter Wiedergabe an, was nichts daran ändert, daß die Intention, die Schmitt der Passage 1945/46 zuschreibt, die Intention von 1938 trifft. Ein sorgfältiger Leser des Buches im ganzen und der Seiten 94/95 im besonderen konnte sie während des Dritten Reiches erkennen. Siehe Kapitel III, S. 176 ff. mit FN 138 u. 139.

tisch-theologische Stoßrichtung eines Buches hinzufügen, das deutlich genug an die »letztliche Überlegenheit des Innerlichen gegenüber dem Äußerlichen« und des »Jenseits gegenüber dem Diesseits« erinnert und das emblematisch bekräftigt dem Glauben Ausdruck verleiht, der Leviathan hänge am Angelhaken Gottes?

Die Wandlungen des christlichen Epimetheus erstrecken sich nicht auf seinen Antisemitismus. *Der Leviathan in der Staatslehre des Thomas Hobbes* ist, unbeschadet seiner Wendung gegen den Glauben oder den Irrglauben des Nationalsozialismus, ein antisemitisches Buch. Seine judenfeindlichen Ausfälle sind keine bloßen Lippendienste zur Verschleierung der Kritik am Regime. Schmitt bedient sich verschiedener rhetorischer Kunstgriffe, um Positionen, denen er entgegentritt, mit dem Judentum in Verbindung zu bringen, angefangen bei der Aufspaltung von Hobbes' eigener Position in die eines wohlmeinenden Engländers, der »im Glauben seines Volkes bleiben«, und die eines »jüdischen Philosophen« namens Spinoza, der die libertas philosophandi befördern will. In der dramatischen Erzählung von der Aushöhlung und schließlichen Zerstörung der »Einheit von Religion und Politik«, in die Schmitt seinen Beweisgang zum »Fehlschlag« des Hobbesschen Unternehmens kleidet, werden die Hauptrollen der drei spektakulärsten Übel-Täter an Spinoza, Mendelssohn und Stahl vergeben.[76] Ein Schurken-Stück in solcher Besetzung mochte zeitgemäß und eine wirkungsvolle Drapierung für ein durchaus unzeitgemäßes Vorhaben sein. Aber es war nicht nur rhetorische Drapierung. Die moralische Entrüstung, mit der Schmitt dem Philosophen Spinoza begegnet, reicht bis zum innersten Kern seiner Existenz,[77] und der

---

76 *L*, p. 16–18, 86–89, 92–94, 106–110, 118, 124.
77 Schmitts moralische Entrüstung findet ihren Niederschlag in einer Eintragung auf dem ersten Blatt von Leo Strauss' Spinoza-Buch, auf dem Schmitt sechs für ihn besonders wichtige Stellen festhält. Die letzte betrifft eine längere Anmerkung p. 228, die sich Schmitt andernorts, in einem Zusammenhang von zentraler Wichtigkeit, abermals in Erinnerung ruft (s. Kapitel III, FN 148). Strauss erläutert in ihr anhand eines biographischen Berichtes über das Vergnügen, mit dem Spinoza den Kampf zwischen Spin-

beißende Haß, mit dem er den politischen Theologen »Stahl-Jolson« verfolgt, geht gleichfalls über alles Rhetorische weit hinaus.[78] Möglicherweise hat Schmitt das Tun und Lassen der

nen und Fliegen verfolgte, die »Freude des *Zuschauers* Spinoza«. Schmitt versieht die Referenz zu Beginn des Buches mit dem Ausruf: *Ungeheuerlich.* Drei Seiten vor dem Beispiel für die »ungeheuerliche« Haltung Spinozas notiert Schmitt im Text (zu einer Stelle, an der Strauss Spinozas Konzeption des Naturrechts erörtert) das Spinoza-Wort, von dem er im *Glossarium* sagt, es sei die »dreisteste Beleidigung, die jemals Gott und den Menschen zugefügt worden ist«. Siehe Kapitel I, S. 33f.

78 In den Jahren 1933–1938 ist Stahl der von Schmitt am häufigsten namentlich attackierte und persönlich geschmähte Feind. Die Angriffe setzen in der dritten Fassung des *Begriffs des Politischen* ein: »Dieser konservative Mann wechselte seinen Glauben und sein Volk, änderte seinen Namen und belehrte daraufhin die Deutschen über Pietät, Kontinuität und Tradition. Den Deutschen Hegel fand er ›hohl und unwahr‹, ›geschmackwidrig‹ und ›trostlos‹« (p. 44; cf. Kapitel III, FN 99). Im Schlußwort zu *Die deutsche Rechtswissenschaft im Kampf gegen den jüdischen Geist* (Das Judentum in der Rechtswissenschaft. Berlin 1936, Heft 1) sagt Schmitt über den »Juden Stahl-Jolson« u. a.: »Es ist ganz falsch, ihn als einen vorbildlichen, konservativen Juden hinzustellen gegenüber anderen, späteren Juden, die das leider nicht mehr gewesen seien. Darin liegt eine gefährliche Verkennung der wesentlichen Einsicht, daß mit jedem Wechsel der Gesamtsituation, mit jedem neuen Geschichtsabschnitt, so schnell, daß wir es nur bei größter Aufmerksamkeit erfassen, auch eine Änderung des jüdischen Gesamtverhaltens, ein *Maskenwechsel* von dämonischer Hintergründigkeit eintritt, demgegenüber die Frage nach der subjektiven Gutgläubigkeit des einzelnen beteiligten jüdischen Individuums ganz uninteressant ist« (p. 33; auch Deutsche Juristen-Zeitung, 41. Jg., H. 20, 15. 10. 1936, Sp. 1198). Siehe ferner *SBV*, p. 30; *Was bedeutet der Streit um den »Rechtsstaat«?*, p. 192/193; *Nachwort zu Disputation über den Rechtsstaat*, p. 86; *PuB*, p. 275, 293. 1938 meint Schmitt sich gegen Kritiker seiner Kampagne verteidigen zu sollen: »Man hat mich wegen meiner Äußerung, daß ›ich nicht in die Seele dieses Stahl-Jolson schauen kann‹ (vgl. Deutsche Juristen-Zeitung 1936, Sp. 1197), mit Schmutz beworfen, aber niemals gefragt, auf welchem Wege ich zu einer solchen Äußerung gelangt bin« (*L*, p. 109n.). Die Äußerung, die Schmitt – wie so oft – mit einer scheinbar geringfügigen, tatsächlich jedoch signifikanten Änderung zitiert, hatte freilich keinerlei Anlaß zu der von Schmitt eingeforderten Nachfrage gegeben: »Die Juden merken schnell, wo deutsche Substanz ist, die sie anzieht. Diese Eigenschaft brauchen wir ihnen nicht als Verdienst anzurechnen, um für uns Hemmungen einzuschalten. Sie ist einfach in der Gesamtlage des Juden, in seiner parasitären, taktischen und händlerischen Beziehung zum deutschen Geistesgut begründet. Auch ein so grauenhafter, unheimlicher Maskenwechsel, wie er der Gesamtexistenz Stahl-Jolsons zugrunde liegt, kann einen dann nicht mehr beirren. Wenn immer wieder betont wird, dieser Mann sei ›subjektiv ehrlich‹ gewesen, so mag das sein, doch muß ich hinzufügen, daß ich nicht

drei Repräsentanten, die er für den »rastlosen Geist des Juden« und dessen Werk der zielstrebigen »Unterminierung« auswählt, im einzelnen anders beurteilt, als er es für seine Zwecke in Szene setzt. Außer Frage steht indes, daß er »den Juden« – nächst den Philosophen – einen weitreichenden Einfluß auf den neuzeitlichen Prozeß der Entchristlichung zuschreibt. Mit ihm sieht Schmitt den bald zwei Jahrtausende währenden Kampf zwischen Christentum und Judentum in ein neues Stadium eintreten, einen Kampf, der unter den Glaubenskämpfen der Weltgeschichte eine Ausnahmestellung einnimmt. Denn das Judentum ist nach einem berühmten Wort des von Schmitt nicht zuletzt wegen seiner Judenschriften geschätzten Bruno Bauer[79] »der incorporirte Zweifel an dem himmlischen Ursprung des Christenthums, der religöse Feind der Religion, die sich als die vollendete, allein berechtigte ankündigte, und nicht einmal die kleine Schaar derjenigen, aus deren Mitte sie hervorgegangen, überwinden konnte«.[80] Das

in die Seele dieses *Juden* schauen kann *und daß wir überhaupt zu dem innersten Wesen der Juden keinen Zugang haben*« (Sp. 1197, m. H.).
79 Neben der durch Marx' Antwort bekannt gewordenen *Judenfrage* von 1843 *Das Judenthum in der Fremde*. Berlin 1863, das schon das gesamte Arsenal der antisemitischen Polemik der ersten Hälfte des 20. Jahrhunderts bereithält. In seinem »depositum« an Erich Przywara vom Winter 1945/46, das Bruno Bauer »an erster Stelle« nennt, erwähnt Schmitt beide Traktate, um dem Pater danach anzuvertrauen: »In einem Buch des Emigranten Karl Löwith ›Von Hegel bis Nietzsche‹ ist die geistesgeschichtliche Fährte, die Bruno Bauer bedeutet, wohl bemerkt. Aber Löwith verschweigt die Judenschriften Bruno Bauers, und damit ein spezifisch deutsch-protestantisches Anliegen, so daß jenes Buch ›Von Hegel bis Nietzsche‹ die Binde vor Augen trägt, die auf mittelalterlichen Statuen von der Synagoge getragen wird.« In der Öffentlichkeit läßt Schmitt Vorsicht walten: »Auch fleißigen Gelehrten, wie Ernst Barnikol, und *geistesgeschichtlichen Eingeweihten*, wie Karl Löwith, ist es nicht gelungen, den Kern seiner [Bruno Bauers] geistigen Existenz freizulegen... Löwith läßt *wesentliche Fragen* bei Bruno Bauer ganz außer Betracht« (*DC*, p. 99 u. 99n. 1, m. H.).
80 Bruno Bauer: *Die Judenfrage*. Braunschweig 1843, p. 114. »Die Feindseligkeit der christlichen Welt gegen das Judenthum ist also vollkommen erklärlich und in ihrem beiderseitigen wesentlichen Verhältnisse begründet. Keines von Beiden kann das Andere bestehen lassen und anerkennen; wenn das Eine besteht, besteht das Andere nicht; jedes von beiden glaubt die absolute Wahrheit zu seyn, wenn es also das Andere anerkennt und sich

Judentum hat von Anbeginn und ohne Schwanken geleugnet, daß »Jesus der Christus« ist. Schmitts Judenfeindschaft erwächst ihrer tiefsten Wurzel nach aus seinem Offenbarungsglauben. Sie steht in der schreckensreichen Tradition des christlichen Antijudaismus, was sie keineswegs veranlaßt, Distanz zur Judenfeindschaft der Nationalsozialisten zu halten, die sich aus ganz anderen Quellen speist. Bei genauerer Betrachtung wird man im Gegenteil sagen müssen, daß die Feindschaft gegen »die Juden« Schmitt am längsten mit dem Nationalsozialismus verbindet. Wenige Tage nach seinem Beitritt zur NSDAP am 1. Mai 1933 stimmt Schmitt erstmals vernehmbar in den Chor der antisemitischen Polemik ein.[81] Und er bleibt dem Antisemitismus, der »den Juden« hinter jeder »Maske« aufzuspüren weiß und keinen Unterschied des Bekenntnisses, des Geistes oder der politischen Entscheidung gelten läßt, über den Zusammenbruch des Dritten Reiches hinaus treu. Auf dem Höhepunkt seiner öffentlichen Wirksamkeit im »Kampf gegen den jüdischen Geist«, auf der von ihm organisierten Tagung »Das Judentum in der Rechtswissenschaft« vom 3. und 4. Oktober 1936, gibt Schmitt inmitten der schlimmsten Tiraden, die er jemals im Druck erscheinen läßt, zu erkennen, was er, Schmitt, in den Kampf der Nationalsozialisten gegen »Judentum und Bolschewismus« hineindeuten will: »Der tiefste und letzte Sinn dieses Kampfes«, erklärt er zu Beginn seiner Eröffnungsansprache, »und damit

---

verläugnet, so läugnet es, daß es die Wahrheit sey« (p. 16). Müssen wir hinzufügen, daß Schmitt Bauers Glaube an eine geschichtliche Aufhebung des Widerstreits in einer höheren Wahrheit nicht teilt? Cf. Yosef Hayim Yerushalmi: *Freud's Moses. Judaism Terminable and Interminable.* New Haven 1991, p. 91/92, 94.

81 *Das gute Recht der deutschen Revolution*, Leitartikel vom 12. 5. 1933 in: Westdeutscher Beobachter, u. *Die deutschen Intellektuellen*, Leitartikel vom 31. 5. 1933 an gleicher Stelle. Cf. *Was bedeutet der Streit um den »Rechtsstaat«?*, p. 191–193; *Die Verfassung der Freiheit*, Sp. 1133–1135; *Nachwort* zu *Disputation über den Rechtsstaat*, p. 86; *VGO*, p. 64; *Das »allgemeine deutsche Staatsrecht« als Beispiel rechtswissenschaftlicher Systembildung* in: Zeitschrift für die gesamte Staatswissenschaft, 100. Bd., H. 1/2, 1940, p. 13/14, 22. Siehe FN 78 u. Kapitel II, FN 101.

auch unserer heutigen Arbeit aber liegt in dem Satz des Führers ausgesprochen: ›Indem ich mich des Juden erwehre, kämpfe ich für das Werk des Herrn.‹«[82] Der Satz, in dem der tiefste und letzte Sinn des Kampfes gegen das Judentum *ausgesprochen liegen* soll, ohne daß der, der den Sinn »aussprach«, ihn jemals hätte *verstehen* müssen, der einzige Satz aus *Mein Kampf,* den Schmitt wörtlich und gesperrt zitiert, ist ihm so wichtig, daß er ihn noch ein zweitesmal anführt und das Schlußwort zur Tagung mit ihm beschließt.[83] Auch diese Sinndeutung gehört zum »schlechten, unwürdigen und doch authentischen Fall eines christlichen Epimetheus«. Auch für sie wird Schmitt beanspruchen, das Wagnis eines »Vorgebots« eingegangen zu sein und eine Antwort auf den »Anruf der Geschichte« versucht zu haben. Kann ein Handeln, das auf »die Geschichte« hören will, ausschließen, irgend etwas oder irgend jemand diene dem »Werk des Herrn«?

Schmitts Feindschaft gegen »die Juden« bleibt nach 1945 im Entscheidenden unverändert. Allerdings erlegt er sich öf-

---

82 *Die deutsche Rechtswissenschaft im Kampf gegen den jüdischen Geist,* Eröffnung der wissenschaftlichen Vorträge durch den Reichsgruppenwalter Prof. Dr. Carl Schmitt, p. 14. In seinem Schlußwort sagt Schmitt: »Wenn es aus einem sachlichen Grunde notwendig ist, jüdische Autoren zu zitieren, dann nur mit dem Zusatz ›jüdisch‹. Schon von der bloßen Nennung des Wortes ›jüdisch‹ wird ein *heilsamer Exorzismus* ausgehen« (p. 30, m. H.). Zuvor hatte er erklärt: »Die Beifügung des Wortes und der Bezeichnung ›jüdisch‹ ist keine Äußerlichkeit, sondern etwas Wesentliches, weil wir ja nicht verhindern können, daß sich der jüdische Autor der deutschen Sprache bedient. Sonst ist die Reinigung unserer Rechtsliteratur nicht möglich. Wer heute ›Stahl-Jolson‹ schreibt, hat dadurch in einer echt wissenschaftlichen klaren Weise mehr bewirkt, als durch große Ausführungen gegen die Juden, die sich in allgemeinen abstrakten Wendungen bewegen und durch die kein einziger Jude sich in concreto betroffen fühlt« (p. 30; DJZ, Sp. 1195/1196).
83 *Die deutsche Rechtswissenschaft,* Schlußwort, p. 34 (DJZ, Sp. 1199). Das Zitat findet sich in *Mein Kampf,* p. 70. Dem Aufsatz von Thomas Heerich und Manfred Lauermann: *Der Gegensatz Hobbes-Spinoza bei Carl Schmitt (1938)* in: Studia Spinozana, 7, 1991 (recte 1993), p. 112n. 23, entnehme ich, daß das »Führer-Wort« aus *Mein Kampf* auch von kirchlichen Würdenträgern bei öffentlichen Veranstaltungen benutzt wurde, so als Leitspruch der »Schlußfeier des katholischen Jugendtreffens« im Stadion Berlin-Neukölln am 20. 8. 1933.

fentliche Zurückhaltung auf. Ein Teil des früheren »Kampfes gegen den jüdischen Geist« wird in Schmitts »Feldzug gegen das Gesetz« fortgeführt und unter das Signum des »Nomos«-Denkens gefaßt,[84] ein anderer findet seinen Niederschlag in Schmitts Bemühungen um die Artikulation eines der politisch-theologischen Lage Rechnung tragenden »christlichen Geschichtsbildes«. Auch nachdem er seinen Fall als den eines christlichen Epimetheus bestimmt hat – eines Christen mithin, der darum weiß, in geschichtlichen Irrtümern befangen zu sein, und der, wie man annehmen darf, zumindest einige im nachhinein zu erkennen vermag –, glaubt Schmitt sich »der Juden« erwehren zu müssen. Aus den postum publizierten »Aufzeichnungen der Jahre 1947–1951« erfahren wir, daß er sich, zu allem übrigen, jetzt persönlich von den »Mördern Christi« verfolgt sieht.[85] Die ihnen in den dreißiger Jahren zur Last gelegte »Unterminierung« der christlichen Staaten, Kirchen und Völker erfährt keine andere Beurteilung als ehedem, obschon von der »Virtuosität der Mimikry«, der »ins Ungeheure« gesteigerten »Anpassungsfähigkeit des Juden« oder einem »Maskenwechsel von dämonischer Hintergründigkeit«, der dem »jüdischen Gesamtverhalten« eigne, nicht mehr gesprochen wird. Zur »Sache ›Stahl‹« notiert Schmitt, durch eine als »häßlichen Stich« empfundene Bemerkung veranlaßt, sie habe ihm »sehr geschadet«.[86] Aber von den einstigen Angriffen gegen den »Kühnsten« in der »jüdischen Front« des 19. Jahrhunderts, in der »jeder sein Operationsgebiet in der Wirtschaft, Publizistik, Kunst und Wissenschaft«

84 *G*, p. 64; cf. p. 57, 85, 154, 209, 287. *Nationalsozialistisches Rechtsdenken*, p. 226/227; *DA*, p. 9, 15, 31, 35; *Die deutsche Rechtswissenschaft*, Schlußwort, p. 28 (DJZ, Sp. 1193); *VGO*, p. 12; *Das »allgemeine deutsche Staatsrecht«*, p. 19, 22, 24; *Die Formung des französischen Geistes*, p. 7/8; *Die Lage der europäischen Rechtswissenschaft*, p. 23, 30 (*VA*, p. 411, 422/423); *NdE*, p. 38–42, 44/45; *VA*, p. 449 u. 502; *Nomos-Nahme-Name*, p. 96/97, 98–100, 104.
85 *G*, p. 232; cf. p. 18, 61, 91, 169, 241, 255, 319.
86 *G*, p. 150. Schmitt verwendet den Namen *Stahl* (die Sache »Stahl«) nach 1945 nicht wieder. So braucht er von seiner Übung, auf *Stahl-Jolson* zu beharren, nicht öffentlich abzurücken (s. FN 82).

besetzte, von der vorgeblichen Demaskierung des »jüdischen Philosophen«, dem »das christliche Sakrament der Taufe nicht nur, wie dem jungen Heine, als ›Entreebillet‹ zur ›Gesellschaft‹, sondern als Ausweis zum Eintritt in das Heiligtum eines noch sehr soliden deutschen Staates« diente und der aus »hohen Amtsstellungen heraus« sogar »den innersten Kern dieses Staatswesens, Königtum, Adel und evangelische Kirche, ideologisch verwirren und geistig paralysieren« konnte – von all diesen Anschuldigungen hat Schmitt offenbar nichts zurückzunehmen.[87] Daß Schmitt 1950 nicht weniger als 1938 überzeugt ist, Stahl habe »in der Gesamtlinie seines Volkes« gearbeitet und »ziel- und instinktsicher« fortgesetzt, was Spinoza begonnen haben soll, legt das folgende Notat nahe, das unter den gegebenen Umständen an Deutlichkeit kaum etwas zu wünschen übrig läßt: »Salus ex Judaeis? Perditio ex Judaeis? Erst einmal Schluß mit diesen vordringlichen Judaeis! Als wir in uns uneins wurden, haben die Juden sich subintroduziert. Solange das nicht begriffen ist, gibt es kein Heil. Spinoza war der erste, der sich subintroduzierte.«[88]

Nicht weniger als das Heil also hängt davon ab, daß begriffen werde, welchen Einfluß »die Juden« auf die christlichen Völker ausgeübt, in welcher Weise sie sich in deren Angelegenheiten eingemischt, wie sie sich in deren Geschichte eingeschlichen haben. Um den verborgenen Plan und das letzte Ziel ihrer »Subintroduktion«, ihrer »Neutralisierungen« und ihrer sonstigen Machinationen erkennen zu können, muß man wissen, wie »die Juden« die Weltgeschichte deuten. Davon berichtet Schmitt in *Land und Meer*: »Nach mittelalterlichen Deutungen jüdischer Geheimlehren, nach den sogenannten Kabbalisten, ist die Weltgeschichte ein Kampf zwischen dem mächtigen Walfisch, dem Leviathan, und dem ebenso starken Landtier, dem Behemoth, den man sich als einen Stier oder

87 *L*, p. 108/109.
88 *G*, p. 290.

Elefanten vorstellte.« Nach Schmitts Darstellung meinen die Kabbalisten, daß sich die beiden kämpfenden Mächte gegenseitig umbringen. »Die Juden aber, sagen sie weiter, stehen daneben und sehen dem Kampfe zu. Sie essen das Fleisch der sich gegenseitig tötenden Tiere, ziehen ihnen die Haut ab, bauen sich aus dem Fell schöne Zelte und feiern ein festliches, tausendjähriges Gastmahl. So deuten die Juden die Weltgeschichte. Der Kabbalist, der für diese Geschichtsdeutung vom Gastmahl des Leviathan meistens zitiert wird, ist Isaak Abravanel.«[89] Diese Enthüllung ihrer geheimen Agenda setzt jeden Leser von Schmitts »weltgeschichtlicher Betrachtung« in den Stand, die Aktivitäten »der Juden« im gewünschten Sinne zu »begreifen«, ob es sich um Spinoza handelt oder um Stahl oder um Disraeli, von dem es im gleichen Buch heißt, er sei »ein Abravanel des 19. Jahrhunderts, ein Eingeweihter, ein Weiser von Zion« gewesen.[90] Verglichen mit Stahl hat Benjamin Disraeli nicht nur eine beträchtlich höhere und einflußreichere »Amtsstellung« erklommen, sondern auch eine noch nachhaltigere und gefährlichere »ideologische Verwirrung« gestiftet: »Von ihm sind viele zielsichere Suggestionen und Formulierungen ausgegangen, die von Nichtjuden gierig aufgesogen wurden.«[91] Diejenige, die Schmitt bis in die

---

89 *Land und Meer. Eine weltgeschichtliche Betrachtung.* Leipzig 1942, p. 9/10 (zweite, veränderte Ausgabe, Stuttgart 1954, p. 8). Über Abravanel teilt Schmitt dem Leser anschließend mit: »Er lebte von 1437 bis 1508, in der Zeit der großen Entdeckungen, war Schatzmeister erst des Königs von Portugal, dann des Königs von Kastilien und starb 1508 als großer Mann in Venedig. Er kannte also die Welt und ihren Reichtum und wußte, was er sagte.« Schmitt erwähnt nicht, daß Abravanel dreimal in seinem Leben zur Emigration gezwungen wurde und von seiner Familie getrennt starb. Zu Abravanels Biographie, in der die Judenverfolgung im Zuge der katholischen Inquisition eine einschneidende Rolle spielte, cf. J. B. Trend, H. M. Loewe (Eds.): *Isaac Abravanel. Six Lectures.* Cambridge 1937, p. XX–XXVII. Zu seiner Politischen Theologie, für die christlich-hierokratische Einflüsse bestimmend waren, s. *ibid,* p. 105, 107, 109/110, 117, 122–129. »His soul was the soul of a priest« (Leo Strauss).
90 *LuM,* p. 67 (cf. 2. A., p. 56).
91 *LuM,* p. 67, in der 2. A. ersetzt durch: »Manches was er über die Rasse als Schlüssel der Weltgeschichte und über Juden- und Christentum gesagt hat, ist von Nichtjuden und Nichtchristen eifrig propagiert worden« (p. 56).

letzten Jahre seines Lebens unter allen am meisten empörte, findet sich in Disraelis Roman *Tancred: or, The New Crusade* und lautet: *Christianity is Judaism for the multitude, but still it is Judaism.*[92] Nicht allein durch den Überlegenheitsanspruch, den der Satz für das Judentum erhebt,[93] sieht sich Schmitt herausgefordert, sondern noch mehr und vor allem dadurch, daß Disraelis »zielsichere Suggestion und Formulierung« das Christentum als ein Werkzeug des Judentums erscheinen läßt und die christliche Geschichte zu einem Teil der jüdischen Geschichte oder zu deren Fortsetzung mit anderen Mitteln erklärt.[94] Angesichts einer solchen Deutung des Verhältnisses von Judentum und Christentum, die auch »von Nichtjuden und Nichtchristen eifrig propagiert worden ist«,[95]

92 Benjamin Disraeli: *Tancred: or, The New Crusade.* London 1847, VI, 4; Ed. Langdon-Davies (London u. Edinburgh 1904), p. 505. Schmitt nennt Disraelis Satz ein *infandum scelus* (*G*, p. 268). Jacob Taubes sucht nicht nur die Superiorität seiner eigenen Politischen Theologie zu erhärten, sondern Schmitt an der empfindlichsten Stelle zu treffen, wenn er in seinem Nachruf auf den »Apokalyptiker der Gegenrevolution« behauptet: »Christentum war für Schmitt ›Judentum für die Völker‹, gegen dessen Macht aufzustehen er immer begehrte. Aber Schmitt sah immer tiefer ein, wie ohnmächtig solch ein ›Protest‹ gegen Gott und die Geschichte sei.« *Ad Carl Schmitt. Gegenstrebige Fügung.* Berlin 1987, p. 25; cf. p. 51/52, 60, 61, 75 und *Die Politische Theologie des Paulus.* München 1993, p. 96, 105.
93 An anderer Stelle läßt Disraeli die Jüdin Eva zu Tancred sagen: »We agree that half Christendom worships a Jewess, and the other half a Jew. Now let me ask you one more question. Which should you think should be the superior race; the worshipped or the worshippers?« *Tancred*, III, 4, p. 232.
94 »Sons of Israel, when you recollect that you created Christendom, you may pardon the Christians even their Autos da Fè!« *Tancred*, VI, 4, p. 510; cf. III, 4, p. 231; s. auch Bruno Bauer: *Disraelis romantischer und Bismarcks sozialistischer Imperialismus.* Chemnitz 1882, p. 52–56.
95 In seinen Aufzeichnungen spricht Schmitt gelegentlich von »Disraeliten« (*G*, p. 142). Ernst Jünger überreicht er am 21. 12. 1941 ein Exemplar der von Ludwig Klages herausgegebenen und mit einer langen Einführung versehenen *Fragmente und Vorträge aus dem Nachlaß* Alfred Schulers (Leipzig 1940). In der Dedikation an Jünger charakterisiert Schmitt Klages' Einleitung als »die dreifache Anstrengung eines neiderfüllten Deutschen, eines giftgeschwollenen Heilbringers und eines Disraeli-gläubigen Judenfeindes« (Ernst Jünger: *Autor und Autorschaft – Nachträge* in: Scheidewege, Jg. 17, 1987/88, p. 192). Der »Disraeli-gläubige Judenfeind« Klages behauptet, »daß ungeachtet der von Juden geflissentlich, von der Mehrzahl der Chri-

erhält die Besinnung auf das »Wissen um den Sinn der christlichen Geschichte« für Schmitt größtes Gewicht. Zu ihr gehört die Erinnerung daran, »was es politisch-geschichtlich bedeutete, daß die Juden vor der Kreuzigung des Heilandes gerufen haben: ›Wir haben keinen König als den Cäsar‹ (Joh. 19,15).« Schmitt spricht nicht aus, er erläutert nicht, was »jeder Theologe des christlichen Mittelalters wußte«.[96] Aber der Sinn seiner gezielten Suggestion und überlegten Formulierung ist nicht schwer zu erkennen.

Der politisch-theologische Kampf, den Schmitt in den vierziger und fünfziger Jahren führt, ist wesentlich ein Kampf um die Geschichtsdeutung. Zuerst gilt das für den Kampf mit dem Judentum, der in eine Auseinandersetzung um die Legitimität der christlichen Sukzession mündet und schließlich den Ort betrifft, den »die Juden« in der christlichen Geschichte einnehmen sollen. In Frage steht dabei einesteils die Interpretationshoheit über Sinn und Gang der Weltgeschichte, andernteils deren aktiver »Mitvollzug«, Ausrichtung und Wirksamkeit des geschichtlichen Handelns selbst. Es ist gewiß kein Zufall, daß Schmitt die zentrale Denkfigur seiner späten geschichtstheologischen Spekulationen, die Vorstellung vom »Aufhalter« oder »Katechon«, in dem Buch zum erstenmal beim Namen nennt, in dem er die kabbalistische »Geheimlehre« vom tausendjährigen Gastmahl des Leviathan und die mit ihr verbundene Hoffnung auf eine Beschleunigung der Weltgeschichte »entdeckt«.[97] Vermutlich beruht es auch auf keinem bloßen Zufall, daß Schmitt die Veröffentlichung des Werkes *Meaning in History* von Karl Löwith, den er kurz zu-

sten unabsichtlich geübten Verschleierung des Sachverhalts das sog. Christentum in jeder Gestalt nur eines der *Werkzeuge* Judas war und ist« (*Fragmente und Vorträge*, p. 44). Klages beruft sich in seinem Kampf gegen den »Judaismus im Christentum« explizit auf Disraelis Ausspruch, Christentum sei »Judentum fürs Volk« (p. 44/45). »Wer aber den Judaismus im Christentum nicht erkannt hat, der hat ihn überhaupt nicht erkannt« (p. 49).
96 *NdE*, p. 33; cf. Erich Przywara: *Humanitas. Der Mensch gestern und morgen*. Nürnberg 1952, p. 723/724 und Bultmann: *Das Evangelium des Johannes*, p. 515.
97 *LuM*, p. 11/12, 56 (10, 47).

vor unter die »Eingeweihten« eingereiht hatte,[98] zum Anlaß nimmt, die »Möglichkeiten eines christlichen Geschichtsbildes« in der konzentriertesten Form zu exponieren und
sie mit der größten Entschiedenheit zu verteidigen. Aber
Schmitts Kampf um die Geschichtsdeutung ist nicht auf den
Kampf mit dem Judentum und gegen »die Juden« beschränkt. Er richtet sich gegen die Fortschrittskonzeptionen
von Aufklärung, Liberalismus und Marxismus. Er gilt dem
»ungeschichtlichen« Denken in Heidentum und Neuheiden-
tum. Er wendet sich gegen die ewige Wiederkunft antiker
wie nietzscheanischer Provenienz. In Schmitts Aufsatz zu
Löwiths Buch wird die ganze Bandbreite der Gegnerschaften
auf engstem Raum abgesteckt. Und nirgendwo anders tritt
der gemeinsame Kern, aus dem sie erwachsen, schärfer hervor.

Den entscheidenden Challenge, den Schmitt in *Meaning in
History* wahrnimmt, stellt Löwiths These dar: »the message
of the New Testament is not an appeal to historical action but
to repentance.«[99] Schmitt setzt »dem Satz Löwiths einen anderen entgegen, der alle philosophischen, ethischen und sonstigen *Neutralisierungen* fernhalten soll«. Er lautet: »Die
Christenheit ist in ihrem *Wesenskern* keine Moral und keine
Doktrin, keine Bußpredigt und keine Religion im Sinne der
vergleichenden Religionswissenschaft, sondern *ein geschichtliches Ereignis von unendlicher, unbesitzbarer, unokkupierbarer Einmaligkeit.*« Um weder einen Zweifel am politischen
Charakter der Aussage aufkommen noch irgendeine Unklar-

---

98 *DC*, p. 99; s. FN 79.
99 *Meaning in History. The Theological Implications of the Philosophy of
History.* Chicago 1949, p. 196. Dies ist die einzige Stelle aus Löwiths Buch,
auf die sich Schmitt mit Seitenangabe bezieht. Im darauffolgenden Absatz
schreibt Löwith: »If we understand, as we must, Christianity in the sense of
the New Testament and history in our modern sense, i. e., as a continuous
process of human action and secular developments, a ›Christian history‹ is
non-sense. The only, though weighty, excuse for this inconsistent com-
pound of a Christian history is to be found in the fact that the history of the
world has continued its course of sin and death in spite of the eschatologi-
cal event, message, and consciousness« (p. 197).

heit daran bestehen zu lassen, daß er von einem *Wunder* spricht, setzt Schmitt drei weitere Sätze hinzu: »Es ist *die Inkarnation in der Jungfrau.* Das christliche Credo spricht von geschichtlichen Vorgängen. Pontius Pilatus ist dort *wesentlich* am Platze und nicht etwa nur ein seltsamerweise dorthin verirrter Pechvogel.«[100] An die Fragen, die der Repräsentant der römischen Obrigkeit nach den Kapiteln 18 und 19 des Johannesevangeliums stellte, und an die Antworten, die er darauf erhielt, braucht Schmitt nicht eigens zu erinnern. Die Gegensätze, die Schmitt vom Judentum, vom Heidentum und von der Philosophie trennen, liegen in seiner Antwort an Löwith beschlossen.[101] Ebenso seine Opposition gegen das »progressistische« Geschichtsdenken und selbst seine spätere Zurückweisung eines Historismus, der nichts als Historismus, d. h. historische »Theorie« des Historischen, sein will. Vor dem Hintergrund der unverwechselbaren Bestimmung des eigenen Geschichtsglaubens kann Schmitt Löwiths Untersuchung zu den »theologischen Implikationen der Geschichtsphilosophie« im übrigen nur Beifall zollen und einige ihrer Konklusionen lebhaft begrüßen. So ist er »mit Karl Löwith überzeugt, daß das Heidentum keines geschichtlichen Denkens fähig ist, weil es kyklisch denkt«,[102] und insbesondere pflichtet er ihm bei, »daß der aufklärerische und der positivistische Fortschrittsglaube nur säkularisiertes Judentum und Christentum war und seine ›Eschata‹ von dort bezog«. Eine ande-

---

100 *Drei Möglichkeiten*, p. 930 (m. H.).
101 Siehe Kapitel III, S. 184.
102 *Drei Möglichkeiten*, p. 928; zum konkreten Adressaten von Schmitts Kritik s. Helmut Quaritsch (Hrsg.): *Complexio Oppositorum. Über Carl Schmitt.* Berlin 1988, p. 154–156. Bereits 1918 hatte Schmitt an dem christlichen Romantiker J. A. Kanne rühmend hervorgehoben: »Die geistige Aktualität dieses Mannes liegt darin, daß er aus den ewigen Kreisen naturphilosophischer Gesetzmäßigkeit und aus den unendlichen Wiederkünften und Entwicklungen der Geschichte entschlossen den Sprung in die Paradoxie des Christentums tat und dadurch auch den Weg aus dem Gefängnis seines rücksichtslosen Egoismus fand« (*Nachwort* zu Kanne: *Aus meinem Leben*, p. 68). Cf. *Die geschichtliche Struktur*, p. 146–148, 167; *G*, p. 160, 199, 272, 286.

re Aussage Löwiths gibt Schmitt Gelegenheit, die Unassimilierbarkeit von göttlicher Vorsehung und menschlicher Planung zu betonen.[103] Die spezifische Aktualität von Löwiths Kritik der Geschichtsphilosophie aber sieht Schmitt in den promethidischen Großplanungen, die für ihre »Sinngebungen oder besser: Sinn-Setzungen« auf geschichtsphilosophische Versatzstücke zurückgreifen, um den Nachweis zu führen, daß sie die Zukunft auf ihrer Seite haben.[104] Die Sinnsetzungen der Großplanungen zur Umschaffung alles Bisherigen erscheinen Schmitt um so bedrohlicher, als sie Ost und West gemeinsam sind, so wie sich West und Ost im gemeinsamen Ziel treffen, jeder auf seine Weise, die Einheit der Welt herbeizuführen, in der die Geschichte an ihr Ende gelangt.

Daß wir das Ende der Geschichte noch nicht erreicht haben, ist nach Schmitts Glaube der Wirksamkeit des *Katechon* zu verdanken, von dem in der »geheimnisvollen Paulus-Stelle des 2. Thessalonicher-Briefes« zum erstenmal gesprochen wird.[105] Schmitt baut auf die »Vorstellung einer Kraft, die das Ende aufhält und den Bösen niederhält«. Er glaubt, genauer gesagt, an die ununterbrochene Sukzession der geschicht-

---

103 »So verstehen wir den unendlich bedeutungsvollen Satz von Löwith: Je weiter wir von heute in die Geschichte des menschlichen Geschichtsdenkens zurückgehen, um so mehr hört die Vorstellung einer Planung auf. Eine göttliche Vorsehung, die der Mensch nachrechnen oder gar berechnen kann, ist ja auch nur eine menschliche Planung« (p. 928).
104 *Drei Möglichkeiten*, p. 927, 928. »Die planenden und lenkenden Eliten konstruieren sich selbst und die von ihnen gelenkten Massen mit Hilfe geschichtsphilosophischer Sinngebungen. Jede Massenpropaganda sucht ihre Evidenz in dem Nachweis, daß sie auf der Seite der kommenden Dinge liegt. Aller Glaube der Massen ist nur der Glaube, richtig zu liegen, während der Gegner falsch liegt, weil Zeit und Zukunft und Entwicklung gegen ihn arbeiten. Und selbst die Verzweiflung findet ihren letzten Schrei nur in der Drohung, daß die Weltgeschichte ihren Sinn verloren habe« (p. 927). Man kann verstehen, weshalb Schmitt über die Titel-Wahl der Redaktion »Drei Stufen historischer Sinngebung« aufgebracht war (s. Kapitel I, FN 56).
105 *Drei Möglichkeiten*, p. 929. Schmitt bezieht sich auf *das* Katechon, quid detineat, von Kap. II, v. 6, bzw. auf *den* Katechon, qui tenet, von Kap. II, v. 7. Zur Geschichte der Auslegung der Paulus-Stelle cf. Ernst von Dobschütz: *Die Thessalonicher-Briefe*. Göttingen 1909, p. 278 ff.

lichen Träger dieser Kraft. »Man muß«, notiert er im Dezember 1947, »für jede Epoche der letzten 1948 Jahre den κατέχων nennen können. Der Platz war niemals unbesetzt, sonst wären wir nicht mehr vorhanden.« Die Notwendigkeit des Aufhalters, auf den Schmitt seit 1942 immer wieder zurückkommt,[106] ergibt sich aus dem bisherigen Ausbleiben des geweissagten Endkampfes zwischen Christus und Antichristus und damit aus der Verzögerung der Wiederkehr Christi. Schmitt »weiß« also, daß es den Aufhalter gibt, aber er weiß nicht, wer der Aufhalter ist. Er weiß auch nicht, wer der Aufhalter war. Denn daß man den Katechon für jede Epoche nennen können muß, heißt nicht, daß man ihn tatsächlich nennen kann. Vom Imperium Romanum bis zum Jesuitenorden hat Schmitt eine Reihe ganz unterschiedlicher Kandidaten anzubieten. Sein bevorzugtes Beispiel, das christliche Kaisertum des Heiligen Römischen Reiches Deutscher Nation, nimmt sich im geschichtlichen Rückblick noch als ein vergleichsweise klarer Fall aus. Freilich wird dem byzantinischen Reich der Titel des Aufhalters nicht weniger bereitwillig zuerkannt. Gibt es etwa zwei, drei, viele Katechonten gleichzeitig? Schmitt scheint dieser Auffassung zuzuneigen. Er vermag sich auch »zeitweise, vorübergehende, splitterhaft fragmentarische Inhaber dieser Aufgabe« vorzustellen. Damit multiplizieren sich die Möglichkeiten ins Unermeßliche. Zumal sich Schmitt nicht entscheiden kann, ob er den Katechon in Institutionen oder aber in natürlichen Personen vermuten soll. War das Kaisertum »Inhaber« der Aufgabe? Oder waren es eher die individuellen Amtsträger? Manche nein, andere ja? Zum Beispiel Kaiser Rudolf II. von Habsburg, den Schmitt für

---

106 »Vous connaissez ma théorie du κατέχων, elle date de 1932. Je crois qu'il y a en chaque siècle un porteur concret de cette force et qu'il s'agit de le trouver. Je me garderai d'en parler aux théologiens, car je connais le sort déplorable du grand et pauvre Donoso Cortés. Il s'agit d'une présence totale cachée sous les voiles de l'histoire.« G, p. 80. Ob die Datierung der Konzeption auf das Jahr 1932 zutrifft, vermag ich nicht zu entscheiden. In den Schriften Schmitts taucht der Ausdruck, wenn ich recht sehe, 1942 zum erstenmal auf.

die Zeit vor dem Dreißigjährigen Krieg als Aufhalter benennt? Und wie stand es um die niederhaltende Kraft des Imperium Romanum in der »konkreten Situation« eines Nero? »Vielleicht«, erfahren wir, »war der Jesuitenorden der κατέχων. Aber seit 1814?« Vielleicht indes war er es nicht. Wie, wenn der Jesuitenorden ein Beschleuniger wider Willen gewesen sein sollte? Alles scheint möglich. Schmitt scheut sich nicht, auch vom alten Kaiser Franz Joseph am »Ende des überalterten habsburgischen Reiches« oder vom tschechischen Präsidenten Masaryk »in entsprechend kleinerem Maßstab« oder, »für Polen«, vom Marschall Pilsudski als »einer Art von ›kat-echon‹« zu sprechen. Schmitts Reden und Denken, das nichts als »geschichtlich«, »konkret«, »situationsbezogen« sein will, verliert sich augenscheinlich in einer Allgemeinheit, die von subjektiver Beliebigkeit nicht mehr zu unterscheiden ist. Doch wenn die Vorstellung von der Kraft, qui tenet, keine konkrete Orientierung erlaubt, so gibt sie Schmitt nach seinem eigenen Zeugnis gleichwohl einen Halt: »ich glaube an den Katechon; er ist für mich die einzige Möglichkeit, als Christ Geschichte zu verstehen und sinnvoll zu finden.«[107]

Der Glaube an den Katechon hilft Schmitt, seinen Glauben an die Wahrheit der Offenbarung zu bewahren und mit sich selbst im Einklang zu bleiben. Wie hoch er die Vorstellung von der auf- und niederhaltenden Kraft in dieser Rücksicht veranschlagt, geben u. a. zwei Urteile über Theoretiker zu erkennen, denen sich Schmitt im Glauben nahe verwandt weiß. Von Donoso Cortés sagt er, der politische Theologe aus Spanien sei *theologisch* daran gescheitert, daß ihm dieser Begriff unbekannt geblieben ist«. Tocqueville wiederum fehlte, da er keinen Katechon kannte, der »heilsgeschichtliche Halt«, der seine geschichtliche Idee »vor der *Verzweiflung*« hätte

---

107 *LuM*, p. 11/12, 56 (10, 47); *Beschleuniger wider Willen* in: Das Reich, 19. 4. 1942; *NdE*, p. 28–36; *Drei Möglichkeiten*, p. 929/930; *G*, p. 63, 70, 113/114, 253; cf. *Die andere Hegel-Linie* in: Christ und Welt, 10. Jg., Nr. 30, 25. 7. 1957, p. 2; *VA*, p. 385, 428/429; *PT II*, p. 81.

retten können. Daher ist Tocqueville, im Unterschied zu Schmitt, »nicht geworden, wozu er mehr als jeder Andere prädestiniert schien: ein christlicher Epimetheus«.[108] Die Vorstellung des Katechon leistet ein Dreifaches. Zum einen »erklärt« sie die Parusie-Verzögerung, sie bietet eine Antwort auf die Frage an, aus welchem Grund es überhaupt noch »Geschichte« gibt. Zu dem Zweck war der Ausdruck von Paulus ursprünglich eingeführt worden. Zum anderen schützt sie das geschichtliche Handeln vor Mutlosigkeit und Verzweiflung angesichts eines scheinbar übermächtigen historischen Prozesses, der auf das Ende hin fortschreitet. Zum dritten feit sie das geschichtliche Handeln umgekehrt gegen die Geringschätzung für Politik und Geschichte in der Gewißheit des verheißenen Sieges. Der Katechon ist für Schmitt so zugleich Komplement und Korrektiv zu der »echten, immer vorhandenen und notwendigen Eschatologie«.[109] Denn die »lebendige Erwartung des unmittelbar bevorstehenden Endes scheint aller Geschichte ihren Sinn zu nehmen und bewirkt eine eschatologische Lähmung, für die es viele geschichtliche Beispiele gibt«.[110] Die Denkfigur des »Aufhalters« schlägt die Brücke vom eschatologischen Glauben zum Bewußtsein der »Geschichtlichkeit«.

Warum liegt Schmitt soviel daran, daß die Geschichte verlängert werde? Weshalb gebührt dem mutmaßlichen Katechon eine so überragende Aufmerksamkeit, der doch nicht allein die temporäre Herrschaft des Antichrist, sondern in eins damit die Wiederkehr des siegreichen Christus »aufhält«? Leitet sich das relative Eigenrecht »der Geschichte« daraus her, daß ein Stand der Bewährung für die Bestätigung der moralischen Ordnung unverzichtbar erscheint? Stellt erst die »Idee« des Katechon – und insbesondere der Gedanke, sein Platz sei post Christum natum niemals unbesetzt geblieben – die Unausweichlichkeit und Unwandelbarkeit der »an-

---

108 *G*, p. 63; cf. p. 70; *ECS*, p. 31 (m. H.).
109 Cf. *DC*, p. 76.
110 *Drei Möglichkeiten*, p. 929.

spruchsvollen moralischen Entscheidung« für die gesamte Dauer des christlichen Äons sicher? Oder beruht das brennende Interesse am Katechon darauf, daß das Ende trotz allem zu fürchten ist? Wie dem auch sei, die Vorstellung des Katechon ersetzt oder verdrängt die eschatologische Perspektive keineswegs. Sie fügt sich in diese ein und verlängert sie gewissermaßen aus der Gegenwart nach rückwärts, indem sie das Bewußtsein dafür schärft, daß der Entscheidungskampf in der Vergangenheit hätte statthaben *können*. Zu keinem Augenblick gab es eine Sicherheit, daß die Geschichte fortdauern, daß das Ende nicht plötzlich hereinbrechen werde. »Der ganze christliche Äon« ist »eine einzige lange Erwartung, ein langes Interim zwischen zwei Gleich-Zeitigkeiten, zwischen der Erscheinung des Herrn zur Zeit des römischen Kaisers Augustus und der Wiederkunft des Herrn am Ende der Zeiten.« Doch innerhalb des »großen Interims entstehen ununterbrochen zahlreiche neue, größere oder kleinere irdische Interims, die *Zwischen*-Zeiten sind«.[111] In jeder dieser Zwischenzeiten, die erst im Rückblick als größere oder kleinere irdische Interims erkannt werden können, denen weitere folgen mögen, stellt sich die Frage nach dem Katechon und nach dem Antichrist von neuem. Und in jeder ist die Entscheidung für den einen und gegen den anderen bzw. gegen das, was ihm vermeintlich den Weg bereitet, grundsätzlich von gleicher Aktualität. Die Aufgabe, den Antichrist zu erkennen, ist dabei mit menschlichen Mitteln noch viel schwerer zu lösen als jene, einen der offenbar ungezählten Katechonten oder Teilkatechonten auszumachen, da der Antichrist nach apostolischer und patristischer Auffassung nur einmal in Erscheinung treten und sich Christus zudem zum Verwechseln ähnlich machen wird. Er versteht sich auf das *mysterion*.[112] Der fortgesetzte Irrtum liegt im Wesen der

111 *PT II*, p. 75.
112 2. Thessalonicher Brief II, 7. Über die Tradition der Antichrist-Vorstellung unterrichten Wilhelm Bousset: *Der Antichrist in der Überlieferung des Judentums, des neuen Testaments und der alten Kirche. Ein Beitrag zur*

beiden Möglichkeiten eines christlichen Geschichtsbildes, der katechontischen wie der eschatologischen, begründet, auf die sich Schmitt beruft. Es kann deshalb nicht überraschen, daß gläubige Christen in ein und derselben geschichtlichen Macht einander aufs äußerste entgegengesetzte Kräfte am Werk sahen und sehen. In unserem Zusammenhang genügt die Erinnerung an das Oberhaupt der römisch-katholischen Kirche, in dem Martin Luther den Antichrist erkannt zu haben glaubte, wohingegen John Henry Newman, der die Bedrohung durch den Antichrist wahrscheinlich nicht weniger ernst nahm als irgendein Christ vor oder nach ihm, im Papst und allem wahrhaft »Römischen« den Katechon erblickte, der das christliche Zeitalter »hält«.[113] Der gleiche Kardinal Newman hat aus der Tatsache, daß die Christen, die den Antichrist zu kennen meinten und die Wiederkehr Christi in nächster Zukunft erwarteten, bisher ausnahmslos im Irrtum waren, nur die Notwendigkeit zu erhöhter Wachsamkeit abgeleitet. Je größer die Verzögerung, um so plötzlicher wird das Ereignis eintreten. »Wahr ist, daß zu vielen Zeiten die Christen sich täuschten, indem sie glaubten, Zeichen der Ankunft des Neuen wahrzunehmen; aber besser ist es, tausendmal zu glau-

Auslegung der Apokalypse. Göttingen 1895; *Die Religion des Judentums im späthellenistischen Zeitalter.* Tübingen 1926, p. 254–256; Ernst von Dobschütz: *Die Thessalonicher-Briefe,* p. 291–296; Norman Cohn: *The Pursuit of the Millenium. Revolutionary Millenarians and Mystical Anarchists of the Middle Ages.* Oxford 1970 (Revised and expanded), insbes. p. 33/34, 78/79, 80/81, 86. Zu zeitgenössischen Anknüpfungen an die Antichrist-Überlieferung cf. Hans Urs von Balthasar: *Apokalypse der deutschen Seele. Studien zu einer Lehre von letzten Haltungen.* Salzburg u. Leipzig 1939, Bd. III, p. 30ff. und Paul Schütz: *Der Anti-Christus. Eine Studie über die widergöttliche Macht und die deutsche Sendung.* Berlin 1933, p. 7, 18, 22–24, 38/39, 49–53.
113 Luther: *Schmalkaldische Artikel,* II, 4 (Ed. Clemen, IV, p. 303) et passim. John Henry Newman: *Der Antichrist. Nach der Lehre der Väter.* Deutsch von Theodor Haecker. Mit einem Nachwort herausgegeben von Werner Becker. München 1951, p. 17, 64ff., 97, 117, 122–124. Zu Luther cf. Hans Preuß: *Die Vorstellungen vom Antichrist im späteren Mittelalter, bei Luther und in der konfessionellen Polemik.* Leipzig 1906. Beachte *Die Sichtbarkeit der Kirche,* p. 77/78.

ben, er komme, wenn er nicht kommt, als einmal zu glauben, er komme nicht, wenn er kommt.«[114]

Für Schmitts eigene Erwartungen und für sein konzeptionelles Handeln im Hinblick auf den »Fall, auf den es allein ankommt«, ist das Kennwort des Antichrist *pax et securitas* bestimmend, das auf den 1. Thessalonicher Brief zurückgeht. Andere Prophezeiungen und Annahmen der Antichrist-Überlieferung, die im Kreise von Schmitts Freunden, Schülern und Bekannten lebendig gehalten wurde,[115] treten hinzu. So die Aussage des Gregor von Elvira *ipse solus toto orbe monarchiam habiturus est*, welche die Herrschaft des Antichrist mit der Errichtung des »Weltstaates« in Verbindung bringt.[116] Vor diesem Hintergrund kennzeichnet Schmitt die Verwirklichung der Einheit der Welt »innerhalb eines die ganze Erde umfassenden Imperiums«, in dem »die Unterscheidung von Freund und Feind auch der bloßen Eventualität nach ganz aufhören würde«, 1933 als einen Zustand, in dem »die Menschen die volle Sicherheit ihres diesseitigen Lebensgenusses erreicht« hätten. Die theologische Bedeutung eines solchen Unternehmens, das der Politik »definitiv« ein Ende setzte und die Exi-

---

114 Newman: *Der Antichrist*, p. 102. Ähnlich argumentiert der protestantische Theologe Wilhelm Stählin, dessen Auffassung vom Antichrist und Katechon mit der Schmitts in allen wesentlichen Punkten übereinstimmt: »Gerade die Tatsache, daß wir weder den Antichristen noch das *katechon* mit irgendwelchen empirischen, geschichtlichen, politischen oder kirchlichen Größen identifizieren können, erhält uns in der wachen Alarmbereitschaft nicht nur gegen die Macht, sondern auch gegen die List des altbösen Feindes und in der Sorge, daß wir uns als konservativ im Sinn des *katechon* bewähren.« *Die Gestalt des Antichristen und das katechon* in: Festgabe Joseph Lortz, Bd. II, Glaube und Geschichte. Baden-Baden 1957, p. 12.
115 Von katholischer Seite seien Theodor Haecker, der Newmans Predigten über den Antichrist übersetzte, und Werner Becker genannt, der sie 1951 herausgab und mit einem instruktiven Nachwort versah. Darin steht der Satz: »Wer ist der »κατέχων«, der das Kommen jenes Tages noch aufhält?, fragen unsere Besten heute« (p. 131). Von protestantischer Seite Albrecht Erich Günther, der zwischen 1928 und 1932 mehrere Aufsätze über den *Ludus de Antichristo* publizierte, und sein Bruder Gerhard Günther, der einen umfangreichen Kommentar zum *Ludus* vorlegte: *Der Antichrist. Der staufische Ludus de Antichristo*. Hamburg 1970 (cf. *PT II*, p. 61; *G*, p. 218).
116 Cf. *PT II*, p. 46.

stenz des Bourgeois für alles »verbindlich« machte, was Menschenantlitz trägt, scheint in der näheren Bestimmung auf, die Schmitt seiner Charakterisierung hinzusetzt: »Der alte Satz, daß man in diesem Leben keine volle Sicherheit erwarten soll – *plena securitas in hac vita non expectanda* – wäre überholt.«[117] Nach dem Zweiten Weltkrieg sieht sich Schmitt in seiner seit der *Politischen Theologie* von 1922 unverändert aufrechterhaltenen Einschätzung, die größte, die eigentlich satanische Gefahr gehe vom »Kampf gegen das Politische« aus, nur bestärkt. Der »Glaube an grenzenlose Veränderungs- und Glücksmöglichkeiten des natürlichen diesseitigen Daseins der Menschen« hat inzwischen globale Ausmaße angenommen. Die »aktivistische Metaphysik«, die die in Ost und West geteilte Welt eint, verfügt zur Durchsetzung ihrer »Sinngebungen« und »Großplanungen« über eine materielle Gewalt, wie sie keinem Despotismus in der Geschichte zu Gebote stand. Der »Prozeß-Progreß«, den die Menschheit auf ihrem Weg zur »babylonischen Einheit« durchläuft, scheint in ein neues Stadium der Beschleunigung eingetreten zu sein.[118]

Als dritte Möglichkeit eines christlichen Geschichtsbildes nennt Schmitt neben der eschatologischen Perspektive und der Vorstellung des Katechon die marianische Geschichtsauffassung, für die Konrad Weiss das Wort vom christlichen Epimetheus geprägt hat. »Für Konrad Weiß genügen die bloß haltenden Kräfte nicht. Er sagt, daß die geschichtlichen Bedingnisse stets mehr zu gewinnen als zu halten sind.«[119] Mit der Vorstellung, daß der Christ zum geschichtlichen Handeln im Sinne eines demütig-wagenden »Vorgebotes« aufgerufen sei, verläßt der christliche Geschichtsglaube die Defensive. Es geht nicht länger lediglich darum, den Bösen nieder- und das Ende aufzuhalten. Das christliche Kaisertum war denn auch,

---

117 *BdP* III, p. 36; cf. *Carl Schmitt, Leo Strauss*, p. 52–54.
118 *BdP*, p. 93; *Die Lage der europäischen Rechtswissenschaft*, p. 32 (*VA*, p. 426); *Die Einheit der Welt*, p. 1/2, 8/9, 11; *PT II*, p. 124–126; *Die legale Weltrevolution*, p. 329.
119 *Drei Möglichkeiten*, p. 930/931.

wie Schmitt in Erinnerung ruft, nicht nur »Inhaber« der Aufgabe des Katechon. Der »Kampf gegen Heiden und Ungläubige« und die Mission[120] gehörten ebenfalls zu seinem Auftrag, die Ausbreitung des Christentums nicht weniger als dessen Verteidigung.[121] Die Kreuzzüge des Mittelalters, die vom Papst erteilten und vom Kaiser vollstreckten Mandate für »Landnahmen des Bodens nicht-christlicher Fürsten und Völker«, können demnach als Beispiele einer konkreten Anwendung oder, um in Schmitts Sprache zu sprechen, als »Kreaturierungen« dieser dritten Möglichkeit eines christlichen Geschichtsbildes gelten. »Der Christ blickt auf vollbrachte Ereignisse zurück«, erläutert Schmitt die Haltung des christlichen Epimetheus, »und findet dort Ingrund und Inbild, in deren aktiver Kontemplation der dunkle Sinn unserer Geschichte weiterwächst.«[122] Was wir uns unter einer solchen aktiven Kontemplation vorzustellen haben, zeigt Schmitt im *Nomos der Erde* anhand der Conquista, auf die er sich nicht nur als auf ein an ihm selbst »ungeheures geschichtliches Ereignis« bezieht, sondern die er darüber hinaus zu einem wahrhaften Exempel geschichtlichen Handelns aus marianischem Geist erhebt. Denn »die Frömmigkeit der spanischen Entdecker und Eroberer« führte »in dem Bild der unbefleckten Jungfrau und Gottesmutter Maria das sakrale Bild ihrer geschichtlichen Taten mit sich«.[123] Ein knappes Jahrzehnt später unterstreicht Schmitt, da er seinen früheren Hinweis auf »das

120 »Man wird dem ›Liebet eure Feinde‹ der Bergpredigt so wenig wie andern großen Wirklichkeiten gerecht, wenn man es als ethische Forderung, also unter dem Gesichtspunkt der Unwirklichkeit, ansieht. Die christliche Feindesliebe ist eine Wirklichkeit, wo sie – nichts andres sein kann. In diesen Stand des Nichtanderskönnens tritt sie da, wo die Kirche oder der Einzelne dem Urgebot des Christentums folgen: zu missionieren. Die Feindesliebe wird da die stärkste Waffe der Weltbezwingung, der Feind geliebt als der künftige Bruder.« Franz Rosenzweig zu Jehuda Halevis Gedicht *Feindesliebe* in: *Fünfundneunzig Hymnen und Gedichte* (1927), *Gesammelte Schriften* (Den Haag 1983), IV, 1, p. 183.
121 *NdE*, p. 33, 98.
122 *Drei Möglichkeiten*, p. 930.
123 *NdE*, p. 75; cf. p. 73 und *Die geschichtliche Struktur*, p. 141.

marianische Bild der Conquista« nicht angemessen gewürdigt und sich selbst unverstanden glaubt,[124] noch einmal, daß die »letzte große Heldentat europäischer Völker, die Landnahme einer Neuen Welt« von den »Helden der Conquista nicht unter Berufung auf das ius commercii vollzogen« wurde, »sondern im Namen ihres christlichen Heilands und seiner heiligen Mutter Maria. Das ist die ikonographische Wirklichkeit dieses beispiellosen Vorganges.«[125] Haben wir Schmitt verstanden?

Die drei Möglichkeiten eines christlichen Geschichtsbildes, auf die Schmitt in seinem Kampf um die Geschichtsdeutung zurückgreift, verbinden sich bei ihm zu Einem Geschichtsglauben, der »konkrete« Unterscheidungen in der Wirklichkeit am Ende nicht mehr zuläßt. Schmitt bleibt der eschatologischen Perspektive treu, und er wird nicht aufhören, nach potentiellen Katechonten Ausschau zu halten. Könnte etwa der Partisan aus seiner tellurischen Verwurzelung heraus, dank seiner gesteigerten politischen Intensität und vermöge seiner großen Beweglichkeit dem Fortschritt zum »Weltstaat« mit einiger Aussicht auf Erfolg entgegenwirken? Doch der christliche Epimetheus weiß, daß sich der vermeintliche Aufhalter im nachhinein als Beschleuniger herausstellen mag. Er weiß außerdem, daß das Halten allein nicht genügt, daß es mehr zu gewinnen gibt und daß die Verschärfung eine erfolgreichere Strategie sein kann als die Verteidigung. Vor allem aber glaubt er zu wissen, daß *Rettung der gegen jeden Begriff entscheidende Sinn aller Weltgeschichte ist.*[126] Angesichts einer solchen Heilsgewißheit sinken die Unwägbarkeiten herab, denen sich der geschichtlich Handelnde konfron-

---

124 »Ich habe in einem Kapitel über Francisco Vitoria, den moraltheologischen Kritiker der Conquista (ein Kapitel meines Buches über den Nomos der Erde) an das marianische Bild der Conquista erinnert. Vergebens. Sofort fand sich ein deutscher Völkerrechtler, der das als ›allerhand christliches Beiwerk‹ abtat und verächtlich zu machen suchte.« *Nomos-Nahme-Name*, p. 104/105.

125 *Nomos-Nahme-Name*, p. 104.

126 *LuM*, p. 58 (48/49). Schmitt übernimmt diesen zentralen Satz seines Geschichtsglaubens stillschweigend von Konrad Weiss (*Der christliche Epimetheus*, p. 47).

tiert sieht. Die menschlichen Unsicherheiten, wer Aufhalter, wer Beschleuniger sein könnte, ob die Entscheidungsschlacht morgen oder erst übermorgen bevorstehe und gegen wen sie geschlagen werden müsse, verlieren an Bedeutung. In ihr ist selbst die Tragödie aufgehoben und zum voraus überwunden, die keine menschliche Willkür zu bezwingen vermag. Der »stumme Felsen«, an dem »die Brandung der echten Tragik aufschäumt«, erscheint als Prüfstein des Glaubens auf dem Weg zur schließlichen Errettung.[127] Der sichere Besitz der Rettung verheißenden Glaubenswahrheit verlagert das Schwergewicht, das auf der »anspruchsvollen moralischen Entscheidung« lastet, von der richtigen Beurteilung der konkreten geschichtlichen Gegensätzlichkeit, um es auf der Redlichkeit des Glaubens zu sammeln. Es ist deshalb nicht erstaunlich, daß der Selbstbetrug zu Schmitts zentralem Problem und daß die Frage nach dem Gegenhalt des Anderen, die Frage nach dem Feind und Bruder, »der sich nicht betrügen läßt«, die für Schmitt dringlichste Frage wird.

Im Hinblick auf seine eigene geschichtliche Rolle beschleichen Schmitt nach dem Zweiten Weltkrieg Zweifel, ob nicht die »Freude an der Beschleunigung« das gewesen sein könnte, was ihn trieb, trug und trog.[128] Wie immer es um Schmitts Neigungen oder Abneigungen bestellt war, der Geschichtsglaube, der für Schmitts Denken bestimmend wurde, ist von so unwiderstehlicher Allgemeinheit, daß ihm weder folgenschwere Irrtümer und individuelle Enttäuschungen noch unerwartete Ereignisse und historische Wendungen etwas anhaben können. Er ist gegen Erfahrungen resistent und durch Zweifel, die sich auf konkrete Personen, Handlungen oder Einrichtungen beziehen, nicht wirklich zu erschüttern. Das sinnfälligste Beispiel dafür liefert das »konkrete Ordnungs- und Gestaltungsdenken«, das Schmitt seit 1934 für sich in Anspruch nimmt, oder genauer gesagt: der einzige Fall, in

127 Siehe Kapitel I, S. 27 ff.
128 *G*, p. 31.

253

dem dieses Denken über die Proklamation seiner Notwendigkeit hinausgelangt und in der Tat »konkret« wird.[129] Am 1. April 1939 trägt Schmitt auf einer Arbeitstagung in Kiel die Konzeption einer »Völkerrechtlichen Großraumordnung mit Interventionsverbot für raumfremde Mächte« vor, die das Ende des bisherigen, am »Allgemeinbegriff« des Staates ausgerichteten Völkerrechts verkündet und auch vom »bloßen Nationalstaatsgedanken« Abschied nimmt. Statt dessen postuliert sie ein neues Völkerrecht, das der »echten Rangordnung der Völkerrechtssubjekte« Rechnung trägt, indem es eine Mehrzahl völkerrechtlicher Großräume mit jeweils eigener politischer Ordnung im Innern und mit Interventionsverbot für »raumfremde Mächte« nach außen anerkennt. Diese Großräume sollten Schmitts Vorstellung zufolge unter der politischen Oberhoheit führender Reiche in »einem abgrenzbaren Nebeneinander auf einer sinnvoll eingeteilten Erde« koexistieren.[130] Schmitts universeller Entwurf war in zweifacher Weise »historisch-konkret« gebunden. Einmal diente er dazu, die politischen Ansprüche des Deutschen Reiches als hegemonialer Ordnungsmacht in Mittel- und Osteuropa völkerrechtlich zu begründen, das sich wenige Tage zuvor, im März 1939, mit der Errichtung des »Reichsprotektorats Böhmen und Mähren« für alle Welt erkennbar vom »bloßen Nationalstaatsgedanken« abgewandt hatte.[131] Zum anderen war er ausdrücklich auf das Deutsche Reich als diejenige geschichtliche Kraft zugeschnitten, von der sich Schmitt nach dem Ende der »Epoche der Staatlichkeit« den wichtigsten Beitrag zur Durchsetzung des neuen Nomos der Erde erhoffte.[132] Das vollständige Scheitern aller geschichtlich-besonderen Hoffnungen, die Schmitts »konkretes Ordnungs- und Gestaltungs-

129 Cf. *DA*, p. 58, 59, 60, 63, 66, 67; *Nationalsozialistisches Rechtsdenken*, p. 228/229.
130 *VGO*, p. 64, 69/70, 74–76, 81/82, 85.
131 Der letzte Satz der Schrift lautet:»Die Tat des Führers hat dem Gedanken unseres Reiches politische Wirklichkeit, geschichtliche Wahrheit und eine große völkerrechtliche Zukunft verliehen« (p. 88).
132 Cf. *VGO*, p. 71, 76, 86–88.

denken« getrieben, getragen und getrogen hatten, blieb ohne Rückwirkung auf seine geschichtlich-allgemeine Erwartung, daß *ein* neuer Nomos der Erde *sich* schließlich durchsetzen werde. 1943 verteidigt Schmitt die Idee der völkerrechtlichen Großraumordnung, ohne länger einen bestimmten Träger für sie anzugeben.[133] Noch bis weit in den Zweiten Weltkrieg hinein benannte er dafür das Deutsche Reich,[134] wobei ihn die Frage offenbar von Anfang an wenig beunruhigte, *auf wen genau* er seine Hoffnung baute. Die »weltgeschichtliche Betrachtung« *Land und Meer* beendet Schmitt 1942 in der Gewißheit, daß »der neue Nomos unseres Planeten unaufhaltsam und unwiderstehlich wächst«. Wo die »Vielen nur sinnlose Unordnung« sehen, weiß Schmitt, daß »in Wirklichkeit ein neuer Sinn um seine Ordnung ringt«. Unabhängig davon, wer konkret den Sieg davontragen wird, kann am sinnvollen Ergebnis des Ringens kein Zweifel bestehen. »Auch in dem grausamen Krieg alter und neuer Kräfte ent-

133 »Gegen die Ansprüche einer universalen, planetarischen Weltkontrolle und Weltherrschaft *verteidigt sich ein anderer Nomos der Erde*, dessen Grundidee die Einteilung der Erde in mehrere, durch ihre geschichtliche, wirtschaftliche und kulturelle Substanz erfüllte Großräume ist ... Der globalen Einheit eines planetarischen Imperialismus – mag er nun kapitalistisch oder bolschewistisch sein – steht eine Mehrheit sinnerfüllter, konkreter Großräume gegenüber.« »Der Großraum enthält das Maß und den Nomos der neuen Erde. Das ist sein weltgeschichtlicher und sein völkerrechtlicher Sinn.« *Die letzte globale Linie* in: Völker und Meere. Leipzig 1944, p. 348, 349 (m. H.). Cf. *Die Einheit der Welt*, p. 5, 10.
134 So in der zweiten, dritten und vierten Ausgabe der *Völkerrechtlichen Großraumordnung*, die – jeweils überarbeitet – 1940 und 1941 erschienen; aber auch in Aufsätzen der Jahre 1941 und 1942: »Neue Kräfte und Energien tragen die neue Raumrevolution, und dieses Mal ist es das deutsche Volk, dem die Führung zukommt. Ab integro nascitur ordo.« *Staatliche Souveränität* (1941), p. 105 (Schluß). »In einem mächtigen Wandel aller geschichtlichen Begriffe entstehen neue Inhalte und neue Proportionen, steigen neue Raumbegriffe auf und bildet sich neues Recht in neuen Ordnungen. Dieses Mal wird die Ordnung von Deutschland und vom Reich her gewonnen. Es ist aber nicht so, wie es jenen angsterfüllten und verzweifelten Verteidigern der bisherigen Maße vorkommt, als hörten Maß und Recht heute überhaupt auf. Was aufhört, ist nur ihr altes Maß und ihre Art Legalität. Was kommt, ist unser neues Reich. Auch hier sind Götter, die walten. / Groß ist ihr Maß.« *Die Formung des französischen Geistes* (1942), p. 30 (Schluß).

stehen gerechte Maße und bilden sich sinnvolle Proportionen.«[135] Schmitts Geschichtsglaube reicht so tief, daß er der Bestätigung durch die historische Konkretion überhoben ist. Schmitt kann daher über Jahre und Jahrzehnte hinweg in der festen Erwartung leben, eine Ordnung, die vielleicht eine Zeit lang »halten« und die jedenfalls »sinnerfüllt« sein wird, werde schon bald von neuem geboren. Er kann seine Aufsätze und Bücher 1940 oder 1941 ebensogut wie 1929 oder 1932 mit dem abgewandelten Vergil-Zitat beschließen, das diese Erwartung audrückt: *Ab integro nascitur ordo.*[136] Sosehr sich die geschichtlichen Lagen ändern, auf die Schmitt mit seinem »blinden Vorgebot« unmittelbar antwortet, sowenig ändert sich sein Glaube, daß die göttliche Vorsehung die Geschichte regiert. Die Providenz regiert nicht vermittels eines allgemeinen Gesetzes,[137] und wohl nur ausnahmsweise ergehen direkte Befehle. Sie bedient sich der geschichtlichen Feindschaften und Freundschaften, um Ordnungen in der Zeit hervorzubringen und durch »Verortungen« im Raum den »Nomos der Erde« entstehen zu lassen. Sie stellt ihre Fragen durch Konstellationen, Situationen oder, in der Terminologie des *Christlichen Epimetheus*, durch »Angulationen«, die von den geschichtlich Handelnden als historischer Anruf verstanden oder mißverstanden werden und auf die sie durch das Schaffen neuer Dispositionen »Antwort tun«. Der Kern von Schmitts Geschichtsglaube läßt sich mit einem Ausdruck kennzeichnen, den Johannes Heckel für Friedrich Julius Stahl

135 *LuM*, p. 76 (63). Vergleiche das Ende des Buches mit dem in FN 134 mitgeteilten Schluß von *Die Formung des französischen Geistes* aus demselben Jahr.
136 *Die europäische Kultur in Zwischenstadien der Neutralisierung* (1929), p. 530; *BdP* (1932), p. 81; *PuB* (1940), p. 312; *Staatliche Souveränität* (1941), p. 105. Das Zitat hat unter Schmitt-Forschern in offenbarer Unkenntnis seiner Herkunft wie der lateinischen Sprache abenteuerliche Deutungen erfahren. Es geht auf Vergils *Ecloga* IV, 5 zurück.
137 Man kann nicht nachdrücklich genug auf Seth Benardetes *logos* hinweisen: law is essentially antitheistic (*On Plato's »Cratylus«* in: Ancient Philosophy, Vol. I, No. 2, 1981, p. 139). Cf. *NdE*, p. 41/42 zum »Unglückswort *Gesetz*« und *G*, p. 274.

verwendet hat: In letzter Analyse handelt es sich um eine *Theokratie par distance*.[138] Gott regiert »unsere Geschichte«, deren »dunkler Sinn weiterwächst«, durch das, was er zuläßt, und durch das, was er nicht zuläßt. *Tout ce qui arrive est adorable*.[139]

Schmitts Politische Theologie vermag dem geschichtlichen Handeln keine »konkrete« Orientierung zu geben. Um so mehr trägt sie zur Klärung der grundsätzlichen Alternativen bei. Denn wie jedes Denken, das auf die »tiefsten Zusammenhänge« zurückgeht, ist sie ihrem »geschichtlichen Augenblick« weniger verhaftet, als sie offenbar glaubt oder glauben machen will, und die Einsichten, die sie in diese Zusammenhänge freigibt, bleiben an ihre eigenen Zwecke und Vorstellungen nicht gebunden. Der Begriff der Politischen Theologie selbst, dem wir uns am Schluß unserer Betrachtung nochmals zuwenden, legt dafür Zeugnis ab. Er ist von Schmitt nicht nur »in die Literatur eingeführt worden«, wie Erik Peterson 1935 schrieb,[140] und also historisch exakt datierbar. Als politischer Begriff hat er nach Schmitts Verständnisprinzipien darüber hinaus eine »konkrete Gegensätzlichkeit im Auge«. Schmitt macht sich den Begriff, wie wir gesehen haben, im Kampf mit Bakunin zu eigen. Er knüpft nicht an Varro und die lange Tradition der »theologia tripertita« an,[141]

138 Johannes Heckel: *Der Einbruch des jüdischen Geistes in das deutsche Staats- und Kirchenrecht durch Friedrich Julius Stahl* in: Historische Zeitschrift, Bd. 155, H. 3, 1936, p. 532/533.
139 Siehe Kapitel III, S. 141ff. mit FN 59 u. 62. Cf. *G*, p. 45, 88, 110, 253. Ernst Jünger berichtet, daß das Léon Bloy-Zitat das letzte »nicht profane« Wort Schmitts gewesen sei (*Siebzig verweht III*. Stuttgart 1993, p. 575). Vergleiche zu Jüngers Notiz *G*, p. 264 u. 311.
140 Peterson: *Der Monotheismus als politisches Problem. Ein Beitrag zur Geschichte der politischen Theologie im Imperium Romanum*. Leipzig 1935, p. 158n.168.
141 M. Terentius Varro: *Antiquitates Rerum Divinarum*. Ed. Cardauns, Wiesbaden 1976, I, fr. 6, 7, 9, 10; p. 18–20 u. 37; cf. Kommentar, II, p. 139–144 und s. Ernest L. Fortin: *Augustine and Roman Civil Religion: Some Critical Reflections* in: Études Augustiniennes, Paris 1980, XXVI, p. 238–256; ferner Godo Lieberg: *Die »theologia tripertita« in Forschung und Bezeugung* in: Aufstieg und Niedergang der römischen Welt I, 4, Berlin-New York 1973, p. 63–115.

sondern antwortet auf die Herausforderung des russischen Anarchisten, die ihm 1922 als der äußerste Angriff auf Theologie und Politik erscheint. Die »konkrete Gegensätzlichkeit«, im Blick auf welche Schmitt den Ausdruck »Politische Theologie« zu seinem Begriff macht, ist der Gegensatz von Autorität und Anarchie, von Offenbarungsglaube und Atheismus, von Gehorsam und Empörung gegen den höchsten Souverän. *Autorität, Offenbarung* und *Gehorsam* sind aber ungeachtet der Aktualisierung, die Schmitt ihr im einzelnen zuteil werden läßt, die entscheidenden Bestimmungen *der Sache* der Politischen Theologie, die nicht mit Schmitts Theoriebildung in die Welt gekommen ist. Sie ist so alt wie der Offenbarungsglaube, und sie wird nach menschlichem Ermessen ebensolange fortbestehen, wie der Glaube an einen Gehorsam verlangenden Gott fortbestehen wird. Ebenweil Bakunin mit seiner Anklage das im doppelten Sinn des Wortes »Richtige« negierte, kann Schmitt die Politische Theologie in einen positiven Begriff verwandeln, ohne daß dieser – weder für Schmitt selbst noch für einen anderen politischen Theologen – polemisch von Bakunin oder dem Gegensatz zum Anarchismus abhängig bliebe.[142] Politische Theologie als eine politische Theorie oder politische Doktrin verstanden, die für sich in Anspruch nimmt, auf den Glauben an die göttliche Offenbarung gegründet zu sein, wird jetzt zu einem Begriff der Selbstverortung und Selbstcharakterisierung. In diesem Sinne bedienen sich seiner fortan nicht nur politische Theologen, die unmittelbar und zustimmend an Schmitts Lehre anknüpfen,[143] sondern ebenso und noch zahlreicher solche, die Schmitts politische Optionen scharf ablehnen und *seinen* Glauben nicht teilen: politische Theologen mit konservativer oder liberaler Grund-

---

142 Siehe *PT II*, p. 124–126; cf. *DC*, p. 9/10.
143 Frühe Beispiele sind das Buch des protestantischen Theologen Alfred de Quervain: *Die theologischen Voraussetzungen der Politik. Grundlinien einer politischen Theologie* (Berlin 1931) oder der Aufsatz *Politische Theologie* des katholischen Theologen Karl Eschweiler in: Religiöse Besinnung, Jg. 1931/32, H. 2, p. 72–88. Inzwischen ist die Flut der Bücher und Aufsätze, die »Politische Theologie« im Titel führen, unübersehbar geworden.

haltung, revolutionärer oder gegenrevolutionärer Gesinnung, die sich zum Christentum, zum Judentum oder zum Islam bekennen. Man ist versucht zu sagen, der Begriff *Politische Theologie* habe über Bakunin und Schmitt zu seiner Sache gefunden. Allerdings wird er auch nach 1922 nicht nur zur Bezeichnung der Sache oder zu Zwecken der Selbstverortung verwendet. Er bleibt eine Waffe des politisch-theologischen Streites. Das gilt für Schmitts eigenen Gebrauch, dessen Besonderheit darin liegt, daß er sich des Begriffs der Politischen Theologie parallel zu dessen »positiver Umbesetzung« als eines Instrumentes bedient, um den Kampf mit dem Feind auf der eigenen, auf der von ihm bestimmten Ebene zu führen: auf ihr sollen immer nur Glaube auf Glaube, Politische Theologie auf »Politische Theologie« treffen.[144] Während Schmitt sich seine Feinde mit dem doppelten Gebrauch des Begriffs gleichsam »verwandt« zu machen sucht, wird der Ausdruck von anderen politischen Theologen häufig gerade in umgekehrter Absicht benutzt: um Distanz zu politischen Theologen zu schaffen, deren politische Doktrinen man mißbilligt, und um Politische Theologien zu attackieren, deren Glaubensgrundlagen dem eigenen Glauben widerstreiten.[145]

144 Siehe *Carl Schmitt, Leo Strauss*, p. 77–88. Im Text der *Politischen Theologie* gebraucht Schmitt den Begriff »politische Theologie« genau dreimal: p. 40, 44, 45 (56, 63, 64). Die erste und dritte Verwendung bezieht sich auf die »Schriftsteller der Restaurationszeit«, die politischen Theologen Maistre, Bonald, Donoso Cortés, Stahl; die zweite bringt den Begriff dagegen mit Kelsens Auffassung der Demokratie als dem »Ausdruck relativistischer, unpersönlicher Wissenschaftlichkeit« in Zusammenhang.
145 Das berühmteste Beispiel für diese Praxis ist in unserem Jahrhundert der *Monotheismus*-Traktat Petersons, der in der viel zitierten These von der »theologischen Unmöglichkeit einer ›politischen Theologie‹« kulminiert. In Gestalt einer gelehrten Abhandlung, in deren Mittelpunkt die Kritik der Politischen Theologie des Bischofs Eusebios von Cäsarea steht, erteilt Schmitts langjähriger Freund politischen Berufungen auf theologische Vorstellungen, die er als Mißbrauch der christlichen Theologie beurteilt, eine entschiedene Absage. Der christliche Theologe kommt zu dem Schluß, durch das trinitarische Dogma sei »grundsätzlich der Bruch mit jeder ›politischen Theologie‹ vollzogen, die die christliche Verkündigung zur Rechtfertigung einer politischen Situation *mißbraucht*« (p. 99, m. H.). Unabhängig davon, wie man die Überzeugungskraft dieser Behauptung unter theologi-

Doch wichtiger als der Streit, der die politischen Theologen trennt, ist für uns die Einsicht, daß sie über eine Sache miteinander im Streit liegen, die sie verbindet und die die Politische Theologie jenseits aller geschichtlichen Polemik zu einem Begriff der Unterscheidung macht. Die Sache haben wir bereits genannt: eine politische Theorie, politische Doktrin oder politische Positionsbestimmung, für die nach dem Selbstverständnis der politischen Theologen die göttliche Offenbarung die höchste Autorität und die letzte Grundlage ist. Zu einem Begriff der Unterscheidung wird die Politische Theologie, insofern die Bestimmung ihrer Sache sie von der Politischen Philosophie unterscheidet, und zwar nicht so, wie sich zwei wissenschaftliche Disziplinen oder zwei relativ selbständige Sachgebiete menschlichen Denkens und Handelns voneinander unterscheiden lassen. Beide sind vielmehr durch den unaufhebbaren Gegensatz geschieden, in dem ihre Ant-

schen und historischen Gesichtspunkten einschätzen mag, ist offenkundig, daß der Traktat eine *bestimmte* Art von Politischer Theologie attackiert. Sein Verdikt gilt der theologischen Legitimierung einer politischen Herrschaft – jedenfalls soweit der Autor diese Herrschaft politisch-theologisch mißbilligt –, etwa nach der Formel »Ein Gott, Ein Herrscher der Welt«. Petersons theologische Schrift ist ein Versuch gezielter politischer und innerkirchlicher Einflußnahme (s. dazu die kenntnisreiche Dissertation von Barbara Nichtweiß: *Erik Peterson*, p. 764–779). Sie enthält eine deutliche Mahnung an den alten Freund, der sich zwischenzeitlich zum Fürsprecher der nationalsozialistischen Revolution gemacht hatte. Und sie stellt nicht zuletzt einen Angriff gegen das Judentum und das Heidentum dar: »Nur auf dem Boden des Judentums oder Heidentums kann es so etwas wie eine ›politische Theologie‹ geben« (p. 99/100; cf. Löwith: *Mein Leben in Deutschland vor und nach 1933*. Stuttgart 1986, p. 94, und s. FN 55). Ein hochpolitischer Traktat also, eines politischen Theologen von hohen Graden, wie jeder unvoreingenommene Leser seiner Schriften feststellen kann. (Cf. *Der Monotheismus*, p. 70, 95–97, ferner *Kaiser Augustus im Urteil des antiken Christentums. Ein Beitrag zur Geschichte der politischen Theologie* in: Hochland, 30. Jg., Bd. 2, April–September 1933, p. 289–299, insbes. p. 289 u. 298/299, aber auch *Die Kirche aus Juden und Heiden*. Salzburg 1933, p. 24–26, 31, 34, 40, 42, 56, 62, 64, 71n.28, sowie das dem *Monotheismus*-Traktat nachfolgende Buch *Zeuge der Wahrheit*. Leipzig 1937, p. 14/15, 20, 22, 39–45, 58, 60, 68. Nichtweiß hat eine Fülle zusätzlichen Materials aus dem noch unveröffentlichten Nachlaß ausgebreitet, das belegt, wie sehr Peterson politischer Theologe war; cf. p. 789/790, 797/798, 805, 807 u. insbes. 820–826; s. auch Kapitel I, FN 25 u. 63.)

worten auf die Frage *Wie soll ich leben?* zueinander stehen. Er begründet einen Unterschied im Ganzen, in der Lebensweise, in Rücksicht auf die Stellung zu Moral, Politik, Offenbarung und Geschichte. In der Auseinandersetzung mit der Politischen Theologie kann die Politische Philosophie daher Klarheit über ihre eigene Sache gewinnen. Ihre Identität wird durch die Politische Theologie weder bestimmt noch verbürgt, aber sie erhält für die Philosophie schärfere Konturen, wenn die Philosophie erkennt, was sie nicht ist, was sie nicht sein kann und was sie nicht sein will. Der Beitrag, den Schmitts Politische Theologie zu solcher Klärung leistet, ist für uns seine vorzüglichste Lehre. *Inter auctoritatem et philosophiam nihil est medium.*

Der Leviathan an der Angel Gottvaters mit den Brustbildern der Ahnen Jesu und Christus als Köder. *Hortus Deliciarum* der Herrad von Landsberg Ende 12. Jh. *Unten:* Abb. auf dem Schutzumschlag und auf der letzten Textseite von Carl Schmitt: *Der Leviathan in der Staatslehre des Thomas Hobbes.* Hamburg 1938. Siehe Seite 177, FN 139.

Nachwort zur zweiten Auflage

Für die Erweiterte Neuausgabe meines *Dialogs unter Abwesenden* schrieb ich 1998 einen Epilog, in dessen erstem Teil ich auf die internationale Debatte einging, die die Bücher *Carl Schmitt, Leo Strauss und »Der Begriff des Politischen«* von 1988 und *Die Lehre Carl Schmitts* von 1994 ausgelöst hatten. Die Debatte, die in ungezählten Aufsätzen und Monographien, Dissertationen und Rezensionen, Zeitungsartikeln und Vorträgen, Rundfunk- und Fernsehbeiträgen ihren Niederschlag fand, entzündete sich an der These, daß Carl Schmitt nicht angemessen zu begreifen sei, wenn das Zentrum und der Zusammenhang seines Denkens nicht als Politische Theologie begriffen werden. Was diese These beinhaltet und womit sie nichts gemein hat, findet sich im Epilog von 1998 in aller Deutlichkeit ausgesprochen. In der Flut von Publikationen, die die Debatte seitdem hervorbrachte, sind mir keine Argumente oder Gesichtspunkte begegnet, auf die ich nicht zuvor eingegangen wäre oder auf die ich gegenwärtig einzugehen hätte. Ich kann den interessierten Leser deshalb an das verweisen, was ich vor sechs Jahren zur Rezeption meiner Kritik der Politischen Theologie sagte.[1] Eine Auseinandersetzung mit der Analyse des verwickelten Verhältnisses von Schmitt zu Hobbes und insbesondere mit der Interpretation, die ich zu Schmitts Traktat *Der Leviathan in der Staatslehre des Thomas Hobbes* vorlegte, fand bisher nicht statt. An dieser Lage hat auch die Einladung nichts geändert, die in der Feststellung des Epilogs enthalten ist, daß die Deutung

---

1 *Eine theologische oder eine philosophische Politik der Freundschaft?*, in: *Carl Schmitt, Leo Strauss und »Der Begriff des Politischen.« Zu einem Dialog unter Abwesenden.* Erweiterte Neuausgabe. Stuttgart–Weimar 1998, p. 153–190, insbes. p. 159–170. Zum Folgenden cf. p. 156 und 168.

Schmitts mit der Interpretation seines Buches über den Leviathan steht und fällt.

Das Erscheinen der zweiten Auflage gibt mir Gelegenheit zu einigen knappen Anmerkungen und weiterführenden Hinweisen. Der Wortlaut des Textes blieb unangetastet. Ich habe lediglich Druckfehler und Versehen korrigiert, soweit sie mir bekannt geworden sind, und drei kurze Zusätze in Fußnoten nachgetragen, die ich in der amerikanischen und in der chinesischen Ausgabe des Buches ergänzte.[2] Seit 1994 sind mehrere Korrespondenzen publiziert worden, aus denen ich auf der Grundlage eigener Transkriptionen zitiert hatte, so daß ich die jetzt verfügbaren Editionen angeben kann. Das gilt für die Briefe von Werner Becker an Schmitt,[3] für die Briefe Schmitts an Armin Mohler,[4] für den Briefwechsel zwischen Schmitt und Alexandre Kojève[5] sowie für die Korrespondenzen von Leo Strauss mit Karl Löwith und Jacob Klein.[6]

Die inzwischen in rascher Folge erscheinenden Editionen mit Briefen Schmitts an sehr unterschiedliche Korrespondenzpartner – unterschiedlich, was ihr politisches Interesse und ihre religiöse Orientierung angeht, aber auch was ihre

2 S. 124, FN 27; S. 171, FN 127; S. 176, FN 137. Die amerikanische Ausgabe erschien in der Übersetzung von Marcus Brainard 1998 bei der University of Chicago Press, die chinesische in der Übersetzung von Guoji Lin 2004 bei Huaxia Press, Peking.
3 Siehe S. 114, FN 5; S. 131, FN 39; S. 136, FN 47. Werner Becker: *Briefe an Carl Schmitt*. Hg. und mit Anmerkungen versehen von Piet Tommissen. Berlin 1998.
4 Siehe S. 80, FN 56 (der Korrespondenzpartner hatte mich gebeten, seinen Namen unerwähnt zu lassen). *Carl Schmitt – Briefwechsel mit einem seiner Schüler*. Herausgegeben von Armin Mohler in Zusammenarbeit mit Irmgard Huhn und Piet Tommissen. Berlin 1995.
5 Siehe S. 33, FN 40; S. 105, FN 107; S. 156/157, FN 99. *Schmittiana. Beiträge zu Leben und Werk Carl Schmitts*. Band VI. Hg. von Piet Tommissen. Berlin 1998, p. 100–124. Wo die Lesart der dort publizierten Briefe von der Erstveröffentlichung der Briefstellen im vorliegenden Buch abweicht, beruhen die Abweichungen auf Lesefehlern des späteren Editors.
6 Siehe S. 172, FN 128; *Carl Schmitt, Leo Strauss*, p. 137–139. Leo Strauss: *Gesammelte Schriften*. Band 3. *Hobbes' politische Wissenschaft und zugehörige Schriften – Briefe*. Hg. von Heinrich und Wiebke Meier. Stuttgart–Weimar 2001; 2., durchgesehene Auflage 2003, p. 455–605 (Strauss – Klein) und p. 607–697 (Strauss – Löwith).

intellektuelle Statur und ihr historisches Gewicht betrifft – unterrichten uns nicht nur über aufschlußreiche Einzelheiten der Biographie, über den Umgang und die Präokkupationen Schmitts. Sie gewähren uns zusätzlichen Einblick in sein Denken, oft schlaglichtartig einen dunklen Zusammenhang erhellend oder einen in Schmitts Schriften lediglich angedeuteten Hintergrund beleuchtend. Sie gewähren zusätzlichen Einblick, denn die Interpretation eines anspruchsvollen Œuvre muß bei diesem Œuvre selbst ansetzen. Briefe können zur Überprüfung der Interpretation, zur Unterstützung einer Deutung von einigem Wert sein. Sie eröffnen indes keinen privilegierten Zugang zum Denken eines hochreflektierten Autors, einerlei ob es sich um einen politischen Theologen oder um einen politischen Philosophen handelt. Wer zum Zentrum des Denkens und mithin des Selbstverständnisses eines solchen Autors vordringen will, muß den Weg der Auseinandersetzung mit den für ihn zentralen Zeugnissen, mit seinen grundlegendsten und am sorgfältigsten geschriebenen Büchern, wählen. Deshalb versuchte ich, die These der Politischen Theologie in *Carl Schmitt, Leo Strauss und »Der Begriff des Politischen«* aus der Interpretation des *Begriffs des Politischen* in den drei Fassungen von 1927, 1932 und 1933, in *Die Lehre Carl Schmitts* aus der Interpretation der *Politischen Theologie* von 1922, des *Leviathan*-Buches von 1938 und der *Politischen Theologie II* von 1970 zu entwickeln und zu erhärten, nicht aber aus der isolierten oder auch nur bevorzugten Betrachtung des Früh- oder des Spätwerks, nicht aus Nebenschriften oder Gelegenheitsäußerungen und nicht aus Briefen.

Die Korrespondenzen Carl Schmitts mit Ernst Jünger und mit Álvaro d'Ors enthalten Sentenzen und Voten, die ich 1994 herangezogen hätte, wenn mir die Briefe zugänglich gewesen wären. Gerade bei diesen beiden umfangreichen Briefwechseln ist andererseits die begrenzte Aussagekraft der Quelle im ganzen augenfällig. Nirgendwo in den privaten Briefen erreicht Schmitts Auseinandersetzung mit Jünger die Bestimmtheit und Intensität, die sie öffentlich schon 1933 im *Begriff des Politischen* erreicht hatte, in dem Schmitt die Differenz zwischen Jüngers Haltung und seiner eigenen Position auf den »großen metaphysischen Gegensatz agonalen und politischen Denkens« zurückführte. Und an keiner Stelle der langen, fünf Jahrzehnte umspannenden Korrespondenz bewegt sich seine Kritik auf dem Niveau und gewinnt sie die Schärfe in der Sache, die Schmitts bemerkenswerten Beitrag zur Jünger-Festschrift von 1955 auszeichnen, in dem er Jüngers mythischem Glauben den Glauben eines christlichen Historismus entgegensetzt. Schmitts öffentlicher Angriff prallte an Jüngers olympischer Entrücktheit ab. Jünger erwidert in den Briefen nie auf die Kritik, und am Ende vergißt er, daß Schmitt sie jemals vorgetragen hatte.[7] Was die persönliche Beziehung anbelangt, die sich in den Briefen spiegelt, so ist von seiten Schmitts sehr viel Politesse im Spiel. Die parallele Lektüre der Eintragungen zu Jünger in Schmitts *Glossarium* läßt daran keinen Zweifel.[8]

Politesse bestimmt auch in hohem Maße den Briefwechsel mit Álvaro d'Ors. Allerdings hat sie hier eine andere Funktion. Sie ermöglicht es Schmitt, die persönliche Beziehung zu dem spanischen Rechtsgelehrten bis zum Tode aufrechtzuerhalten, ohne das Trennende im Denken vertiefen, ohne sich auf die dogmatischen Einwände des fernen Korrespondenzpartners aus dem Umkreis des Opus Dei wirklich einlassen zu müssen. Schmitt, der in so vielen anderen Fällen größtes Interesse an scharfen Gegenpositionen zeigte und den Dialog über sie suchte – von Ernst Jünger bis Hans Blumenberg, von Leo Strauss bis Alexandre Kojève –, erwartete offenbar nicht,

---

7 Carl Schmitt: *Die geschichtliche Struktur des heutigen Weltgegensatzes von Ost und West. Betrachtungen zu Ernst Jüngers Schrift: »Der Gordische Knoten«*, in: *Freundschaftliche Begegnungen*. Frankfurt a.M. 1955, p. 135–167. Siehe Ernst Jünger – Carl Schmitt: *Briefe 1930–1983*. Hg., kommentiert und mit einem Nachwort von Helmuth Kiesel. Stuttgart 1999, p. 305 und Jünger: *Siebzig verweht III*. Stuttgart 1993, p. 573. Cf. *Carl Schmitt, Leo Strauss*, p. 73–75.

8 Cf. *Der Philosoph als Feind. Zu Carl Schmitts »Glossarium«*, in: *Carl Schmitt, Leo Strauss*, Erweiterte Neuausgabe, p. 141–152. Siehe Jüngers Reaktion in *Siebzig verweht V.* Stuttgart 1997, p. 153/154.

in der Auseinandersetzung mit d'Ors Neues zu lernen und zu größerer Klarheit über sich selbst zu gelangen. Der weitreichendste Einwand, den der Katholik in Compostela erhebt – die Ankunft des Antichrist dürfe nicht nur nicht aufgehalten, sondern sie müsse ersehnt werden, da sie ein Ereignis und ein Zeichen sei, das der Wiederkehr Christi vorausgehe –, war Schmitt in der Tat seit langem bekannt und bestens vertraut, nicht zuletzt aus seinen Gesprächen mit dem früheren Freund Erik Peterson.[9] Die Briefe des Spaniers führen dem Leser vor Augen, was einen Weltanschauungsdoktrinär, der sich in den ihm von den intermediären Autoritäten vorgezeichneten Bahnen bewegt und das Allesentscheidende nur mit dem Vorbehalt »sub correctione Ecclesiae« zu sagen wagt, von einem politischen Theologen unterscheidet, der seine Existenz auf die Spitze seines glaubenden Gehorsams gegenüber der souveränen Autorität stellt und auf nichts außerdem.

Ein politischer Theoretiker und engagierter Moralist hat mir nach Lektüre des Epilogs *Eine theologische oder eine philosophische Politik der Freundschaft?* entgegengehalten, die These der Politischen Theologie mache Carl Schmitt sehr viel interessanter und deshalb gefährlicher, als er dies zuvor gewesen sei, und die Politische Theologie ihrerseits nehme sich im Lichte meiner Vergegenwärtigung stärker aus, als sie tatsächlich ist. Ich räume ein, daß ich mich in beiden Büchern von der Absicht leiten ließ, die Position der Politischen Theologie so stark zu machen, wie ich das vermochte. Den Grund habe ich, auf Schmitt bezogen, im Epilog mitgeteilt: Solange

9   Carl Schmitt und Álvaro d'Ors: *Briefwechsel*. Hg. von Montserrat Herrero. Berlin 2004, p. 308/309 und 120. Der Kommentar der Herausgeberin, Schmitt habe sich die eschatologische These d'Ors (»zu der er durch Überwindung des Begriffs des Schmittschen *Katechon* gelangt«) »zu eigen« gemacht, beruht auf Wunschdenken der Schülerin von d'Ors und verkennt den Charakter von Schmitts zurückhaltender Höflichkeit. – Zu Erik Petersons Bonner Antrittsvorlesung von 1925 *Was ist Theologie?* findet sich in einem Brief Schmitts aus dem Jahr 1976 eine scharfsichtige Äußerung (p. 277/278). Cf. zu Petersons Rede meine Münchner Antrittsvorlesung *Warum Politische Philosophie?* Stuttgart—Weimar 2000, p. 24/25.

wir Schmitt nicht als politischen Theologen ernst nehmen, bleibt er für uns unter seinen Möglichkeiten, und wir bleiben unter den unseren. Wir bringen uns um das, was die Aufgabe, Schmitt zu denken, im Falle des Gelingens für uns eröffnet: Klarheit über die Causa der Politischen Theologie zu gewinnen. Angesichts der Herausforderung durch den politisch-religiösen Radikalismus der neueren Zeit bedarf es keiner weitläufigen Erläuterung, von welcher politischen Bedeutung Klarheit über diese Causa ist. Aber die Vergegenwärtigung der Politischen Theologie betraf, wie der Untertitel des vorliegenden Buches anzeigt, von Anfang an nicht deren Sache allein. Sie zielte auf eine schärfere Bestimmung der Sache der Politischen Philosophie. Ist es möglich, die Alternative zu stark zu machen? Kann man den Widerpart jemals stark genug sehen und schwer genug nehmen, wenn die Auseinandersetzung im Dienst der Selbsterkenntnis steht?

Die Lehre Carl Schmitts zeigt die Politische Philosophie in actu und führt durch ein argumentum e contrario zu ihr hin. Der Leser, der das Argument der Politischen Philosophie weiter verfolgen will, wird in *Warum Politische Philosophie?* eine nähere Erörterung ihres Grundes und eine umfassendere Verhandlung ihrer Aufgabe finden. *Das theologisch-politische Problem* schließlich benennt das Officium der Philosophie in ihrer Begegnung mit dem Offenbarungsglauben und bezeichnet den präzisen Ort des Aufeinandertreffens von Politischer Theologie und Politischer Philosophie.[10]

München, Juli 2004   H. M.

---

10 *Das theologisch-politische Problem. Zum Thema von Leo Strauss.* Stuttgart—Weimar 2003. Beachte insbes. p. 43–46.

Der Streit um die Politische Theologie
Ein Rückblick

Politische Theologie ist heute ein geläufiger Begriff. Er ist aktuell, um nicht zu sagen akut. Die Herausforderung des politisch-religiösen Radikalismus, die Rückwendung zum Offenbarungsglauben, die neue Aufmerksamkeit für Islam, Christentum und Judentum haben ihm den vielstimmigen Widerhall einer Öffentlichkeit eingetragen, der er zuvor kaum vom Hörensagen bekannt war. Der Politischen Philosophie dient er als Begriff der Unterscheidung bei ihrem Unterfangen der Grundlegung und der Selbstverständigung über das philosophische Leben. In der Debatte um Carl Schmitt schließlich, der seinen Namen wie kein anderer mit dem Begriff verband, steht er für den Stein des Anstoßes, an dem sich die Auseinandersetzung zu bewähren hat. In jedem der genannten Kontexte beruht die Aktualität des Begriffs auf der Aktualität seiner Sache, zu der er, für den Historiker sei es wiederholt, über Bakunins Negation und Schmitts Position fand, eine Sache, deren entscheidende Bestimmungen Autorität, Offenbarung und Gehorsam sind. Aktuell ist der Begriff *Politische Theologie*, insofern darunter eine politische Theorie oder politische Doktrin verstanden wird, die für sich in Anspruch nimmt, in letzter Instanz auf göttliche Offenbarung gegründet zu sein. In diesem Sinn befassen sich inzwischen ihr eigens gewidmete Zeitschriften und Jahrbücher, ungezählte Monographien, Sammelbände und »Companions« in den verschiedensten Sprachen, wissenschaftliche Symposien und intellektuelle Foren in aller Welt mit Politischer Theologie. In diesem Sinn hat sie ihren Ort in der politischen Diskussion der Gegenwart. In diesem anspruchsvollen Sinn, als

Theorie, die sich aus dem Gehorsam des Glaubens versteht, ist sie von Interesse für den Philosophen.

Abseits des substantiellen Begriffs hat sich dessen ungeachtet ein eingeschränkter Gebrauch erhalten, der »Politische Theologie« auf das in der zweiten Hälfte des 20. Jahrhunderts vielberedete »Säkularisierungs-Theorem« reduziert und in ihr nicht mehr als eine historische These wahrnehmen will. Er beruft sich auf den ersten Satz des »Politische Theologie« überschriebenen dritten Kapitels in Schmitts gleichnamiger Schrift aus dem Jahr 1922, den er umstandslos als Schmitts »Definition« von Politischer Theologie nimmt: »Alle prägnanten Begriffe der modernen Staatslehre sind säkularisierte theologische Begriffe.« Nach dieser Lesart meint »Politische Theologie« keine umfassende Theorie, keinen prinzipiellen Begründungszusammenhang, keine existentielle Position, in deren Licht der politische Theologe sich selbst verstehen und mithin von einem anderen gedacht werden kann. Sie bezeichnet vielmehr eine begriffsgeschichtliche Behauptung oder wissenssoziologische Hypothese, die von »Strukturanalogien« zwischen Disziplinen und historischen »Umbesetzungen« handelt und deren Reichweite auf den Einzugsbereich des »occidentalen Rationalismus« und die »Epoche des modernen Staates« oder auf »die Neuzeit« begrenzt ist. Die Frage, was an einer wissenssoziologischen Hypothese *Theologie* sein soll, hat dem vermeintlich »technischen« Gebrauch von »Politischer Theologie« so wenig Beschwer bereitet, wie er Interesse an der Geschichte ebenjenes Begriffs zeigte, den er mit der Bezeichnung einer begriffsgeschichtlichen Behauptung abgegolten glaubte. Die beschränkte Auslegung von »Politischer Theologie« ist, obgleich sie ganz der Schmitt-Exegese entstammt, niemals in eine wirkliche Auseinandersetzung mit Schmitts Denken eingetreten. Deshalb auch hat sie weder nach der »konkreten Gegensätzlichkeit« gefragt, die Schmitt mit seinem *politischen* Begriff im Auge hatte, noch kam ihr in den Sinn, daß Schmitt den Begriff »Politische Theologie« selbst zum Gegenstand einer geschichtlich folgenreichen »Umbesetzung« gemacht haben könnte.[1] Die eingeschränkte Lesart von »Politischer Theologie« hat am Rande der Debatte um Schmitt wie in einer Zeitkapsel überlebt, als Erinnerung an einen vergangenen Streit. Bis 1988 war sie unter Schmitts Interpreten noch vorherrschend, und die Politische Theologie im anspruchsvollen Sinne war weit davon entfernt, als das Zentrum und der Zusammenhang seines Denkens verstanden zu werden.

Der jüngst veröffentlichte Briefwechsel zwischen Hans Blumenberg und Carl Schmitt erlaubt einen Blick auf den früheren Stand der Auslegung.[2] Ich nehme die postume Publikation zum Anlaß und Ausgangspunkt eines geschichtlichen Nachtrags. Blumenberg hatte 1966 in einem umfangreichen Werk, das den Kern seines Anliegens zum Titel erhob,[3] die

1 Im *Dialog unter Abwesenden* habe ich zum ersten Mal auf die Besonderheiten der Verwendung des Begriffs bei Schmitt und auf die Bedeutung der Opposition zu Bakunin aufmerksam gemacht. Gleiches gilt für den Hinweis, den Schmitt der Erstausgabe seiner *Politischen Theologie* vorangestellt hatte und der in der Literatur bis dahin ohne Beachtung geblieben war. Schmitts Notiz hebt die Zusammengehörigkeit der »gleichzeitig im März 1922« verfaßten Schriften *Politische Theologie* und *Römischer Katholizismus und politische Form* (die in der Notiz noch als Aufsatz über »Die politische Idee des Katholizismus« figuriert) hervor und lädt dazu ein, der Spur zu Bakunin nachzugehen, der das Ende der ersten und das Ende der zweiten Schrift zusammenschließt und den polemischen Sinn des Titels *Politische Theologie* enthüllt. Siehe *Carl Schmitt, Leo Strauss*, p. 84–88 und *Die Lehre Carl Schmitts*, oben S. 21–23, 119–120, 225, 257–259. (Alle Referenzen mit den Abkürzungen *S* für *Seite* und *FN* für *Fußnote* ohne weitere Angaben beziehen sich auf das vorliegende Buch.)
2 Hans Blumenberg Carl Schmitt: *Briefwechsel 1971–1978 und weitere Materialien.* Herausgegeben und mit einem Nachwort von Alexander Schmitz und Marcel Lepper. Frankfurt a.M. 2007. Der Band enthält sechs Briefe Blumenbergs und neun Briefe Schmitts, die knapp dreißig Druckseiten umfassen, dazu Auszüge aus Büchern Blumenbergs und höchst heterogene Materialien aus dessen Nachlaß; außerdem von Schmitt das Nachwort aus *Politische Theologie II* und die erste Wiederveröffentlichung des wichtigen Aufsatzes *Drei Möglichkeiten eines christlichen Geschichtsbildes* aus dem Jahr 1950 unter dem authentischen Titel, den ich vor zwei Jahrzehnten in *Carl Schmitt, Leo Strauss*, p. 57 mitteilte.
3 Hans Blumenberg: *Die Legitimität der Neuzeit.* Frankfurt a.M. 1966. Zuvor schon der Aufsatz »*Säkularisation*«. *Kritik einer Kategorie historischer Illegitimität* in: Die Philosophie und die Frage nach dem Fortschritt. Hg. Helmut Kuhn und Franz Wiedmann. München 1964, p. 240–265.

»Legitimität der Neuzeit« gegen den Befund oder den Vorwurf der Säkularisierung verteidigt, die er als eine »Kategorie des geschichtlichen Unrechts« zurückwies. Bei seiner Verteidigung der Selbständigkeit der modernen Weltlichkeit und ihres guten Rechts aus der geschichtlichen Nötigung zur Selbstbehauptung trat Blumenberg insbesondere Karl Löwiths *Meaning and History* entgegen, wobei ihm Schmitts Antwort auf Löwith von 1950[4] nicht bekannt war. Schmitt kommt mit drei Zitaten aus *Politische Theologie* auf 3 der 585 Seiten des Buches vor. Sein Name wird einmal in einer Fußnote genannt. Blumenberg führt den ersten Satz aus dem dritten Kapitel an, um ihn zu verwerfen. Unmittelbar davor gibt er zu erkennen, daß er den »Inbegriff des politischen Primats: die politische Bestimmung dessen, was als unpolitisch zu gelten hat – die Analogie zur theologischen Bestimmung dessen, was ›weltlicher‹ Kompetenz überlassen bleibt –« für historisch obsolet, durch die neuzeitliche Entwicklung überholt hält.[5] 1970 wählt Schmitt Blumenbergs Buch, um im Nachwort zu *Politische Theologie II* nach der in seiner »Spezial-Untersuchung« geübten Kritik an Erik Petersons Traktat aus dem Jahr 1935 die »Legende von der Erledigung jeder Politischen Theologie« an einem Zeugnis aus der Gegenwart vor Augen zu führen und mit beißendem Spott zu erledigen. Schmitt erläutert seine Wahl damit, daß Blumenbergs Buch »die Nicht-Absolutheit absolut« setze und »eine *wissenschaftliche* Negierung jeder Politischen Theologie« unternehme, »wissenschaftlich im Sinne eines Wissenschaftsbegriffes, der keinerlei Weiterwirkungen oder Umbesetzungen aus der Heilslehre einer sich absolut setzenden Religion gelten läßt. Derartige Umbesetzungen sind ihm nur tragische Hypotheken aus vergangenen Epochen«, deren »restlose Liquidierung zur Weltlichkeit der enttheologisierten Neu-Zeit« gehöre.[6]

---

4 Siehe S. 240–243.
5 *Die Legitimität der Neuzeit*, p. 60; cf. p. 61 und (ohne Nachweis) 18.
6 *Politische Theologie II*, p. 109–110. Das Nachwort trägt die Überschrift *Zur heutigen Lage des Problems: Die Legitimität der Neuzeit* und umfaßt die Seiten 109–126.

Eine solche Negierung jeder Theologie, jedes absoluten Anspruchs, jeder unbedingten Gehorsamsforderung bedeutet für Schmitts Politische Theologie einen anderen »Challenge« als der politische Versuch Petersons, »die theologische Unmöglichkeit einer ›politischen Theologie‹ zu erweisen«, um nach Maßgabe seiner eigenen, der von Peterson vertretenen Politischen Theologie dem »politischen Mißbrauch« der Wahrheit des Christentums zu wehren.[7] Da Blumenberg, wie Schmitt herausstellt, mit seinem Buchtitel »eine juristische Flagge gehißt« hat, sieht sich Schmitt aufgefordert, »unsererseits vom Juristischen her einige Aussagen über die heutige Lage des Problems zu machen.« Das Nachwort legt dem aufmerksamen Leser so nicht nur nahe, die Frage zu stellen, was für eine Flagge Schmitt mit seinem Buchtitel von 1922 hißte und jetzt im hohen Alter noch einmal hißt, sondern auch darauf zu achten, was für Aussagen Schmitt macht, wenn er von sich sagt, »vom Juristischen her« zu sprechen. Der explosivste und erhellendste Teil der letzten selbständigen Veröffentlichung von Carl Schmitt setzt uns in den Stand, die Berufung auf »das Juristische« an einem ebenso exponierten wie überschaubaren Exempel zu prüfen und einen Gestus richtig einzuordnen, der in der Rhetorik des Spätwerks eine besonders prominente Rolle spielt.[8]

Schmitts unmittelbare Antwort auf Blumenberg fällt ähnlich knapp aus wie seine Behandlung durch Blumenberg zuvor. Schmitt tadelt »Blumenbergs pauschale Vermischung« seiner Thesen »mit allen möglichen konfusen Parallelisierungen«. »Es hätte Beachtung verdient«, moniert Schmitt, daß seine »Bemühung um die Politische Theologie sich nicht in irgendeiner diffusen Metaphysik bewegt, sondern den klassischen Fall einer Umbesetzung mit Hilfe spezifischer Begriffe betrifft, die sich innerhalb des systematischen Denkens der beiden geschichtlich höchstentwickelten und höchstformier-

---

7 Peterson: *Der Monotheismus als politisches Problem*, p. 158 u. 99.
8 Siehe S. 56/57.

ten Stellengefüge des ›occidentalen Rationalismus‹ ergeben haben, nämlich zwischen der katholischen *Kirche* mit ihrer ganzen juridischen Rationalität und dem – auch noch in dem System des Thomas Hobbes als christlich vorausgesetzten – *Staat des Jus publicum Europaeum.*« Der zweite Teil der direkten Antwort kontert Blumenbergs Fortschrittsglaube und Bewertung des geschichtlich überwundenen Staates mit seinem absoluten Anspruch und seinen »Zumutungen des unbegrenzten Opfersinns«, der den Bürgerkrieg im Inneren dadurch vermieden habe, »daß der absolute Charakter der Freund-Feind-Kategorie auf das Verhältnis der sich integrierenden Nationalstaaten untereinander projiziert wurde«.[9] »Diesem Staat«, so Schmitt, »ist der bis auf den heutigen Tag größte rationale ›Fortschritt‹ der Menschheit in der völkerrechtlichen Lehre vom Kriege gelungen, nämlich die Unterscheidung von Feind und Verbrecher und damit die einzig mögliche Grundlage für eine Lehre von der Neutralität eines Staates in Kriegen anderer Staaten. *Das* gehört für *mich* und meine Politische Theologie zur Epochenwende der Neuzeit. Auf der ›Epochenschwelle‹ dieser Wende ertönte das *Silete Theologi!* des Albericus Gentilis«.[10] Bis dahin scheint Schmitt in der Tat ganz als Jurist zu sprechen und die Politische Theologie nichts anderes als eine »Umbesetzung« zu bezeichnen, die »klassisch« die Begriffe im Geltungsbereich der Kirche und des Staates betraf, beiderseits gehandhabt und vertreten durch *Juristen.* Allerdings hat Schmitt noch keinerlei »Aussagen über die heutige Lage des Problems« gemacht. Was er zu ihr »vom Juristischen her« zu sagen hat, kommt später. Da er sich in seiner Antwort allein auf »den klassischen Fall einer Umbesetzung« zwischen Kirche und Staat an der »Epochenwende der Neuzeit« bezieht, bleiben außerdem alle historischen »Stadien«, die nicht mehr durch Kanonisten und Legisten bestimmt wurden, bleibt insbesondere die »Paralle-

9 Blumenberg: *Die Legitimität der Neuzeit*, p. 59 u. 60.
10 *Politische Theologie II*, p. 110–111.

le« von Atheismus und Anarchie, die für die Stoßrichtung der *Politischen Theologie* von 1922 zentral war, ausgeblendet. Die Pointe der ausschließlichen Bezugnahme auf den »klassischen Fall« besteht darin, daß in Schmitts Darstellung Kanonisten wie Legisten für die Institutionen einer *christlichen* Welt eintreten und die »Umbesetzung« am Beginn der Neuzeit auf einem *christlichen* Boden statthat. Schmitt knüpft nahtlos an eine Deutung an, die vorzutragen und weiter zu entfalten er über zwei Jahrzehnte hinweg, seit der Veröffentlichung von *Der Nomos der Erde* und *Ex Captivitate Salus*, nicht müde wurde. Ihr zufolge handelten die »Juristen«, die die Übertragung theologischer Begriffe wie den der Allmacht Gottes auf den weltlichen Souverän vornahmen, aus ihrem christlichen Glauben heraus. Die Begründer des modernen Staats- und Völkerrechts, in denen sich Schmitt als »der letzte, bewußte Vertreter des jus publicum Europaeum, sein letzter Lehrer und Forscher in einem existenziellen Sinne«, wiedererkennt,[11] traten das Erbe der katholischen Theologen an, wenn sie für den Frieden und für die Vernunft zu retten versuchten, was nach der Glaubensspaltung zu retten war. Als sie den Theologen ihr Schweigegebot im Geltungsbereich des Staates entgegenhielten, antworteten sie auf den »Anruf« der Geschichte, um den Weg aus den religiösen Bürgerkriegen zu weisen. Ihr Unternehmen der Säkularisierung war nicht von antichristlichen Absichten getragen, sondern, ganz im Gegenteil, christlich inspiriert. Jean Bodin und Thomas Hobbes etwa, die Schmitt seine »Freunde« nennt, hielten in Schmitts Auslegung »am Glauben ihrer Väter fest, und das nicht nur äußerlich«. Mit einem Wort: die Juristen an der Epochenwende, deren Seele er in sein Gebet einschließt, waren aus Schmitts Sicht politische Theologen im substantiellen Sinne des Begriffs.[12]

---

11 *Ex Captivitate Salus*, p. 75.
12 *Ex Captivitate Salus*, p. 63–73; *Der Nomos der Erde*, p. 112–115, 128–131. Siehe S. 191–204; cf. S. 180–186.

Doch Schmitt macht Blumenbergs Buch nicht zum Gegenstand seines Nachworts, um lediglich eine Korrektur an Blumenbergs Wiedergabe seiner Thesen vorzunehmen oder um seine Sicht der Säkularisierung in Erinnerung zu bringen – ein Begriff, den er im Nachwort vermeidet und zu dem er schon Jahre zuvor auf Distanz gegangen war.[13] Er läßt seinen abschließenden politisch-theologischen Traktat in einer Kritik der *Legitimität der Neuzeit* kulminieren, weil er in ihr den aktuellsten Versuch einer »Erledigung jeder Politischen Theologie« erkennt. Sie gibt ihm nicht nur Gelegenheit, die Themen seines Spätwerks in der Diskussion zu halten – von den historischen Errungenschaften des Jus publicum Europaeum über die Kritik der Legalität, den Gegensatz von Gesetz und Evangelium und die Unterscheidung von Nomos und Gesetz bis zur »Vollendung der Reformation« in der Staatslehre des Thomas Hobbes –, sondern sie erlaubt ihm, im Medium der Kritik auf grundlegende Bestimmungen seiner Politischen Theologie zu sprechen zu kommen – vom Wunder, über die Unterscheidung von Freund und Feind und die Verankerung der »politomorphen« Welt in der Lehre von Gott bis zur Rechtfertigungs- und Erlösungsbedürftigkeit des Menschen. Schmitt ist es nicht um Berichtigung im einzelnen zu tun. Er zielt aufs Ganze. In Blumenbergs »Gesetzmäßigkeit« der Erkenntnis sieht er die Verneinung des Wunders, in der Freigabe der »Neugierde« die Hybris, die sich als Hybris nicht

13 In *Die vollendete Reformation* bestimmt Schmitt 1965 den »Prozeß der sogenannten Säkularisierung« – also die neuzeitliche Entwicklung aufs Ganze gesehen, »Säkularisierung« nicht mehr auf den »klassischen Fall« der »Umbesetzung« am Beginn der Epochenwende beschränkt – als Prozeß »der fortschreitenden Entchristlichung und Entgöttlichung des öffentlichen Lebens«. Er fährt fort: »Es war ein Prozeß stufenweiser Neutralisierungen, die schließlich bei dem methodischen Atheismus und der ›Wertfreiheit‹ der Wissenschaft endeten und das Zeitalter einer wissenschaftlich-technisch-industriellen Zivilisation herbeiführten. Hier, auf ihrem Gipfel, schlugen die Neutralisierungen in etwas Unerwartetes, ganz anderes um, dem man mit der Vorstellung von ›Neutralität‹ und ›Neutralisierung‹ nicht mehr beikam« (p. 61). Cf. zu diesem »Umschlagen« *Carl Schmitt, Leo Strauss*, p. 55/56, 87/88.

wahrhaben will, in der Betonung von »Selbständigkeit« und »Selbstbehauptung« die Selbstermächtigung dessen, der seine Gebundenheit durch die göttliche Ordnung bestreitet. »Wenn es streng gesetzmäßig zugeht, Ausnahmen perhorresziert, Mutationen verdächtig, Wunder geradezu Sabotageakte sind, dann liegt die Frage nahe, woher denn bei solcher Gesetzmäßigkeit das ununterbrochen Neue kommen soll. Doch würde diese Frage den Sinn der Ablehnung von Wunder, Ausnahme, Voluntarismus und Dezisionismus nicht treffen. Im Grunde geht es Blumenberg um die Selbstermächtigung des Menschen und um die Wißbegierde des Menschen. Von dieser sagt er ausdrücklich, daß sie ›im Grunde rechtfertigungs*un*bedürftig‹ ist (S. 393). ›Die Erkenntnis bedarf keiner Rechtfertigung, sie rechtfertigt sich selbst; sie verdankt sich nicht Gott, hat nichts mehr von Erleuchtung und gnädigem Teilhabenlassen, sondern ruht in ihrer eigenen Evidenz, der sich Gott und Mensch nicht entziehen können‹ (S. 395). Das ist es. Der Autismus ist der Argumentation immanent. Ihre Immanenz, die sich polemisch gegen eine theologische Transzendenz richtet, ist nichts anderes als Selbst-Ermächtigung.«[14] »Selbst-Ermächtigung« heißt, ins Politisch-Theologische übersetzt, Empörung, »Autismus« Verleugnung der Gehorsamspflicht gegen Gott. Blumenbergs Enttheologisierung enthält für Schmitt eine Entpolitisierung der Welt. Die Welt hört auf, »politomorph« zu sein, wenn sie nicht von einem Gehorsam verlangenden Gott regiert wird oder, wenigstens der Möglichkeit nach, Gegenstand des Streits zwischen einem Herrn und einem Widersacher bleibt, und sei es des Streits von Schöpfergott und Erlösergott. Gehorsam und Empörung gäbe es dann nur noch in der Menschen-Welt, für die die Sentenz zuträfe, in die Schmitt die Gegenposition zu seiner und jeder Politischen Theologie faßt: *Nemo contra hominem nisi homo ipse.*[15]

14 *Politische Theologie II*, p. 113/114.
15 *Politische Theologie II*, p. 119/120 u. 126.

Der Zusammenhang von Enttheologisierung und Entpolitisierung der Welt, den Schmitt geltend macht, ergibt sich folgerichtig aus Schmitts Begriff des Politischen, der das Politische auf eine triadische Konstellation zurückführt, die überall und zu jeder Zeit eintreten kann und für die drei – natürliche, juristische oder übernatürliche – Personen hinreichen, um die politische Unterscheidung und den äußersten Intensitätsgrad einer Verbindung oder Trennung ins Werk zu setzen. Die Orientierung an der Unterscheidung von Freund und Feind macht das Politische und das Theologische kommensurabel. Erst nachdem Schmitt seine Konzeption des Politischen 1927, 1932 und 1933 in drei Anläufen ausgearbeitet hatte, konnte er in der Vorbemerkung zur zweiten Ausgabe der *Politischen Theologie* von 1934 erklären: »Inzwischen haben wir das Politische als das Totale erkannt«. Das Politische kann nur dann als das Totale begriffen werden, wenn alles, wenn das Ganze, wenn die Welt und nicht bloß die Menschen-Welt der Unterscheidung von Freund und Feind, der Entscheidung zwischen Gehorsam und Ungehorsam und der sich daraus einstellenden Assoziation oder Dissoziation zugänglich ist.[16] Schmitt läßt der Verknüpfung von Enttheologisierung und Entpolitisierung, die er im Zentrum des Nachworts herausstellt, einen »Hinweis« vorausgehen, der die Verschränkung seines Begriffs des Politischen und seiner Politischen Theologie bekräftigt und das, was ich die triadische Konstellation des Politischen genannt habe, als ihren Kern bestätigt. Schmitt leitet eine hochbrisante Erörterung mit der eher beiläufig klingenden Wendung ein, es bedürfe »noch eines Hinweises« – des Hinweises »auf das Kriterium des Politischen *und der* Politischen Theologie, nämlich auf die Unterscheidung von Freund und Feind.«[17] Was folgt, ist der Versuch, die triadische Kon-

16 Siehe dazu S. 111–123.
17 *Politische Theologie II*, p. 116, meine Hervorhebung. Dieser Hinweis allein hätte den Interpreten, die Schmitts Politische Theologie auf das »Säkularisierungs-Theorem« reduzieren oder an deren Verharmlosung zu einer »wissenssoziologischen Hypothese« festhalten möchten, zu denken geben können.

stellation bis in die Trinität voranzutreiben oder zurückzuverfolgen. Schmitt zieht dafür eine Stelle bei Gregor von Nazianz heran, auf die sich Peterson »für die Lehre von der christlichen Trinität entscheidend beruft«: *Das Eine ist immer im Aufruhr gegen sich selbst.* »Mitten in der einwandfreiesten Formulierung des schwierigen Dogmas«, kommentiert Schmitt die Aussage des Kirchenlehrers, »begegnet uns das Wort *stasis*, im Sinne von *Aufruhr*« und folglich die Möglichkeit der Feindschaft. Mit dem Befund, daß wir »im Kern der Lehre von der Trinität« auf eine »wahre politisch-theologische *Stasiologie*« oder auf das Problem der Feindschaft und des Feindes treffen, gibt Schmitt nicht nur eine späte Antwort auf Petersons Behauptung der Unmöglichkeit einer Politischen Theologie unter Verweis auf das »Geheimnis der Dreieinigkeit«, das es »nur in der Gottheit selber, aber nicht in der Kreatur« gebe.[18] Schmitt macht zugleich den Glaubensgrund namhaft, auf den er sich stützt, wenn er Blumenbergs Unternehmen der Enttheologisierung entgegentritt und der Zuversicht widerspricht, die Neuzeit habe das »gnostische Recidiv« ein für allemal überwunden. Den gnostischen Dualismus von Schöpfergott und Erlösergott sieht er in der »Einheit von Vater und Sohn, die beide nicht absolut identisch, aber dennoch ›Eins‹ sind,« zwar »umhüllt« – oder in die Unergründlichkeit Gottes entrückt –, aber nicht entkräftet.[19] In einem weiteren,

---

18 *Politische Theologie II*, p. 116–118; Peterson: *Monotheismus als politisches Problem*, p. 100.

19 »Die Zähigkeit und Schwer-Widerlegbarkeit des gnostischen Dualismus beruht weniger auf der Evidenz alter mythischer und metaphorischer Bilder von Licht und Finsternis; sie besteht vielmehr darin, daß ein allmächtiger, allwissender und allgütiger Schöpfergott für die von ihm geschaffene Welt nicht mit einem Erlösergott identisch sein kann. Augustinus verlagert die Schwierigkeit aus der Gottheit in die Freiheit des von Gott geschaffenen und mit Freiheit ausgestatteten Menschen, also in ein Geschöpf, das kraft seiner ihm verliehenen Freiheit die nicht-erlösungsbedürftige Welt Gottes überhaupt erst erlösungsbedürftig macht. Das Geschöpf, das dazu imstande ist, der Mensch, bewährt seine Freiheit nicht durch Taten, sondern durch Untaten. Die Lehre von der Trinität umhüllt die Identität von Schöpfergott und Erlösergott in der Einheit von Vater und Sohn, die beide nicht absolut identisch, aber dennoch ›Eins‹ sind, wobei ein Dualismus von zwei

im nächsten und letzten Schritt sucht Schmitt die Einsicht der »politisch-theologischen Stasiologie« an Goethes Ausspruch *Nemo contra deum nisi deus ipse* zu erhärten, dessen christologische Herkunft er entdeckt zu haben glaubt und den er christologisch, als Anrufung des Sohnes, Parteinahme für den Sohn und Verbindung mit dem Sohn gegen den Vater deutet.[20]

Nach dieser Vorbereitung, mit der er noch einmal und entschiedener als je zuvor das Politische im Theologischen verankert,[21] schickt Schmitt sich an, »das Problem der Politischen Theologie unter die Frage nach dem Feind zu stellen« und »einige Thesen« an dem Motto Goethes »zu orientieren«, mit denen er Blumenberg oder der Blumenberg zugeschriebenen Position Aug in Aug gegenübertritt. Das Problem der Politischen Theologie unter die Frage nach dem Feind zu stellen, hat dabei offenbar einen doppelten Sinn. Zum einen steht und fällt die Politische Theologie für Schmitt mit dem Feind, den seine Politische Theologie als durch den Willen Gottes gegeben und im Willen Gottes gegründet voraussetzt, so daß das Problem der Politischen Theologie erst dann erledigt wäre, wenn sich die Frage nach dem Feind nicht mehr stellte. Zum anderen stellt Schmitt die Frage nach dem Feind, der in der Lage wäre, die Politische Theologie zu erledigen, indem er per impossibile die Feindschaft aus der Welt schaffte. Um die Position des Feindes zu bestimmen, formuliert Schmitt sieben Thesen. Sie sollen die »Gedanken-Reihen« präparieren, in denen sich eine »restlos enttheologisierte, modern-wissenschaftliche Erledigung jeder Politischen Theologie« bewegen könnte, und so einen Feind greifbar machen, der keinen Feind mehr haben will. Ein letztes Mal entwirft Schmitt, wie er in Anspielung auf das Theodor-Däubler-Wort

Naturen, Gott-Mensch, in der zweiten Person zur Einheit wird.« *Politische Theologie II*, p. 120.
20 *Politische Theologie II*, p. 122/123.
21 »Wenn jeder Einheit eine Zweiheit und infolgedessen eine Aufruhrmöglichkeit, eine *stasis*, immanent ist, dann scheint die Theologie ›Stasiologie‹ zu werden.« *Politische Theologie II*, p. 123.

Der Feind ist unsre eigne Frage als Gestalt festhält, ein »Gegenbild, um meine eigene Position deutlicher zu erkennen«. Es zeigt einen »Neuen Menschen«, der sich in einem »unaufhörlichen Prozeß-Progreß« selbst produzieren und des Feindes entledigen will und dafür auf »das Gegenteil einer Schöpfung *aus* dem Nichts, nämlich die Schöpfung *des* Nichts als der Bedingung der Möglichkeit der Selbst-Schöpfung einer stets Neuen Weltlichkeit« rekurrieren muß. Der Leser, der sich von den dadaistischen Anleihen bei der Skizze des »Gegenbildes« nicht ablenken, von Schmitts Spott nicht über den Ernst des Angriffs täuschen läßt,[22] kann Schmitts eigene Position umreißen, indem er die sieben Gegenthesen zu Schmitts Thesen über Blumenberg fixiert.[23] In dem Fall, auf den für ihn alles ankommt, hat Schmitt selbst Sorge getragen, daß These und Gegenthese präzise formuliert sind. Der These, die den Schlußpunkt in den »Gedanken-Reihen« der Gegenposition setzt: *Nemo contra hominem nisi homo ipse*, steht von Anfang an als Gegenthese oder vielmehr als ihr Vorbild das Motto gegenüber, an dem er die sieben Thesen ausdrücklich »orientiert«: *Nemo contra deum nisi deus ipse*. Und nicht weniger ausdrücklich erklärt Schmitt im voraus, daß er die »reale Möglichkeit« des Feindes auch noch in dem »restlos enttheologisierten Gegenbild« erkennt, das die abschließende Sentenz besiegeln wird.[24] Nur Gott kann den Feind aus der Welt schaffen, den Gott erschaffen hat. Auf diesem Glauben beruht Schmitts Verteidigung des Politischen und der Politi-

22 Cf. S. 175.
23 Siehe dazu im einzelnen *Politische Theologie II*, p. 124–126 und S. 17–20.
24 Der abschließenden Sentenz der siebten These *Nemo contra hominem nisi homo ipse* läßt Schmitt nur noch eine rhetorische Frage folgen, die das Fortbestehen der »realen Möglichkeit« der Feindschaft bekräftigt: »Ich schließe mit der Frage: welcher von jenen drei Freiheiten ist die intensivste Aggressivität immanent: der wissenschaftlichen Wertfreiheit, der technisch-industriellen Produktionsfreiheit oder der Bewertungsfreiheit des freien menschlichen Konsums? Sollte diese Frage wissenschaftlich unerlaubt sein, weil inzwischen auch der Begriff Aggressivität wert-frei geworden ist, so wäre die Situation klar: stat pro ratione Libertas, et Novitas pro Libertate.« *Politische Theologie II*, p. 126.

schen Theologie. Wer am Ende des Nachworts, dem entscheidenden Teil von *Politische Theologie II*,[25] nicht vergessen hat, was Schmitt zu dessen Beginn ankündigte, daß er nämlich »*vom Juristischen her* einige Aussagen über die heutige Lage« des Problems der Politischen Theologie machen werde, weiß nach der Lektüre der sieben Blumenberg-Thesen, nach der christologischen Deutung des Goethe-Mottos und nach der Herleitung der »Stasiologie« aus der Trinität, wie er Schmitts Berufung auf die Profession des Juristen zu nehmen hat.

Blumenberg läßt Schmitts Herausforderung nicht unerwidert. 1974 legt er unter dem Titel *Säkularisierung und Selbstbehauptung* eine Neubearbeitung des ersten Teils der *Legitimität der Neuzeit* vor,[26] die ein eigenes Kapitel über Schmitts

25 Am 4. November 1969 schreibt Schmitt in einem Brief an Ernst Forsthoff über *Politische Theologie II*: »Ich, für meine Person, habe jetzt, nach unsäglichen Mühen, eine kleine Abhandlung für Barion fertig; es sind etwa 3 Druckbogen oktav. Der Titel: (Die Legende von der) Erledigung jeder Politischen Theologie. Der Gedankengang bewegt sich in einer Substanz-Analyse von Petersons Abhandlung von 1935: Der Monotheismus als politisches Problem. Doch hat diese kritische Befassung mit einer *theologischen* Erledigung jeder Politischen Theologie (wie sie auch Barion in seinem Epirrhosis-Aufsatz vornimmt) nur den Sinn eines energischen Vorstosses zu einer Befassung mit der modern-*wissenschaftlichen* Erledigung jeder Politischen Theologie (H. Blumenberg, Die Legitimität der Neuzeit, Suhrkamp 1966), in einer kurzen, aber sehr dichten ›Schlußbemerkung‹. Das Ganze will ich schön abschreiben lassen und Barion zum 16/12 überreichen.« *Briefwechsel Ernst Forsthoff Carl Schmitt (1926–1974)*. Hg. von Dorothee Mußgnug, Reinhard Mußgnug und Angela Reinthal. Berlin 2007, p. 293/294; cf. p. 295, 297, 300, 307. *Politische Theologie II* erschien zunächst in *Eunomia. Freundesgabe für Hans Barion zum 16. Dezember 1969*. (Privatdruck in 200 Exemplaren) Wiesbaden 1970, p. 83–145. Zu der »Erledigung«, die Hans Barion in der Festschrift *Epirrhosis* zu Schmitts 80. Geburtstag 1968 veröffentlichte, cf. S. 116/117 und *Carl Schmitt, Leo Strauss*, p. 168.
26 Hans Blumenberg: *Säkularisierung und Selbstbehauptung. Erweiterte und überarbeitete Neuausgabe von »Die Legitimität der Neuzeit«, erster und zweiter Teil*. Frankfurt a.M. 1974. Auf der Rückseite des Titels ist vermerkt: »Der erste Teil wurde 1974 neu geschrieben.« Den dritten und den vierten Teil ließ Blumenberg ebenfalls als selbständige Publikationen erscheinen: *Der Prozeß der theoretischen Neugierde*. Frankfurt a.M. 1973; *Aspekte der Epochenschwelle: Cusaner und Nolaner*. Frankfurt a.M. 1976. Die Teile der Neubearbeitung sind zusammengeführt in: *Die Legitimität der Neuzeit. Erneuerte Ausgabe*. Frankfurt a.M. 1988.

Politische Theologie enthält, und schickt sie Schmitt zu. Im Begleitbrief an Schmitt, zu dem er 1971, wenige Monate nach Erscheinen von *Politische Theologie II*, erstmals Kontakt aufgenommen hatte,[27] äußert er die Hoffnung, »der Stellung des Säkularisierungsbegriffes« in Schmitts Werk »jetzt besser gerecht geworden« zu sein.[28] Blumenbergs Antwort ist die Antwort eines Historikers. Er sieht sich durch nichts so sehr herausgefordert wie durch den »Vorhalt, unter dem Titel der Legitimität« gehe es ihm »nur um die Legalität der Neuzeit«, da er durch ihn »die historische Qualität« seiner Fragestellung und seiner These bestritten sieht. »Schwerer könnte der Einwand gar nicht wiegen.« Für den Historiker gibt es keinen schwerwiegenderen »Vorhalt« als den, kein guter Historiker zu sein. Blumenberg verteidigt sich entsprechend. Die von ihm »gemeinte Legitimität der Neuzeit« sei »eine historische Kategorie«, weshalb »die Rationalität der Epoche als Selbstbehauptung, nicht als Selbstermächtigung begriffen« werde. Blumenberg will Schmitts Angriff auf die »Selbst-Ermächtigung«, der die Frage der Rechtfertigung aufwirft, historisch

27 Am 24. März 1971 schreibt Blumenberg: »Sehr verehrter Herr Schmitt! / Seit ich die Bemerkungen kenne, die Sie zu meinem Buch in Ihrer ›Politischen Theologie II‹ gemacht haben, drängt es mich, Ihnen zu schreiben ... / Natürlich ist es ganz unerlaubt, daß der Kritisierte seinem Kritiker nochmals Zensuren erteilt. Aber vielleicht gestatten Sie mir doch eine Ausnahme von dieser Regel, indem Sie mich sagen lassen, daß ich durch keine der bisherigen Äußerungen zu meinem Buch so innerviert worden bin, über den dort erreichten Stand hinaus weiter zu gehen, als durch die wenigen Seiten Ihrer Auseinandersetzung mit diesem Buch.« *Briefwechsel 1971–1978*, p. 105.
28 »In diesem Jahr ergab sich die Gelegenheit, für die Taschenbuchausgabe den ersten Teil meines Buches ganz neu zu schreiben. Ich weiß nicht, hoffe es aber sehr, dass ich der Stellung des Säkularisierungsbegriffes in Ihrem Werk jetzt besser gerecht geworden bin als vor einem Jahrzehnt. Das ist der Grund, weshalb ich Ihnen doch noch ein Exemplar der Taschenbuchausgabe zusende. Ich habe das Ungenügen meiner Darstellung und Kritik Ihrer Gedankengänge nicht nur stillschweigend durch Berichtigung und Erweiterung zu erkennen gegeben, sondern ausdrücklich gemacht. / Ich möchte Ihnen nicht zumuten, sich zu der Neufassung nochmals zu äußern, würde mich aber freuen, wenn ich annehmen dürfte, Sie hätten einen Blick hineingeworfen.« Brief vom 9. Oktober 1974, p. 116.

parieren. »Durch eine extreme Nötigung zur Selbstbehauptung ist die Idee der Epoche als einer aus dem Nichts ansetzenden Selbstbegründung – und das heißt eben nicht: Selbstermächtigung – hervorgegangen.« Die »Idee der Epoche« wird historisch begründet. Die Selbstbehauptung gehorcht der historischen Notwendigkeit und bleibt als Geschichts-Gehorsam eigener Art dem Vorwurf der Selbstermächtigung überhoben.[29] Blumenberg glaubt, die Berufung auf die Geschichte – auf die richtig, nämlich historisch und nur historisch, begriffene Geschichte – genüge, um Schmitts Kritik abzuwehren, die er als eine politisch-historische versteht: »Es muß Carl Schmitt paradox erscheinen, daß die Legitimität einer Epoche in ihrer Diskontinuität zu ihrer Vorgeschichte bestehen soll, und dieses Paradox läßt ihn nicht glauben, es könnte etwas anderes zur Debatte stehen als die bloße Legalität gegenüber einer hypostasierten Vernunft von positiver Gesetzlichkeit.« Schmitt »muß« die Legitimität der Neuzeit »paradox erscheinen«, weil er, anders als Blumenberg, der der Geschichte in ihren Diskontinuitäten gerecht wird, aus politischen Gründen auf historische Kontinuität fixiert ist und nicht davor zurückscheut, die Geschichte seinen Zwecken entsprechend, d. h. höchst unhistorisch auszulegen und aufzubieten. »Hier ist der Kern der Differenz: für den Staatstheoretiker Carl Schmitt ist die Säkularisierung eine Kategorie der Legitimität. Sie eröffnet die Tiefendimension der Geschichte für die durch ihre Kontingenz gefährdeten Gegenwarten. Sie verschafft historische Identität, und dabei kommt es wenig darauf an, daß dies eben ›mit anderen Mitteln‹ geschieht. Der

---

29 Während Blumenberg in seiner Verteidigung gegen Schmitt in einem Absatz zweimal betont, daß die Selbstbehauptung der Neuzeit *nicht* als Selbstermächtigung zu verstehen sei (p. 112/113), schreibt er an anderer Stelle: »... die Defekte der göttlichen Allmacht sind die Möglichkeiten und Notwendigkeiten der menschlichen Selbstermächtigung in der Geschichte« (p. 70). Schmitt hat den Begründungszusammenhang registriert und die Seitenzahlen der einschlägigen Stellen auf dem Titelblatt seines Handexemplars von Blumenbergs *Säkularisierung und Selbstbehauptung* notiert (*Briefwechsel 1971–1978*, p. 93).

Inbegriff der Säkularisate ist selbst jene ›politische Theologie‹, deren Bezeichnung, so integrativ sie in bezug auf die Tradition gemeint sein könnte, doch nur verdeckt, daß gemeint ist ›Theologie als Politik‹. Es ist fast a priori zwingend, daß ein juristischer Positivismus sich mit dem Geschichtsfaktor verbünden muß, der die Kontingenz der positiven Setzungen der Wahrnehmung entzieht.«[30] Blumenberg verkennt den politisch-theologischen Angriff, dem er tatsächlich ausgesetzt ist, da er bei seinem Gegenüber eine Präokkupation für die Legitimierung durch Geschichte unterstellt, die seiner eigenen Präokkupation durchaus entspricht. Wenn er die Säkularisierung jetzt zu einer »Kategorie der Legitimität« für Schmitt erklärt, steht er offensichtlich unter dem Eindruck des knappen korrigierenden Hinweises in *Politische Theologie II* zum »klassischen Fall einer Umbesetzung« an der Epochenwende der Neuzeit. Die neue Einordnung erfaßt Schmitts Stellung zum »Prozeß der Säkularisierung« indes so wenig, wie die frühere Einordnung, die die Säkularisierung nur als eine Kategorie der Illegitimität für Schmitt erscheinen ließ, sie erfaßt hatte. Weder fällte der frühe Schmitt mit der Identifizierung von »Säkularisaten« ein letztgültiges Urteil über die historische Illegitimität der so gekennzeichneten Umbesetzungen, Analogien und Herleitungen noch nobilitert der späte Schmitt die »Säkularisate« als solche zu Trägern historischer Legitimität. Bei allen Verschiebungen und Neuakzentuierungen in Schmitts Einschätzung der Entstehung des Staates als Ergebnis der Säkularisierung am Beginn der Neuzeit unterliegt Schmitts Stellung zum Prozeß der Säkularisierung aufs Ganze und aufs Ende gesehen als »Prozeß fortschreitender Entchristlichung und Entgöttlichung des öffentlichen Lebens« zwischen 1922 und 1970 keiner Veränderung. Der frühe wie der späte Schmitt bedient sich des Begriffs der Säkularisierung, um die neuzeitliche Entwicklung an die göttliche Offen-

---

30 Blumenberg: *Säkularisierung und Selbstbehauptung*, p. 112 u. 113 (*Erneuerte Ausgabe*, p. 107 u. 108).

barung zurückzubinden, um die Möglichkeiten eines christlichen Geschichtsbildes auf sie anzuwenden und um in ihrem aktuellen »Stadium« dem Versuch der Entpolitisierung und Enttheologisierung »geschichtlich-konkret« handelnd zu begegnen.[31]

Aber was in unserem Zusammenhang entscheidend ist: die »Säkularisate« sind für Blumenberg der »Inbegriff« von Schmitts Politischer Theologie, die er ihrerseits als Theologie zum Zweck der Politik oder als Politik »mit anderen Mitteln« versteht. Wie so viele Interpreten vor ihm sieht Blumenberg in Schmitt den Juristen – hier in der eher ungewöhnlichen Variante des Vertreters eines »juristischen Positivismus« – oder den Staatstheoretiker, der die abgründige Grundlosigkeit seines politischen Dezisionismus zu verbergen sucht, indem er eine Legitimität verheißende oder fingierende Tradition in Anspruch nimmt und auf theologische Versatzstücke zurückgreift.[32] Blumenberg gibt in seiner Erwiderung auf Schmitt, die er *Politische Theologie I und II* überschrieben hat, an keiner Stelle zu erkennen, daß er mit »Politischer Theologie« etwas anderes zu verbinden weiß als die theologische Bemäntelung einer politischen Parteinahme. Zu Beginn seiner Erörterung von Schmitts »Säkularisierungstheorem« vermerkt er, noch eine gewisse Zurückhaltung wahrend, das »methodisch Merkwürdige an der ›Politischen Theologie‹ Carl Schmitts«, daß »sie selbst überhaupt Wert« auf den »Säkularisierungsnexus« lege, »denn es wäre ihrer Intention näherliegend, wie ich meine, den umgekehrten Begründungszusammenhang herzustellen, indem sie die theologische Phänomenalität der politischen Begriffe als Folge der absoluten Qualität politi-

---

31 Siehe Fußnote 13 und beachte S. 15–21, 42–47, 249–250.
32 »So ahistorisch sich Positivismen zu geben pflegen, in ihrer Konsequenz nötigen sie dazu, an den Fundus des Fraglosen immer wieder Anschluß zu finden. Das macht das Säkularisierungstheorem für den dezisionistischen Staatstheoretiker attraktiv: die vom Aspekt der Beteiligten gesehene Illegitimität verheißt ›vom höheren Gesichtspunkt her‹ Potentiale der Legitimität.« Blumenberg: *Säkularisierung und Selbstbehauptung*, p. 113 (108).

scher Realitäten interpretierte.«[33] Gleichsam an den Gelehrten gewandt, mit dem er um die richtige Interpretation eines historischen Phänomens ringt, verneint Blumenberg den Begründungszusammenhang des politischen Theologen, für den das Politische einen theologischen Grund und einen theologischen Sinn hat. Mit dem theologischen Fundament des Politischen bestreitet er von vornherein die Ernsthaftigkeit von Schmitts Berufung auf Theologie oder Metaphysik, der keineswegs von »der absoluten Qualität politischer Realitäten«, wohl aber in der ersten der beiden Schriften, auf die Blumenberg sich allein bezieht, ausdrücklich vom »metaphysischen Kern aller Politik« sprach. Am Ende seiner Erwiderung gibt Blumenberg die anfängliche Zurückhaltung auf. Er erklärt die Politische Theologie zu einer »metaphorischen Theologie« und läßt keinen Zweifel daran, daß der »politische Theologe«, der jetzt an die Stelle des Juristen und Staatstheoretikers tritt, ihm soviel sagt und bedeutet wie ein politischer Ideologe: »Die beneidenswerte Lage, in die sich der ›politische Theologe‹ durch das Instrument der behaupteten Säkularisierung versetzt, besteht darin, daß er den Bestand seiner Figuren vorfindet und sich dadurch den Zynismus einer offen ›theologischen Politik‹ erspart.« Daß Schmitt auf den »Säkularisierungsnexus« Wert legt, hat nichts »methodisch Merkwürdiges« mehr. Das »historische Denken« erübrigt die Erfindung einer Religion zu politischen Zwecken, wie sie laut Blumenbergs Gewährsmann Campanella für den »Macchiavellismus« in der Nachfolge des Aristoteles kennzeichnend ist, da es dem »politischen Theologen« die Berufung auf eine geschichtliche Legitimität, d.h. auf eine geschichtlich vorfindliche und in geschichtlichen Umbesetzungen weiterwirkende Religion erlaubt – eine Berufung, die Blumenbergs historische Aufklärung enthüllen und entkräften will. »Die Annahme der Säkularisierung«, so beschließt Blumenberg das Kapitel zur Politischen Theologie, »läßt den ›politischen Theologen‹ vor-

33 Blumenberg: *Säkularisierung und Selbstbehauptung*, p. 106 (102).

finden, was er sonst hätte erfinden müssen, da es sich doch nun einmal nicht deduzieren ließ.«[34] Da Blumenberg sich zu keinem Zeitpunkt auf den Wahrheitsanspruch der Politischen Theologie einläßt und sie auf eine theologisch verbrämte Politik reduziert, bevor er in eine Auseinandersetzung mit ihrem Selbstverständnis überhaupt eingetreten ist, hat er Schmitt zuletzt nur eine Position entgegenzusetzen, die auf Glauben gegründet ist. Der Philosoph, der sich mit Blumenbergs Ideologiekritik zufriedengäbe, brächte sich um den größten Gewinn, den die Herausforderung der Politischen Theologie im substantiellen Sinn des Begriffs für ihn bereithält.

Schmitt antwortet auf die Zusendung von *Säkularisierung und Selbstbehauptung* am 20. Oktober 1974 mit dem längsten Brief, den er an Blumenberg geschrieben hat. Es ist ein Brief von ausgesuchter Höflichkeit und ablenkender Umwegigkeit, wie sie für den Briefwechsel beiderseits und insgesamt charakteristisch sind.[35] Schmitt verliert kein Wort über Blumenbergs Neudeutung des »Säkularisierungs-Theorems« und übergeht die Kritik an seiner »theologischen Politik« mit Schweigen. Er sagt nichts zur Sache, bis er am Schluß »zwei kurze Bemerkungen zum Thema selbst« macht. Die erste betrifft eine Frage, die Blumenberg im Hinblick auf die Reduzierung des »Säkularisierungs-Theorems« auf den Begriff der strukturellen Analogie stellte, die »keine Behauptung mehr über die Herkunft der einen Struktur aus der anderen oder beider aus einer gemeinsamen Vorform« impliziere: »Wenn etwa die Monopolisierung der Gewalt im Staat oder bei einer bestimmten politischen Instanz mit dem theologischen Attribut der Allmacht als strukturell vergleichbar behauptet wird,

---

34 Blumenberg: *Säkularisierung und Selbstbehauptung*, p. 117 u. 118 (112 u. 113).

35 »Für die Auseinandersetzung mit meiner so schwierigen, so umständlich an eine verunglückte Einzelschrift wie Petersons ›Monotheismus‹-Schrift von 1935 geketteten Abhandlung Politische Theologie II bin ich Ihnen so dankbar, wie es nur ein alter, isolierter Mann sein kann, der eine sachliche Erwiderung als einen Lichtblick in der zunehmenden Verdunklung seines Alters empfindet«. Brief vom 20. Oktober 1974, p. 119.

so bezieht sich dies nur noch auf die Zuordnung von Stellen in einem systematischen Zusammenhang, die durch die Gemeinsamkeit des Allquantors ›Alle Macht ...‹ gekennzeichnet sind. Aber berechtigt dies schon, für die staatstheoretische Seite von einer ›politischen Theologie‹ zu sprechen?«[36] Dazu merkt Schmitt an: »Meine klare *Antwort* (deren Explizierung und Artikulierung mir eine große Freude sein würde): *Ja*.« Da Blumenberg die angebotene »Explizierung und Artikulierung« nie einfordert, bleibt es bei Schmitts lakonischem *Ja*. Doch es fällt nicht schwer zu erkennen, worin für Schmitt die Berechtigung der Rede von Politischer Theologie hier lag. Der Souverän, der »alle Macht« für sich in Anspruch nimmt, verhält sich legitimierend oder usurpierend zur göttlichen Allmacht. Er ist aus der Sicht von Schmitts Politischer Theologie, die ihr Gegenüber auf dem eigenen Kampfplatz zu halten und zu stellen sucht,[37] in seinem Gehorsam und in seiner Empörung auf die Souveränität Gottes bezogen. Protestantische Theologen wie Friedrich Gogarten oder Alfred de Quervain haben früh gesehen, daß Schmitts *Vier Kapitel zur Lehre von der Souveränität* ihren Fluchtpunkt und ihre Verankerung in der Souveränität Gottes hatten.[38] Die zweite Bemerkung antwortet im Unterschied zur ersten weder auf »eine klare Frage« Blumenbergs noch betrifft sie eine besondere Stelle seiner Erwiderung. Sie enthält vielmehr Schmitts Antwort auf Blumenbergs Kapitel im ganzen und zeigt, welcher Subtilität der »86jährige Alte« fähig ist: »Seit über 40 Jahren«, setzt Schmitt unvermittelt an, »sammle ich Material zu dem Problem ›Κατέχων‹ bzw. ›Κατέχον‹ (Thess. 2, 2, 6); ebensolange suche ich ein Menschenohr, das diese Frage – für mich die Kernfrage der (meiner) Politischen Theologie – hört und versteht.« Emphatisch fügt er hinzu, er halte sich »für verpflichtet, Ihnen das nicht zu verschweigen, obwohl ich auch in diesem Punkt verstummt bin, nachdem der Versuch, bei Löwith

36 Blumenberg: *Säkularisierung und Selbstbehauptung*, p. 109 (104/105).
37 Siehe S. 259.
38 Siehe S. 133–137 u. 146.

dafür einen Sinn zu finden, auf eine vielleicht von mir selbst verschuldete, peremptorische Weise misslungen ist.«[39] Und damit der »geschichtlich-konkrete«, der christliche Sinn seiner Berufung auf den »Katechon« verstanden werde, grenzt Schmitt den Begriff nicht nur ausdrücklich gegen das Mißverständnis einer historischen Typenlehre in der Nachfolge Wilhelm Diltheys und jede mögliche Verwechslung mit Max Webers Idealtypus ab, sondern er legt Blumenberg auch noch den Aufsatz *Drei Möglichkeiten eines christlichen Geschichtsbildes* mit hinzu, den er ein Vierteljahrhundert zuvor veröffentlicht hatte. Die Antwort, die Schmitt mit der zweiten Bemerkung gibt, fällt nicht weniger klar aus als die Auskunft, die er in der ersten erteilt. Wenn das Problem des Paulinischen Katechon die Kernfrage *der* Politischen Theologie ist, kann die Politische Theologie weder der »Inbegriff« von »Säkularisaten« noch kann diese in ihrer Reichweite auf die Epoche des modernen Staates oder die Neuzeit begrenzt sein. Sie läßt sich auf keine Strukturanalogie reduzieren und zu keiner wissenssoziologischen Hypothese verharmlosen. Und wenn es sich beim Problem des Katechon um die Kernfrage *seiner* Politischen Theologie handelt, dann, so gibt Schmitt seinem Kritiker zu verstehen, hat Blumenbergs *Politische Theologie I und II* Schmitts Politische Theologie nicht von ferne erfaßt, geschweige denn getroffen. Das letzte Wort, das Schmitt im Streit um die Politische Theologie an Blumenberg richtet, ist sein, den Umständen angepaßtes, Gegenstück zu dem, was »der alte Mann von Malmesbury« einem Widersacher, dem Bischof Bramhall, zu dessen Buch *The Catching of the Leviathan* sagte: »His Lordship all this while hath catched nothing.«

Blumenberg vergegenwärtigt noch einmal die beiden Reaktionen auf Schmitts Politische Theologie, die vor 1988 das Feld beherrschten. Zunächst nimmt er »Politische Theologie« als eine historische Behauptung wahr, die das »Säkularisie-

---

39 Brief vom 20. Oktober 1974, p. 120. Cf. S. 243–257 und *Carl Schmitt, Leo Strauss*, p. 88–92.

rungs-Theorem« zum Inhalt hat. Dann ordnet er, durch Schmitts politisch-theologischen Angriff in die Defensive gebracht, dieses Theorem als Instrument und Ausdruck von Schmitts »theologischer Politik« ein. So schlägt er von einem eng gefaßten Spezialgebrauch den Bogen zurück zu jenem Verständnis des Begriffs »politische Theologie«, das eineinhalbtausend Jahre unangefochten geblieben war und den Begriff ebensolange der Verwendung zur Selbstcharakterisierung entzogen hatte. Blumenberg knüpft, wie vor ihm Peterson, an die durch Augustinus begründete und über die Jahrhunderte in die Fraglosigkeit des Gemeinbesitzes abgesunkene Tradition an,[40] die die »politische Theologie« als politischen Mißbrauch der Theologie einstufte oder als Werk der politischen Täuschung brandmarkte. Am Anfang steht Augustinus' Verhandlung der »theologia tripertita«, die bis zur älteren Stoa, zu Poseidonios und Panaitios zurückreicht und in Varros *Antiquitates rerum humanarum et divinarum* ihre klassische Darstellung gefunden hat. Die theologia tripertita unterscheidet drei Gattungen von Göttern – génos mythikón, physikón, politikón – und nimmt eine entsprechende Dreiteilung der Theologie in mythische oder poetische, natürliche und politische Theologie vor, die sie den Dichtern, den Philosophen und den Staatsmännern zuordnet. Augustinus richtet in seiner Erörterung der drei Theologien[41] in *De civitate dei* das besondere Augenmerk auf den unwahren Charakter der politischen Theo-

---

40 Im Unterschied zu Blumenberg stellt Peterson die Verbindung zum Begründer der Tradition her. Er widmet seinen Traktat *Der Monotheismus als politisches Problem. Ein Beitrag zur Geschichte der politischen Theologie im Imperium Romanum* »Sancto Augustino«, verwendet ein Wort des Augustinus als Motto und beschließt die »Vorbemerkung« mit einer förmlichen Anrufung des Kirchenvaters: »Der hl. Augustinus, der an allen geistigen und politischen Wenden des Abendlandes sichtbar geworden ist, helfe mit seinen Gebeten den Lesern und dem Verfasser dieses Buches!« (p. 11). Peterson verliert indes keine Silbe über die Diskussion der »politischen Theologie« bei Augustinus.

41 »Nunc propter tres theologias, quas Graeci dicunt mythicen physicen politicen, Latine autem dici possunt fabulosa naturalis civilis«. Augustinus: *De civitate dei* VI, 12.

logie, dessen sich sowohl Varro als auch der prominenteste Vertreter der politischen Theologie der Römischen Republik, Quintus Mucius Scaevola, bewußt gewesen sei. Augustinus unterzieht den Pontifex Maximus, der in Rom hohes Ansehen genoß,[42] einer scharfen Kritik. Scaevola habe zwar die erste Theologie als ungereimt, »nugatorium«, verworfen, weil sie den Göttern Dinge zuschreibt, die deren Natur und Würde widersprechen, die Theologie der Philosophen habe er aber vom Volk fernhalten wollen, weil sie mit den Erfordernissen des politischen Lebens nicht verträglich ist, »non congruere civitatibus«, obwohl er keineswegs glaubte, daß sie falsch ist. Der Pontifex Maximus sei also der Ansicht gewesen, daß es den politischen Gemeinwesen förderlich ist, in Dingen der Religion getäuscht zu werden, »expedire igitur existimat falli in religione civitates«. Er muß sich demzufolge nicht weniger als Varro darüber im klaren gewesen sein, daß die politische Theologie, die sich der Theologie der Dichter bedient, auf Lüge gegründet, »mendosum«, ist. Damit hat Augustinus der »politischen Theologie« das Urteil gesprochen.[43] Wer wird es wagen, den kontaminierten Begriff künftig anders denn zur Kennzeichnung des Widersachers, der Gegenpartei, der zu erledigenden Position zu verwenden? Von Augustinus bis Peterson werden die Vertreter einer Politischen Theologie im substantiellen Sinn des Begriffs es weit von sich weisen, eine »politische Theologie« zu vertreten.[44] Niemand will »politischer Theologe« heißen. Keiner spricht von *seiner* Politischen Theologie, wenn er die politische Lehre vorträgt, für die er sich ausdrücklich auf die Heilige Schrift beruft, für die er die

---

42 Cicero nennt Q. Scaevola, der sein Lehrer war, »vir sanctissimus atque ornatissimus nostrae civitatis«. *Pro Sex. Roscio Amerino* 33.

43 Augustinus: *De civitate dei* IV, 27 u. VI, 5. 3. Cf. III, 4; VI, 2, 4–6 u. 10. 3; beachte Cicero: *De natura deorum* III, 3.

44 Zu Petersons Politischer Theologie siehe neben den in FN 145, S. 260 genannten Belegen und Hinweisen jetzt außerdem Peterson: *Offenbarung des Johannes und politisch-theologische Texte.* Aus dem Nachlass herausgegeben von Barbara Nichtweiß und Werner Löser SJ. Würzburg 2004, insbes. *Politik und Theologie*, p. 238–246, *Der Fürst dieser Welt*, p. 256–258, und *Die Wunder des Antichrist*, p. 264–266.

göttliche Offenbarung als Grundlage in Anspruch nimmt. Kein Savonarola und kein Calvin, weder der Verfasser der *Politique tirée des propres paroles de l'Ecriture Sainte* noch der Autor von *Der Protestantismus als politisches Prinzip* und ebensowenig die vielgenannten »Staatstheoretiker der Gegenrevolution« de Maistre, de Bonald, Donoso Cortés. Kein Theoretiker verwendet den Begriff zur Bestimmung der eigenen Position,[45] bevor Schmitt mit seiner *Politischen Theologie* den Bann bricht und das Tor zur Zusammenführung von Begriff und Sache aufstößt.

Schmitt hat die Befreiung des Begriffs aus seiner Augustinischen Befangenheit dadurch erreicht, daß er ihn sich zu eigen machte und ihm eine nichtgekannte Sichtbarkeit verlieh, ohne seinen Gebrauch ausdrücklich zu bestimmen. Indem er ihn als enigmatischen Titel eines Traktats über die Souveränität exponierte, es im Text bei drei auslegungsbedürftigen Verwendungen beließ und auf jede Definition oder Erläuterung der Herkunft verzichtete, gab er dem Begriff *Politische Theologie* eine Offenheit, die zum Streit herausforderte und zum Nachdenken einlud. Politische Theologie war als das Banner erkennbar, unter dem Schmitt seinen Kampf zur Verteidigung von Gott und Staat führte. Oder sie konnte als die Bezeichnung eines Forschungsgegenstandes, des Zusammenhangs von Theologie und Politik, aufgenommen werden und

---

45 Das gilt auch für die in der Literatur bisweilen als »Vorläufer der Politischen Theologie« herangezogenen Gelehrten Gerard Joannes Vossius und Daniel Georg Morhof. Vossius verweist in seinem monumentalen, mehr als 1700 Seiten umfassenden Werk *De theologia gentili et physiologia christiana: sive de origine ac progressu idololatriae* (Frankfurt 1668), dem eine Edition und Übersetzung von Maimonides' *De idololatria* mit weiteren 182 Seiten beigegeben ist, zwar auf Scaevolas und Varros »triplicem nationum Theologiam, fabularem, naturalem, et civilem« (p. 307). Doch nirgendwo macht er sich den Begriff »Politische Theologie« zu eigen. Morhof verwendet den Begriff 1662 im Titel seiner 35 Seiten starken Schrift *Theologiae gentium politicae dissertatio prima* (Hamburg 1699), aber er handelt darin von den Heiden mit einer Spitze gegen die katholischen Vertretern der Politischen Theologie zur Last gelegte Vergottung von Königen. Für Vossius wie für Morhof ist die »politische Idolatrie« und ist die »politische Theologie« immer Sache der anderen.

sich so in sachlicher Distanz von ihrem Odium lösen. Daß Schmitt »Politische Theologie« nicht im pejorativen Sinn gebrauchte, daran ließ, bei aller definitorischen Zurückhaltung, die Schmitt in seiner Schrift von 1922 wahrte, die Feindbestimmung, die er mit ihr vornahm, keinen Zweifel. Denn daß Bakunin, den Schmitt im letzten Satz der *Politischen Theologie* als den »Theologen des Anti-Theologischen« und »Diktator einer Anti-Diktatur« ins Auge faßte, als der geschworene Feind Gottes und des Staates zugleich auftrat, war allgemein bekannt und auch Lesern geläufig, die nichts davon wußten, daß er den Vorwurf der »politischen Theologie« als Waffe in seinem Kampf einsetzte, um den Feind zu brandmarken.[46] Der Umweg über Bakunin hat dazu beigetragen, daß Schmitts gewagtes Spiel, den negativ besetzten Begriff positiv umzubesetzen, schließlich zum Erfolg führte. Bakunins Negation der Position der Politischen Theologie im substantiellen Sinn er-

---

46 Wenige Monate nach dem Erscheinen von *Politische Theologie* veröffentlichte Hans Kelsen seinen Aufsatz *Gott und Staat* (Logos. Internationale Zeitschrift für Philosophie der Kultur. Bd. 11, H. 3, 1922/23, p. 261–284), dessen erster Satz lautet: »Das religiöse und das soziale Problem weisen eine merkwürdige Parallelität auf.« Kelsen stellt Gott und Staat als die beiden zentralen »Hypostasierungen« und »Personifikationen« heraus, von denen sich die Natur- wie die Rechts- und Sozialwissenschaft zu befreien hat, wenn sie Wissenschaft sein will. Er trägt einen streng parallelen Angriff gegen einen die Welt transzendierenden Gott und einen die Rechtsordnung transzendierenden Staat einschließlich ihrer Äußerungen in »Naturwundern« und »Rechtswundern« vor (p. 271, 279) und verbirgt die politische Stoßrichtung des Angriffs nicht: Da »Gott und Staat nur existent sind, wenn und sofern man an sie glaubt«, werden sie »samt ihrer ungeheuren, die Weltgeschichte erfüllenden Macht zunichte, wenn die menschliche Seele sich von diesem Glauben befreit« (p. 282). Kelsen erwähnt Bakunin nicht, aber er beruft sich ausdrücklich auf die Parallele, »die offenbar zwischen *Atheismus* und *Anarchismus* besteht« (p. 282), und der Titel seines Aufsatzes verweist wie zuvor der Titel von Schmitts Traktat auf einen Titel Bakunins, der 1871, im selben Jahr, in dem er *La Théologie politique de Mazzini et l'Internationale* publizierte, sein Buch *Dieu et l'Etat* schrieb. Während der Bakunin-Titel, auf den Schmitt sich polemisch bezog, nicht jedermann vertraut war, handelte es sich bei der Überschrift, die Kelsen für seine Erwiderung übernahm, um den Titel der am weitesten verbreiteten Schrift von Bakunin. Kelsen hatte die deutsche Übersetzung in *Das Problem der Souveränität und die Theorie des Völkerrechts*. Tübingen 1920, p. 21 n. 1 herangezogen und die »innige Verwandtschaft zwischen Atheismus und Anarchismus« vermerkt.

laubte Schmitt deren Positivierung über die Negation der Position des Feindes. Die verdeckte Operation ersparte Schmitt nicht nur die direkte Konfrontation mit der Augustinischen Tradition, sondern enthob ihn auch der Nötigung zum dogmatischen Auftreten, Bekennen und Erklären. Um den Vorteil, der hierin lag, zu sehen, genügt ein Seitenblick auf den gescheiterten Versuch, den Carl Ludwig von Haller ein Jahrhundert zuvor unternahm, den Begriff der politischen Religion den Philosophen zu entwinden und ihn christlich umzubesetzen. Haller, dessen Übertritt zum Katholizismus wenig später europaweit Aufsehen erregen sollte, verkündete 1811 in seiner kommentierenden Kompilation *Politische Religion oder biblische Lehre über die Staaten* ohne Umschweife, die politische Religion sei für ihn »nichts anders als die Anerkennung des Göttlichen in der Natur der Staaten und in den geselligen Pflichten, die höchste Wahrheit, das höchste Gesetz, der höchste Glaube in politischen Dingen.« Mit Erklärungen solcher Art und der bekenntnishaften Präsentation der Lehre in einem Buch, das »nicht ohne Nutzen als eine Art von politischem Catechismus in den Schulen gebraucht werden« könnte, ließ sich die christliche Umbesetzung schwerlich bewerkstelligen. Auch dann nicht, wenn Haller für seinen Versuch den Begriff »Politische Theologie« gewählt hätte, dem Schmitt mit gutem Grund den Vorzug gab, da ihm im Unterschied zum Begriff »Politische Religion« die Kapazität zur Selbstverständigung des Theoretikers eignet.[47]

47 Carl Ludwig von Haller: *Politische Religion oder biblische Lehre über die Staaten*. Winterthur 1811, p. III u. VII. Vieles von dem, was Haller sagt, hat Schmitt gewiß geglaubt, aber er hat es nicht wie Haller gesagt: »Ja! die Religion, wie die gesunde Vernunft gebietet den Krieg des Guten gegen das Böse, der Wahrheit gegen Tand und Trug; denn solcher Krieg ist wahre Nächstenliebe, er ist der lebendigste Beweis von der Liebe Gottes und seiner Gesetze. Auch soll dieser Krieg nie aufhören, sondern fortwähren so lange die Welt dauert, weil hier immer neue Feinde auftreten, der Gegner selbst in unser Inneres schleicht, und Sorglosigkeit hier wie anderswo der Anfang alles Verderbens wäre« (p. XI). Schmitt nahm Haller ausdrücklich vom Vorwurf der politischen Romantik aus: »Haller ist kein Romantiker«. *Politische Romantik* (1925), p. 47 u. 215 (cf. Fassung von 1919, p. 15/16 u. 153).

Der Preis, den Schmitt für die Unterbestimmtheit seines Begriffs der Politischen Theologie zu entrichten hatte, war ein Mangel an Klarheit. Das Zentrum und der Zusammenhang seines Denkens blieben unverstanden, die Konturen seiner Gestalt unscharf, seine Auslegungen in eigener Sache schwankend und irreleitend. Da die Augustinische Brandmarkung, über die er sich beharrlich ausschwieg,[48] ihre Wirkung nicht mit einem Schlag verlor, war er dem Verdacht ausgesetzt, »politische Theologie« zu betreiben. Schmitt suchte dem Verdacht durch Ablenkungen und Ausflüchte, durch Verharmlosungen und Verdrehungen zu steuern.[49] Weshalb hat er sich nicht dafür entschieden, die Position der Politischen Theologie im anspruchsvollen Sinn zu explizieren? Ich will die Antwort, die die beiden Bücher von 1988 und 1994 auf diese Frage enthalten, abschließend zusammenfassen. Sie hat vier Teile. (1) Für Schmitt gab es, wie für jeden Theoretiker, der sich aus dem Gehorsam des Glaubens verstehen will, einen

48 Noch in seiner späten Bezugnahme auf Varro in *Politische Theologie II* (p. 49 mit falscher Stellenangabe zu *De civitate dei*) übergeht Schmitt die Kritik, die Augustinus an der »theologia politica« übte. Auf die Herkunft des Begriffs »Politische Theologie« angesprochen, antwortete Schmitt in Briefen unterschiedlich. Während er etwa Armin Mohler, der sich ihm als »Heide« vorgestellt hatte und der mit der christlichen Überlieferung so wenig vertraut war wie mit den Schriften Bakunins, am 14. April 1952 kurzerhand beschied: »Die Prägung ›Politische Theologie‹ stammt tatsächlich von mir« (*Carl Schmitt – Briefwechsel mit einem seiner Schüler*, p. 119), schreibt er dem Assistenten von Johann Baptist Metz, Ernst Feil, am 6. Januar 1969 auf dessen Frage, »auf welchem Wege der Begriff ›politische Theologie‹« zu ihm gekommen sei: »meine Fragestellung (und infolgedessen auch meine Begriffsbildung) zum Problem der politischen Theologie betrifft ein *innerchristliches* Problem, das erst durch die Reformation (nämlich durch den Kampf um das jus reformandi) die historisch-konkrete Reflexionsstufe erreicht hat, auf der ich mich bewege. Theologisch gesprochen ist es ein christologisches Problem und der christlichen Trinitäts-Theologie als solcher immanent: die *zwei* Naturen des als eine einzige Person wirklichen Gottmenschen. Die von Ihnen genannten Namen (von Varro und Augustinus angefangen bis Diderot; übrigens könnte man hier auch *Vico* nennen) haben es nicht erkannt.« Abgedruckt in *Briefwechsel Ernst Forsthoff Carl Schmitt*, p. 496.
49 In *Politische Theologie II* geht Schmitt so weit, die *Politische Theologie* als eine »rein juristische Schrift« auszugeben und sie nachträglich mit einem neuen Untertitel zu versehen. Siehe noch einmal S. 56/57, FN 12.

Primat des Handelns. Seine Äußerungen als Theoretiker be-
maßen sich mithin an den »historisch-konkreten« Zwecken
seines Handelns. Seine Begriffsbildung und Begriffsexplikation
erfolgte in ständiger Rücksicht auf die Wirkung, die der Begriff in der »Waagschale der Zeit« entfalten sollte. Die Politische Theologie im Hintergrund zu halten oder bis zu einem
gewissen Grade zu verbergen, konnte den Spielraum des politisch-theologischen Handelns erweitern und die Möglichkeiten vergrößern, Allianzen einzugehen oder Anhänger zu gewinnen, die nicht erreichbar gewesen wären, wenn sie der
Agenda des politischen Theologen hätten zustimmen müssen
oder wenn sie ihn verstanden hätten. Sosehr Schmitt im Alter
darüber klagte, für lange gehegte Anliegen kein »Menschenohr« zu finden, so wichtig war es ihm, dem Feind undurch-
sichtig zu bleiben, und sowenig hing für ihn in letzter Instanz
davon ab, ob er von irgendeinem Menschen wirklich verstanden, d. h. so verstanden würde, wie er sich selbst verstand.
(2) Schmitt war nicht gewillt, die Waffe »politische Theologie«
aus der Hand zu geben, deren sich politische Theologen seit
Jahrhunderten im Glaubenskampf bedienten, wozu er genö-
tigt gewesen wäre, wenn er den Begriff präzise bestimmt und
der Sache der Politischen Theologie vorbehalten hätte. Vielmehr pflegte er von Anfang an einen virtuosen Umgang mit
dem Begriff, der die Vertreter der Politischen Theologie und
deren Widersacher gleichermaßen in ein Treffen zwingen
sollte, in dem es keine Neutralen gibt. Die mittlere der drei
Verwendungen des Begriffs im Text der *Politischen Theologie*
zeigte am Beispiel Hans Kelsens, daß auch ein Gegner der
Politischen Theologie in jedem Verstande der Politischen
Theologie nicht zu entkommen vermag. Im Glaubenskampf
der Politischen Theologie stehen sich allenthalben Theologen
gegenüber. Bakunin *mußte* ein Theologe des Anti-Theologischen bleiben. Sein Sein gehorchte nicht seinem Willen.[50]

50 Schmitt ändert die Aussage des letzten Satzes der *Politischen Theologie*
von 1922 (p. 56), daß Bakunin der Theologe des Anti-Theologischen »geworden ist«, um 1934 in der Neuausgabe statt dessen zu schreiben (p. 84),

(3) Schmitt scheute sich, als »Laientheologe« in eine offene Auseinandersetzung mit Kirchentheologen über theologische Dogmen einzutreten. Er ließ sich in dieser Scheu nicht nur vom einen oder anderen »traurigen Fall« unter seinen Vorgängern belehren, sondern trug insbesondere der veränderten geschichtlichen Lage Rechnung, die für die christliche Politische Theologie durch die Glaubensspaltung entstanden war. Dem Vorbild des politischen Theologen und Juristen Tertullian folgend, trat er in der Persona des Juristen auf, um im Sinne seiner Politischen Theologie zu handeln.[51] Und selbst dort, wo er sich, ungeachtet anderslautender Versicherungen, mit eigenen Auslegungen und Stellungnahmen zu Dogmen auf das Feld begab, das katholische und protestantische Berufstheologen für sich beanspruchten, so zur Erbsündenlehre oder zu Fragen der Trinität, tat er dies mit der Beteuerung,

daß Bakunin der Theologe des Anti-Theologischen »werden mußte«. – Ein Exemplar von *Politische Theologie II*, das er Jacob Taubes überreichte, versah Schmitt mit dem ironischen Notat: »Für J. T. / Les dieux s'en vont, / les théologiens restent / 26.1.71 C. S.« (Das Widmungsexemplar befindet sich in meinem Besitz.)
51 »Ich würde es nicht wagen, als Nicht-Theologe mit Theologen in eine Auseinandersetzung über theologische Fragen der Trinität einzutreten. Wie es Laientheologen mit ihren diesbezüglichen Bemühungen ergeht, lehrt uns der traurige Fall Donoso Cortés.« *Politische Theologie II*, p. 101 n. Ebendas, wovon Schmitt sagt, er würde es nicht wagen, unternimmt er, auf seine Weise, wenige Seiten danach (p. 116–118; cf. außerdem FN 48). – Als Beleg, daß Schmitt sich als Jurist und nicht als politischer Theologe verstanden habe, wird gelegentlich eine Stelle aus der Meditation »Weisheit der Zelle« angeführt: »Die Theologen neigen dazu, den Feind als etwas zu definieren, das vernichtet werden muß. Ich bin aber Jurist und kein Theologe.« Was dabei nicht angeführt wird, ist die Aussage auf der darauffolgenden Seite, in der Schmitts Meditation ihren Abschluß findet: »Weh dem, der keinen *Feind* hat, denn *ich* werde sein Feind sein am jüngsten Tage.« *Ex Captivitate Salus*, p. 89/90. Siehe dazu S. 86–94. – Im *Glossarium* sagt Schmitt von sich: »ich bin ein Theologe der Jurisprudenz« (p. 23). Der »Theologe der Jurisprudenz« fragt über das Gesetz hinaus und geht hinter das Gesetz zurück. In *Politische Theologie* oder in *Der Leviathan in der Staatslehre des Thomas Hobbes* zielt er auf die Souveränität Gottes. In *Politische Theologie II* sucht er Zuflucht beim Geheimnis der Trinität. In *Der Nomos der Erde*, in *Nehmen, Teilen, Weiden* oder in *Nomos, Nahme, Name* beruft er sich auf ein Recht, das der göttlichen Ordnung entspricht und dem menschlichen »Diktat« des Gesetzes vorausliegt.

»vom Juristischen her« zu sprechen. (4) Der wichtigste Grund, der Schmitt davon abhielt, seine Politische Theologie im Zusammenhang zu entfalten und als Lehre vorzutragen, war – alle anderen Gründe einschließend und überbietend –, daß er ihren (seinen) Glaubenskern nicht einer allgemeinen Diskussion preisgeben wollte. Das Glaubenszentrum ließ sich besser schützen, wenn er es als sein »Arcanum« wahrte. Schmitt mag sich darin durch die Einsicht der Offenbarungstheologie bestärkt gefunden haben, daß die Allmacht Gottes nicht anders zu verteidigen ist denn im Rückgang auf ihre Unergründlichkeit.[52]

Philosophisches Postskript. Schmitt richtete die sieben Thesen zu Blumenberg, mit denen er seine Position ein letztes Mal e contrario umriß, an dem Motto *nemo contra deum nisi deus ipse* aus. Er war sich so sicher, »das vielbehandelte Rätsel« des Goethe-Wortes in dessen christologischer Herkunft entziffert zu haben, daß er keine Bedenken trug, es zum Leitspruch seiner Selbstverständigung zu erheben. Die Sicherheit der Entzifferung, der Blumenberg mit Gründen widersprach,[53] beruhte nicht auf der literarischen Fundstelle, die Schmitt zur Untermauerung seiner Deutung heranzog, sondern darauf, daß ihm die christologische Antwort auf die Frage, wer der Gott sei, unmittelbar einleuchtete, weil sie mit der Gewißheit seines Glaubens zusammenstimmte: der Gott des Offenbarungsglaubens hat in einem »geschichtlichen Ereignis von unendlicher, unbesitzbarer, unokkupierbarer Einmaligkeit« offenbart, *wer* er ist.[54] Das polytheistische Analogon zu der Antwort, auf die Schmitt seine Gewißheit stützte, besagte, ein Gott sei, wen die Götter als Gott erkennen.[55] Der Satz *deus est quem dei deum esse declarant* ist das wahre Gegenstück

---

52 Siehe S. 145.
53 Blumenberg: *Arbeit am Mythos.* Frankfurt a.M. 1979, p. 567–604, insbes. 579/580 u. 601–603.
54 Cf. *Drei Möglichkeiten eines christlichen Geschichtsbildes*, p. 930.
55 Aristophanes: *Die Frösche* 668–671.

zum »ungeheuren Spruch« *nemo contra deum nisi deus ipse.* Doch weder jener Satz noch das Wort, das Schmitt sich zu eigen machte, enthebt uns der Notwendigkeit, die Frage zu stellen, ohne die wir zu keinem begründeten Urteil in einem Streit kommen können, der uns angeht, wie uns ein Streit nur angehen kann: *quid est deus?* Die Politische Theologie weist die Frage, *was* ein Gott sei, aus ebendem Grund zurück, aus dem die Philosophen auf ihr bestehen müssen.[56]

---

56 Daß die Philosophen auf der Frage bestehen müssen, die mit der Philosophie gleichen Ursprungs ist, heißt nicht, daß sie sie häufig aussprächen, geschweige denn daß sie erklärten, welche Weiterungen ihre Formulierung enthält. Leo Strauss, für dessen Œuvre sie von zentraler Bedeutung ist, hat sie als die Frage anderer Philosophen angeführt und im letzten Satz von *The City and Man* über sie gesagt: »the philosophers do not frequently pronounce it – the question *quid sit deus*.« Indem Strauss »the all-important question which is coeval with philosophy« nicht griechisch auftreten läßt, deutet er an, daß die griechischen Philosophen die Frage τί ἐστι θεός nicht aussprachen (Aristoteles erwähnt die Frage als Beispiel, ohne sie zu stellen, in *Analytica posteriora* II, 1. 89 b35). Und indem er sie im Konjunktiv wiedergibt, kennzeichnet er sie als Zitat, das einem bestimmten Ort zugehört: Der Pontifex Cotta führt sie in Ciceros *De natura deorum* I, 60 als die Frage an, die der Tyrann Hieron einst dem Dichter Simonides stellte. Sollte Strauss der erste Philosoph sein, der die Frage ausspricht, da er sie zur allesentscheidenden Frage erklärt? Cf. S. 138–140 und meine Schrift *Das theologisch-politische Problem. Zum Thema von Leo Strauss.* Stuttgart–Weimar 2003, p. 45–47.

Namenverzeichnis

Abravanel, Isaak 238
Adams, Paul 69, 71, 115
Althaus, Paul 228
Aristophanes 299
Aristoteles 34, 37, 121, 152, 287, 300
Augustinus, Aurelius 34, 35, 45, 144, 145, 156, 279, 291–293, 295, 296
Augustus 247

Bacon, Francis 165, 182
Baeumler, Alfred 75
Bakunin, Michail 21–24, 30, 119, 225, 257–259, 269, 271, 294, 296–298
Ball, Hugo 115, 146, 200, 201
Balthasar, Hans Urs von 248
Barbey d'Aurevilly, Jules-Amédée 200, 201
Barion, Hans 117, 199, 200, 228, 282
Barnikol, Ernst 233
Barth, Karl 126
Baudelaire, Charles 24
Bauer, Bruno 156, 233, 234, 239
Becker, Carl 148
Becker, Werner 114, 131, 136, 215, 248, 249, 264
Benardete, Seth 36, 86, 256
Berdiajew, Nikolai 25
Bloy, Léon 142, 257
Blumenberg, Hans 148, 266, 271–273, 276, 277, 279–291, 299
Bodin, Jean 182, 275
Bolotin, David 86
Bonald, Louis de 120, 130, 190, 224, 259, 293
Bonaventura 137
Bossuet, Jacques Bénigne 130, 293
Bousset, Wilhelm 247
Bramhall, John 290

Bruell, Christopher 74
Bultmann, Rudolf 110, 136, 137, 227, 240

Caesar 212
Calvin, Jean 94, 110, 139, 142, 144, 145, 156, 293
Campanella, Tommaso 287
Cassuto, Umberto 94
Cicero, Marcus Tullius 72, 138, 152, 292, 300
Clausewitz, Carl von 95, 96, 99
Cohn, Norman 248
Collingwood, Robin George 203
Constant, Benjamin 101
Cromwell, Oliver 96–98
Cropsey, Joseph 7, 36, 75, 158

Däubler, Theodor 13, 29, 76, 77, 79, 80, 89, 96, 105, 208, 280
Descartes, René 165, 182
Diderot, Denis 296
Dilthey, Wilhelm 290
Disraeli, Benjamin 238–240
Dobschütz, Ernst von 243, 248
Donoso Cortés, Juan Maria de la Salud 118, 120, 130, 150, 156, 201, 221, 224, 244, 245, 259, 293, 298
Dostojewskij, Fjodor M. 176

Epikur 18, 121
Erastus, Thomas 182, 184
Eschweiler, Karl 228, 258
Eusebios von Cäsarea 259

Feil, Ernst 296
Fénelon, François de Salignac de La Mothe 147, 150
Forsthoff, Ernst 101, 162, 167, 176, 282
Forsthoff, Heinrich 116, 133
Forsyth, Neil 121

Fortin, Ernest L. 257
Franz Joseph (Kaiser) 245
Freund, Julien 103

Galilei, Galileo 165
Gassendi, Pierre 18
Gehlen, Arnold 132
Gentili, Alberico 274
Goethe, Johann Wolfgang von 206,
  280, 282, 289
Gogarten, Friedrich 116, 133–135,
  162, 227, 228, 289
Gregor von Elvira 249
Gregor von Nazianz 279
Gross, Julius 135
Guevara, Ernesto (»Che«) 91
Günther, Albrecht Erich 249
Günther, Gerhard 249
Guillemin, Henri 155
Guitton, Jean 198

Haecker, Theodor 115, 249
Halevi, Jehuda 251
Haller, Carl Ludwig von 295
Hamann, Johann Georg 146, 151
Hauriou, Maurice 64
Heckel, Johannes 256, 257
Hegel, Georg Wilhelm Friedrich 32,
  33, 35, 90, 94, 105, 156, 157,
  210, 211, 229, 232
Heidegger, Martin 36, 136, 156,
  205, 206
Heine, Heinrich 237
Heraklit 72, 75, 79, 94
Herrad von Landsberg 177, 262
Hieron 139, 300
Hirsch, Emanuel 227, 228
Hobbes, Thomas 18, 114, 131, 136,
  157–175, 178, 180–186, 191, 192,
  194–204, 206, 207, 218, 228,
  229, 231, 263, 274–276, 290
Hof, Walter 70

Irenaeus von Lyon 143

John of Salisbury 199, 200
Josephus, Flavius 176
Jünger, Ernst 35, 37, 43, 69, 70,
  72, 239, 257, 265, 266
Jünger, Friedrich Georg 70

Kanne, Johann Arnold 155, 242
Kant, Immanuel 146, 151
Kelsen, Hans 259, 294, 297
Kierkegaard, Sören 155, 156, 189,
  223, 227
Kittel, Gerhard 228
Klages, Ludwig 239, 240
Klein, Jacob 264
Kleist, Heinrich von 97
Köster, Heinrich 135
Kojève, Alexandre 33, 94, 105, 156,
  157, 264, 266
Krauss, Günther 114

Lauermann, Manfred 235
Lenin, Wladimir I. 35, 97
Lessing, Gotthold Ephraim 185
Lieberg, Godo 257
Löwith, Karl 172, 233, 240–243,
  260, 264, 272, 289
Luther, Martin 38, 139, 144, 145,
  167, 186, 248

Machiavelli, Niccolò 37, 158, 173,
  204, 219, 223
Maistre, Joseph de 130, 151, 157,
  200, 201, 224, 259, 293
Marcion 121
Marsilius von Padua 204
Marx, Karl 233
Masaryk, Thomas 245
Mazzini, Guiseppe 23, 215, 225,
  226
Meijering, E. P. 139
Mendelssohn, Moses 231
Metz, Johann Baptist 296
Mohammed 121
Mohler, Armin 264, 296
Moltmann, Jürgen 177
Morhof, Daniel Georg 293
Mussolini, Benito 210–213, 219,
  222, 226

Napoleon 157
Nero 230, 245
Newman, John Henry 224, 248, 249
Nichtweiß, Barbara 26, 44, 260
Niekisch, Ernst 115
Nietzsche, Friedrich 13, 29, 34–36,
  75, 89, 98, 137, 152, 155, 173

Oberheid, Heinrich 207
Ors, Álvaro d' 265–267

Pascal, Blaise 41, 147
Panaitios von Rhodos 291
Paulus 46, 110, 141, 145, 243, 246, 289, 290
Peterson, Erik 26, 44, 149, 218, 220, 257, 259, 260, 267, 272, 273, 279, 282, 288, 291, 292
Pilatus, Pontius 242
Pilsudski, Josef 245
Platon 36, 38, 51, 73, 100, 124, 147, 149, 152, 156
Polignac, Melchior de 18
Popitz, Johannes 207
Poseidonios 291
Preuß, Hans 248
Proudhon, Pierre-Joseph 43
Przywara, Erich 222, 233, 240

Quervain, Alfred de 146, 258, 289

Rimbaud, Arthur 36
Rosenzweig, Franz 251
Rousseau, Jean-Jacques 35, 37, 84, 100, 136, 137, 153–157
Rudolf II. von Habsburg 244

Savonarola, Girolamo 293
Scaevola, Quintus Mucius 292, 293
Scheffczyk, Leo 135
Schelling, Friedrich Wilhelm Joseph 156
Schelsky, Helmut 157, 169, 172–174, 178, 184
Schütz, Paul 248
Schuler, Alfred 239
Seillière, Ernest de 130, 154
Seneca, Lucius Annaeus 230
Simmel, Georg 101
Simonides 139, 140, 300
Smend, Rudolf 181
Sohm, Rudolph 23, 114, 179, 198
Sokrates 38, 72, 73, 75, 124, 149, 150, 152, 156

Sorel, Georges 35, 173
Spinoza, Benedictus de 18, 101, 153, 157, 165, 180, 181, 231, 232, 237, 238
Stählin, Wilhelm 249
Stahl, Friedrich Julius 156, 231, 232, 235–238, 256, 259, 293
Stein, Karl vom 97
Stein, Lorenz von 211
Strauß, David Friedrich 102
Strauss, Leo 27, 34, 37, 38, 59, 109, 114, 115, 124, 138, 147, 153, 156, 158, 160, 169–173, 180, 181, 183, 184, 231, 232, 238, 264, 266, 300

Taubes, Jacob 239, 298
Tertullianus, Quintus Septimius Florens 146–151, 156, 298
Thomas von Aquin 113, 143, 145
Tocqueville, Alexis de 245, 246
Toynbee, Arnold 94
Troeltsch, Ernst 130

Umphrey, Stewart 74

Varro, Mucius Terentius 257, 291–293, 296
Vergil, Publius Maro 256
Vico, Giambattista 173, 296
Vitoria, Francisco de 252
Voltaire, François Marie Arouet 97, 155, 174
Vossius, Gerard Joannes 293

Waszink, Jan H. 148
Weber, Max 290
Weiss, Konrad 38, 39, 115, 156, 228, 250, 252

Xenophon 72, 152

Yerushalmi, Yosef Hayim 234

Ziegler, Heinz O. 218

Bücher des Autors

Jean-Jacques Rousseau: *Discours sur l'inégalité / Diskurs über die Ungleichheit.* Kritische Edition des integralen Textes mit deutscher Übersetzung, einem Essay über die Rhetorik und die Intention des Werkes sowie einem ausführlichen Kommentar. Paderborn 1984. Sechste Auflage 2008. 638 Seiten.

Carl Schmitt, Leo Strauss und »Der Begriff des Politischen«. Zu einem Dialog unter Abwesenden. Stuttgart, J.B. Metzler, 1988. 141 Seiten. Erweiterte Neuausgabe 1998. 192 Seiten. Dritte, durchgesehene und erweiterte Auflage 2013. 200 Seiten. (Franz. 1990, jap. 1993, amerik. 1995, chin. 2002, span. 2008, ital. 2011.)

Die Denkbewegung von Leo Strauss. Die Geschichte der Philosophie und die Intention des Philosophen. Stuttgart—Weimar, J.B. Metzler, 1996. 66 Seiten. (Chin. 2002, amerik. 2006, franz. 2006, span. 2006, jap. 2010.)

Das theologisch-politische Problem. Zum Thema von Leo Strauss. Stuttgart—Weimar, J.B. Metzler, 2003. 86 Seiten. (Chin. 2004, franz. 2006, span. 2006, jap. 2010.)

»Les rêveries du Promeneur Solitaire«. Rousseau über das philosophische Leben. München 2005. Zweite Auflage 2009. 68 Seiten. (Chin. 2006, jap. 2008, franz. 2010, amerik. 2010.)

Leo Strauss and the Theologico-Political Problem. Cambridge 2006. Siebte Auflage 2008. 204 Seiten.

Über das Glück des philosophischen Lebens. Reflexionen zu Rousseaus »Rêveries« in zwei Büchern. München 2011. 445 Seiten. (Chin. 2013.)

Als Herausgeber

Leo Strauss: *Gesammelte Schriften* in sechs Bänden

Band 1: *Die Religionskritik Spinozas und zugehörige Schriften.* Stuttgart—Weimar, J.B. Metzler, 1996. 448 Seiten. Zweite, durchgesehene und erweiterte Auflage 2001. 480 Seiten. Dritte, erneut durchgesehene und erweiterte Auflage 2008. 504 Seiten.

Band 2: *Philosophie und Gesetz – Frühe Schriften.* Stuttgart—Weimar, J.B. Metzler, 1997. 669 Seiten. Erster, durchgesehener Nachdruck 1998. Zweite, durchgesehene und erweiterte Auflage 2013.

Band 3: *Hobbes' politische Wissenschaft und zugehörige Schriften – Briefe.* Stuttgart—Weimar, J.B. Metzler, 2001. 837 Seiten. Erster, durchgesehener Nachdruck 2003. Zweite, durchgesehene Auflage 2008. 839 Seiten.

Printed in the United States
By Bookmasters